AF568507

Susanne Schröter

Im Namen des Islam

Wie radikalislamische Gruppierungen unsere Gesellschaft bedrohen

Pantheon

Das Buch ist 2019 unter dem Titel *Politischer Islam* beim Gütersloher Verlagshaus erschienen und wurde für die Pantheon-Ausgabe aktualisiert.

Penguin Random House Verlagsgruppe FSC® N001967

2. Auflage

Umschlaggestaltung: Büro Jorge Schmidt, München
Umschlagabbildungen: © shutterstock/Dvorko Sergey;
© shutterstock/esfera
Satz: Uhl + Massopust, Aalen
Druck und Bindung: CPI books GmbH, Leck
Printed in Germany
ISBN 978-3-570-55445-6

www.pantheon-verlag.de

INHALT

VORWORT

Die Mehrheit der Deutschen glaubt, der Islam gehöre nicht zu Deutschland. Sie verbindet die zweitgrößte Weltreligion weniger mit hehren ethischen Prinzipien oder einer tiefen Spiritualität als mit Gewalt im Namen eines unbarmherzigen Gottes, der Unterdrückung von Frauen und Minderheiten sowie einer allgemeinen Ablehnung westlicher Werte. Für diese Assoziationen gibt es viele nachvollziehbare Gründe. Zu ihnen zählen an erster Stelle die terroristischen Anschläge und Anschlagsversuche, die im Namen des Islam durchgeführt wurden, aber auch die offenkundige Distanz vieler Muslime zu unserer Gesellschaft, die sich beispielsweise in Jubelveranstaltungen für Erdogan, Bekenntnissen zur Scharia oder dem aggressiven Einfordern von Sonderrechten äußert. Allen Präventions- und Deradikalisierungsprojekten zum Trotz breiten sich radikalislamische Milieus in Deutschland aus, die besonders bei Jugendlichen großen Anklang finden. Unbestreitbar ist weiterhin, dass so manche islamische Vereinigung, die hierzulande als respektabler Partner von Politik und Zivilgesellschaft gefeiert wird, von ausländischen Islamisten finanziert und gesteuert wird. Ein Beispiel ist die DITIB, der größte muslimische Dachverband, der vollständig unter Kontrolle der staatlichen türkischen Religionsbehörde steht und durch Kriegspropaganda, antichristliche und antisemitische Homepages sowie durch Spitzeldienste für den türkischen Geheimdienst in die Kritik geraten ist. Im öffentlichen Raum, vor allem in Schulen und mittlerweile auch an Universitäten, mehren sich mittlerweile Vorfälle, die selbst diejenigen ratlos machen, die Multikulturalität und Vielfalt bislang begrüßt und gefördert haben. Dabei geht es um den Missbrauch von Gebetsräumen, um Respektlosigkeit gegenüber Frauen, um religiöses Mobbing und um zahlreiche Versuche, islamische Normen durchzusetzen.

Die genannten Probleme resultieren, so das zentrale Argument dieses Buches, aus dem Erstarken des politischen Islam. Der politische Islam stellt eine Sonderform des Islam dar und sollte nicht als charakteristisch für die gesamte Weltreligion gesehen werden, die auch in Deutschland eine Vielzahl von Facetten besitzt. Durch machtbewusstes und strategisch geschicktes Agieren seiner Funktionäre übt der politische Islam allerdings großen gesellschaftlichen Einfluss aus und dominiert zunehmend die Bühne staatlicher Islampolitik und zivilgesellschaftlicher Dialogveranstaltungen.

Viele Menschen sind angesichts der Komplexität der gegenwärtigen Situation, des Unvermögens, zwischen einem politischen und anderen Spielarten des Islam zu unterscheiden, sowie vieler sich zuspitzender Probleme überfordert – nicht zuletzt, weil ihnen das Wissen fehlt, um Situationen richtig einzuschätzen und angemessene Handlungsstrategien zu entwickeln. Das betrifft Lehrer und Lehrerinnen, die durch einen komplizierter werdenden Schulalltag navigieren müssen, Sozialarbeiter, die gefährdete Jugendliche begleiten, ehrenamtlich Engagierte, die sich um Geflüchtete kümmern oder an interreligiösen Dialoggruppen beteiligen. Herausgefordert sind auch die Angehörigen der Polizei, die um den Schutz der Bevölkerung vor gewalttätigen Extremisten bemüht sind, die Mitarbeiter von Ämtern und Ministerien, die für die Konzipierung und Umsetzung von Integrationsmaßnahmen verantwortlich zeichnen, die Angehörigen der Justiz, die mit Augenmaß eingreifen müssen, wenn schon einiges schief gegangen ist, und *last but not least* die Mitglieder politischer Parteien, die die Rahmenbedingungen für unsere pluralistische Gesellschaft erstellen und verantworten.

Das Buch richtet sich an diese Menschen sowie an alle, die sich für den Islam in der gesellschaftlichen Gegenwart interessieren. Es liefert Hintergrundwissen und hilft bei der Einordnung muslimischer Vereine, die in kommunalen Dialogforen mitarbeiten, Partner der Bundesländer beim islamischen Religionsunterricht sind und eine Stimme in der »Deutschen Islamkonferenz« haben.

I HISTORISCHE URSPRÜNGE DES POLITISCHEN ISLAM

Der politische Islam ist ein Gegenentwurf zur säkularen Moderne und den Freiheitsrechten des Individuums. Seine Wurzeln gehen weit in die islamische Geistesgeschichte zurück und stehen häufig in Zusammenhang mit Enttäuschungen muslimischer Akteure über misslungene politische Expansionen oder den Verlust von Herrschaftsgebieten. Seine gegenwärtige Spielart stellt eine Reaktion auf den Zusammenbruch des osmanischen Kalifats und die weltweite Dominanz des Westens dar.

1. Was bedeutet politischer Islam?

Das Phänomen, das in dieser Publikation als politischer Islam bezeichnet wird, erscheint in den Debatten der vergangenen Jahrzehnte unter mehreren Bezeichnungen, die jedoch nicht vollständig deckungsgleich sind. Einer der gebräuchlichsten Begriffe ist der des Fundamentalismus. Ursprünglich war er nicht islamisch konnotiert, sondern auf eine Bewegung amerikanischer Protestanten gerichtet, deren Anhänger zu Beginn des 20. Jahrhunderts die »Christlich-fundamentalistische Weltvereinigung« gründeten. Ihrer Meinung nach befand sich die Menschheit in einer schweren Krise, die nur durch ein Zurück zu den Fundamenten des christlichen Glaubens bewältigt werden könne. Der Religionswissenschaftler Martin Riesebrodt betont den patriarchalischen Charakter der Bewegung, deren Mitglieder sich besonders durch die beginnende Frauenemanzipation herausgefordert sahen.[1] In der rauchenden, geschminkten und Alkohol trinkenden modernen Frau, schreibt er, offenbarte sich für sie das ultimative Wirken Satans in der Welt.

Ähnliche Phänomene hat ein Team interdisziplinärer Wissenschaftler unter Leitung von Martin E. Marty und R. Scott Appleby von 1987 bis 1995 an der Universität Chicago auch bei anderen Religionen erforscht, und heute wird der Begriff »Fundamentalismus« als Strömung verstanden, die in allen Weltreligionen nachweisbar ist.[2] Gemeinsam ist Fundamentalisten der Glaube an eine absolute Wahrheit, die nur innerhalb ihrer eigenen Religion zu finden sei, und die Überzeugung, dass gesellschaftliche Normen und Werte in Einklang mit religiösen Dogmen zu bringen seien. Fundamentalisten bringen eine zum Ideal verklärte Vergangenheit mit einer religiösen Ursprungsgemeinde gegen eine vermeintlich vom Glauben abgefallene und in Sünde lebende moderne Welt in Stellung und streben die Herstellung einer moralischen Ordnung an, die auf der Befolgung vermeintlicher göttlicher Gesetze beruht, die man aus den jeweiligen religiösen Quelltexten herausliest.

Während das Weltbild christlicher Fundamentalisten auf einer wortwörtlichen Bibelexegese basiert, geht es im islamischen Fundamentalismus um die Exegese des Korans und um die Person Mohammed, der nach Meinung aller Muslime Prophet und Werkzeug der göttlichen Offenbarung gewesen sein soll. Der Koran soll Mohammed von Gott buchstäblich diktiert worden sein. Progressive Theologen deuten den Koran mit hermeneutischen Methoden zeit- und offenbarungsgeschichtlich, Fundamentalisten dagegen lehnen moderne wissenschaftliche Verfahren ab und betonen die ewige Wahrheit jedes Satzes. Bei Widersprüchen zwischen einzelnen Aussagen gilt der Grundsatz, dass neuere Texte ältere »aufheben«. Diese Herangehensweise begünstigt ein kriegerisches und patriarchalisches Religionsverständnis, da sich der Islam historisch von einer Minderheitenreligion in Mekka zu einer dominanten Staatsreligion in Medina wandelte und die Verse der mekkanischen Periode einen eher spirituellen Charakter besitzen, während die medinensischen problematische Aussagen wie Aufrufe zum Töten von Nichtmuslimen enthalten. Als fragwürdiges Orientierungsmodell muss man auch die Überlieferungen bezeichnen, die das Leben Mohammeds und seiner Gefährten betreffen. Man nennt sie Sunna des Propheten oder kurz »Sunna«. Mohammeds Gedanken, Botschaften und Taten werden von islamischen Fundamentalisten niemals in Zweifel gezogen, sondern dienen stets als Leitlinien für gegenwärtiges Handeln. Das hat vielerlei Konsequenzen. Die Menschen des 7. Jahrhunderts auf der arabischen Halbinsel folgten anderen Prinzipien als diejenigen, die wir heute für richtig halten, und Mohammed handelte im zeitgenössischen normativen Rahmen. Er einte verfeindete Gruppen, erließ Gesetze und etablierte eine spätere Weltreligion, doch er führte auch Kriege, überfiel Karawanen, ließ seine Gefolgschaft plündern und bestrafte mangelnde Loyalität mit Vertreibung und Hinrichtungen. Ein unkritisches Nacheifern der Person Mohammeds kann daher im schlimmsten Fall die Rechtfertigung von Sklaverei und die Ermordung all derjenigen bedeuten, die sich der muslimischen Herrschaft nicht bedingungslos unterwerfen.

Islamischer Fundamentalismus kann unterschiedliche Formen annehmen. In Situationen der Schwäche, wenn Muslime sich in einer Minderheitensituation befinden, geht es islamischen Fundamentalisten um eine Gemeindeordnung, in der die Frommen unter ihresgleichen nach ihren eigenen Regeln leben; grundsätzlich wird allerdings, so Gudrun Krämer, Leiterin des Instituts für Islamwissenschaft an der Freien Universität Berlin, die Etablierung einer islamischen Ordnung (*nizam islami*) angestrebt, in der »die göttlichen Gebote und Verbote öffentlich wirksam durchgesetzt werden«.[3] Der Islamwissenschaftler Martin Riexinger hält den terminologisch angelegten Vergleich mit dem christlichen Fundamentalismus daher für wenig hilfreich.[4] Er votiert stattdessen für den Begriff Islamismus, den auch Tilman Seidensticker, Professor für Islamwissenschaft an der Universität Jena, verwendet. Seidensticker definiert Islamismus als »Bestrebungen zur Umgestaltung von Gesellschaft, Kultur, Staat oder Politik anhand von Werten und Normen, die als islamisch angesehen werden«.[5] Islamismus meint also letztendlich nichts anderes als einen politischen Islam, dessen Herrschaftsanspruch die gesamte Gesellschaft mit allen ihren Teilbereichen umfasst.[6] Diese Politisierung der Religion bedeutet im Einzelnen u. a. die Reglementierung der Lebensführung von Muslimen anhand der Kategorien des Erlaubten (*halal*) und Verbotenen (*haram*). Was *halal* oder *haram* ist, wird dem Koran oder der Sunna entnommen. Der Verzehr geschächteter Rinder und Schafe ist beispielsweise *halal*, das Fleisch nicht »islamisch« getöteter Tiere ist dagegen *haram*. *Halal* ist die Ehe eines Mannes mit mehreren Ehefrauen, *haram* wäre die Ehe einer Frau mit mehreren Ehemännern. Homosexualität und nichtehelicher Sex sind immer *haram*, ebenso die physische Nähe nicht verwandter Männer und Frauen, da diese zu illegitimem Sex führen kann. Nach salafistischer Vorstellung ist Sex eines Mannes mit einer Frau oder einem Kind, die zuvor versklavt wurden, ebenfalls *halal*, doch das sehen die meisten Muslime anders. Die Heirat minderjähriger, teilweise sogar präpubertärer Mädchen wird allerdings von vielen Muslimen als *halal* angesehen, da eine der Ehefrauen Mohammeds zum Zeitpunkt ihrer Eheschließung erst neun Jahre alt gewesen sein soll. Die Liste ließe sich unendlich weiter fortführen. Jede nur erdenkliche Handlung wird in das *halal-haram*-Raster eingeordnet, jede Person wird nach ihrer Unterwerfung unter die Ge- und Verbote des Islam beurteilt.

Die individuelle Freiwilligkeit bleibt nicht nur wegen des sozialen Drucks auf den Einzelnen auf der Strecke. Dort, wo die frommen Eiferer des politischen Islam Teile des Rechtssystems nach ihren Vorstellungen umgestalten, sprich: die Scharia eingeführt haben, drohen bei Nichtbefolgung empfindliche Sanktionen, die von Geldbußen über Inhaftierungen bis zu Körperstrafen reichen und Auspeitschungen, Stockschläge, Amputationen von Gliedmaßen sowie die Todesstrafe durch Steinigung oder Enthauptung mit dem Schwert umfassen können. Wer sich nicht widerstandslos fügt, wird der islamistischen Ordnung mit Zwang unterworfen. Nicht nur in Saudi-Arabien und dem Iran, den islamistischen Ländern *per se*, auch in Pakistan, Indonesien und anderen islamisch geprägten Staaten werden Oppositionelle, Unangepasste oder Nichtmuslime schikaniert, verfolgt oder umgebracht. Die konkreten Gründe sind meist nichtig. Gern führt man Blasphemie oder andere schwer zu beweisende Anklagepunkte ins Feld, um Menschen zu inhaftieren, zu foltern oder zu ermorden. Beispiele sind der Fall des saudi-arabischen Bloggers Raif Badawi, der 2015 wegen »Beleidigung des Islam« zu einer zehnjährigen Haftstrafe und zu 1.000 (!) Peitschenhieben verurteilt wurde, oder der Mord an dem Christen Shehzad Masih und seiner schwangeren Frau Shama Bibi durch einen islamistischen Mob im Jahr 2014 in Pakistan. Man hatte ihnen »Schändung des Koran« vorgeworfen. Unter besonderen Repressionen leiden liberale Muslime, Konvertiten und Atheisten. Im Koran wird den Abtrünnigen (*murtadd*) das Höllenfeuer nach dem Tode angekündigt, in der weltlichen Realität kann die Abkehr von der »wahren Religion« eine richterlich verhängte Todesstrafe oder einen Lynchmord nach sich ziehen.

Zum islamistischen Kanon gehört die Überzeugung einer Vorrangstellung des religiösen Gesetzes vor dem weltlichen. Das macht den politischen Islam in seinem Kern demokratiefeindlich, wenngleich sich islamistische Akteure unter gewissen Umständen an Wahlen beteiligen und sogenannte »moderate Islamisten« bekunden, die islamistische Transformation ganzer Gesellschaften mit demokratischen Verfahren durchführen zu wollen.[7] Im Zentrum des politischen Islam steht unangefochten die islamistische Genderordnung, deren augenfälligste Merkmale eine umfängliche Geschlechtertrennung, ein extremer Patriarchalismus, der partielle oder vollkommene Ausschluss von Frauen aus der Öffentlichkeit und die Fetischisierung der Bedeckung des weiblichen Körpers und Kopfes sind. Insgesamt handelt es sich beim politischen Islam um ein komplexes Gebilde religiös begründeter Normen, die die Grundlage einer alle Bereiche des Lebens umfassenden sozialen und politischen Ordnung darstellen. Der Fundamentalismus ist in einer engen Definition lediglich ein Teilbereich dieser Spielart des Islam, in seiner weiten Form aber identisch mit ihm. Der Begriff des Islamismus fällt ebenfalls weitgehend mit ihm zusammen, wird allerdings manchmal als Synonym »des« Islam missverstanden. Es sei betont, dass es in diesem Buch nicht um »den« Islam an sich geht, den es im Singular gar nicht gibt, sondern um eine spezifische Ausprägung dieser Religion, die auf die totalitäre Umgestaltung des Politischen und auf eine Unterwerfung von Gesellschaft, Kultur, Politik und Recht unter islamistische Normen zielt. Aufgrund der inhaltlichen Übereinstimmungen werde ich die Begriffe »Islamismus« und »politischer Islam« synonym verwenden, im Adjektivischen von »islamistisch« sprechen und Vertreter des politischen Islam als »Islamisten« bezeichnen.

2. Wahhabismus und Salafismus – Ideologien des politischen Islam

Historisch betrachtet war der politische Islam ein Krisenphänomen. Es waren tief greifende Erschütterungen, die zu den radikalen Rückbesinnungen auf eine idealisierte Vergangenheit führten und Gelehrte dazu trieben, sich allein am Koran und der Sunna festzuhalten. Eine dieser Krisen war die Eroberung Bagdads durch die Mongolen im Jahr 1258. Sie war in jeder Hinsicht desaströs und beendete die glanzvolle Herrschaft der Abbasiden, die das Schicksal der muslimischen Welt von der Mitte des 8. Jahrhunderts an geprägt hatten. Ihre Hauptstadt Bagdad war im 13. Jahrhundert eine Großstadt mit einer Million Einwohnern, mit prunkvollen Palästen, Moscheen und Gartenanlagen, in der urbanes Leben auf höchstem Niveau blühte. Die abbasidischen Herrscher kultivierten eine ausgefeilte höfische Etikette, förderten Kunst, Musik, Literatur und eine allgemeine Gelehrsamkeit. Im »Haus der Weisheit« wurden wissenschaftliche Texte aus aller Welt übersetzt, darunter auch die antiken Werke von Platon, Aristoteles, Galen und Hippokrates. Der Historiker Dimitri Gutas vergleicht das mittelalterliche Bagdad mit der Zeit des Perikles im antiken Griechenland, der italienischen Renaissance und den naturwissenschaftlichen Revolutionen der beginnenden Neuzeit.[8] Die Mongolen zerstörten diese blühende Metropole und alles, was sie ausmachte. Ihre Einwohner wurden massakriert, die Gebäude niedergerissen und die Bücher der zahlreichen Bibliotheken in den Tigris geworfen.

Für muslimische Wissenschaftler war dieses Unglück erklärungsbedürftig. Einer derjenigen, die über die Ursache der Katastrophe nachdachten, war der Rechtsgelehrte Ahmad ibn Taymiyya (1263–1328). Er war überzeugt, dass der Sieg der Mongolen kein Zufall, sondern vielmehr eine Folge muslimischer Glaubensschwäche gewesen sei, und forderte eine vollständige Rückkehr der muslimischen Gemeinschaft zu den Fundamenten des Islam.[9] Jede Norm oder Handlung müsse den Regularien des Korans oder der Sunna entsprechen, jedes Rechtsgutachten mit diesen Quellen begründet werden. Ibn Taymiyya lehnte sufistische Auslegungen islamischer Texte sowie die damals populären Heiligenverehrungen und Gräberkulte ab und distanzierte sich scharf von Andersgläubigen, dabei auch von Schiiten, denen er vorwarf, mit den Mongolen kooperiert zu haben. Sein Islam war ein rigides und intolerantes Ordnungssystem und stieß zu seinen Lebzeiten auch bei der Obrigkeit auf erhebliche Ablehnung. Insgesamt sechsmal wurde der Gelehrte inhaftiert und starb schließlich im Gefängnis. Sein Wirken überdauerte jedoch die Zeit, und bis heute gilt er vielen Islamisten als Inspiration.

Die erste große Bewegung des politischen Islam, die durch die Schriften Ibn Taymiyyas beeinflusst wurde, ist der Wahhabismus. Der Begriff leitet sich von seinem Gründer Muhammad Ibn Abd al-Wahhab (1703–1792) ab, der als Sohn eines Richters auf der arabischen Halbinsel geboren wurde. Schon als Kind soll al-Wahhab die Pilgerfahrt nach Mekka angetreten und danach Theologie und Rechtswissenschaften studiert haben. Dabei entdeckte er die Schriften Ibn Taymiyyas, die ihn nachhaltig prägten. Auch ein anderer Gelehrter soll ihn beeinflusst haben. Es handelte sich um Ahmad Ibn Hanbal (780–855), einen Theologen der nach ihm benannten hanbalitischen Rechtsschule. Ibn Hanbal hatte sich zu Lebzeiten gegen muslimische Intellektuelle gewandt, die von der griechischen Philosophie beeinflusst waren und einen vernunftorientierten Islam predigten. Seiner Ansicht nach sollten es allein die Buchstaben des Korans und das Vorbild des Propheten Mohammed sein, die eine Anleitung für die Gläubigen darstellten. Die Schriften Ibn Hanbals und Ibn Taymiyyas überzeugten al-Wahhab davon, dass nur der Koran und die Sunna als Quellen rechtsverbindlicher Normen zu akzeptieren seien. Den drei Theologen war gemein, dass sie den Islam in der denkbar simpelsten Form verstanden haben wollten. Philosophische und theologische Debatten waren ihnen ebenso zuwider wie Interpretationen der sakralen Texte, die von der unmittelbar erschließbaren Wortbedeutung abwichen. Solche Praxen wurden als unerlaubte Neuerungen (*bida*) verurteilt. Wie Ibn Taymiyya verdammte auch al-Wahhab zeitgenössische arabische Bräuche. In seinem »Buch der Einheit Gottes« (Kitab at-Tauhid) bezeichnet er sie als Götzendienst (*schirk*) und die Anhänger des volkstümlichen Islam als Götzendiener (*muschrikun*). Da er jede Art der Vermittlung zwischen Gott und dem Menschen als Abweichung vom islamischen Monotheismus (*tauhid*) verurteilte, wurden auch die Sufis, die ihre spirituellen Führer nach dem Tod zu Heiligen erklärten und an deren Gräbern beteten, zu Häretikern erklärt. Der Islam des al-Wahhab war puritanisch, freudlos und lehnte Musik, Tanz, den Genuss von Tabak sowie andere irdische Vergnügungen ab. Daher war es nicht verwunderlich, dass die Zahl seiner Anhänger zunächst überschaubar blieb. Das erschütterte ihn jedoch wenig. Er bezeichnete sich und seine Getreuen als »Bekenner der Einheit Gottes«, verstand seine Gruppe als Nachfolger Mohammeds und seiner Gefährten oder nannte sie einfach »die Muslime«, womit allen anderen Muslimen das Muslimsein abgesprochen wurde.[10] Diejenigen, die seiner Sicht der Dinge nicht folgen wollten, erklärte er zu Ungläubigen (eine als *takfir* bezeichnete Art der Exkommunikation) und damit zu Feinden des Islam. Gegen sie musste der Dschihad, der heilige Krieg im Namen Allahs, geführt werden, bis sie entweder vernichtet waren oder sich der fundamentalistischen Ordnung unterwarfen.[11] Auch denjenigen, die sich nicht gebührend von den vermeintlichen Abweichlern distanzierten, wurde das Muslimsein abgesprochen. Dieser »Takfirismus« ist bis auf den heutigen Tag ein probates Mittel von Dschihadisten, andere Muslime als »Ungläubige« zu denunzieren und so ihre Vernichtung leichter zu rechtfertigen.

Da al-Wahhab die militärischen Mittel für den Dschihad zu Beginn seines ideologischen Feldzuges fehlten, blieben seine Pläne zunächst reines Wunschdenken. Seine Lehren stießen in der Bevölkerung auf Ablehnung, und von einer freiwilligen Übernahme seiner Form des Islam konnte keine Rede sein. Al-Wahhab wurde vielmehr verjagt und gezwungen, sich an seinen Geburtsort zurückzuziehen. Dort hatte er als Sohn einer einflussreichen Familie eine günstigere Ausgangslage für seine Mission, und tatsächlich gelang es ihm, einen lokalen Stammesführer von seinen Ideen zu überzeugen. Gemeinsam machten sie sich ans Werk sein radikales Programm umzusetzen, zerstörten eine wichtige volkstümliche Kultstätte und ließen eine Frau steinigen. Die örtlichen Stämme protestierten daraufhin, drohten gar damit, ihre Tributzahlungen auszusetzen und Handelswege zu blockieren.[12] Diese Aussicht gefiel dem lokalen Partner nicht, und al-Wahhab wurde erneut vertrieben. Erfolg stellte sich erst durch eine 1744 geschlossene Allianz mit dem Warlord Muhammad Ibn Saud ein, der sich in der Oasensiedlung Diriyya gegen Konkurrenten durchgesetzt hatte und den Titel eines Amir, eines Führers, beanspruchte. Sauds politische

Ambitionen gingen weit über Diriyya hinaus, waren jedoch durch rivalisierende Stämme begrenzt. Für weitere Expansionen benötigte er eine brauchbare Ideologie, die geeignet war, seine militärischen Unternehmungen zu legitimieren und mit höheren Weihen auszustatten. Diese konnte al-Wahhab liefern. Der Takfirimus machte es möglich, die primär weltlichen Eroberungen Ibn Sauds als heilige Kriege zu deklarieren und mögliche Gefolgsleute von seiner vermeintlich gottgewollten Mission zu überzeugen. Al-Wahhab wiederum war auf einen militärisch starken Mitstreiter angewiesen, um seine gesellschaftliche Vision durchzusetzen; und so ergänzten sich die beiden vortrefflich. 1744 kam es zu einem Pakt, der durch einen gegenseitigen Loyalitätseid (*baya*) und die Heirat von Ibn Sauds Sohn mit al-Wahhabs Tochter besiegelt wurde. Die militärischen Eroberungen Ibn Sauds standen damit unter dem Stern der Ausbreitung des »wahren« Glaubens. Jeder Sieg wurde als Zeichen der göttlichen Unterstützung gedeutet und vergrößerte die Gefolgschaft der beiden. Das lag allerdings auch daran, dass die Besiegten vor die Wahl gestellt wurden, sich entweder der Ideologie al-Wahhabs und der Herrschaft Ibn Sauds zu unterwerfen oder zu sterben.

Die Allianz überdauerte den Tod von Muhammad Ibn Saud. Auf ihn folgte im Jahr 1750 sein Sohn Abdel Aziz Ibn Muhammad an die Spitze des Staates und die Eroberungen gingen weiter. 1773 wurde Riad und 1802 Kerbela im heutigen Irak eingenommen. Die Wahhabiten zerstörten das Grab des als Märtyrer verehrten schiitischen Heiligen Hussein Ibn Ali und damit eine der wichtigsten Kultstätten des schiitischen Islam. 4.000 Männer, Frauen und Kinder sollen massakriert worden sein. Kurze Zeit später erreichten die Truppen Mekka und Medina und machten alles dem Erdboden gleich, was ihrer Ansicht nach eine Abweichung vom wahren Glauben darstellte. Dazu gehörten auch die Moschee, Schreine und Gräber Mohammeds und seiner Familie.[13] Die dort lebenden Muslime mussten sich ebenfalls den Vorstellungen al-Wahhabs unterwerfen. Auffällige Kleidung, Rauchen und Musik wurden fortan verboten, und der Bevölkerung wurde ein auf das Jenseits ausgerichteter Lebensstil aufgenötigt. Wer sich nicht anpasste oder nachlässig bei der Absolvierung der religiösen Pflichten war, musste nach den Vorgaben der Scharia mit Körperstrafen oder sogar mit dem Tod rechnen.

Die Verbindung der Wahhabiten mit dem Clan der Saud sorgte in der damaligen islamischen Welt für beträchtliche Unruhe. Die arabische Halbinsel befand sich im Einflussgebiet des Osmanischen Reiches und dort sah man die Aktivitäten der neuen lokalen Machthaber mit einer gewissen Sorge. Vor allem die Besetzung Mekkas und Medinas rief schließlich den osmanischen Kalifen Mahmud II auf den Plan. Nicht zuletzt ging es um die gewaltigen Einnahmen aus dem Geschäft mit den Pilgern, auf die die »Hohe Pforte« nicht zu verzichten gedachte. Der Kalif beauftragte schließlich seinen ägyptischen Vizekönig Ali Pascha damit, dem Expansionseifer der Sauds ein Ende zu bereiten, und ließ Saudi-Arabien 1812 besetzen. Der saudische Amir wurde gefangen genommen, enthauptet, und der erste saudische Staat hörte auf zu existieren. Ein zweiter Staatsgründungsversuch erfolgte 1824, scheiterte aber 1891 an internen Querelen. Heute haben wir es mit der dritten saudischen Monarchie zu tun, die nach wie vor auf der Kooperation zwischen einer wahhabitisch geprägten religiösen Elite und einer weltlichen politischen Oberschicht basiert. Die gesamte normative Ordnung des Staates folgt der Scharia, ein nationales Sicherheitsgesetz verbietet Kritik am Islam, der Regierung und dem Haus Saud bei Strafe der sofortigen

Inhaftierung. Auspeitschungen, Verstümmelungen und die absolute Entrechtung von Frauen sind sprichwörtlich.

Das Osmanische Reich, das den Wahhabiten Anfang des 19. Jahrhunderts noch Einhalt geboten hatte, sollte kurze Zeit später zusammenbrechen. Ähnlich wie die Zerstörung Bagdads wurden das Ende des letzten Kalifats und der Siegeszug des Okzidents von Muslimen als Krise des Islam wahrgenommen. Der britische Historiker Bernhard Lewis, der sich in seinen Publikationen mit dem Niedergang der islamischen Welt befasste, hat das islamische Herrschaftsgebiet für die Periode vom Mittelalter bis in die Neuzeit hinein als das »reichste, mächtigste, kreativste und aufgeklärteste Reich der Welt« bezeichnet.[14] Der Wendepunkt habe mit der zweiten Belagerung Wiens im Jahr 1683 und der vernichtenden militärischen Niederlage der Osmanen begonnen. Die Irritationen der Muslime wuchsen, nachdem nicht nur die islamische Expansion in Europa gestoppt wurde, sondern europäische Armeen Nordafrika und Teile Asiens unterwarfen. Aus dieser Erfahrung heraus stellten sich die Muslime, so Lewis, zwei Fragen: »Warum hatten die verachteten christlichen Feinde die einst immer siegreichen osmanischen Armeen besiegt? Und wie konnten die Muslime ihre alte Vorherrschaft wiederherstellen?«[15] Die Antworten muslimischer Denker auf diese Herausforderungen seien primär religiös gewesen.[16] Wie al-Wahhab oder Ibn Tamiyya waren sie davon überzeugt, die offenkundige Schwäche der muslimischen Gesellschaften durch eine Rückkehr zu den Fundamenten des Islam überwinden zu können. Aufgrund des Nacheiferns der »Altvorderen«, die im Arabischen als *al-salaf al-salih* bezeichnet werden, nennt man sie Salafisten.

Einer ihrer frühen Vertreter war der im Iran geborene Jamal al-Din al-Afghani (1838–1897), der sein Leben dem Kampf gegen den europäischen Kolonialismus verschrieb und als Agitator in der islamisch geprägten Welt herumreiste. Er wurde wegen seiner politischen Betätigungen aus dem Iran, aus Indien, Afghanistan und Ägypten ausgewiesen und hielt sich längere Zeit in London und Paris auf, wo er mit europäischen Intellektuellen zusammentraf. Berühmt geworden ist sein Briefwechsel mit dem Orientalisten Ernest Renan über das Verhältnis von Islam und Moderne. Während Renan den Islam für modernisierungsunfähig hielt, glaubte al-Afghani an eine Synthese zwischen moderner Technologie und islamischer Philosophie und Werteorientierung. Er legte damit den Grundstein für eine selektive Aneignung westlicher Errungenschaften, die der aus Damaskus stammende Politikwissenschaftler Bassam Tibi den »Traum von einer halben Moderne« nennt.[17] Tibi meint damit die Trennung zwischen der philosophischen und der technologischen Moderne, die es ermöglicht, Demokratie, Trennung von Staat und Religion sowie die Gleichberechtigung von Männern und Frauen abzulehnen, moderne Technik jedoch zu bejahen und zu nutzen. Als explizit modern muss die Idee des Panislamismus beurteilt werden, die bereits Ende des 18. Jahrhunderts im Osmanischen Reich entstand und von al-Afghani während seines Europaaufenthaltes weiterentwickelt wurde.[18] Sie sollte helfen, die nationale Beschränktheit des antikolonialen Kampfes zu überwinden und war als Ressource für die Mobilisierung muslimischer Massen gegen die europäische Vorherrschaft gedacht.

Al-Afghanis wichtigster Schüler war der Ägypter Mohammed Abduh (1849–1905), der an der al-Azhar-Universität in Kairo Theologie studiert und nach seinem Examen als Lehrer und Journalist gearbeitet hatte. In jungen Jahren befasste er sich mit islamischer Mystik und trat auf Vermittlung eines Onkels einem sufistischen Orden bei. Noch während seines Studiums lernte er al-Afghani kennen. Der eloquente Agitator begeisterte ihn und machte ihn mit philosophischen Texten und europäischer Literatur in arabischer Übersetzung bekannt. Allerdings brachte ihn diese Freundschaft in Konflikt mit den Behörden. Er wurde verhaftet, vor Gericht gestellt und schließlich sogar des Landes verwiesen. 1884 ging er ins Exil nach Paris, wo er zusammen mit al-Afghani eine Zeitschrift herausgab. Im Laufe der Zusammenarbeit wurden die Unterschiede zwischen den beiden Denkern jedoch offenkundig und es kam zu einem Zerwürfnis. Anders als al-Afghani war Abduh nicht davon überzeugt, dass Aufstände die Situation der Muslime verbessern würden. Er setzte stattdessen auf Bildung und war auch bereit, sich an die herrschenden Verhältnisse anzupassen.1889 kehrte er nach Ägypten zurück und hielt sich fortan von der Politik fern. Seiner beruflichen Karriere tat die politische Zurückhaltung gut. Nach einigen Stationen, in denen er das Amt eines Richters (*qadi*) bekleidete, wurde er 1899 zum Großmufti ernannt. Es war die höchste religiöse Position, die in Ägypten erlangt werden konnte. Im gleichen Jahr wurde ihm zudem die Mitgliedschaft im »Gesetzgebenden Rat« angetragen. Solchermaßen mit Würden und Ämtern ausgestattet, widmete Abduh sein Leben der Umgestaltung der wichtigsten Bildungseinrichtungen Ägyptens und der Reform des Islam. Obgleich dies für ihn ein Zurück zu den islamischen Quelltexten bedeutete, lehnte er die europäische Geistesgeschichte nicht *per se* ab, sondern integrierte westliche und östliche Philosophien bis zu einem gewissen Grad. Sein Ziel bestand letztendlich darin, einen Mittelweg zwischen Europäisierung und Islam zu beschreiten.[19] In diesem Sinne wurzeln die Gedanken Muhammad Abduhs zwar im islamischen Fundamentalismus und im Salafismus, sind aber dennoch weit von denen der heutigen Islamisten entfernt.

Auf Abduhs Schüler und zeitweise engsten Wegbegleiter Muhammad Rashid Rida (1865–1935) traf eine solch differenzierte Herangehensweise nicht zu. In einem Dorf bei Tripoli im Libanon geboren, war auch er seit seiner Schulzeit mit europäischem Gedankengut vertraut und stand in seiner Jugend wie Abduh dem Sufismus positiv gegenüber. Er schloss sich sogar dem Orden der Nakschbandi an, wandte sich aber später entschieden davon ab, nachdem er eine Veranstaltung besucht hatte, bei der Derwische versuchten, Gott durch ekstatische Drehtänze näherzukommen. Für ihn waren dies verbotene Handlungen, die vollständig seinem puritanischen Religionsverständnis widersprachen. Rida ging es um Reinigung des Islam von jedweder vermeintlichen Verfälschung, um eine Rückkehr zu seinen Ursprüngen sowie um die Stärkung der islamischen Gemeinschaft, die er dezidiert als politische Gemeinschaft verstand. Die Orientierung an tradierten Normsetzungen, die im Arabischen als *taqlid* bezeichnet werden und die Theologie entscheidend prägten, lehnte er ab. Sie waren für ihn die Ursache für die Stagnation der islamischen Welt und den Sieg des Westens. Wie Abduh und al-Afghani setzte er das Prinzip des *itschtihad* dagegen, was eine vernunftgeleitete eigene Interpretation der heiligen Texte bedeutet. Der frühe Salafismus war zweifellos eine Reformbewegung, auch wenn sein Anliegen eine Rückkehr zu den Prinzipien des 7. Jahrhunderts war. Die ultimative normative Leitfunktion kam in Ridas Gesellschaftskonzept der Scharia zu, vor allem im Bereich des Strafrechts und der religiösen Pflichten.[20] Das einzig legitime Herrschaftssystem war für ihn das Kalifat. Auch aus seinen Sympathien für den Wahhabismus machte er kein Hehl. Rida war nicht nur ein theologischer Erneuerer, sondern maßgeblich ein politischer Aktivist. Mit Abduh gab er ab 1898 die einflussreiche Monatszeitschrift »Der

Leuchtturm« (al-Manar) heraus, in der er zunehmend radikale Aufsätze verfasste und zur Popularisierung des von ihm verehrten Ibn Taymiyya beitrug.[21] Anders als Abduh war Rida strikt antiwestlich eingestellt und versuchte nachzuweisen, dass alle technischen und wissenschaftlichen Errungenschaften des Okzidents eigentlich islamischen Ursprungs seien.

3. Die Verlockungen des Westens und die Geburt der Muslimbruderschaft

Zur Zeit des sich entwickelnden Salafismus befand sich Ägypten im Umbruch. Dieser zeichnete sich bereits im 18. Jahrhundert ab. Nachdem eine französische Militäreinheit unter Führung Napoleon Bonapartes das zum Osmanischen Reich gehörende Land im Jahr 1789 erobert hatte, reagierte der osmanische Vizekönig Muhammad Ali mit einer Übernahme europäischer Errungenschaften und reformierte die Verwaltung und Infrastruktur nach europäischem Vorbild. Unter seinem Nachfolger, dem Gouverneur Ismael, wurde 1869 der Suezkanal fertiggestellt. Eine neue urbane Elite entstand, und auch auf dem Land änderten sich die Verhältnisse grundlegend. Dabei gab es Gewinner und Verlierer. Manch reicher Grundeigentümer profitierte vom Anschluss an den Weltmarkt, andere hingegen verloren ihr Land. Kleinstproduzenten und lokale Händler konnten mit den europäischen Waren nicht mehr konkurrieren, und viele, die in den Dörfern kein Auskommen mehr hatten, drängten in die Städte. Dazu kam eine galoppierende Staatsverschuldung, da die Modernisierungsvorhaben mehr Geld kosteten, als zur Verfügung stand. Im Jahr 1875 konnte Ägypten seine Schulden nicht mehr bezahlen. England kaufte die ägyptischen Anteile der Suezkanal-Aktien, richtete zusammen mit Frankreich eine Kommission zur Kontrolle der ägyptischen Finanzen ein und ab 1879 stand das Land faktisch unter britischer Finanzaufsicht, die einen harten Sparkurs auferlegte. Gehälter konnten nicht mehr bezahlt werden, Beamte und Angehörige des Militärs wurden entlassen. Aus diesen gedemütigten Kreisen heraus bildete sich eine Oppositionsbewegung, der sich traditionelle Eliten und muslimische Intellektuelle anschlossen. Die Briten verhielten sich zunächst abwartend, bis es am 11. Juli 1882 zu gewalttätigen Ausschreitungen gegen Europäer kam und sogar die Nutzung des Suezkanals gefährdet schien. Im September landeten britische Truppen in Ägypten und besetzten das Land. Ab 1883 standen britische Generäle an der Spitze der ägyptischen Armee, ägyptische Soldaten wurden durch britische Offiziere ausgebildet, und wichtige Ämter in der Verwaltung wurden von Briten kontrolliert. Man installierte einen Generalkonsul, der den Gouverneur beriet und seine politischen und wirtschaftlichen Entscheidungen lenken sollte. Gegen diese Entwicklung formierte sich allerdings entschiedener Widerstand. Das 19. Jahrhundert war das Jahrhundert des Nationalismus, und sowohl im Okzident als auch im Orient begeisterten sich junge Intellektuelle für Ideen von Unabhängigkeit und nationaler Einheit. 1919 kam es zu großen Demonstrationen in Kairo, an denen auch Frauen der Elite teilnahmen, danach zu einem Boykott britischer Waren und zu einer Reihe von Sabotageaktionen. Am 19. April 1922 entließ Großbritannien Ägypten in die Unabhängigkeit. Faktisch sicherten sich die ehemaligen Kolonialherren jedoch eine Reihe von Optionen, um gegebenenfalls wieder in die Geschicke des Landes eingreifen zu können. So verblieben größere Kontingente britischer Truppen weiterhin in Ägypten, und die britische Regierung behielt sich Interventionsrechte vor.

Alle Reformer des Salafismus engagierten sich gegen die britische Fremdherrschaft und gegen die negativen Begleiterscheinungen der Modernisierung. Doch es ging um weitaus mehr als um eine Bewegung gegen Armut und für politische Gerechtigkeit. Al-Afghani, Abduh und Rida fürchteten vor allem die Säkularisierung der Gesellschaft und die Verdrängung des Islam durch Ideen, die die Freiheitsrechte des Individuums in den Mittelpunkt stellten. Diese Sorge war durchaus berechtigt, denn das 19. und beginnende 20. Jahrhundert waren nicht nur durch ökonomische und politische Verwerfungen, sondern auch durch einen tief greifenden sozialen Wandel gekennzeichnet. Intellektuelle kritisierten die Religion und die Tradition gleichermaßen als Entwicklungshindernisse, die Bildungselite verlangte säkulare Schulen, und im Jahr 1899 publizierte der Jurist Qasim Amin ein Buch mit dem Titel »Die Befreiung der Frau«. Darin fordert er Schulbildung für Mädchen, Reformen des patriarchalen Familienrechts und die Aufhebung der Verhüllungspflicht für Frauen. 1923 zog die in einem Harem aufgewachsene Aktivistin Huda Shaarawi bei einer öffentlichen Versammlung ihren Gesichtsschleier aus und warf ihn demonstrativ ins Meer. Frauen eroberten Räume, die bis dahin Männern vorbehalten waren, einige von ihnen begannen Auto zu fahren, und in den Zwanzigerjahren wurde die erste Pilotin ausgebildet. Ab 1929 konnten Frauen Universitätsabschlüsse machen. Die alte patriarchalische Ordnung geriet unübersehbar ins Wanken. Diese Entwicklung war den frommen Salafisten zutiefst zuwider, weil sie den Islam als allumfassendes Ordnungsprinzip in Frage stellte, ja letztendlich überflüssig machte. So ist es nicht verwunderlich, dass auf dem Höhepunkt der weltlichen Fortschrittsbewegung ihr fundamentalistisch-religiöses Gegenprogramm aufgelegt und die Muslimbruderschaft, die mächtigste islamistische Vereinigung des 20. und 21. Jahrhunderts, gegründet wurde.

Der noch heute verehrte Gründungsvater der Bruderschaft war Hassan al-Banna (1906–1949), der Sohn eines Uhrmachers aus dem ländlichen Oberägypten. Bereits im Alter von zwölf Jahren soll er einer Gruppe namens »Verein für moralisches Verhalten« angehört haben, in der die Jungen sich selbst strengen islamischen Geboten unterwarfen und Übertretungen durch Strafzahlungen ahndeten.[22] Schon bald entwickelte er Ambitionen, den Wirkungskreis der selbst ernannten Tugendwächter auszudehnen, und gründete den »Verein zur Prävention des Verbotenen«, dessen Mitglieder ihre Mitmenschen ermahnten, wenn sie Alkohol tranken oder andere religiösen Verbote missachteten.[23] Diesen moralisierenden Eifer behielt al-Banna auch bei, als er mit 17 Jahren nach Kairo zog, um eine Lehrerausbildung zu absolvieren. Er versuchte sein religiöses Programm mit einem politischen Aktionismus gegen die britische Kolonialherrschaft zu verbinden, wurde Mitglied des »Vereins für die Erhabenheit der islamischen Moral« und rief die »Gesellschaft junger muslimischer Männer« ins Leben. 1928 gründete er die Muslimbruderschaft mit der Absicht, sowohl die Unabhängigkeit Ägyptens als auch eine Rückkehr zu den islamischen Werten, wie sie der Salafismus gelehrt hatte, voranzutreiben. Nur in einer Gesellschaft, die den Regeln des Islam folge, glaubte al-Banna, könne Gerechtigkeit verwirklicht werden. Zu seinen Vorstellungen einer islamischen Ordnung gehörte auch die durchgehende Trennung der Geschlechter bis in die Schulen hinein und die Aufrechterhaltung einer absoluten männlichen Dominanz. Frauen sollten ihre Aufgabe als Hausfrauen, Mütter und Ehefrauen erfüllen und das Haus nur verlassen, wenn es absolut notwendig sei. In diesem Fall sei die Verhüllung von Kopf und Körper ein Muss. Der emanzipative Aufbruch der ägyptischen Feministinnen war ihm zutiefst zuwider und entsprach nicht seinen Vorstellungen einer von Allah geschaffenen weiblichen Natur.[24]

Wie Rashid Rida sah auch Hassan al-Banna die islamische Welt am Scheideweg. Die Bruderschaft sollte das Instrument einer Rückführung der Muslime zum idealisierten Islam der Frühzeit sein und das große Projekt einer vollständigen Unterwerfung der gesamten Menschheit unter die Gesetze Gottes vorantreiben. Es sei eine Pflicht jedes Muslims, schrieb er im Jahr 1934, dafür zu kämpfen, dass das Banner des Islam über die Erde flattere und der Ruf »Gott ist der Größte« in jedem Winkel der Welt erschalle.[25] Um dieses Ziel zu erreichen, solle auch das Mittel des Dschihad eingesetzt werden.[26] Al-Bannas Ideen und wohl auch seine charismatische Persönlichkeit führten dazu, dass sich die Bruderschaft schnell ausbreitete. Sie wurde zu einer Massenbewegung, nicht zuletzt, weil sie es verstand, Akteure zu vereinen, die sozial und ökonomisch wenig miteinander gemein hatten: das städtische Kleinbürgertum, die Studenten, die Landbevölkerung und Teile der Elite.[27] 1932 siedelte al-Banna nach Kairo um und war jetzt im Zentrum der Macht. Er modernisierte die Organisationsstruktur der Bruderschaft, etablierte ein Wohlfahrts- und Bildungsprogramm und politisierte die Bewegung. Ein militanter Flügel, der sogenannte »Spezialapparat«, wurde aufgebaut, der eine Reihe von Anschlägen auf Militäranlagen, ägyptische und britische Politiker sowie auf Ziele im britischen Mandatsgebiet Palästina durchführte. 1948 wurde der ägyptische Premierminister al-Nuqraishi von Muslimbrüdern ermordet, und ein Jahr später starb Hassan al-Banna, vermutlich durch einen Vergeltungsschlag des staatlichen Geheimdienstes. 1952 unterstützte die Bruderschaft den Putsch der »Freien Offiziere« unter Gamal Abdel Nasser, überwarf sich aber kurz darauf mit ihm. In einem Video lässt sich die tiefe Kluft zwischen den frommen Brüdern und dem säkularen Premierminister eindrücklich beobachten. Nasser erzählte darin während einer öffentlichen Veranstaltung, er habe sich mit dem Führer der Muslimbruderschaft getroffen, um Modalitäten der Zusammenarbeit zu besprechen, und dieser habe ihm dann mitgeteilt, seine Bedingung sei ein Verschleierungserlass für Frauen. Schallendes Gelächter brach im Publikum aus und eine Stimme sagte: »Lass IHN das tragen!« Er habe den Muslimbruder dann damit konfrontiert, fuhr Nasser fort, dass seine eigene Tochter, die an einer medizinischen Hochschule studierte, kein Kopftuch trage. »Obwohl Sie ihre eigene Tochter nicht dazu bringen können, ein Kopftuch zu tragen, verlangen Sie von mir, dass ich zehn Millionen Frauen dazu bringe? Ich allein?« Vor Lachen konnte er nach diesen Sätzen kaum mehr weitersprechen, und die Zuhörer bestätigten ihn mit einem tosenden Applaus.[28] Eine Zusammenarbeit war unter diesen Voraussetzungen nicht möglich, und die Bruderschaft reagierte mit Gewalt auf den Misserfolg. 1954 wurde ein Anschlag auf Nasser durchgeführt, der den Brüdern angelastet wurde, die Organisation daraufhin verboten, und viele ihrer Mitglieder wurden festgenommen.

Unter den Inhaftierten befand sich Sayyid Qutb (1906–1966), eine der wichtigsten Persönlichkeiten des modernen Islamismus. Qutb begann seine politische Laufbahn als religiöser Sozialreformer, wurde dann immer islamistischer, wozu auch ein zweijähriger Aufenthalt in den USA beigetragen hatte, in die er als Beamter des ägyptischen Bildungsministeriums entsandt worden war. Er verurteilte die materialistische Orientierung der Amerikaner, ihre Unterstützung Israels und den ungezwungenen Umgang zwischen Männern und Frauen, der seinen

Moralvorstellungen zutiefst widersprach. Die Mischung aus Abscheu und Faszination, die die fremden Sitten bei ihm auslösten, werden bei der Beschreibung einer kirchlichen Tanzveranstaltung deutlich: »Der Tanzsaal wird zu einem Wirbel von Fersen und Schenkeln, Arme schlingen sich um Hüften [...] und die Luft ist schwanger vor Lust.«[29] Wenn wir uns vor Augen führen, dass religiöse Eiferer zur damaligen Zeit vor allem die Durchsetzung einer rigiden, an frühislamischen Verhältnissen ausgerichteten Sexualmoral im Sinn hatten, verstehen wir seine emotionale Erschütterung. Qutbs Verurteilung des *American way of life* fiel allerdings so radikal aus, dass er aus dem Ministerium entlassen wurde.

1953 wurde er Mitglied in der Muslimbruderschaft und besaß bis zu seinem Tod eine Führungsrolle in der Organisation. Als sie 1954 verboten wurde, wurde auch er verhaftet und von einem Gericht zu neun Jahren Haft verurteilt. Seine Erfahrungen im Gefängnis addierten sich zu einem ohnehin schon apokalyptischen Weltbild. Für Qutb stand die Welt am Abgrund. Sie befand sich seiner Meinung nach in einem Zustand, den er als moderne *dschahiliyya* charakterisierte. Der Begriff der *dschahiliyya* bezeichnet in der islamischen Theologie die vorislamische Zeit, eine Phase der Geschichte, die gewöhnlich als gesetzlos und barbarisch dargestellt wird und erst mit dem Erscheinen Mohammeds ein Ende gefunden haben soll.[30] Das sah auch Qutb so. Mit der Offenbarung des Islam sei die *dschahiliyya* überwunden worden und an ihre Stelle eine ideale Gemeinschaft getreten, die in Übereinstimmung mit den göttlichen Geboten gelebt und gehandelt habe. Jetzt, im 20. Jahrhundert, so Qutb, sei von den Prinzipien dieser Gemeinschaft nicht mehr viel übrig geblieben. Die politische und geistliche Elite sei korrumpiert worden und habe sich von Gott abgewandt.

Die *dschahiliyya* sei zurückgekehrt, doch sie sei schlimmer und verderbter als die alte, denn sie basiere nicht mehr auf Unkenntnis, sondern auf Apostasie, auf Dekadenz und sowohl geistiger wie sittlicher Entartung. Ein Zurück zu den Ursprüngen war für ihn zwingend. »Nur in der islamischen Lebensordnung«, schrieb er, »werden die Menschen frei von der Dienerschaft einiger Menschen zu anderen und geben sich nur dem Dienst allein zu Allah hin, nehmen allein seine Führung an und verneigen sich nur vor ihm.«[31] Um die göttliche Ordnung wiederherzustellen, müssten die modernen Regime von den wahrhaft Gläubigen in einem heiligen Krieg hinweggefegt werden, weshalb der Dschihad nicht nur gerechtfertigt sei, sondern geradezu eine Pflicht darstelle. Qutb legte Wert darauf, den Dschihad nicht primär als Verteidigungskrieg zu verstehen, wie es in Kreisen antikolonialer Aktivisten üblich war. Es gehe um die Durchsetzung der Scharia und um die Etablierung einer normativen Ordnung, die sich im Einklang mit den Geboten Gottes befinde. Diese Rechtfertigung des Dschihad als Mittel der Expansion kollidierte zwar mit der damaligen politischen Leitkultur, entsprach jedoch, so der Politikwissenschaftler Farid Hafez, tonangebenden Positionen der islamischen Rechtswissenschaft.[32] Das erkläre, so Hafez, warum Qutb über Ägypten hinaus zum »Vorreiter für militante islamistische Bewegungen« wurde.[33]

4. Moderate Muslimbrüder?

Nach dem Tode Qutbs geriet die Bruderschaft in Ägypten in unruhiges Fahrwasser. Phasen, in denen sie verboten war, wechselten mit solchen, in denen sie ihren Tätigkeiten nachgehen konnte. Da sie politisch-religiöse

Propaganda mit sozialen Aktivitäten kombinierte, hatte sie bei den städtischen und ländlichen Armen, die von der Regierung sträflich vernachlässigt wurden, einen guten Ruf und gewann die ersten freien Wahlen in Ägypten nach dem Sturz Hosni Mubaraks mit überwältigender Mehrheit. Nimmt man die Wahlerfolge der salafistischen »Nur-Partei« hinzu, erhielt der islamistische Block im Jahr 2011 nahezu drei Viertel aller Stimmen. Mohammed Mursi wurde zum Präsidenten gewählt. Ähnliches geschah in Tunesien, wo der »Ennahda« genannte Zweig der Bruderschaft im selben Jahr bei der ersten Wahl nach dem Sturz des Diktators Ben Ali 37 Prozent aller Stimmen erhielt. Hat sich die Bruderschaft im 21. Jahrhundert durch diese erfolgreiche Beteiligung an demokratischen Wahlen verändert, ist sie gar moderat geworden, wie einige Wissenschaftler glauben? Für Ägypten muss dies mit einem klaren »Nein« beantwortet werden. Kaum an der Macht, versuchte Mursi das alte Programm al-Bannas ohne Rücksicht auf demokratische Gepflogenheiten durchzusetzen. Linke und Liberale wurden kaltgestellt und säkulare Abgeordnete aus der von Mursi eingesetzten verfassungsgebenden Versammlung vertrieben, sodass diese letztendlich fast ausschließlich aus Muslimbrüdern und Salafisten bestand. Gemeinsam unternahm man den Versuch, die Verfassung zu islamisieren. Die Scharia sollte die Grundlage aller Gesetze sein, die verfassungsrechtlich garantierte Gleichstellung zwischen Männern und Frauen zugunsten einer eindeutigen Dominanz von Männern nach dem Vorbild des 7. Jahrhunderts und entsprechender koranischer Verse aufgehoben werden. Mursi erließ zudem Dekrete, die die Justiz entmachten und ihm selbst außergewöhnliche Machtbefugnisse verleihen sollten. Außerdem ließ er marodierende Islamisten gewähren, die Terror gegen die Opposition und gegen die christliche

Minderheit verbreiteten. Es war klar, dass hier eine islamistische Diktatur durchgepeitscht werden sollte. Die Reaktion ließ nicht auf sich warten. Friedensnobelpreisträger Mohammed al-Baradei kritisierte den Präsidenten öffentlich als »neuen Pharao«, 300.000 Demonstranten versammelten sich auf dem Tahrir-Platz in Kairo, und es kam zu Straßenschlachten. Eine Bürgerinitiative namens »Tamarod« (Rebellion) wurde gegründet. Ihre Mitglieder riefen zum Sturz Mursis auf und sammelten innerhalb weniger Monate Millionen Unterschriften. Das Militär sah die Bewegung mit Freude und putschte sich, solchermaßen legitimiert, im Juli 2013 an die Macht. Danach wurde die Muslimbruderschaft wieder verboten und das demokratische Experiment fand ein Ende.

In Tunesien, wo die »Ennahda« seit 2011 an der Regierung beteiligt ist, verlief die postrevolutionäre Phase positiver. Auch hier schwadronierten Hardliner aus dem islamistischen Lager unmittelbar nach der gewonnen Wahl von einer islamistischen Transformation der Gesellschaft, kritisierten die Gleichstellung der Geschlechter in der Verfassung oder träumten gar öffentlich vom neuen Kalifat. Obwohl sich gemäßigte Kräfte in der Partei durchsetzten, eskalierte die Situation zunehmend. Wie in Ägypten fühlten sich islamistische Radikale ermutigt, ihre Vorstellungen einer islamischen Ordnung mit Gewalt in der Öffentlichkeit durchzusetzen. Sie brannten Ausstellungsräume nieder, in denen Kunst gezeigt wurde, die sie als *haram* empfanden, erzwangen die Schließung einer Universität, weil das Rektorat ihrer Forderung nach Geschlechtertrennung nicht nachkam, bedrohten liberale Intellektuelle und Sportler, die während des Ramadan tranken, oder Fernsehmoderatoren, die ihnen nicht islamisch genug erschienen. Dschihadisten schlossen sich in der Organisation »Ansar asch-Scharia« zusammen, versammelten sich ungehindert unter schwarzen Fahnen auf öffentlichen Plätzen und lieferten sich Gefechte mit der Polizei. Ihre Führer forderten den Staat wortgewaltig heraus, doch die Politik schwieg und ließ sie ungehindert agieren. Im Jahr 2013 wurden die Oppositionspolitiker Chokri Belaid und Hamadi Dschebali ermordet. Dies war ein Wendepunkt in der postrevolutionären Geschichte. Es kam zu Massenprotesten, die säkulare Opposition forderte den Sturz der Übergangsregierung, und die Lage geriet zunehmend außer Kontrolle. Eine Situation entstand, die derjenigen in Ägypten ähnelte. Doch Rachid Ghannouchi, der Führer der »Ennahda«, war nicht Mursi. Er begann mit der säkularen Opposition zu verhandeln und willigte schließlich ein, die Macht an eine technokratische Übergangsregierung zu übergeben. Im Mai 2014 hatte ich Gelegenheit, ihn in Tunis zu interviewen, und fragte ihn, warum er eingelenkt habe. »Ich wollte nicht enden wie Mursi«, war seine schlichte Antwort. In der Tat zeigte seine besänftigende Strategie Wirkung und die »Ennahda« wurde bei den Wahlen im Jahr 2014 nach der säkularen »Nidaa Tounes« zweitstärkste Partei. Das setzte eine Reihe säkularer Veränderungen innerhalb der Partei in Gang. Auf dem Parteitag 2016 bekannte man sich zur Trennung von Politik und Religion, und Ghannouchi verglich die »Ennahda« mit der deutschen CDU. Ist das glaubhaft? Hat sich die islamistische Organisation tatsächlich demokratisiert? Manches spricht dafür. Wenn man die Situation der Frauen als Gradmesser für die Verfassung einer Gesellschaft nimmt, hat Tunesien, das seit der Unabhängigkeit im Jahr 1956 als eines der emanzipiertesten islamischen Länder galt, unter Regierungsbeteiligung der »Ennahda« seinen reformorientierten Kurs beibehalten bzw. weiter fortgesetzt. Jegliche Form häuslicher Gewalt steht seit 2017 unter Strafe, und Frauen sind in der Ehe nicht mehr zum Beischlaf verpflichtet, wie es ein Koranvers eigentlich vorschreibt. Außerdem dürfen sie mittlerweile Nichtmuslime heiraten, was im Rest der islamischen Welt als unvorstellbar gilt. Diese Entscheidungen waren in der Partei umstritten, doch die Befürworter des neuen Säkularismus konnten sich durchsetzen. Das mag zuallererst eine Form des Pragmatismus darstellen, da die säkulare Zivilgesellschaft in Tunesien breit aufgestellt ist und ein erhebliches politisches Gewicht darstellt.[34] Nachdem die »Ennahda« 2011 und 2012 mit Unterstützung salafistischer Organisationen erfolglos versucht hatte, die etablierten Frauenrechte wieder abzuschaffen, mobilisierten Frauenorganisationen Tausende auf die Straßen und zwangen die »Ennahda« zurückzurudern. Bei einer Befragung im Jahr 2013 befürworteten 72 Prozent der Bevölkerung eine Trennung von Religion und Politik.[35] Mittlerweile scheint sich einiges konsolidiert zu haben. Im Jahr 2018 wurde mit Souad Abderrahim die erste weibliche Bürgermeisterin von Tunis gewählt. Abderrahim gehört der »Ennahda« an und trug früher einmal ein Kopftuch, das sie ablegte, als sie 1992 Managerin beim Pharma-Unternehmen »Presta Pharm« wurde. Dass sie überhaupt in die Lage kam, ihr politisches Amt wahrzunehmen, ist einer Frauenquote von 50 Prozent für kommunale Ämter geschuldet. Dies wiederum ist das Ergebnis der ungewöhnlich starken tunesischen Frauenbewegung, die bis in die frühe postkoloniale Phase zurückgeht. Ihr und einer traditionsreichen säkularen Mitte der Gesellschaft ist es zu verdanken, dass Tunesien nach dem Sieg der »Ennahda« nicht in eine islamistische Zukunft abdriftete.

Jenseits solch pragmatischer Zwänge lässt sich in Kreisen der Muslimbruderschaft wenig Neigung erkennen, vom radikalen Gedankengut abzuweichen. Das zeigt zum Beispiel ihr Stichwortgeber Yusuf al-Qaradawi, einer der einflussreichsten sunnitischen Gelehrten der Gegenwart. Er publizierte mehr als 100 teilweise populärwissenschaftlich geschriebene Werke, die in unterschiedliche Sprachen übersetzt wurden, und bediente sich schon früh einer Reihe neuer Medien, um weltweit Rezipienten zu erreichen. Bereits 1996 erhielt er eine Fernsehreihe beim Sender »al-Dschasira«. Später verkündete seine Lehre auch über das Internetportal »IslamOnline« sowie über andere Portale der sozialen Medien. Diese Aktivitäten haben ihm den Ruf eines *global mufti* eingebracht.[36] Von Katar aus, einem Land, das mittlerweile das Zentrum der internationalen Muslimbruderschaft darstellt, betätigt er sich außerdem als Organisator und *spiritus rector* transnationaler Organisationen, die im Geiste der Bruderschaft agieren. Vor seiner internationalen Karriere hatte al-Qaradawi eine erfolgreiche Gelehrtenlaufbahn in Ägypten absolviert, ließ sich in den 1940er-Jahren von Hassan al-Banna begeistern und trat der Muslimbruderschaft bei. 1960 erschien seine Schrift »Erlaubtes und Verbotenes im Islam«, die heute in viele Sprachen übersetzt auch für Muslime im Westen eine wichtige Orientierungshilfe darstellt. Ein nicht unwesentlicher Teil des Buches befasst sich mit der Kontrolle der Sexualität, wobei es in erster Linie um eine Kette von Anweisungen geht, die Frauen zu beachten haben. Keusch, schamhaft und verhüllt sollen sie sein, damit der männliche Trieb nicht unnötig gereizt werde, schreibt er.[37] Insgesamt stellt das Buch einen kleinteiligen Regelkatalog dar, der den Gläubigen *en detail* vorschreibt, wie sie ihr Leben zu führen haben, wobei jede Vorschrift als göttliche Verordnung deklariert wird. Die Besessenheit vieler Muslime, vor jeder Handlung zu überlegen, ob sie *haram* oder *halal* sei, hat in solchen Ratgebern ihren Ursprung. Verbote von Alkohol, wie sie in Ägypten angedacht wurden, oder das Zerstören von Kunstausstellungen wie in Tunesien werden dadurch ebenso legitimiert wie Gesetze, die sich an der Scharia orientieren. Wie für Hassan al-Banna gilt die Einführung des islamischen Rechts auch für al-Qaradawi als obligatorisch, wenngleich er sich aus pragmatischen Gründen in Ägypten für eine sukzessive Islamisierung des Rechts aussprach und empfahl, in den ersten fünf Jahren der Herrschaft der Muslimbrüder keine Hände abzuhacken.[38] Das politische Ziel war für al-Qaradwi immer die vollständige Umsetzung der Scharia inklusive der Todesstrafe für Sex außerhalb der Ehe oder für die Abkehr vom Islam, die Aufhebung der Trennung zwischen Politik und Religion und die Etablierung eines Kalifats.[39] Al-Qaradawis Ideen beschränken sich nicht nur auf Ägypten oder die islamische Welt. Er fordert vielmehr neue Eroberungen. Im Jahr 2017 bekundete er, es sei die Pflicht der islamischen Gemeinschaft, ihre Herrschaft wieder in jenen Gebieten zu errichten, die einst von Muslimen okkupiert waren. Dazu zählt für ihn die gesamte Region von der arabischen Halbinsel bis China, aber auch Europa.[40]

Die Muslimbruderschaft ist eine Organisation, die schwer zu durchschauen ist. In einigen Ländern agieren ihre Mitglieder offen, in anderen sind sie wie Schatten. Außerhalb der arabischen Welt, so die Politikwissenschaftlerin Petra Ramsauer, erscheine sie niemals unter ihrem eigenen Namen, sondern verberge sich hinter vielen Bezeichnungen, die zwar eine Nähe zur Bruderschaft durchscheinen ließen, aber dies nicht schwarz auf weiß festschrieben. Diese Strategie ermöglicht es den Aktivisten, unerkannt zu bleiben und ihr Gegenüber zu täuschen. Verbindungen zur Bruderschaft werden stets geleugnet, wie auch die von al-Banna und anderen Brüdern postulierten Ziele einer Islamisierung von Staat und Gesellschaft.[41]

»Wir waren immer dazu angehalten, die Bedeutung des Netzwerks kleinzureden. Denn dies ist das Fundament der Bruderschaft und deshalb der sensibelste Bereich«, zitiert Ramsauer einen ägyptischen Aussteiger.[42] Die Strukturen der Vereinigung sind undurchsichtig. Es gibt Quellen, die von einer hierarchischen Organisation ausgehen, die stufenförmig aufgebaut ist und in der der äußerste Ring eine Kleingruppe darstellt, die einen vorgefertigten Lehrplan abarbeitet. Hier soll die primäre Indoktrination stattfinden, die fünf bis acht Jahre dauern könne. Die Teilnehmer gälten als Sympathisanten. Wenn sie sich als verlässlich und formbar erwiesen, stiegen sie in die nächste Stufe auf und seien dann »Unterstützer« der Bewegung. Sie übernähmen bereits gewisse Aufgaben, hielten Predigten in Moscheen und beeinflussten zivilgesellschaftliche Organisationen. Auf einer weiteren Stufe seien die »Angeschlossenen«, die schon selbst junge Muslimbrüder ausbilden dürften. Habe man sich bewährt, werde man »Organisator« und rücke in den Führungskreis auf. Bevor man aufgenommen werde, müsse die Loyalität zur Organisation und die theologische Kompetenz unter Beweis gestellt werden. Zweifel an der absoluten Treue zur Organisation würden zu einer Stagnation des Aufstiegs oder sogar zu einem Ausschluss führen. Die Spitze der Bruderschaft soll eine Zentrale bilden, die Beschlüsse nach unten an die pyramidal verfassten Untereinheiten weitergibt.[43] Neben diesem zentralisierten Modell existiert noch ein anderes, das eher davon ausgeht, dass die Bruderschaft eine transnationale panislamische Bewegung darstellt, deren einzelne Abteilungen weitgehende Autonomie genießen. Für diese Theorie sprechen ideologische Abweichungen nationaler Organisationen außerhalb Ägyptens. Wahrscheinlich ist, dass hierarchische Strukturen durchaus vorhanden sind, diese aber nicht auf transnationaler Ebene durchexerziert werden. Transnationalität ist heute ein Markenzeichen der Bruderschaft. Sie war in der Vergangenheit nicht nur in Ägypten und Tunesien aktiv, sondern expandierte nach Syrien, wo sie an Aufständen gegen die Regierung Asad beteiligt war, in den Gaza-Streifen, wo sie unter dem Namen »Hamas« firmiert, nach Marokko, wo sie heute die »Partei für Gerechtigkeit und Entwicklung« stellt, nach Algerien, wo sie im Jahr 1991 als »Islamische Heilsfront« Wahlen gewann, nach Jordanien, dem Libanon, Libyen, dem Sudan und sogar nach Saudi-Arabien. In Saudi-Arabien kam es während des 20. Jahrhunderts sogar zu bemerkenswerten Allianzen zwischen Muslimbrüdern und Wahhabiten. Verfolgte Muslimbrüder erhielten dort Asyl, konnten ihre Netzwerke ausbauen und rückten aufgrund ihrer Bildung schnell in einflussreiche Positionen auf. So spielten sie beispielsweise bei der Gründung der islamischen Universität von Medina im Jahr 1961 eine wichtige Rolle. Saudi-Arabien wurde durch die zahlreichen Dozenten der Bruderschaft ein Land, das nicht nur den Wahhabismus, sondern auch den Islam der Muslimbruderschaft in aller Welt verbreitete.[44]

Die Muslimbruderschaft wirkt in vielen Ländern durch Wohltätigkeitsvereinigungen und andere auf den ersten Blick unverdächtig erscheinende muslimische Interessenvertretungen. Wie ich in diesem Buch zeigen werde, verzweigen sich die großen Vereinigungen auf nationaler und lokaler Ebene in kleinere Einheiten, die allerdings stets betonen, autonom zu sein und mit anderen nichts zu tun zu haben. Formal sind ohnehin alle Organisationen, die der Bruderschaft zugerechnet werden, unabhängig. Das einigende Band zwischen ihnen ist die gemeinsame Ideologie, das Ziel ihrer weltweiten Verbreitung und die Herstellung einer islamistischen Ordnung, zunächst in islamisch geprägten Ländern, aber dezidiert auch in Europa. Dieses Ziel teilen sie mit Vertretern anderer Sektionen des transnationalen Islamismus, dem Wahhabismus und dem Salafismus, die sich eher durch strategische als durch ideologische Differenzen voneinander unterscheiden.

Muslimbrüder und andere Organisationen, die Pläne schmiedeten, um muslimisch geprägte Länder in islamische Staaten zu verwandeln, scheiterten in der ersten Hälfte des 20. Jahrhunderts mehrheitlich. Wie in Ägypten standen ihnen nämlich auch andernorts säkulare Autokraten gegenüber, die die islamistische Opposition an einer Machtübernahme hinderten. Dies geschah oft um den Preis gravierender Menschenrechtsverletzungen, die nicht nur Islamisten, sondern auch Demokraten gegen die Regime aufbrachten. Die Unterdrückung führte außerdem dazu, dass die Unterdrückten moralisch aufgewertet wurden, selbst wenn sie Vertreter einer totalitären Ideologie waren. Wenn autoritäre Regime scheiterten, profitierten Islamisten daher vom Status der moralisch »sauberen« politischen Akteure und konnten ihr Ziel der umfassenden Islamisierung ganzer Gesellschaften ohne größeren Widerstand umsetzen. Wer jetzt allerdings glaubt, dass Demokratie vor Islamismus schützt, der irrt, denn der Siegeszug des politischen Islam findet auch in Ländern statt, die demokratisch regiert werden.

1. Die islamische Revolution im Iran

Der erste moderne Staat, der durch den Sturz eines autoritären Regimes in eine islamistische Diktatur verwandelt wurde, war der Iran. Im Jahr 1979 hatte eine breite Bewegung aus Sozialisten, Kommunisten, Demokraten und orthodoxen Geistlichen den in der Bevölkerung verhassten Schah Reza Pahlavi zum Rücktritt gezwungen, und die schiitische Elite unter Führung Ajatollah Khomeinis übernahm handstreichartig die Macht. Innerhalb weniger Monate verwandelten die Kleriker und ihre Handlanger das Land in eine islamische Republik, in einen politischen Albtraum, der eindrücklich illustrierte, was es bedeutet, wenn Islamisten ihre Visionen in die Tat umsetzen. Wenn wir uns fragen, wie es so weit kommen konnte, müssen wir zurück in die Geschichte gehen und bei der Wende zum 20. Jahrhundert beginnen. Der Iran war damals eine korrupte Monarchie, deren höfische Elite das Volk ausplünderte und ihren verschwenderischen Lebensstil durch den Ausverkauf nationaler Ressourcen an ausländische Regierungen finanzierte. Viele Menschen protestierten gegen die Gewährung ständig neuer Konzessionen an britische und russische Geschäftsleute, und es kam zu Aufständen. Eine Koalition aus Handwerkern und weitsichtigen Mitgliedern der Oberschicht forderte schließlich die Zulassung eines parlamentarischen Systems sowie eine moderne Rechtsordnung. Die Kämpfe um diese Reform sind als »konstitutionelle Revolution« (1905–1911) in die Geschichte eingegangen. Sie führte zur Einrichtung einer konstitutionellen Monarchie und nach einigen politischen Wirren zur Übertragung der Regierungsgeschäfte an den ehemaligen Kosakenoffizier Reza Khan Pahlavi (1878–1944). Reza Khan war ein Mann aus dem Volk, der im Militär Karriere gemacht hatte und den Iran in eine Moderne führen wollte, die in vielerlei Hinsicht an europäische Modelle angelehnt sein sollte. Nach seiner Krönung zum Schah entmachtete er den Klerus, reformierte das Rechtssystem und beschränkte die Zuständigkeit der Scharia-Gerichte. Eine allgemeine Schulpflicht wurde eingeführt, neue Schulen eröffnet, die Universität von Teheran gegründet und ein Stipendienprogramm für Auslandsstudien aufgelegt. Der Schah modernisierte das

Gesundheitswesen, sorgte für die Einrichtung landesweiter Gesundheitszentren und begann mit dem Bau eines überregionalen Eisenbahnnetzes. Das spektakulärste Projekt seines Modernisierungsprogramms war jedoch die Förderung der Emanzipation der Frauen. Während seiner Herrschaft entstanden Mädchenschulen, der Arbeitsmarkt und die Universitäten wurden für Frauen geöffnet, und sukzessive wurde das auf islamischem Recht basierende patriarchalische Familienrecht verändert. Eine besonders heftige Kontroverse entzündete sich an den Bekleidungsvorschriften für Frauen. Intellektuelle hatten die Verhüllung weiblicher Körper seit Jahren als stoffgewordene Symbole der Unterdrückung und der Rückständigkeit des Landes kritisiert. Die ersehnte Moderne sollte ihrer Ansicht nach eine unverschleierte sein. Um diese Ideen zu unterstreichen, zeigten sich Feministinnen bereits in den 1920er-Jahren ohne Kopfbedeckung in der Öffentlichkeit. Das war nicht ungefährlich, da es immer wieder vorkam, dass religiöse Hardliner die Frauen körperlich attackierten. Der Schah unterstützte die Rebellinnen und ließ sie von der Polizei schützen. Im Jahr 1936 entschloss sich Reza Schah zu einem radikalen Schritt und verbot das Tragen des Schleiers (*hidschab*) in der Öffentlichkeit. Hochrangige Beamte, deren Frauen den *hidschab* weiterhin trugen, wurden entlassen, und verschleierten Frauen wurde der Zutritt zu Kinos und öffentlichen Bädern verwehrt.

Während des Zweiten Weltkriegs wurde der Iran von britischen und sowjetischen Truppen besetzt und Reza Schah Pahlavi zur Abdankung zugunsten seines Sohnes Mohammad Reza Pahlavi (1919–1980) gezwungen. Dieser versuchte, den Zwist mit den Geistlichen zu beheben, weil er Verbündete gegen eine erstarkende kommunistische Opposition im Lande benötigte, die von der Sowjetunion unterstützt wurde. Als Zeichen seines guten Willens lud er im Jahr 1942 den damaligen im irakischen Nadschaf lebenden Großajatollah Kasem Schariatmadari nach Teheran ein. Hunderttausend seiner Anhänger bereiteten dem Ajatollah einen triumphalen Empfang und signalisierten, dass der Einfluss des Klerus trotz aller Repression ungebrochen war. Weitere Konflikte waren daher vorprogrammiert. Einige davon entzündeten sich am wirtschaftlichen Reformprogramm des Herrschers, das die Privatisierung der Industrie, eine Gewinnbeteiligung von Arbeitern und Angestellten und die Abschaffung feudaler Eigentumsverhältnisse auf dem Land beinhalten sollte, von denen vor allem der Klerus profitiert hatte. Die geistlichen Großgrundbesitzer machten gegen ihre Enteignung mobil. Eine Volksbefragung, mit der der Schah die Zustimmung der Bauern demonstrieren wollte, wurde von Ajatollah Ruhollah Khomeini, der damals in Ghom lehrte, als unislamisch gebrandmarkt. Auch der unveränderte Reformkurs des zweiten Schahs in Bezug auf Frauenrechte stand einer Konfliktbeilegung im Wege. Frauen erhielten unter Mohammad Reza Pahlavi das aktive und passive Wahlrecht, das Familienrecht wurde modernisiert und das Heiratsalter auf 18 Jahre angehoben. Frauen der gebildeten Schichten honorierten diese Entwicklung und nutzten die gewährten Freiheiten, um neue Lebensentwürfe in die Tat umzusetzen. Angehörige der unteren Mittelschichten, der städtischen Armen und der landlosen Bauern, die in Scharen in die urbanen Zentren drängten, ließen sich jedoch von der Argumentation der Geistlichen überzeugen, dass die Politik des Schahs gegen die Religion gerichtet sei. Sie warfen ihm vor, die islamisch-iranische Kultur vernichten zu wollen. Khomeini rief offen zum Widerstand auf und musste deshalb 1964 ins Exil gehen. Erbitterte Ablehnung erwuchs Reza Pahlavi aber auch aus den Reihen der vielen kommunistischen Gruppen sowie all derjenigen, die von der ökonomischen Modernisierung nicht profitierten. Je stärker die Opposition wurde, desto repressiver reagierte der Schah. Willkürliche Festnahmen, Folterungen und der Terror des Geheimdienstes »Savak« diskreditierten das Regime im In- und Ausland und führten Ende 1978 zu seinem Sturz.

Khomeini, der am 1. Februar 1979 aus seinem Exil in Paris nach Teheran zurückeilte, gelang es, die Revolution zu »übernehmen«, wobei ihm die gute Organisation schiitischer Verbände, aber auch sein Geschick zugute kam, ein reaktionäres religiöses Programm mit Versatzstücken linker Ideologien zu kombinieren.[45] Am 1. April 1979 verkündete der Ajatollah die Gründung der »Islamischen Republik Iran« und ließ diese Entscheidung durch ein Referendum legitimieren. Was das bedeutete, wurde schnell klar. Frauen wurden aus Richterämtern und aus dem Militär vertrieben und angehalten, in der Öffentlichkeit »islamische Kleidung« zu tragen. Körper und Haar mussten mit dicken dunklen Stoffen bedeckt sein, von denen der *tschador*, ein zeltartiges schwarzes Gewand, die oberste Schicht bildete. Bewaffnete schiitische Milizen patrouillierten durch Straßen und öffentliche Gebäude, um Frauen zu ermahnen, die »schlecht« verschleiert waren. Diejenigen, die sich nicht verhüllten, wurden körperlich attackiert, einige sogar niedergestochen. Geschäfte waren angehalten, ihnen nichts mehr zu verkaufen, Unternehmen entließen sie. Im Mai 1979 wurde die Koedukation in der Schule abgeschafft und ab Juni durften verheiratete Frauen nicht mehr die Oberschule besuchen. Der Zugang von Frauen zu den meisten naturwissenschaftlichen und technischen Universitäten wurde untersagt, und Khomeini kritisierte sogar die Kindertagesstätten als Höhlen der Korruption.[46] Innerhalb von fünf Monaten nach seiner Rückkehr in den Iran schlossen alle staatlichen Kinderbetreuungseinrichtungen, und Massenentlassungen von Frauen folgten. Es wurde Frauen nicht offiziell verboten, außerhalb des Hauses zu arbeiten, doch man schuf ein Klima, das es ihnen kaum mehr möglich machte. Im Juli wurde die sexuelle Segregation in Strandbädern eingeführt und die Prügelstrafe für unmoralische Kleidung verhängt. Mehrere Frauen wurden öffentlich ausgepeitscht, weil sie zusammen mit Männern im Kaspischen Meer gebadet hatten. Im September wurden religiöse Autoritäten über staatliche gestellt und im Oktober ein neues Familienrecht verabschiedet, das Frauen im Erbrecht, Scheidungsrecht und Sorgerecht massiv benachteiligte. Vor Gericht galt fortan die Aussage eines Mannes so viel wie die von zwei Frauen. Das Heiratsalter für Mädchen wurde zunächst auf dreizehn, dann auf neun Jahre gesenkt. Männer erhielten das Recht, bis zu vier Frauen zu heiraten. Frauen wurden ihren Ehemännern gehorsamspflichtig und sollten ihnen, so die Mullahs, auch sexuell stets zu Diensten sein. Khomeini selbst äußerte sich in eindeutiger Weise zu diesem Thema: Verweigere eine Frau sich, dann begehe sie eine schwere Sünde und ihr Ehemann müsse sie nicht mehr versorgen.[47] Wir sehen hier ein klassisches Muster islamistischer Genderideologie. Frauen wurden einerseits als Sinnbild sexualisierter weiblicher Macht aus der Öffentlichkeit verbannt und einer Vielzahl von Restriktionen ausgesetzt, andererseits als Ehefrauen zu unterwürfigen Sexobjekten degradiert. Die Politikwissenschaftlerin Haleh Afshar bezeichnet die Führer des Regimes als geradezu wahnhaft in ihrer Angst vor den Reizen der Frauen. Buchstäblich alles Weibliche könne, so schreibt sie, für einen Mann gefährlich werden. Nicht nur der weibliche Körper, nein auch ihr Gesicht, ihre Bewegungen, die Stimme oder die Farben der Stoffe, die sie trage, seien geeignet, einen Mann zu erregen und in Verwirrung zu stürzen.[48] Deshalb sollte die Segregation der Geschlechter so umfassend wie möglich sein. Einige säkulare Feministinnen protestierten anfangs gegen diese Entwicklung, doch sie hatten keine Chance gegen die Übermacht derjenigen, die Khomeini und den anderen Geistlichen folgten und bereit waren, »unislamisches« Verhalten mit Gewalt zu beantworten. Unter den aufgeheizten Massen befanden sich auch viele Frauen. Hunderttausende von ihnen bekannten sich lautstark zu den strengen Regeln der neuen Zeit und forderten den Tod für die Feinde des Islam.

Nach der Revolution begann der Terror der »Revolutionsgarden«, füllten sich die Gefängnisse, wurden vermeintliche Gegner in großer Anzahl hingerichtet. Linke, Liberale, Anhänger der Monarchie und Intellektuelle verließen in Scharen das Land. Wer blieb, musste sich in den Wirren der Revolution zurechtfinden und den Aufbau einer neuen Diktatur mitansehen. Das neu installierte Rechtssystem beinhaltete Körperstrafen wie Auspeitschungen, Blendungen und Amputationen, außerdem Steinigungen bei Sex außerhalb der Ehe. Homosexualität war fortan verboten und konnte mit Auspeitschung oder Hinrichtung bestraft werden. Khomeini wurde zum obersten religiösen Führer des Landes und gleichzeitig zum lebenslangen Staatsoberhaupt ernannt. Nach seinem Tod bestimmte man seinen Schüler Ajatollah Khamenei zum Nachfolger. Er wird dieses Amt ebenfalls bis zu seinem Ableben innehaben. Der oberste Führer ist Oberbefehlshaber des Militärs, ernennt den obersten Richter und die sechs geistlichen Mitglieder eines »Wächterrates«. Sechs weitere Mitglieder, allesamt Juristen, werden zwar vom Parlament nominiert, müssen aber vom obersten Richter bestätigt werden, der wiederum vom obersten Führer eingesetzt wurde. Die letztendliche Entscheidungsgewalt über die Zusammensetzung dieses wichtigen Gremiums verbleibt somit beim obersten Führer. Der »Wächterrat« kontrolliert die Gesetzgebung und bestimmt, welche Kandidaten bei Wahlen zugelassen werden. Unter welcher Prämisse Zulassungen erfolgen, zeigt der Umstand, dass die Mehrheit aller Personen, die eine Kandidatur beantragen, stets abgelehnt werden, darunter vor allem Moderate und Reformorientierte. Der oberste Führer selbst wird von einem »Expertenrat« gewählt, dessen Mitglieder ausschließlich aus der geistlichen Elite des Landes zusammengesetzt werden. Die Mitglieder dieses Verfassungsorgans werden nach einer Prüfung und Zulassung durch den »Wächterrat« vom Volk gewählt. Faktisch ist der Iran seit 1979 daher eine Theokratie mit demokratischen Einsprengseln. Der oberste Führer, flankiert durch Getreue aus dem Lager der islamistischen Geistlichen, lenkt die Geschicke des Landes unabhängig vom Willen der Bevölkerung. Die Macht der religiösen Elite wird zusätzlich durch die »Revolutionsgarden« unterstützt, eine paramilitärische Truppe, die dem obersten Führer unmittelbar verpflichtet ist und mittlerweile einen Großteil der Wirtschaft dominiert.

Grundsätzlich gab sich das islamistische Regime von Anfang an dezidiert antiwestlich und definierte den politischen Islam als wichtigstes Kampfmittel, um seine Ziele zu erreichen. Der Anti-Okzidentalismus geht auf ein Buch des Schriftstellers Dschalal Al-e Ahmad mit dem Titel »Gharbzadegi« zurück, das 1961 erschien und mit »Vergiftung durch den Westen« übersetzt werden kann. Der Text war überaus erfolgreich, wurde von Intellektuellen aufgegriffen und lieferte die Grundlage für die islamistische Staatsdoktrin, die nicht nur ein innenpolitisches Programm darstellte. Auch außenpolitisch fanden fundamentale Änderungen statt. Die USA, Hauptunterstützer des Schahs, wurden jetzt als »großer Satan« verdammt und mit der Besetzung der US-Botschaft in Teheran im November 1979 international gedemütigt.[49] Die Freundschaft, die der Schah mit Israel pflegte, wurde ebenso abrupt beendet. Khomeini erklärte den Export der islamischen Revolution und den Kampf gegen Israel sogar zum obersten Ziel der »Islamischen Republik«. Die fortwährende Inszenierung der Feindschaft zu den USA und zu Israel, für die das »Ministerium für Islamische Führung und Kultur« und der oberste Führer selbst zuständig sind, zählt zu den ritualisierten Spektakeln, mit denen sich das Regime in der Öffentlichkeit präsentiert. Dafür steht besonders der »Qudstag«, den Khomeini am 28. Juli 1979 proklamierte. Quds ist der arabische Name für Jerusalem, und der Qudstag, der seitdem alljährlich weltweit mit Paraden, dem Verbrennen amerikanischer und israelischer Fahnen und markigen Forderungen nach der Vernichtung Israels begangen wird, hat sich zu einem Exportschlager entwickelt. Dass sich diese Ideologie nicht in Reden erschöpft, lässt sich an der mit allen Mitteln betriebenen Aufrüstung und dem Ausbau der militärischen und politischen Macht des Irans im Nahen Osten ablesen. Vom Iran gesteuerte, finanzierte und mit Waffen ausgestattete Milizen destabilisieren die gesamte Region und bedrohen zunehmend Israel.[50] Der Iran spielte eine gewichtige Rolle bei der Islamisierung des palästinensischen Widerstandes gegen Israel und fördert gezielt die »Hamas«, den palästinensischen Zweig der Muslimbruderschaft. In Syrien und dem Libanon hat er die »Hisbollah« (Partei Allahs) als politische und militärische Vasallenorganisation aufgebaut.[51] Sie unterhält eine schwer bewaffnete Miliz, die einen militärischen Machtfaktor in der Region darstellt und deren erklärtes Ziel die Vernichtung Israels ist.

Mit der Selbsternennung zum Vorkämpfer für die Palästinenser erhob Khomeini Anspruch auf eine Führungsrolle in der gesamten islamischen Weltgemeinschaft einschließlich des sunnitisch dominierten Mehrheitsislam. Dieses Kalkül ging teilweise auf. Der Mythos der islamischen Revolution im Iran wirkt auch heute noch in der islamischen Welt, ein Mythos, der besagt, dass man alles erreichen kann, wenn man sich unter das Banner des Islam stellt, dass man selbst den Statthalter einer Supermacht wie der USA besiegen kann. Die Wirkung dieser Botschaft kann nicht groß genug eingeschätzt werden. Aus der iranischen Revolution ging ein Slogan hervor, an den Menschen nach wie vor glauben. Er lautet schlicht: »Der Islam ist die Lösung« – die Lösung für Probleme jedweder Art, seien sie wirtschaftlicher, politischer, sozialer oder kultureller Natur. Diese Parole wurde von sunnitischen und schiitischen Muslimen gleichermaßen aufgegriffen, obgleich im politischen und religiösen Alltag zwischen den Religionsgruppen alles andere als Freundschaft herrscht.[52]

2. Abschied vom lächelnden Islam in Südostasien

Anders als im Iran erobert der politische Islam in Südostasien schleichend und innerhalb demokratischer Strukturen die Macht. Seit Ende des letzten Jahrhunderts verdrängt er schrittweise einen Islam, der weltweit wegen seiner Toleranz und Liebenswürdigkeit als »lächelnder Islam« bekannt war.

Eines der Länder, in dem sich dieser Prozess beobachten lässt, ist Malaysia, eine konstitutionelle Monarchie, in der ein Parlament nach britischem Vorbild existiert, ein Premierminister die Staatsgeschäfte lenkt und alle fünf

Jahre ein König im Rotationsverfahren aus einer Gruppe von neun Sultanen gewählt wird. 61 Prozent der Bevölkerung sind Malaien und gelten damit als Muslime, 39 Prozent sind Christen, Hindus, Buddhisten oder Konfuzianisten. Zwei große Parteien, die seit der Unabhängigkeit in wechselnden Koalitionen regierende »Vereinigte Malaiische Nationalorganisation« (United Malays National Organisation, UMNO) und die »Islamische Partei Malaysias« (Parti Islam Se-Malaysia, PAS), verstehen sich als originäre Vertreterin der malaysischen Muslime und konkurrieren um die Stimmen der gleichen Wählergruppe. Ursprünglich verstand sich die UMNO in erster Linie als ethno-nationalistische Partei, und auch die PAS kultivierte in den ersten drei Jahrzehnten ihrer Existenz eher ein nationalistisches als ein islamistisches Profil. Bis zum Ende der 1970er-Jahre spielte Religion ohnehin keine prominente Rolle. Das änderte sich nach der islamischen Revolution im Iran. Politische Akteure begannen im Islam eine Erfolg versprechende Ideologie zu sehen, mit der ein neuer Aufbruch der Muslime in einer globalisierten Welt gelingen könne, ohne die eigenen religiösen Wurzeln zu verlieren.[53] Dazu kam eine als Bildungsoffensive getarnte Kampagne Saudi-Arabiens, die den Export des Wahhabismus in alle Welt zum Ziel hatte. Die Regierung vergab großzügige internationale Stipendien für ein Studium an saudischen Universitäten, förderte aber auch Moscheen, Schulen und Universitäten, in denen die wahhabitische Ideologie gelehrt wurde. Andere arabische Staaten zogen teilweise nach. Die ersten Absolventen arabischer Hochschulen kehrten in den 1980er-Jahren nach Malaysia zurück – beseelt von Ideen eines vermeintlich »wahren« Islam, der mit demjenigen ihres Heimatlandes nichts gemein hatte. Für sie war Malaysia vom wahren Glauben abgefallen bzw. hatte diesen noch niemals wirklich praktiziert. Sie kritisierten den modernen malaysischen Staat als Nachahmung eines westlichen Modells und forderten eine Rückkehr zu den Prinzipien des 7. Jahrhunderts.[54] Ihre Aufgabe sahen sie in einer inneren Mission und einem islamistischen Umbau der Gesellschaft. Beides gelang überaus erfolgreich, u. a. durch die Implementierung neuer islamischer Strukturen, für die sich selbst Politiker begeisterten, die sich primär als Nationalisten verstanden. Während der Regierungszeit des UMNO-Mitglieds Mahathir bin Mohamad, der von 1981 bis 2003 das Amt des Premierministers bekleidete,[55] wurde der »Nationale Rat für Islamische Angelegenheiten«, der der Koordinierung der staatlichen Religionspolitik diente, zu einem »Islamzentrum« aufgewertet und direkt dem Premierminister unterstellt. An Schulen und Universitäten wurden Islamkurse eingeführt, 1982 wurde eine islamische Bank und 1983 die »Internationale Islamische Universität« eröffnet. Heute gibt es islamische Versicherungen, eine islamische Wirtschaftsstiftung und eine staatliche Zertifizierungsstelle für islamkonforme Produkte. Auch war der Einfluss der jungen Frommen auf die beiden großen Parteien bemerkenswert. Zunächst bot sich vor allem die PAS als Verbündete an, deren Führungsriege mehr als bereit war, die vollständige Islamisierung Malaysias zum parteipolitischen Ziel zu erheben. Innerhalb der malaysischen Bevölkerung stießen die neuen Ideen auf breite Akzeptanz, was sich in bemerkenswerten Wahlerfolgen niederschlug. Teilweise konnte die PAS erdrutschartige Wahlsiege in den Bundesstaaten erzielen, in denen Muslime die Mehrheit stellen. Die UMNO, die ihre eigene Machtbasis bedroht sah, reagierte mit einem eigenen Islamisierungsprogramm und kam den Forderungen der Radikalen in vielerlei Hinsicht nach. Ein islamistischer Überbietungswettbewerb setzte ein.

Durch die Übernahme eines islamistischen Profils in der herrschenden UMNO und der oppositionellen PAS wurde die malaysische Gesellschaft insgesamt islamisiert. Auffällig ist eine fundamentale Veränderung von Bekleidungsnormen für Frauen. In den 1950er- und 1960er-Jahren war westliche Kleidung vor allem im urbanen Raum durchaus üblich. Heute dominieren verschiedene Formen islamischer Bedeckungen inklusive eines weiten, Kopf und Oberkörper verhüllenden Kopftuchs (*tudung*). Dieser optische Wandel geht mit der Durchsetzung einer patriarchalischen Geschlechterordnung einher, die Polygynie, häusliche Gewalt und das Verstoßen von Ehefrauen salonfähig machte. Dass der Islamismus im Alltag der malaysischen Bevölkerung angekommen ist, zeigt auch die Kulturindustrie. Fernsehanstalten geben populären Predigern großen Raum und punkten mit Formaten wie »Malaysia sucht die Supermuslima« oder Koran-Rezitationswettbewerben. Islamische Musikgruppen erfreuen sich großer Beliebtheit. Im Gegenzug werden regelmäßig Auftrittsverbote für westliche und östliche Musiker verhängt, weil sie islamischen Richtlinien für die Unterhaltungsindustrie widersprechen. Auch das Thema der Einführung islamischen Rechts im Bereich des Strafrechts steht dauerhaft auf der Tagesordnung. In vielen Bundesstaaten wurden bereits islamische Strafen für Ehebruch (*zina*) und Beziehungen zwischen nicht verheirateten Männern und Frauen (*khalwat*) verhängt. Die Implementierung von Körperstrafen in den von der PAS regierten Bundesstaaten, zu denen Steinigung und Amputation von Gliedmaßen gehören, scheiterte jedoch bislang an der Verfassung und daran, dass eine Änderung von allen Nichtmuslimen abgelehnt wird. Die PAS, so Dominik Müller, der eine ethnografische Studie über ihren Jugendflügel durchführte, arbeite jedoch kontinuierlich daran, dass eine islamische Ordnung in Zukunft vollständig implementiert wird.[56] Innerhalb der Partei sei es in den vergangenen Jahren zu einer deutlichen Radikalisierung gekommen. Auf der Ebene der Parteiführung sei eine Hinwendung zu Positionen zu verzeichnen, die die Umwandlung Malaysias in einen islamischen Staat anstreben. Demokratie werde zwar nicht gänzlich abgelehnt und man beteilige sich durchaus erfolgreich an Wahlen, strebe aber als Fernziel eine andere politische Ordnung an. Der Unterschied zwischen Reformisten und Hardlinern sei nicht, so Müller, ob der islamische Staat eingeführt werden solle oder nicht, sondern lediglich wann und wie. Hardliner streben schon jetzt eine sukzessive Abschaffung demokratischer Strukturen an, Reformorientierte dagegen bemühen eine demokratische Rhetorik und bekennen sich zu demokratischen Spielregeln, um letztendlich jedoch zum gleichen Ziel zu gelangen. Für religiöse Minderheiten und Muslime mit einem eher liberalen Islamverständnis nimmt die Repression zu. Christen wurde im Jahr 2016 durch ein Gericht untersagt, den Namen Allah für Gott zu verwenden, wie es im malaiischen Sprachraum üblich ist. Die Gruppe der »Ahmadiyya Muslim Jamaat«[57] und der schiitische Islam wurden verboten, Schriften von Feministinnen oder progressiven Denkern fallen regelmäßig der Zensur zum Opfer. Aus Kreisen der religiösen und politischen Elite werden Liberalismus und Pluralismus als »satanische Bewegungen« und »größte Bedrohungen« verurteilt.[58] Außenpolitisch ist man auf striktem Anti-Israel-Kurs, ergeht sich in Verschwörungstheorien, und die PAS vergleicht sich gern mit der »Hamas«.[59] Da verwundert es nicht, dass der alte und neue Staatschef Mahathir im Jahr 2019 verkündete, israelischen Sportlern keine Visa für die Paralympischen Schwimmweltmeisterschaften ausstellen zu lassen, die Malaysia ausrichten sollte.

Auch in Indonesien, dem bevölkerungsreichsten muslimisch geprägten Land der Welt, ist der Islamismus auf dem Vormarsch. Anders als in Malaysia gehen seine Wurzeln hier in die koloniale Vergangenheit zurück. Sowohl Nationalisten als auch Islamisten hatten gemeinsam gegen die niederländische Herrschaft gekämpft, fanden nach der Unabhängigkeit im Jahr 1945 jedoch keinen tragfähigen politischen Kompromiss. Während islamistische Akteure einen islamischen Staat errichten wollten, vertrat der erste Präsident der unabhängigen Republik, Sukarno, die Vision eines multikulturellen und multireligiösen Staates und setzte diese schließlich durch. Ein Zusatz zur Verfassung, die sogenannte »Pancasila«, legte die Grundlagen dafür fest. »Pancasila«, javanisch für »fünf Prinzipien«, bedeutet den Glauben an einen Gott, Menschlichkeit, nationale Einheit, Demokratie und Gerechtigkeit. Der eine Gott konnte muslimisch, christlich, buddhistisch, konfuzianisch oder sogar hinduistisch sein.[60] Islamistische Führer kündigten daraufhin die Zusammenarbeit mit Sukarno auf, sagten sich vom jungen Staat los und gründeten einen »Islamischen Staat Indonesien« bzw. ein »Islamisches Haus Indonesiens« in ihren Einflussgebieten. Bis 1962 kämpfte ihre »Islamische Armee Indonesiens« gegen die »Nationale Armee Indonesiens«.[61] Nach fast zwei Jahrzehnten Bürgerkrieg und dem Sieg der Nationalisten wurde der politische Islam verboten und die Kämpfer, die nicht inhaftiert oder getötet wurden, verschwanden im Untergrund. Das Militär übernahm die Funktion, die staatliche Integrität nach innen und außen zu sichern, und verfolgte jede Opposition mit unnachgiebiger Härte. An dieser Linie hielt auch der zweite Präsident Suharto fest. Mehr noch als Sukarno, der die Idee einer »gelenkten Demokratie« implementierte, regierte Suharto offen mit autoritären und repressiven Mitteln. Das forderte die Opposition breiter gesellschaftlicher Schichten heraus. Als der Widerstand gegen ihn Ende des 20. Jahrhunderts stärker wurde, versuchte er, die »islamische Karte« zu spielen und durch Zugeständnisse an muslimische Organisationen neue Allianzpartner zu gewinnen. Er inszenierte sich durch eine medienwirksam angekündigte Pilgerfahrt nach Mekka als frommer Gläubiger, verbot das Glücksspiel und gründete eine »Muslimische Organisation Indonesischer Intellektueller«. Mädchen wurde gestattet, mit dem islamischen Kopftuch in die Schule zu gehen, und die erste islamische Bank wurde eröffnet. Der neue Handlungsspielraum für fundamentalistische Muslime wurde von diesen begeistert aufgenommen, verhinderte allerdings nicht die fortschreitende Erosion der Macht des Diktators. Im Jahr 1998 wurde Suharto von einer breiten Allianz zivilgesellschaftlicher Kräfte zum Rücktritt gezwungen.

Bereits unmittelbar nach seinem Sturz ließen ungewohnte Bilder erahnen, dass die neu gewonnene Freiheit auch eine beunruhigende Seite hatte. Bärtige Männer demonstrierten in langen weißen Gewändern für die Implementierung der Scharia und die Umwandlung Indonesiens in einen islamischen Staat. Einige von ihnen riefen sogar zum heiligen Krieg gegen indonesische Christen auf, die in großer Zahl auf den östlichen Außeninseln lebten. Islamistische Milizen wie die »Kampftruppen des Heiligen Krieges« wüteten auf den Molukken und der Insel Sulawesi und massakrierten die Bewohner christlicher Dörfer mit dem erkennbaren Ziel einer »Säuberung« des Staatsgebietes von Nichtmuslimen. Dies glückte nicht, weil Christen ihrerseits bewaffnete Einheiten aufstellten. Über mehrere Jahre hinweg standen auch Ausländer und ausländische Einrichtungen im Visier islamistischer Gewalttäter. Am 12. September 2002 wurden bei Bombenanschlägen auf der Insel Bali in zwei Diskotheken 202 Menschen getötet, am 5. Dezember 2003 starben zwölf Gäste des Marriott-Hotels in Jakarta bei einem Attentat, und am 9. September 2004 explodierte eine Bombe in der australischen Botschaft. Von den Tätern und ihren Hintermännern weiß man, dass sie sich längere Zeit im Ausland aufgehalten hatten und ihre Aktivitäten im Rahmen eines transnationalen Dschihad zur Durchsetzung eines weltweiten islamischen Kalifats verstanden. Ihre Netzwerke waren nicht zuletzt in Afghanistan und den grenznahen Regionen Pakistans geknüpft worden, wo sie sich in den Trainingslagern von »al-Qaida« und anderen terroristischen Gruppierungen unbeobachtet treffen und Pläne für die Zukunft schmieden konnten. Die Behörden blieben zunächst untätig und nährten Befürchtungen, dass Chaos und Anarchie ausbrechen und das Inselreich womöglich zerfallen könne wie einst Jugoslawien nach dem Tode Titos.[62]

Heute hat der Staat die Kontrolle über sein Territorium wiedererlangt. Einige Dschihadisten wurden zum Tode verurteilt, für andere entwickelte man ein Deradikalisierungsprogramm.[63] Die Ausbreitung eines fundamentalistischen Islam hat jedoch zugenommen, nicht zuletzt durch den bereits für Malaysia erwähnten arabischen Einfluss. Wie in Malaysia ist die Islamisierung öffentlich sichtbar. Frauen und Mädchen, die zuvor Jeans und T-Shirts oder landestypische Wickeltücher (*sarung*) trugen, bedecken jetzt Köpfe und Körper, und islamische Fernsehsendungen, Filme, Bücher und Musikproduktionen zeigen, dass der Islamismus in der Unterhaltungsindustrie angekommen ist. Nun könnte man das Argument vortragen, diese Entwicklungen seien in einer pluralistischen Gesellschaft durchaus akzeptabel. Um Pluralismus geht es jedoch nicht. Im Gegenteil. Im Jahr 2005 gab der »Indonesische

Rat der Religionsgelehrten« eine Reihe von Fatwas heraus, die sich dezidiert gegen die religiöse Vielfalt richteten. Pluralismus wurde zusammen mit Liberalismus und Säkularismus als *haram* und damit unvereinbar mit den Geboten des Islam verurteilt. Fatwas sind in Indonesien nicht rechtlich bindend, doch sie beeinflussen das gesellschaftliche Klima und werden von politischen Akteuren aufgegriffen. In Indonesien bedeutete dies den Erlass einer ganzen Reihe von Regularien und Gesetzen auf Provinz- und Distriktebene, die sich an der Scharia orientierten.[64] Unübersehbar ist, dass eine islamische Lebensweise erzwungen werden soll, insbesondere die islamische Verhüllung der Frauen. Spektakulär ist ein Gesetz zur Vermeidung »pornografischer Handlungen« (*pornoaxi*), das Frauen auferlegt, alles zu vermeiden, was das Begehren eines Mannes reizen könnte. Darunter können das Tragen eines Bikinis, eines T-Shirts oder einer traditionellen Tracht fallen. Flankiert werden diese Maßnahmen durch Überfälle muslimischer Marodeure auf unverschleierte Frauen, durch Angriffe auf »unislamische Orte« wie Diskotheken und Kunstausstellungen oder auf missliebige Personen. Die Angst geht um, dass der kurze Frühling der Demokratie, der gerade bezüglich der Durchsetzung von Freiheitsrechten als Aufbruch bezeichnet werden muss, einem langen Winter des Islamismus weichen könnte. Ob sich die Attacken gegen Minderheiten richten, ob die islamistischen Militanten gegen Filmfestivals, Bars oder gegen Schwule und Lesben zu Felde ziehen – auffällig ist stets, dass sich Polizei und Justiz entweder passiv verhalten oder sogar eindeutig aufseiten der Angreifer positionieren. Damit können sie sich der Zustimmung der Mehrheit der Bevölkerung sicher sein. Diese wird nämlich zunehmend religiöser und intoleranter. Im Jahr 2016 demonstrierten radikale Gruppen, wozu sie mittlerweile fähig sind. Sie starteten einen propagandistischen Großangriff auf den amtierenden Bürgermeister von Jakarta, Basuki Tjahaja Purnama, der ihrer Meinung nach als Christ nicht legitimiert sei, Muslime zu regieren. Um dieses Argument zu entkräften, hatte Purnama in einer Rede eine Koransure zitiert und war daraufhin der Blasphemie beschuldigt worden. Infolge der Anschuldigung wurde ein Strafverfahren wegen Gotteslästerung gegen ihn eröffnet, er wurde zu einer Gefängnisstrafe verurteilt und verlor sein Amt. Das Signal, das von diesem Ereignis ausgeht, ist eindeutig: Kritik am politischen Islam ist absolut untersagt. Angst geht um in Indonesien, denn das bevölkerungsreichste islamisch geprägte Land verwandelt sich sukzessive in einen islamistischen Staat. Wie ein solcher Staat aussehen könnte, lässt sich an der Provinz Aceh ersehen, die im äußersten Nordwesten des Archipels liegt. Die Bewohner dieser Region, die ihren Landstrich »Terrasse Mekkas« nennen, gelten als besonders strenggläubig. Die pluralistische Verfasstheit Indonesiens war für sie niemals akzeptabel, und so kämpften sie bis zum Ende des Jahres 2004 für ihre Unabhängigkeit. Im Rahmen von erfolgreichen Befriedungsmaßnahmen wurde ihnen zugestanden, das gesamte Rechtssystem zu islamisieren.[65] Heute ist die normative Ordnung an der Scharia orientiert und eine Scharia-Polizei wacht darüber, dass Frauen ihre Köpfe und Körper verhüllen, dass kein Alkohol konsumiert und die vorgeschriebene Geschlechtertrennung beachtet wird. Homosexualität ist illegal und Sex außerhalb der Ehe streng verboten. Auf Ehebruch kann Steinigung als Strafe verhängt werden. Immer wieder werden Jugendliche unterschiedlichen Geschlechts verhaftet, weil sie paarweise zusammen spazieren gehen oder zu zweit auf einem Moped fahren. Über 500 Menschen wurden öffentlich ausgepeitscht, und Mann-zu-Frau-Transsexuelle, die traditionell in Aceh akzeptiert wurden, werden jetzt gezwungen, sich männlich zu kleiden und als Männer zu leben. Mehreren wurden in einem öffentlichen Akt die Haare geschoren. Wie überall in islamistischen Systemen gehören speziell Frauen zu den Leidtragenden. In West-Aceh wurde ihnen im Jahr 2010 das Tragen von Hosen untersagt und der Bezirkschef drohte bei Zuwiderhandlungen nicht nur mit einer Gefängnisstrafe, sondern auch mit Vergewaltigung. Hosen seien so aufreizend, meinte der Beamte, dass Männer sich zwangsläufig zu sexuellen Übergriffen herausgefordert sähen. Unentwegt werden neue Einschränkungen für Frauen erlassen. In der Hauptstadt Banda Aceh herrscht mittlerweile eine nächtliche Ausgangssperre für Frauen, die nicht von ihrem Ehemann begleitet werden. Auch religiöse Minderheiten geraten unter Druck. Es gibt Angriffe auf christliche Gemeinden, und mehrere Kirchen wurden bereits von den Behörden geschlossen. Während säkular gesinnte Teile der indonesischen Elite mit Sorge nach Aceh blicken und die jüngste Entwicklung betrachten, träumen indonesische Islamisten davon, den gesamten Archipel nach diesem Vorbild umzubauen.

3. Neo-osmanische Träume in der Türkei

Auch die Türkei hat sich in den vergangenen Jahren immer mehr islamisiert. Kemal Pascha, genannt Atatürk, »Vater der Türken«, konstituierte die türkische Republik im Jahr 1923 als modernen Staat, wobei Modernisierung für ihn hieß, sich an europäische Vorbilder anzulehnen. Er war überzeugt, dass die europäische Überlegenheit, die zum Zusammenbruch des Osmanischen Reiches geführt hatte, maßgeblich auf der Trennung zwischen Staat und

Religion basierte, und sah den Islam als Entwicklungshindernis.[66] Sein Programm war radikal. Er schaffte die islamische Gerichtsbarkeit und den islamischen Kalender ab, übernahm das Schweizer Privatrecht, ersetzte die arabische durch die lateinische Schrift und verankerte Säkularismus und Laizismus in der Verfassung. 1924 wurde das Kalifat abgeschafft und die Grundschulpflicht für Mädchen eingeführt. 1926 endete das Recht der Männer, mehrere Ehefrauen zu heiraten. 1934 erhielten Frauen das aktive und passive Wahlrecht, und Kemal Paschas Adoptivtochter Sabiha Gökcen wurde Kampfpilotin. Die mächtigen islamischen Bruderschaften und sufistischen Orden wurden verboten. Mit dem Kalifat wurde auch das »Ministerium für religiöses Recht und Stiftungen« aufgelöst und lediglich ein »Amt für religiöse Angelegenheiten« belassen, das der Kontrolle des Islam durch den Staat diente. 1925 untersagte Atatürk das Tragen des Fez, der traditionellen Kopfbedeckung türkischer Männer, und später den Schleier der Frauen. Der Umbau der Gesellschaft wurde mit harter Hand nicht nur gegen religiöse Kräfte, sondern auch gegen ethnische Minderheiten wie die Armenier, Kurden und Griechen durchgesetzt, und gerade die frühe Geschichte der Republik ist von unsäglichen Menschenrechtsverletzungen, von Vertreibungen und Massenmord geprägt. Ein weiteres Problem war, dass Atatürks Modernisierungskurs in erster Linie von der gebildeten städtischen Bevölkerung getragen wurde. Sie waren und sind traditionell Kemalisten und Wähler der »Republikanischen Volkspartei« (Cumhuriyet Halk Partisi, CHP). Mit den städtischen Armen und der Landbevölkerung haben sie kaum Berührungspunkte. Vor allem in ruralen Regionen war von politischer oder ökonomischer Entwicklung wenig zu spüren. Hier waren die Menschen nach wie vor in ihre Großfamilienstrukturen eingebunden, Grund und Boden waren im Besitz feudaler Clanchefs, Rückständigkeit und Unterentwicklung grassierten. Zudem verfügten die religiösen Eliten, obgleich sie einen großen Teil ihrer Macht verloren hatten, weiterhin über funktionierende Netzwerke bis in die Politik hinein. Der türkische Laizismus konnte sich daher niemals vollständig entfalten und es kam immer wieder zu Konzessionen an religiöse Kräfte, aber auch zu harschen Versuchen, diese zurückzudrängen. Die gesamte Geschichte der Türkei war letztendlich von diesem Machtkampf zwischen ethnischen Mehrheiten und Minderheiten sowie zwischen säkularen und religiösen Akteuren geprägt.

In der zweiten Hälfte des 20. Jahrhunderts bekam der erzwungene Laizismus erste sichtbare Risse. Unter Führung von Necmettin Erbakan, einem Maschinenbauingenieur, der 1953 in Aachen promoviert wurde und danach im Dienste der Firma Deutz an der Entwicklung des Leopard-Panzers mitgearbeitet hatte, entstand 1970 die erste islamistische Partei, die sich »Nationale Ordnungspartei« nannte. Bereits ein Jahr später wurde sie verboten, 1972 dann aber unter dem Namen »Nationale Heilspartei« weitergeführt. Nach einer weiteren Auflösung im Jahr 1980 wurde 1983 aus ihr die »Wohlfahrtspartei«, die rasch an Popularität unter ökonomisch benachteiligten Schichten der Gesellschaft gewann und bei den Wahlen im Jahr 1996 sogar die Mehrheit der Stimmen auf sich vereinigen konnte. Erbakan übernahm für kurze Zeit das Amt des Ministerpräsidenten, wurde dann aber wegen des Vorwurfs antilaizistischer Propaganda zu einem fünfjährigen Politikverbot verurteilt. Die »Wohlfahrtspartei« wurde aufgelöst, und Erbakan engagierte sich in der 2001 gegründeten »Glückseligkeitspartei«, deren Vorsitz er 2010, ein Jahr vor seinem Tod, übernahm.

Hinter der langen Kette von Gründungen der mit Erbakan verbundenen politischen Parteien stand eine gegen den laizistischen Staat gerichtete Bewegung, die in den Aktivitäten der Nakschbandi-Bruderschaft ihren Ursprung hatte. Der Orden lehnte die Säkularisierung der Türkei durch Atatürk strikt ab und war bestrebt, oppositionelle Gegenstrukturen aufzubauen.[67] Erbakan gehörte einem Kreis um den Nakschbandi-Mystiker Mehmed Zahid Kotku an und entwickelte die Vorstellung einer dualistischen Weltordnung, bei der sowohl der Westen als auch die kommunistischen Staaten als materialistisch, ausbeuterisch, moralisch verwerflich und ungerecht verurteilt wurden. Cigdem Akyol zufolge strebte Erbakan die Umwandlung der Türkei in einen islamischen Staat an – entweder mit politischen Mitteln oder mit Gewalt.[68] Eine Besonderheit seiner Lehre ist ihr extremer Antisemitismus. »Zionisten« und »Juden«, die beide synonym verwendet wurden, gehörten für ihn essenziell zur Sphäre des Unrechts. Ihnen wurde, ähnlich wie in der nationalsozialistischen Propaganda, eine Verschwörung zur Beherrschung der Welt vorgeworfen.[69]

Eine unmittelbare Verknüpfung zwischen Islamismus und Ultranationalismus verfolgte gleichzeitig ein anderer Politiker, Alparslan Türkes, der als Offizier am Putsch gegen den ersten frei gewählten Präsidenten Adnan Menderes im Jahr 1960 beteiligt war und mehrere Male hohe Ministerämter innehatte. Er gründete 1969 die »Partei der Nationalen Bewegung«, die sich schnell zu einer faschistoiden Gruppe entwickelte. Die Mitglieder ihrer paramilitärischen Jugendorganisation bezeichneten sich als »Graue Wölfe«. Der graue Wolf war ursprünglich ein Totemtier verschiedener türkischer Stämme und wurde jetzt zum Symbol einer großtürkischen Nation, die mit Gewalt durchgesetzt werden sollte. Zwischen 1974 und

1980 sollen die Anhänger Türkes' mehr als 700 Morde an politischen Gegnern und an Minderheiten begangen haben, darunter ein Massaker in Kahramanmaras im Jahr 1978, bei dem Hunderte von Alewiten gefoltert, vergewaltigt und ermordet wurden.

Doch es waren nicht nur die erklärten Islamisten, die der Religion den Weg zurück in die Öffentlichkeit bahnten. Der Türkei-Experte Günther Seufert zeigt, dass auch unter der Herrschaft des Militärs, das sich stets als Sachverwalter des Laizismus verstanden hatte, in den 1980er-Jahren eine Wende eintrat und ein sukzessiver Schulterschluss mit dem politischen Islam stattfand. Politische Argumentationen rekurrierten immer stärker auf islamische Quellen, und islamische Symbole wurden neu entdeckt.[70] Die türkische Flagge wurde religiös interpretiert, wobei der Halbmond für Allah, der Stern für Mohammed und die rote Farbe für das vergossene Blut der Märtyrer stand. Die neue Verbindung zwischen Nationalisten und Islamisten basierte auf einem Konzept, das sich »Türkisch-Islamische Synthese« nennt.[71] Dabei sollte eine neue türkische Identität geschaffen werden, die auf Unterwerfung unter Gott und die staatliche Obrigkeit, einer islamisch fundierten Sitte, Moral und Kultur sowie einem ethnisch homogenen Türkentum begründet war.[72] Die Jugend sollte den Traditionen verhaftet, streng religiös und ultranationalistisch erzogen werden. Dafür wurde das Bildungssystem nach und nach umgestaltet. Der Religionsunterricht wurde als Pflichtfach an staatlichen Schulen eingeführt, Lehrinhalte anderer Fächer religiös unterlegt, und zusätzlich wurden Predigerschulen, die »Imam-Hatip-Schulen«, eingerichtet.[73] Im Zuge der Reislamisierung erhielt auch das »Amt für religiöse Angelegenheiten« eine neue Bedeutung. Die Einrichtung heißt jetzt »Präsidium für Religionsangelegenheiten« (Diyanet

Isleri Baskanligi, kurz Diyanet) und wurde finanziell und personell aufgestockt. Bereits 2015 soll die Einrichtung 100.000 Mitarbeiter und einen Jahresetat von einer Milliarde Euro gehabt haben. »Diyanet« ist in alle Angelegenheiten involviert, die den Islam betreffen, und ihr Leiter bekleidet das Amt des höchsten religiösen Führers in der Türkei. Die Behörde entsendet Personal, das seit 1970 einen Beamtenstatus besitzt, in angegliederte Moscheegemeinschaften im Ausland und schickt Attachés in ausländische Botschaften und Konsulate, um dort, wie ich in Kapitel vier zeigen werde, die Politik der türkischen Regierung umzusetzen. Der Präsident der »Diyanet« wird vom türkischen Ministerpräsidenten vorgeschlagen und ist diesem unmittelbar zugeordnet. Diese Struktur macht die Behörde zu einem exklusiven politischen Instrument der jeweils amtierenden Regierung.[74]

Die jüngste Entwicklung in der Türkei, die zu einer zunehmenden Ermächtigung des politischen Islam bei gleichzeitigem Abbau der Demokratie geführt hat, wäre ohne zwei charismatische islamistische Führer nicht denkbar gewesen. Einer von ihnen ist Recep Tayyip Erdogan, der andere Fetullah Gülen. Erdogan verkörpert die von den Kemalisten vernachlässigte arme Bevölkerung der Türkei. Seine Familie soll aus dem Nordosten in ein Industrie- und Hafenviertel am Rande Istanbuls migriert sein, wo Erdogan 1954 zur Welt kam. Mit 15 Jahren trat er Erbakans »Nationaler Heilspartei« bei und auch in den nachfolgenden Jahren blieb er ein treuer Zögling des islamistischen Politikers. 1984 wurde er Vorstandsmitglied in Erbakans »Wohlfahrtspartei«, später stellvertretender Vorsitzender. 1994 nominierte ihn die Partei zum Kandidaten für die Bürgermeisterwahl in Istanbul. Sein Konzept, sich als Sprachrohr der Benachteiligten und Unterprivilegierten zu empfehlen, ging auf, und er wurde gewählt. Während seiner Amtszeit wurden die sozialen Leistungen erhöht, die Verwaltung wurde effektiver gestaltet, die Müll- und Wasserwirtschaft optimiert, Grünanlagen angelegt, die Luftqualität verbessert und die Metro gebaut. Eine Beschwerdestelle für Bürger wurde eingerichtet, und kulturelle Einrichtungen für die einfache Bevölkerung wurden geschaffen. Gleichzeitig durfte in städtischen Lokalen kein Alkohol mehr ausgeschenkt werden, und Erdogan kündigte an, geschlechtergetrennte Badestrände und Busse einführen zu wollen. Im Januar 1998 wurde die »Wohlfahrtspartei« wegen des Vorwurfs der Verfassungsfeindlichkeit verboten, und im April des gleichen Jahres verurteilte ein Gericht Erdogan zu einer zehnmonatigen Gefängnisstrafe. Anlass war das Zitieren eines Gedichts, in dem es heißt: »Die Moscheen sind unsere Kasernen, die Minarette unsere Bajonette, die Kuppeln unsere Helme und die Gläubigen unsere Soldaten.«[75] Bei dieser Gelegenheit bekundete er auch, dass die Demokratie nur ein Zug sei, auf den man aufspringen müsse, bis man am Ziel sei. Mehr als 50.000 Menschen demonstrierten gegen das Urteil, und Erdogan nutzte den Prozess, um die Justiz öffentlich als korrupt und totalitär zu geißeln. Nach nur vier Monaten wurde er aus der Haft entlassen und ließ sich als Volksheld feiern. Seine politische Karriere nahm weiter Fahrt auf, und 2001 gründete Erdogan die »Partei für Gerechtigkeit und Aufschwung« (Adalet ve Kalkinma Partisi, AKP), mit der er nach mehreren Wahlsiegen schließlich Ministerpräsident der Türkei wurde. Sein soziales Kapital basierte auf dem Versagen der staatstragenden CHP, die Nöte der unterprivilegierten Mehrheit der türkischen Bevölkerung ernst zu nehmen. Je sicherer Erdogans Machtposition wurde, desto mehr zeigte er allerdings sein eigentliches Vorhaben: die Islamisierung der Türkei und die Erschaffung einer Führungsposition für sich selbst, die sich an osmanischen Sultanen orientierte. Von muslimischer Bescheidenheit war bald keine Spur mehr. Sein Regierungssitz, der Aksaray-Palast, ist ein Prunkschloss mit mehr als 1.000 Zimmern und aller erdenklichen Pracht, und seine Familie sorgt wegen Korruption und Bereicherung immer wieder für Skandale.

Auch die demokratische Fassade bröckelte zusehends. Bürgerproteste wurden niedergeknüppelt, die ethnischen und religiösen Minderheiten offen bedroht und das liberale Leben in den großen Städten zunehmend unmöglich gemacht. Erdogan fällt immer wieder durch frauenfeindliche Sprüche auf, empfiehlt türkischen Bürgerinnen, mindestens drei Kinder zu bekommen, spricht sich gegen Geburtenkontrolle aus und lehnt die Gleichberechtigung der Geschlechter unverhohlen ab. Der ehemalige Vizeminister Bülent Arinc ging mit der bizarren Idee an die Öffentlichkeit, dass Frauen auf Lachen außerhalb der eigenen vier Wände verzichten sollten, und die regierungsnahe Zeitschrift »Vahdet« machte Frauen für die grassierende sexuelle Gewalt verantwortlich, weil sie sich wie Prostituierte anzögen und die Männer verrückt machen würden. Solche Einstellungen sind nicht ohne Konsequenzen, und die Gewalt gegen Frauen nimmt stetig zu. Mit abenteuerlichen Regularien versucht Erdogan die Missstände zu verschleiern. 2016 wurde ein neues Gesetz, das Vergewaltigern von Minderjährigen Straffreiheit zusichern sollte, wenn sie ihr Opfer heirateten, nach massenhaften Protesten zurückgezogen, doch ein Jahr später legitimierte Erdogan die sogenannten »Mufti-Ehen«, die nur noch durch einen Imam geschlossen werden. Dadurch kann das gesetzlich vorgeschriebene Mindestheiratsalter von 18 Jahren umgangen werden. Flankiert werden solche Entwicklungen durch die Religionsbehörde, die bereits verkündet hatte, dass Mädchen bereits ab neun Jahren islamisch gesehen ehemündig seien. Der Kinderheirat und vor allem der Verheiratung minderjähriger Mädchen, die ohnehin ein großes Problem darstellt, wird dadurch Tür und Tor geöffnet. Durch eine Politik der kleinen Schritte, das zeigt dieses Beispiel außerdem, gelingt es der AKP, die Verfassung und das säkulare Recht zu umgehen und die Scharia sukzessive wieder einzuführen.

Erdogans Aufstieg wäre ohne die aktive Unterstützung durch den bildungsorientierten Prediger Fetullah Gülen nicht möglich gewesen. In den 1980er-Jahren gründete seine Organisation Tausende von Schulen, Internaten, Universitäten und andere Bildungseinrichtungen. Seine Anhänger übernahmen Führungspositionen in der Gesellschaft, begannen die Medien zu dominieren und infiltrierten den Sicherheitssektor. Die gezielte Unterwanderung türkischer Institutionen passt zu einer Rede Gülens, in der er seinen Gefolgsleuten einen geheimen Marsch durch die Institutionen empfohlen haben soll, bis alle Organe staatlicher Macht erobert seien. Er soll gesagt haben: »Ihr müsst euch in den Arterien des Systems bewegen, ohne dass jemand eure Anwesenheit bemerkt, bis ihr alle Machtzentren erreicht habt.«[76] Erdogan und Gülen vereinte das gemeinsame Ziel, die laizistische Türkei zu reislamisieren und eine islamistische normative Ordnung zu etablieren. Im Jahr 2010 zeichneten sich jedoch Differenzen und schließlich ein Bruch zwischen den beiden Weggefährten ab. Die endgültige Wende ereignete sich in der Nacht vom 15. auf den 16. Juli 2016. Ein dilettantischer Staatsstreich wurde im Keim erstickt und Erdogan beschuldigte Gülen, der Drahtzieher der Putschisten gewesen zu sein. Die Bewegung wurde verboten, Zehntausende anhand von Listen, die bereits vor dem Putschversuch angefertigt wurden, verhaftet und aus dem Staatsdienst entlassen. Eigentum wurde beschlagnahmt und Unternehmen wurden zerstört. Erdogan entledigte sich seines wichtigsten Konkurrenten und nutzte die Gelegenheit jedwede Opposition zu zerschlagen. Neben den ehemaligen Bündnispartnern traf es vor allem die Kurden, aber auch kritische Journalisten und Menschenrechtsaktivisten. 2017 gewann Erdogan ein Referendum zur Änderung der Verfassung, das die Türkei in ein Präsidialsystem umwandeln und Erdogans Machtfülle noch einmal steigern sollte. Aus einer Demokratie wurde im Zeitraffer eine Autokratie, in der die Gefängnisse voll waren.

Die Türkei unter Erdogan basiert auf der »Türkisch-Islamischen Synthese«, die Necmettin Erbakan erträumt hatte. Sie ist nationalistisch, islamistisch und politisch totalitär. Ein Teil der türkischen Bevölkerung honoriert das und lässt sich von den Parolen türkischer Größe beeindrucken. Gern stellt Erdogan sich als Sachverwalter des Osmanischen Reiches dar, das er wieder aufleben lassen möchte. Er rasselt mit dem außenpolitischen Säbel, stellt die Rechtmäßigkeit des Vertrags von Lausanne infrage, der 1923 die heutigen Grenzen des Landes festlegte, und begann im Januar 2018 eine völkerrechtswidrige militärische Invasion in Nordsyrien, um die dort lebenden Kurden zu vertreiben. Diesen Krieg, der mit ultranationalistischem Pathos inszeniert wurde, glorifizierte man als heiligen Krieg für die Sache Allahs. Zum neoosmanischen Endziel gehört auch die Reklamation der türkischen Führerschaft in der muslimischen Welt. Erdogan hat nichts unversucht gelassen, um dieses Ziel zu erreichen. Während des »Arabischen Frühlings« reiste er durch Nordafrika, unterstützte offen die Muslimbruderschaft und zeigt sich auch gegenwärtig gerne mit dem »Rabia4« genannten Vier-Finger-Gruß, den die Mitglieder der Bruderschaft zur Erinnerung an die Machtübernahme durch das Militär kultiviert haben. Wie die iranische Regierung hat er keine Anstrengung gescheut, sich zum Schutzherrn der Palästinenser aufzuschwingen. Ahmet S. Yayla zufolge, der eine Zeit lang im Bereich »Counter-Terrorismus« des türkischen Innenministeriums tätig war, etablierte Erdogan zudem beste Beziehungen zu den Terroristen des »Islamischen Staates«.[77] Er öffnete die Grenzen, garantierte die Durchreise ausländischer Dschihadisten, ermöglichte verletzten IS-Kämpfern kostenlose medizinische Versorgung auf türkischer Seite und ließ zu, dass Grenzstädte wie Gaziantep unter Kontrolle des IS gerieten. Der Journalist Can Dündar, der ebenfalls darauf hingewiesen hatte, musste die Türkei wegen des Vorwurfs des Geheimnisverrates verlassen und lebt jetzt in Deutschland. Als die Türkei im Jahr 2017, nachdem kurdische Selbstverteidigungseinheiten den IS bereits vertrieben hatten, propagandistisch verkündete, aktiv in die Anti-IS-Allianz einzusteigen, blieb unklar, wen sie eigentlich bekämpfte: die Kurden oder den IS, denn als Hilfstruppen griff das türkische Militär auf syrische Dschihadisten zurück.

4. Islamisten an der Macht

Die in diesem Kapitel beschriebenen Beispiele für Durchsetzungen islamistischer Ordnungen stehen exemplarisch für viele andere innerhalb der islamisch geprägten Welt. Auch in den ehemaligen Sowjetrepubliken Zentralasiens, in Afghanistan, Pakistan, Indien, Bangladesch, dem Mittleren und Nahen Osten, in Nord-, West- und Ostafrika, im Süden Thailands, im philippinischen Mindanao und bei den Uiguren Chinas versuchen gut organisierte politische Akteure islamistische Normen durchzusetzen. Es handelt sich um eine transnationale Bewegung, die sich gleichermaßen gegen tradierte Formen des Islam und gegen eine säkulare Moderne richtet. Wenn wir einzelne Fälle miteinander vergleichen, fällt auf, dass die sozialen, politischen und ökonomischen Kontexte zwar unterschiedlich, die normativen Pakete, um die es geht, in ihren entscheidenden Merkmalen aber die gleichen sind, weil sie sich auf dieselbe Ideologie beziehen. Stets sind es koranische Verse oder islamische Überlieferungen einer fundamentalistischen Auslegung, die den Rahmen dessen definieren, was als gut und richtig oder als falsch und verwerflich verstanden wird. Im Kern geht es überall um die Durchsetzung eines totalitären und menschenrechtsfeindlichen Systems, dessen wesentliche Elemente man in vier Bereiche unterteilen kann: den der Politik, des Rechts, der Geschlechterverhältnisse und der Gewalt.

1. Wenngleich Islamisten die Errichtung eines religiös fundierten Herrschaftssystems als finales Ziel anstreben, spielen sie diese Idee in der Öffentlichkeit häufig herunter. Das liegt zum einen an den politischen Machtverhältnissen, die einen islamistischen Durchmarsch in den meisten Ländern unmöglich machen würden, aber auch daran, dass die Errichtung eines Kalifats an der Heterogenität der islamischen Welt scheitern müsste. Die Vereinheitlichung aller Muslime unter einem Führer ist gegenwärtig mehr als unwahrscheinlich. Islamisten sehen sich daher zu einem gewissen Pragmatismus genötigt. In vielen Ländern nehmen sie an Wahlen teil und positionieren sich als sogenannte »legalistische« oder »moderate« Islamisten. Dieses Vorgehen beruhigt säkulare und liberale politische Kräfte und führt vor allem bei westlichen Beobachtern zu dem Trugschluss, sie hätten sich demokratisiert. Die politische Praxis zeigt indes, dass nicht das Ziel, sondern lediglich die Strategie geändert wurde. Mit Ausnahme ei-

niger dschihadistischer Kräfte streben Islamisten zurzeit keine Revolution an. Es geht ihnen vielmehr um die Islamisierung der Politik, um die Aushöhlung demokratischer Verfahren und um die Implementierung islamistischer Spielregeln. In einem fortgeschrittenen Stadium bedeutet dies gravierende Änderungen nationaler Politiken. Es kann zum Beispiel den politischen Ausschluss von Gruppen und Personen bedeuten, die nicht den islamistischen Kriterien entsprechen oder schlicht keine Muslime sind. In vielen Ländern können wir eine Purifizierung der Politik anhand religiöser Reinheitskriterien beobachten. Das betrifft ganz besonders staatliche Führungspositionen wie das Amt des Präsidenten oder – wie wir in Indonesien gesehen haben – auch die Position des Bürgermeisters einer Millionenstadt. Islamisierung der Politik eröffnet zudem die Möglichkeit, Repression gegenüber der Opposition islamisch zu begründen. Dafür eignen sich vor allem die Blasphemiegesetzgebung, aber auch Regularien gegen die »Beleidigung des Islam« oder die vermeintliche Diskriminierung von Muslimen.

2. Wichtiger als der Bereich der Politik ist der des Rechts. Auch in einer lupenreinen Demokratie lässt sich die Scharia implementieren, und in säkularen oder multikulturell verfassten Staaten können Gesetze und Verordnungen erlassen werden, die sich an islamischem Recht orientieren. Gewöhnlich handelt es sich dabei um Verbote Alkohol zu trinken, im Ramadan zu essen, Glücksspiele zu betreiben oder generell gegen einen islamistischen Lebensstil zu verstoßen. Ein weiterer wichtiger Teilbereich ist das Personenstandsrecht, das in vielen Ländern religiösen Normen folgt. Das islamische Personenstandsrecht verlangt von Frauen Gehorsam gegenüber ihrem Ehemann, erlaubt häusliche Gewalt und benachteiligt Frauen beim

Erbe, vor Gericht und bei der Vormundschaft für Kinder nach einer Scheidung. Das islamische Recht reduziert sich nicht auf den öffentlichen Raum oder den Bereich der Kriminaldelikte, wie sie uns bekannt sind, sondern unterwirft das Individuum auch in seiner Privatsphäre der islamistischen Doktrin.

3. Den Dreh- und Angelpunkt islamistischer normativer Ordnungen stellt die islamistische Genderordnung dar, die die Regulierung sexueller Praktiken mit einschließt. Diskurse über Frauen und Sexualität waren bereits im Salafismus des 20. Jahrhunderts omnipräsent und sind es heute immer noch. Der Hass von Islamisten jeglicher Couleur auf Frauen, die ihr Leben und ihre Sexualität selbstbestimmt gestalten, kennt keine Grenzen, und das tiefe Bedürfnis, dem einen ultimativen Riegel vorzuschieben, erweckt den Anschein von Besessenheit. Im Extremfall führt die Misogynie zum vollkommenen Ausschluss von Frauen aus der Öffentlichkeit und zum Verlust aller Rechte gegenüber dem Ehemann oder anderen männlichen Verwandten, doch in der Regel handelt es sich um »moderatere« Unterwerfungsforderungen, die von einem Teil der Frauen akzeptiert werden. Das wohl deutlichste Symbol der patriarchalisch-islamistischen Genderordnung ist der *hidschab*, der Schleier, von dem in diesem Buch noch die Rede sein wird. An dieser Stelle sei nur erwähnt, dass der Grad der Islamisierung einer Gesellschaft sich an der Anzahl verschleierter Frauen ablesen lässt. Bei sukzessiven Islamisierungsprozessen lässt sich zudem ein prozessuales Muster feststellen: In der ersten Phase fordern Islamistinnen, den Schleier in bestimmten Einrichtungen tragen zu dürfen, wo er bislang untersagt war. Oft handelt es sich um Schulen, Universitäten oder um staatliche Einrichtungen. Das Argument ist stets die

religiöse Selbstbestimmung, mitunter verweist man auf Gebote der Toleranz oder verwendet sogar eine feministische Rhetorik. Wenn sie sich damit durchsetzen, wird das Kopftuch, aber auch eine körperverhüllende islamische Bekleidung in Phase zwei als allgemeine moralische und religiöse Pflicht einer jeglichen Muslimin propagiert. Frauen oder Mädchen, die ihren Kopf nicht bedecken, werden als ehrlos und ungläubig denunziert. Diese Ideologie wird in Predigten, religiösen Ansprachen, in Broschüren, Liedern und Filmen vermittelt und verbreitet sich daher schnell und umfassend. Sie sorgt für ein Klima, in dem Frauen und Mädchen, die sich den neuen Regularien nicht unterwerfen, ausgegrenzt und gemobbt werden. In einem dritten Schritt gelingt es islamistischen Akteuren, Einfluss auf die Politik zu nehmen und Regularien durchzusetzen, die den Schleier verpflichtend für alle Frauen vorschreiben. Die Türkei befindet sich zwischen Phase eins und zwei, Südostasien weist bereits Regionen auf, in denen Phase drei eingetreten ist, und im Iran müssen sich selbst Frauen unterwerfen, die keine Musliminnen sind.

4. Die Durchsetzung des politischen Islam wird fast immer durch gewalttätige Akteure flankiert, die diejenigen einschüchtern, die dem islamistischen Projekt im Wege stehen. Im Falle einer Revolution geht diese Gewalt vom Staate aus und wird von Akteuren ausgeübt, die staatlich autorisiert sind. Das trifft für die »Revolutionsgarden« im Iran zu. In der Türkei und in Indonesien handelt es sich um Milizen, die teilweise mit der Polizei oder dem Militär zusammenarbeiten, in Nordafrika agieren dschihadistische Marodeure unabhängig von staatstragenden Gruppierungen, doch diese ließen sie in der Vergangenheit oft gewähren. Das Moment der Gewalt wird in wissenschaftlichen und politischen Debatten vernachlässigt, doch es

hat entscheidenden Anteil am Erfolg der islamistischen Projekte, da es zum einem Rückzug oder zu einer Lähmung demokratischer Kräfte führt. Auch in Deutschland werden Muslime, die sich dezidiert gegen Islamisten positionieren, mit dem Tode bedroht.

In Ländern mit wachsenden muslimischen Minderheiten, zu denen die meisten Staaten Westeuropas gehören, sollten Phänomene, die wir aus der islamisch geprägten Welt kennen, sorgfältig analysiert werden, um einer Ausbreitung islamistischer Strukturen frühzeitig begegnen zu können. Wie ich in den folgenden Kapiteln zeigen werde, können wir beobachten, dass islamische Vereinigungen in Europa seit einigen Jahren für die Gewährung von Sonderrechten kämpfen, die letztendlich nichts anderes sind als die aus der islamischen Welt sattsam bekannten islamistischen Regularien. Eine besondere Rolle spielt dabei die Durchsetzung islamischer Bekleidung für Frauen und Mädchen und dabei wiederum vor allem das Kopftuch. Auch in religiös neutralen oder streng säkularen Kontexten soll es nach dem Willen islamistischer Funktionäre getragen werden. Nach außen, gegenüber dem Staat, beruft man sich auf das Recht auf Religionsfreiheit, nach innen, gegenüber der muslimischen Community, betont man, das Kopftuch sei eine religiöse Pflicht für jede Muslimin ab der Pubertät, und bezichtigt diejenigen, die sich dieser Norm nicht beugen, der mangelnden Frömmigkeit und der moralischen Minderwertigkeit. Dieses Muster kennen wir aus allen Ländern, in denen Islamisten die normative Ordnung dominieren. Für Europa gilt: Je größer der muslimische Anteil der Bevölkerung in einer Kommune ist, desto kompromissloser wird für die islamistischen Regularien gekämpft, und dort, wo Nichtmuslime bereits in der Minderheit sind, wie in einigen Stadtvierteln britischer, französischer oder belgischer Städte, werden in

Schulen oder auf der Straße islamistische Normen mit Gewalt durchgesetzt. In Deutschland hinkt die beunruhigende Entwicklung noch hinterher, doch erste Anzeichen sind auch bei uns evident. Panik ist allerdings unbegründet, da es möglich ist, rechtzeitig zu intervenieren, wenn man entsprechende Muster erkennt. Weichenstellungen sollten in diesem Fall überprüft und gegebenenfalls geändert werden. Das betrifft auch Kooperationen mit muslimischen Organisationen, die die Implementierung islamistischer Regularien federführend vorantreiben. Die wichtigsten dieser Organisationen werden aus dem Ausland finanziert und ideologisch gesteuert. Fatalerweise sind sie auf lokaler oder Bundesebene oft genug Partner des Staates, der Kirchen oder anderer zivilgesellschaftlicher Einrichtungen.

DEUTSCHLAND – OPERATIONSGEBIET DER MUSLIMBRUDERSCHAFT?

Viele muslimische Vereinigungen und Akteure in Deutschland stehen im Verdacht, der Muslimbruderschaft anzugehören, doch aufgrund einer Strategie strikter Geheimhaltung gibt es kaum verlässliche Informationen. In Deutschland existieren weder Vereinigungen, die sich dazu bekennen, noch hat man in jüngster Zeit von muslimischen Funktionären entsprechende Äußerungen vernommen, die nicht wieder zurückgenommen oder relativiert wurden. Im Gegenteil. Sobald Personen oder Einrichtungen vom Verfassungsschutz oder von investigativen Journalisten in die Nähe der Bruderschaft gerückt werden, erfolgt gewöhnlich ein Dementi. Da der Orden außerordentlich finanzstark ist, fehlt es nicht an Mitteln für teure Anwälte, die diejenigen durch Klagen einzuschüchtern versuchen, die seine Tarnung aufdecken. Dieses Kapitel ist daher eine Spurensuche in einem künstlich vernebelten Terrain. Ich werde Beziehungen zwischen Akteuren und Organisationen verfolgen, die im strukturellen oder ideologischen Umfeld der Bruderschaft vermutet werden, aber auch der Ideologie nachgehen, die diese miteinander teilen. Dabei wird ersichtlich, dass Deutschland zweifellos zum Operationsgebiet dieser mächtigen Geheimgesellschaft gehört.

1. Die Anfänge der Muslimbruderschaft in Deutschland

Die Anfänge der Muslimbruderschaft in Deutschland gehen bis in die Nachkriegszeit zurück. Sie sind das Resultat einer Folge von politischen Prozessen, die sich nach dem Ende des Kolonialismus in der islamischen Welt ereigneten. Wie ich bereits gezeigt habe, verfolgten einige Führer der neuen unabhängigen Staaten einen säkularen Modernisierungskurs und beschränkten die Macht der religiösen Eliten. Die religiöse Opposition, die an der Idee eines islamischen Staates festhielt, wurde mit repressiven Mitteln unterworfen, und viele islamistische Aktivisten verließen ihre Heimat, um einer Gefängnisstrafe oder sogar Hinrichtung zu entgehen. In Saudi-Arabien, wo man die Säkularisierung des Orients mit Sorge betrachtete, nahm man die Dissidenten mit offenen Armen auf. Daher wurde das Land zum Ausgangsort einer weltweiten islamistischen Revitalisierungsbewegung. Diese verlief in organisierten Bahnen. Ein erstes Ergebnis war die Konstituierung der »Islamischen Weltliga« im Jahr 1962 im Anschluss an eine Konferenz in Mekka, an der Vertreter unterschiedlicher islamistischer Organisationen aus 33 Ländern teilnahmen. Die Liga verstand sich von Anfang an als Schmelztiegel aus Wahhabismus, Salafismus und der Ideologie der Muslimbruderschaft. Auf den Sitzungen diskutierte man Möglichkeiten, den Islam gegen den Säkularismus und die Scharia gegen die Menschenrechte durchzusetzen. Es ging konkret um die Ablehnung von Frauenrechten, um die Verteidigung von Körperstrafen wie der Steinigung und dem Abhacken von Gliedmaßen und um die Verankerung der Scharia als Quelle der Gesetzgebung in islamisch geprägten Ländern.[78] Auch Maßnahmen zur globalen Verbreitung des politischen Islam wurden erörtert, wobei explizit Europa als Missionsgebiet genannt wurde. Interessant ist, dass betont wurde, es werde erst Frieden geben, wenn die Prinzipien des Islam überall in der Welt durchgesetzt sein würden.

Eine besondere Rolle bei der Konstituierung der »Islamischen Weltliga« spielte der Ägypter Said Ramadan.

Er war seit seinem vierzehnten Lebensjahr Mitglied der Muslimbruderschaft, erledigte schon als Jugendlicher Aufträge für den von ihm bewunderten Hassan al-Banna und wurde von diesem 1946 zum Privatsekretär ernannt. Später heiratete er sogar dessen Tochter. In den Jahren 1948 und 1949 kämpfte Ramadan als Freiwilliger auf jordanischer Seite im Krieg gegen Israel und gründete die erste Niederlassung der Bruderschaft in Jerusalem.[79] 1951 wurde er Generalsekretär des »Islamischen Weltkongresses«. Zusammen mit Sayyid Qutb gehörte er einem besonders radikalen Flügel der Bruderschaft an, dessen Anhänger sich für einen gewaltsamen Umsturz in Ägypten stark machten und ihr Ziel, die Errichtung eines islamischen Staates, mit allen Mitteln durchsetzen wollten. Nach einem missglückten Attentat auf Staatspräsident Gamal Abdel Nasser im Jahr 1956 musste Ramadan Ägypten verlassen. Seine politischen Aktivitäten verlagerten sich fortan auf die internationale Ebene. Ramadan war ein polyglotter Organisator und agierte in Syrien, Jordanien und dem Libanon. Er besaß zudem ausgezeichnete Verbindungen zu südasiatischen Islamisten wie Sayyid Abdul Ala Maududi (1903–1979), der Zeit seines Lebens für die Umwandlung Pakistans in einen islamischen Staat gekämpft hatte.[80] Ramadan unterstützte solche Bestrebungen ganz offiziell im Auftrag der Bruderschaft. In den späten 1950er-Jahren gelangte der umtriebige Funktionär nach Deutschland, wo er 1959 an der Universität zu Köln mit einer Arbeit über islamisches Recht promoviert wurde. Doch es war nicht die Wissenschaft, der sein Herz gehörte, sondern die Bruderschaft, für die er Strukturen zu schaffen gedachte. Wahrscheinlich ist, dass er finanzielle Mittel aus Saudi-Arabien für eine breit angelegte islamische Missionskampagne in Europa erhielt.[81] Dafür waren die Bedingungen denkbar günstig, denn einflussreiche ehemalige Nationalsozialisten bemühten sich gerade darum, muslimische Waffenbrüder aus den zentralasiatischen Sowjetrepubliken beim Aufbau einer religiösen Infrastruktur in Deutschland zu unterstützen. Um ihre religiöse Versorgung zu gewährleisten, wollte man eine große Moschee in München errichten und schuf dafür 1957 mit Unterstützung der deutschen Politik eine »Moscheebau-Kommission«. Der erste Vorsitzende der Kommission wurde Nuredin Namangani, ein ehemaliger SS-Führer aus Usbekistan, der bei der Niederschlagung des Warschauer Aufstandes mitgewirkt hatte. Doch die Zentralasiaten blieben nicht die einzigen Muslime in Deutschland. Aus arabischen Ländern kamen Hunderte Studenten und Angehörige der Muslimbruderschaft, die ins Ausland flohen, um einer Festnahme zu entgehen. Einer von ihnen war Said Ramadan, der sich gleich anschickte, eine Führungsposition innerhalb der muslimischen Szene zu erobern.

Deutschland war in den 1960er-Jahren nur eines der europäischen Aktionsfelder Ramadans.[82] Seinen ersten großen Erfolg feierte er nicht in München, sondern in Genf, wo er seinen Lebensmittelpunkt einrichtete. Dort gründete er bereits 1961 ein »Islamisches Zentrum«, für das er saudische Unterstützung erhalten haben soll.[83] Dieses Zentrum soll, so der Islamwissenschaftler Ralph Gadhban, ein internationaler Treffpunkt der Muslimbruderschaft gewesen sein[84] und wurde später von seinem Sohn Hani Ramadan übernommen. Anders als sein Vater hatte dieser stets Klartext gesprochen, wenn es um den Islam ging. Er verteidigte die Steinigung von Ehebrecherinnen, bezeichnete Aids als Strafe Gottes für Homosexualität und äußerte sich mit antisemitischen Positionen zum Nahostkonflikt. Außerdem rechtfertigte er den Dschihad gegen Israel und verbreitete das Gerücht, dass die israelische Regierung Handel mit den Organen getöteter Palästinenser betreibe. Frauen, die keinen Schleier tragen, hatte er mit Zwei-Euro-Münzen verglichen, die von Hand zu Hand gehen. Man kann sagen, dass Hani Ramadan die Ideologie der Bruderschaft bis auf den heutigen Tag unmaskiert vertritt. Im Gegensatz dazu präsentiert sich der zweite Sohn Said Ramadans, Tariq Ramadan, als Vordenker eines demokratischen Euro-Islam. In seinen Schriften gibt er an, koranische Verse kontextuell verstehen zu wollen und gegen die Diskriminierung von Frauen einzutreten.[85] Das gefällt vielen, die einen intellektuell begründeten demokratiekompatiblen Islam in Europa herbeisehnen. Ramadan hat dieses sorgsam gepflegte Image mehrfach zum Vorteil gereicht – nicht zuletzt bei seiner akademischen Karriere. Trotz großer Zweifel am wissenschaftlichen Gehalt seiner Dissertation und einer Ablehnung der Arbeit durch den renommierten Arabisten Charles Genequand wurde er schließlich promoviert, lehrte danach an verschiedenen Universitäten und erhielt in Oxford einen aus Katar bezahlten Lehrstuhl. Dass Ramadan der moderate Reformer ist, als den er sich bezeichnet, ist jedoch mehr als zweifelhaft. Zum Thema »Steinigung« ist seine Position beispielsweise nicht so weit von der seines Bruders Hani entfernt, wie manch einer seiner Bewunderer glaubt. Er hat sich niemals gegen diese Praxis ausgesprochen, sondern lediglich ein »Moratorium« gefordert. Die Verschleierung von Frauen und ein entsprechend sittsames Verhalten hält er bei Musliminnen für geboten, und im Jahr 2017 verteidigte er einen Prediger in den USA, der weibliche Genitalverstümmelungen als Maßnahmen zur Verhinderung sündhaften Verhaltens empfahl. Dass seine wohlfeilen Ausführungen gegen islamisch legitimierten Patriarchalismus und Gewalt gegen Frauen nicht ernst gemeint waren, wurde vollends offensichtlich, als er 2017 von der ehemaligen Salafistin Henda Ayari wegen Vergewaltigung und schwerer Misshandlung angezeigt wurde. Durch den Schritt Ayaris und die »MeToo«-Kampagne ermutigt, meldete sich eine Reihe weiterer Frauen und gab an, ebenfalls von Ramadan sexuell missbraucht worden zu sein. Der Beschuldigte, der verhaftet und von seiner Professur beurlaubt wurde, bezeichnete die Angelegenheit als »zionistische Verschwörung«.[86] Auch im Hinblick auf andere Positionen scheint Ramadan nicht der zu sein, für den ihn manche halten. Der Islamwissenschaftler Ralph Ghadban, der sich intensiv mit seinen Schriften auseinandergesetzt hat, weist nach, dass Ramadan sich intellektuell in der Tradition seines Großvaters Hassan al-Banna befindet und sowohl die islamische Geistesgeschichte als auch die Theologie selektiv nutzt, um den Plan einer Islamisierung Europas zu begründen.[87] Integration bedeute für ihn, so Ghadban, nicht die Anpassung der Muslime an die westlichen Gesellschaften, sondern die Umwandlung westlicher Länder in »ein Land für Muslime«.[88] Grundsätzlich betont Ramadan einen fundamentalen Gegensatz zwischen dem Westen und der muslimischen Welt und lässt keinen Zweifel an seiner Ablehnung der westlichen Kultur, die er als moralisch minderwertig denunziert.

Die Münchener Moschee, für deren Bau Said Ramadan kämpfte, krankte lange an fehlenden finanziellen Mitteln und wurde erst 1973 mit Unterstützung des libyschen Staatsoberhaupts Muammar al-Gaddafi und anderer Förderer aus islamischen Staaten verwirklicht. Sie ist heute Teil des »Islamischen Zentrums München«. Ein anderes islamisches Zentrum befindet sich in Aachen. Während die Münchener Einrichtung ein Zufluchtsort für ägyptische Muslimbrüder wurde, die ihre Heimat verlassen mussten, spielten in Aachen Vertreter der syrischen Muslimbruderschaft die entscheidende Rolle.[89] Wie in Ägypten wurden die Muslimbrüder auch in Syrien als Staatsfeinde betrachtet. Die Feindschaft geht auf die Anfänge der säkularen Baath-Partei zurück, die sich 1963 an die Macht putschte und Hafiz al-Asad, den Vater des heutigen Machthabers Baschar al-Asad, in die Regierungsverantwortung brachte. Die Bruderschaft leistete damals erbitterten Widerstand gegen die Usurpation durch einen säkularen Regenten, und eine Phase gegenseitiger Gewalttätigkeiten begann, die Tausende Islamisten ins Exil trieb.[90] Da die Sowjetunion und die DDR zur damaligen Zeit mit den Regimen in Ägypten und Syrien politische Allianzen pflegten, lag es für die islamistischen Dissidenten nahe, in den Westen zu migrieren. Dass Deutschland in den 1960er- bis 1980er-Jahren zur Diaspora der Bruderschaft wurde, war nicht zuletzt eine Folge des Kalten Krieges.[91]

Auch in Aachen wurden Gelder aus arabischen Ländern eingeworben. Auf der Homepage des Zentrums wird die finanzielle Unterstützung 14 islamischer Länder für den Bau erwähnt.[92] Damals hatte niemand ein Problem mit ausländischer Finanzierung islamischer Einrichtungen in Deutschland, und so geschah die Eröffnung im Jahr 1979 in Anwesenheit des Präsidenten der Hochschule und unter Mitwirkung von Vertretern der Stadt, des »Muslimischen Studentenvereins« und der Botschaftsvertreter der Länder, die sich finanziell engagiert hatten. Was der Ägypter Said Ramadan für München war, wurde der Syrer Issam al-Attar für Aachen. Er entstammte einer Gelehrtenfamilie, hatte islamisches Recht in Damaskus studiert und trat 1947 dem syrischen Zweig der Muslimbruderschaft bei. Al-Attar leitete das »Islamische Zentrum Aachen« bis 1996. Auch unabhängig von seiner Person unterhält die Einrichtung enge Verbindungen zu Organisationen, die Sicherheitsdienste mit der Muslimbruderschaft in Verbindung bringen. Sie ist beispielsweise Mitglied der »Islamischen Weltliga«,[93] und einer der ehemaligen Vorstände des Zentrums, der Mediziner Nadeem Elyas, hatte es sogar zum Vertreter des Generalsekretärs der Liga gebracht.[94] Das Zentrum gehört außerdem dem »Europäischen Rat für Fatwa und Forschung« an, der von Yusuf al-Qaradawi geleitet und im Netzwerk der Bruderschaft verortet wird.[95]

Die Gründer des Münchener und des Aachener Zentrums waren erklärtermaßen Führungspersonen der Muslimbruderschaft, doch niemand sah damals eine Notwendigkeit, dies zu verheimlichen. Später änderte sich die Situation. Es wurde opportun, Beziehungen zu verschleiern, die in der Öffentlichkeit als problematisch empfunden werden konnten. Hinweise kamen nur noch durch Zufall ans Licht oder wurden von Sicherheitsdiensten bereitgestellt. Auf Geheimdienstinformationen geht beispielsweise zurück, dass der erste namentlich bekannte Direktor des Münchener Zentrums, der ägyptische Jurist Ali Muhammad Garisha, der Bruderschaft angehört haben soll.[96] Der zweite Direktor, der Ägypter Ahmad al-Khalifa, hatte 1991 einen Asylantrag mit der Begründung gestellt, er sei ein Mitglied der verbotenen Partei »Moslemische Bruderschaft«, was er in einem anderen Gerichtsverfahren im Jahr 2007 verneinte, danach jedoch dahingehend relativierte, dass er bedingt mit der Bruderschaft sympathisiere.[97] Wir sehen hier die rhetorischen Verwirrspiele, die auch heute noch von Personen betrieben werden, die einer Mitgliedschaft oder zumindest einer Nähe zur Bruderschaft verdächtigt werden. Von 1984 bis 1987 ging die Leitung des Zentrums an Madhi Akef über, der von 2004 bis 2010 das Amt des allgemeinen Führers der Bruderschaft in Ägypten bekleidete.[98] Als Spitzenfunktionär intensivierte er Kontakte zur schiitischen »Hisbollah«, die vom Iran finanziert wird. Der Verfassungsschutz erwähnt zudem seine extrem antisemitische Haltung.[99]

2. Konvertiten als Speerspitze des deutschen Islamismus

Das »Islamische Zentrum München« und seine Vorläufer waren die Ausgangsorte eines bemerkenswerten Prozesses der Verankerung und Verbreitung des politischen Islam in Deutschland. Dabei spielten deutsche Konvertiten wie Axel Ayyub Köhler, Ahmad von Denffer, Tilman Schaible oder Fatima Grimm, die sich seit den 1980er-Jahren teilweise in einem Münchener »Treffen Deutschsprachiger Muslime« versammelten, eine tragende Rolle. Auffällig ist bei diesen Personen ebenso wie bei den frühen arabischen Funktionären der Muslimbruderschaft in Deutschland, dass sie ihr mehr als problematisches Islamverständnis ohne Scheu verkündeten. Der Historiker Stefan Meining zeigt anhand einer Reihe von Quellen aus den 1970er- und 1980er-Jahren, dass sie sowohl kriegerische Gewalt im Namen des Islam als auch das im Koran niedergeschriebene Züchtigungsrecht des Mannes gegenüber einer »ungehorsamen« Ehefrau rechtfertigten. Ayyub Axel Köhler, der von 2006 bis 2010 den »Zentralrat der Muslime in Deutschland« leitete, betonte Meining zufolge in einem 1981 herausgegebenen Buch, dass die Demokratie als Staatsform dem Islam fremd sei, und in der vom Zentrum herausgegeben Zeitschrift »Al-Islam«, die inhaltlich von Ahmad von Denffer verantwortet wurde, hieß es, der Koran sei das Grundgesetz der Muslime.[100] Von Denffer selbst hat solche Auffassungen mehrfach in der Zeitschrift und in Interviews betont.[101]

Bevor es ihn nach München verschlug, arbeitete er im britischen Leicester als Mitarbeiter der »Islamic Foundation«. Diese stand der pakistanisch-islamistischen Organisation »Jamaat-e-Islami« nahe, die von dem bereits erwähnten Maududi gegründet worden war.[102] Die »Islamic Foundation« war eine der ersten Initiativen, die die »Jamaat-e-Islami« mit der Muslimbruderschaft auf europäischem Boden zusammenbrachte.[103] Die Stiftung wurde von Khurram Murad geleitet, der gemeinsam mit von Denffer publizierte. Ich werde Murads Ideen und politische Pläne kurz darstellen, weil sie auch für den deutschen Islamismus wichtige Anregungen boten, die dankbar aufgegriffen wurden.

Betont werden muss zunächst, dass Murad ideologisch in der Tradition der frühen Muslimbruderschaft stand und die Islamisierung der Welt für einen göttlichen Auftrag hielt. Konkret entwickelte er damals Pläne für die islamistische Umgestaltung Europas. Anders als Hassan al-Banna und Ala Maududi war er jedoch überzeugt, dass der Dschihad dafür nicht mehr nötig sei.[104] Murad setzte auf eine friedliche Islamisierung, die von einer gut geschulten islamistischen Bewegung vorangetrieben werden sollte. Dafür erdachte er einen mehrstufigen Plan. An erster Stelle stand dabei die *dawa*, die islamische Mission, mithilfe derer die europäischen Muslime, die die Religion bislang nicht so wichtig genommen hatten, zum vermeintlich wahren Weg geführt werden sollten. Gleichzeitig sollten auch nichtmuslimische Europäer überzeugt werden, den Islam anzunehmen, um eine einheimische Basis für das große Projekt zu schaffen. Da Muslime sich in Europa in der Minderheit befänden, sollten sie Strategien erarbeiten, um die nichtmuslimischen Mehrheiten zu einer Akzeptanz der Islamisierung zu bewegen. Murad empfahl, Probleme wie soziale Gerechtigkeit oder Umweltschutz aufzugreifen und den Islam als Lösung anzubieten. Auch schlug er vor, die Terminologie zu verändern und zentrale Begriffe des Islamismus rhetorisch zu ummanteln. Ein Beispiel hierfür ist die Ersetzung des Begriffes »Islamischer Staat« durch »Welt, in der Gerechtigkeit herrscht«. Gerechtigkeit, so Nina Wiedl, sei als zentrale europäische Metapher erkannt worden, von deren Gebrauch man besonders bei Linken Sympathien erwartete. Wiedl nennt dies mit Recht »kodierte Sprache«, eine Sprache, die den tatsächlichen Inhalt in einen akzeptablen Code transferiert, um keine Widerstände hervorzurufen. Sie bezeichnet Murad daher als muslimischen Autor, der explizit »zur Doppelzüngigkeit gegenüber Nichtmuslimen aufruft«.[105] Ein weiterer strategischer Gedanke Murads intendierte den Aufbau islamistischer Parallelstrukturen in westlichen Staaten, in der Muslime ganz nach den Anforderungen der Scharia leben sollten.[106] Diese Zellen sollten sich dann immer weiter ausbreiten und in die Gesellschaft hinein wirken.

Ahmad von Denffer war ein Schüler und treuer Anhänger Murads und beabsichtigte, dessen Konzept auch für Deutschland nutzbar zu machen. 1984 wechselte er von der »Islamic Foundation« zum »Islamischen Zentrum München«, betreute dort die Zeitschrift »Al-Islam« und übersetzte islamische Schriften ins Deutsche, darunter Yusuf al-Qaradawis Buch »Erlaubtes und Verbotenes im Islam« und natürlich Texte von Khurram Murad. Von Denffer war stets ein Hardliner, der mit dem deutschen Rechtsstaat seine Schwierigkeiten hatte, da er ihn für unvereinbar mit der Scharia hielt – insbesondere, wenn es um die Stellung der Frauen ging. Ganz im Sinne Murads argumentierte er für den Aufbau einer muslimischen Parallelgesellschaft in Deutschland, in der islamisches Recht zur Anwendung kommen solle. Wes Geistes Kind er ist, zeigte sich u. a., als der islamische Verband »Zentralrat der Muslime in Deutschland« (ZMD), dem das »Islamische Zentrum München« als Mitglied angehört, sich im Jahr 2002 zur Akzeptanz des Grundgesetzes bekannte. Für von Denffer war dies ein empörender Beschluss. Er schrieb: »Natürlich anerkennt jeder Mensch, der in Deutschland lebt, die Tatsache als Realität an, dass er hier in einer säkularen Demokratie lebt. Aber das bedeutet doch nicht, wie der ZMD es hier behauptet, dass damit diese Tatsache und Realität als begrüßenswert oder gar erstrebenswert anerkannt wird. Im Gegenteil ist diese Einsicht für die Muslime ein Ansporn, sich nach besten Kräften dafür einzusetzen, diese Gesellschaft in eine islamgemäße umzuwandeln. Oder will der ZMD wirklich behaupten, dass ihm dieses Anliegen gleichgültig ist? Es ist gelinde gesagt, zumindest unfair, die Menschen, mit denen man hierzulande zusammenlebt, darüber hinwegzutäuschen, wie das hier versucht wird.«[107] Auf von Denffer geht auch die heute immer wieder behauptete Vorstellung zurück, Muslime würden aufgrund ihrer Religion in Deutschland verfolgt, schlimmer noch, sie seien die »nächsten Juden«.[108]

Ein weiterer in München aktiver Konvertit war Tilmann Schaible, der dort Jugendarbeit betrieb und sowohl in der »Deutschen Muslim-Liga Hamburg« als auch in der »Islamischen Religionsgemeinschaft Bayern« aktiv war. Schaible betrieb einen Verlag, der durch die Publikation islamistischer Autoren auffiel, die, wie Meining betont, »nur schwer oder überhaupt nicht mit dem Grundgesetz oder einer modernen, den Werten der Aufklärung verpflichteten Gesellschaft in Einklang gebracht werden« können.[109] Eine vierte Person aus dem illustren Kreis war Fatima Grimm, Mutter von fünf Kindern, Autorin der Zeitschrift »Al-Islam« und Übersetzerin der Werke

Maududis, Qutbs und anderer Islamisten. Ein von ihr veröffentlichtes Heftchen beschäftigte sich mit der islamischen Erziehung von Kindern, in dem sie dafür warb, dass Jungen für den Dschihad erzogen werden sollten. Eltern sollten ihren Kindern, so schrieb sie, immer vor Augen führen, »was für eine großartige Auszeichnung es für jeden Muslim ist, für die Sache des Islam mit der Waffe kämpfen zu können«.[110]

Wofür steht das »Islamische Zentrum München« heute? Auf der Homepage werden die Positionen in ihren Grundzügen dargelegt. Erhellend ist die Rubrik »Frauund Familie im Islam«.[111] Es gehe im Islam darum, »unter der Berücksichtigung der Verschiedenheit der Geschlechter Gerechtigkeit herzustellen«, liest man. Gott habe »Mann und Frau bestimmte Rechten und Pflichten zugewiesen«, »die ihrer jeweiligen Natur gerecht werden«. Schon in Tunesien und Ägypten hatten die Muslimbrüder mit diesem Argument versucht, die rechtliche Gleichheit zwischen Männern und Frauen aus der Verfassung zu entfernen. Um eine religiöse Begründung von Ungleichheit bemüht sich auch das »Islamische Zentrum München«. Bei den näheren Erläuterungen, was mit den erwähnten unterschiedlichen Rechten und Pflichten von Mann und Frau im Einzelnen gemeint ist, kommt nämlich nichts anderes als die patriarchalische Dominanzlogik zum Vorschein, die uns aus islamischen Ländern bekannt ist. Der Mann sei der Führer der Familie, heißt es, und der Frau obliege es lediglich, ihren Gatten zu beraten und zu unterstützen. Auch vor einem Bekenntnis zu Polygynie scheut sich die Einrichtung nicht. Warum auch? Wenn man den Koran als Leitlinie für den Alltag im 21. Jahrhundert akzeptiert, liegt das auf der Hand, denn schließlich heißt es in Vers 4: 3: »Heiratet von den Frauen, was euch dünkt – zwei, drei oder vier!«[112] Eine offizielle Mehrehe sei, so das Zentrum, die bessere Alternative zu einer Geliebten, die keinerlei Rechte habe. Dass auch Frauen das Recht auf mehrere Männer gestattet sein müsste, wenn man von einer polyamourösen Natur des Menschen ausgeht, passt natürlich nicht ins Bild. Eine solche Option entspräche nicht der Natur der Frau, und zudem wäre es unpraktisch, so schreibt der Autor in konsequenter Weiterführung der patriarchalischen Logik, wenn »mehrere Männer als Oberhaupt fungieren«. Herumlaviert wird, wenn es um die Rechtfertigung eines anderen koranischen Verses geht, nämlich den Vers 4: 36, in dem das Schlagen von Frauen erlaubt ist, die ihrem Mann gegenüber »ungehorsam« sind. »Dies ist ein mit Vorurteilen belastetes Thema«, kann man lesen, das schwierig zu erklären sei. Schwierig ist es offenbar vor allem, wenn man den Koran in dieser Hinsicht ohne den historischen Kontext zu bedenken unhinterfragt als Handlungsanweisung versteht. Und so fällt dem Autor letztendlich auch nichts anderes ein, als darauf hinzuweisen, dass Mohammed seine Frauen nie geschlagen habe. Unbeirrt beharrt man außerdem darauf, dass Frauen nur die Hälfte dessen erben, was einem Mann zusteht, dass ihre Zeugenaussagen vor Gericht nur halb so viel zählen wie die eines Mannes und dass Frauen bei einer Scheidung die Vormundschaft über ihre Kinder verlieren. Mütter erhalten, so heißt es, die »Sorge« für Mädchen bis zur Pubertät oder Heirat, für Jungen bis zum Alter von sieben Jahren oder der Pubertät, doch die gesetzliche Vertretung liege beim Vater. Weiter heißt es: »Üblicherweise geht die Frau nach der Scheidung ohne die Kinder in ihr Elternhaus zurück.« Dass alle diese Regularien, die als normative Richtlinien für Muslime veröffentlicht werden, dem geltendem Recht in Deutschland inklusive des Grundgesetzes widersprechen, scheint im »Islamischen Zentrum« niemanden zu interessieren.

Vielmehr suggeriert man den Mitgliedern, dass Ehe und Scheidung, Erbansprüche und Vormundschaft nach den Maßgaben der Scharia und nicht nach deutschem Recht geregelt werden. Unbeirrt baut man an einer geistigen Parallelstruktur im Sinne Murads, die Muslime in einen fundamentalen Widerspruch zur deutschen Gesellschaft bringt. Dazu passt, dass man muslimische Eltern gegen das deutsche Bildungssystem aufwiegelt und ihnen nahelegt, ihre Kinder ab der Pubertät nicht am koedukativen Sportunterricht teilnehmen zu lassen. In diesem Alter müssen sie nach Ansicht der Funktionäre des »Islamischen Zentrums München« ohnehin islamische Bekleidungsvorschriften befolgen, die sportlichen Betätigungen alles andere als zuträglich sind. Dazu gehöre verpflichtend selbstverständlich auch das Kopftuch.

3. Netzwerke

Ausgehend von München als dem Zentrum der Aktivitäten der Bruderschaft in Deutschland wurden seit den 1960er-Jahren weitere islamistische Strukturen geschaffen. Ein Netzwerk aus Vereinigungen, Gemeinden und Moscheen entstand, das einerseits deutschlandweit aufgestellt war, andererseits aber eine internationale Dimension besaß. Trotz der engen Bindung an die »Weltliga« kann jedoch nicht davon ausgegangen werden, dass die europäischen Entwicklungen über einen längeren Zeitraum zentral gelenkt wurden. Wahrscheinlich ist vielmehr, dass Flügelkämpfe innerhalb und zwischen islamistischen Organisationen in der arabischen Welt und immer wieder auftretende Konkurrenzen zwischen Wahhabiten und Muslimbrüdern auch in Europa Spuren hinterließen. Statt von einer straff hierarchisch aufgebauten

Organisation mit einem Hauptquartier in Saudi-Arabien muss man eher von einem Netzwerk ausgehen, das weitgehend im Verborgenen wuchert und nur an der einen oder anderen Stelle sichtbar wird. Die Substanz dieses Gebildes ist die islamistische Überzeugung, im Auftrag Gottes für die Ausbreitung des politischen Islam zu sorgen, die Sprossen dagegen sind die Vereinigungen islamistischer Akteure.

Das lässt sich in Deutschland seit den 1960er-Jahren nachvollziehen. Neben München und Aachen entstand eine Reihe weiterer islamischer Zentren, u. a. in Frankfurt, Wuppertal, Stuttgart, Trier, Darmstadt, Köln, Erlangen, Marburg und Nürnberg.[113] Dazu kamen studentische Vereinigungen auf kommunaler und nationaler Ebene. Bereits 1964 schlossen sich sieben Münchener Studenten zu der »Muslim Studenten Vereinigung in Deutschland« zusammen. Der Vorsitzende, sein Stellvertreter und der Kassenwart waren gleichzeitig Mitglieder der »Islamischen Gemeinde in Süddeutschland«. Anfang der 1990er-Jahre umfasste die »Muslim Studenten Vereinigung in Deutschland« bereits 35 studentische Ortsgruppen.[114] Der Verband entfaltete vielfältige Aktivitäten und unterhielt einen Verlag, in dem Autoren des politischen Islam vertrieben wurden. Die Zentren und die Studentenvereinigung schlossen sich 1982 zur »Islamischen Gemeinschaft in Deutschland« (IGD) zusammen, deren Zentrale zunächst in München verblieb und später nach Köln wechselte. Die IGD, die sich jüngst in »Deutsche Muslimische Gemeinschaft« (DMG) umbenannt hat, ist nach Angaben des Bundesamtes für Verfassungsschutz die »wichtigste und zentrale Organisation von Anhängern der MB [Muslimbruderschaft, d. Verf.] in Deutschland«.[115] Sie verfolge, so das Amt, eine Strategie politischer und gesellschaftlicher

Einflussnahme und beabsichtige, als Ansprechpartner zum Thema Islam anerkannt zu werden. Ihre Funktionäre würden in der Öffentlichkeit verfassungsfeindliche Aussagen vermeiden, dennoch seien ihre Aktivitäten geeignet, eine ablehnende Haltung gegenüber der Demokratie und westlichen Werten zu fördern. In der Selbstbeschreibung der Organisation heißt es dagegen ganz unverfänglich, man setze sich für einen Islam der Mitte ein, sei gegen Extremismus, Unterdrückung und Zwang, stehe auf dem Boden des Grundgesetzes und engagiere sich für eine gerechte Gesellschaft.

Personell und ideologisch eng mit der DMG verbunden ist die »Muslimische Jugend in Deutschland« (MJD). Der Verfassungsschutz führt sie in seinem Bericht aus dem Jahr 2017 als Jugendorganisation auf. Formal ist sie unabhängig. Sie wurde 1984 von Mohammed Siddiq Borgfeldt in Lützelbach gegründet. Borgfeldt war ein enger Weggefährte Ahmad von Denffers, konvertierte bereits als junger Mann zum Islam und absolvierte im Alter von 20 Jahren eine Pilgerreise nach Mekka. Nach seiner Rückkehr kam er zum von Said Ramadan geleiteten »Islamischen Zentrum« in Genf und arbeitete später am »Islamischen Zentrum Aachen«. Borgfeldt war Mitglied der 1962 ins Leben gerufenen »Islamischen Gemeinschaft in Süddeutschland« und des »Treffens Deutschsprachiger Muslime«. 1982 gründete mit anderen in Aachen ein »Haus des Islam«, das später umzog und sich heute im hessischen Lützelbach befindet. Mittlerweile gibt es ein Netz von Ortsgruppen, die stets von einem Amir, einem religiösen Führer, geleitet werden.[116] Die Treffen sind streng geschlechtergetrennt. Ursprünglich praktizierte man in Lützelbach eine rigorose Trennung zwischen Männern und Frauen, ja offensichtlich eine häusliche Struktur, die jegliche Begegnungen zwischen den Geschlechtern ausschloss.[117] Heute lässt sich eine gewisse Lockerung beobachten, und auf den ins Internet gestellten Bildern und Videos sind Männer und Frauen durchaus zusammen zu sehen. Gleichwohl werden Ausflüge und Camps für Jugendliche geschlechtergetrennt organisiert. Dem »Haus des Islam« ist ein Verlag angeschlossen, in dem die Publikationen islamistischer Vordenker verkauft werden, und es ist eine der Mitgliedsorganisationen des »Zentralrates der Muslime in Deutschland«, von dem an späterer Stelle noch die Rede sein wird. Borgfeldt unterhält mittlerweile ein Unternehmen, das Reisen nach Mekka anbietet, und gehört dem bereits erwähnten »Europäischen Rat für Fatwa und Forschung« an.

Im Jahr 2003 machte die Berliner Dependance der »Muslimischen Jugend in Deutschland« mediale Schlagzeilen, weil sie Fördermittel vom Bundesfamilienministerium erhalten hatte, gleichzeitig aber auf der Homepage eine Freitagspredigt veröffentlichte, die Gewalt gegen Juden und US-Soldaten im Irak rechtfertigte. Für Befremden sorgte zudem der Umstand, dass das Vereinsvermögen im Falle einer Auflösung laut Satzung der »Al Aqsa e. V.«, einer verbotenen Unterstützergruppe der »Hamas«, zukommen sollte.[118] Claudia Dantschke vom Berliner »Zentrum für Demokratische Kultur« sieht personelle Verflechtungen zwischen der MJD und anderen Einrichtungen der Muslimbruderschaft. Nicht zu Unrecht hafte der MJD der Ruf an, die Jugend- und Eliteorganisation dieses Spektrums zu sein, schreibt sie.[119] In der nach außen gerichteten Rhetorik der MJD werden soziale Partizipation und Integration stets betont, doch was wird darunter genau verstanden? Auf der Jahrestagung 2003 im Berliner Tempodrom hat sich Ahmad von Denffer in einem Grundsatzreferat eingehend dazu geäußert. Er sagte: »Die Muslime sollten Integration nicht als ›Teil werden‹ oder ›Teil sein‹ der Gesellschaft verstehen, sondern als ›sich beteiligen‹ an der Gesellschaft, also von einer passiven zu einer aktiven Rolle finden. Wenn die Muslime ihre eigentliche Aufgabe wahrnehmen, nämlich ihren Mitmenschen hierzulande das Wort Allahs nahe zu bringen und den Menschen zu nützen, dann wird all das, worum man sich ansonsten so sehr bemüht, sich eigentlich von selbst erledigen.«[120] Außerdem wiederholte er sein Credo, dass sich die Muslime nach besten Kräften dafür einsetzen sollten, die Gesellschaft in eine islamgemäße zu verwandeln.

Auf ihrer offiziellen Homepage betonte die IGD, man sei Initiator diverser islamischer Strukturen in Deutschland sowie Motor eines islamischen Einigungsprozesses auf deutscher und europäischer Ebene gewesen. Dabei wird besonders die 1989 gegründete »Föderation Islamischer Organisationen in Europa« (FIOE) erwähnt, die ihren Sitz in Brüssel hat und sich, so die Einschätzung des Verfassungsschutzes, »ideologisch dem Erbe von Hassan al-Banna verpflichtet« sieht.[121] Die FIOE vereinigt eigenen Angaben zufolge islamische Großorganisationen aus 28 Staaten, neben der »Deutschen Muslimischen Gemeinschaft« sind dies u. a. die »Union des Organisations Islamiques de France« und die »Muslim Association of Britain«. In Deutschland war die IGD maßgeblich an der Entstehung des »Zentralrates der Muslime in Deutschland« beteiligt, einem von vier muslimischen Dachverbänden, der in der »Deutschen Islamkonferenz« vertreten ist und als Kooperationspartner staatlicher und nichtstaatlicher Einrichtungen anerkannt wird. Die engen Verbindungen zwischen IGD (heute DMG) und FIOE lassen sich auch an personellen Überscheidungen ablesen. Eines der Gründungsmitglieder von FIOE war Ghaleb Himmat, der die IGD bis 2002 leitete. Im Januar 2018 wurde der damalige Vorsitzende der IGD, Samir Falah, zum Vorsitzenden von FIOE gewählt.[122] Seine Stellvertreterin wurde Houaida Taraji, die von 2006 bis 2010 Vizepräsidentin der IGD war und zurzeit im Vorstand des »Zentralrates der Muslime in Deutschland« sitzt.[123] Die Nachfolge in der Führungsspitze der IGD hat nach Falahs Wechsel in die FIOE-Führung Khallad Swaid angetreten, der bereits Vorsitzender der »Muslimischen Jugend in Deutschland« und in leitender Funktion im »Europäischen Institut für Humanwissenschaften« war. Falah war in seiner Jugend im Vorstand der »Muslim Studenten Vereinigung« und absolvierte ein Studium am »Institut Européen des Sciences Humaines« (IESH), das zum »Verbund der Europäischen Institute für Humanwissenschaften« gehört. Die Gründung dieses Instituts im Jahr 1992 geht auf eine Initiative von FIOE zurück. Die »Europäischen Institute für Humanwissenschaften« werden von Sicherheitsdiensten als private Hochschulen für die Führungskader der Bruderschaft bezeichnet, die dort mit dem nötigen theologischen Rüstzeug versehen werden. Im Beirat des humanwissenschaftlichen Verbundes sitzt übrigens Yusuf al-Qaradawi, der nach einer Recherche der »Frankfurter Rundschau« für die Lehrpläne mitverantwortlich zeichnet. Es gibt auch eine deutsche Dependance, das 2012 gegründete »Europäische Institut für Humanwissenschaften« (EIH) in Frankfurt am Main. Der Islamwissenschaftler Aladdin Sarhan bewertet die Einrichtung des Frankfurter Instituts als Konkurrenz zu den gerade etablierten islamischen Theologien an staatlichen Hochschulen und meint, die IGD habe eine islamistische Alternative anbieten wollen.[124] Das Lehrprogramm versteht sich als Beitrag zur Errichtung einer islamischen Gesellschaft, die »nach dem Gesetz Gottes regiert wird«.[125] In einem Interview, das der Leiter des EIH der Internet-Zeitschrift »IslamiQ«

gab, liest sich dies dann als »islamische Wissenschaften mit Bezug zum Hier und Heute«.[126] Der Islamwissenschaftler Ednan Aslan von der Universität Wien dagegen bescheinigt dem Institut eine Theologie des 8. und 9. Jahrhunderts.[127] Die Lehrkräfte des Instituts stammen nach Angaben des Verfassungsschutzes aus dem Umfeld der »Islamischen Gemeinschaft in Deutschland«. Dekan und wissenschaftlicher Leiter des EIH ist Khaled Hanafy, der in seiner Person mehrere Einrichtungen miteinander verbindet, die laut Verfassungsschutz zum Muslimbruder-Netzwerk gezählt werden.Hanafy ist Mitglied im »Europäischen Rat für Fatwa und Forschung« (European Council for Fatwa and Research, ECFR), im »Rat der Imame und Gelehrten Deutschland« (RIGD) und Imam des »Islamischen Informations- und Servicezentrums« (IIS) in Frankfurt. Der ECFR geht ebenfalls auf eine Gründungsinitiative von FIOE zurück und wird von Yusuf al-Qaradawi geleitet.[128] Qaradawi war zudem für die Gründung einer deutschen Niederlassung des ECFR, des »Fatwa-Ausschusses Deutschland«, mitverantwortlich. Ein prominentes Mitglied dieses Ausschusses ist der bereits vorgestellte Muhammad Siddiq Borgfeldt. Folgen wir den Aktivitäten einzelner Funktionäre, sehen wir, dass sich die Kreise immer wieder schließen, dass ein scheinbares Nebeneinander stets ein verschachteltes Ganzes darstellt. Der Fatwa-Ausschuss erlässt Rechtsgutachten, die gläubigen Muslimen Anweisungen für ein normativ »richtiges«, d. h. Scharia-konformes Verhalten bieten. Auf seinem Internetportal heißt es unter der Rubrik »Ziele des Councils«: »Die Weisung der Muslime in Europa. Dies soll durch die Verbreitung des traditionellen Islamverständnisses sowie der authentischen islamischen Rechtsgutachten (Fatwas) erreicht werden.« Wie schon auf der Homepage des »Islamischen Zentrums München« oder aus anderen Publikationen islamistischer Führer deutlich wurde, arbeitet auch der Fatwa-Ausschuss daran, Muslime in Deutschland auf eine ideologische Gegenwelt zur Gesellschaft einzuschwören. Ein schönes Beispiel stellt die Empfehlung zum Umgang mit Weihnachten dar. Auf eine Anfrage meint der Rat: »Wir sind derselben Meinung wie Sie, was die Abwehr des Mitfeierns von Muslimen der religiösen Feste der Polytheisten und Leute des Buches angeht, ebenso wie wir es (leider) beobachten, dass einige unachtsame Muslime Weihnachten feiern.«[129]

Netzwerke leben von Personen, die unterschiedliche Organisationen miteinander verbinden und weitere generieren können. Für die erste Phase in Deutschland war Said Ramadan eine solche Schlüsselfigur. Heute spielt Ibrahim El-Zayat, Sohn eines frommen Ägypters und einer deutschen Konvertitin, diese Rolle. Er ist ein muslimischer Multifunktionär, war Vorstandsmitglied der »Muslim Studenten Vereinigung in Deutschland«, von 2002 bis 2010 Vorsitzender der »Islamischen Gemeinschaft in Deutschland«, hat das »Forum Europäischer Muslimischer Jugend- und Studentenorganisationen« (Forum of European Muslim Youth and Student Organizations, FEMYSO) initiiert, ist Mitglied im »Verbund der Europäischen Institute für Humanwissenschaften« und im Vorstand der »Föderation Islamischer Organisationen in Europa«, die zur »Islamischen Weltliga« gehört. Eines der Mitglieder von FEMYSO ist übrigens die »Muslimische Jugend in Deutschland«. Er ist außerdem Europavertreter der »Weltvereinigung Muslimischer Jugendlicher« (World Assembly of Muslim Youth, WAMY), die ihren Sitz in Saudi-Arabien hat. WAMY wird im Jahresbericht des baden-württembergischen Landesamtes für Verfassungsschutz 2006 erwähnt. Grund ist die offensive Ablehnung der Menschenrechte zugunsten des islamischen Rechtes und ein ausgemachter Antisemitismus. Generell vertrete sie die Position, dass »die Juden die Feinde der Gläubigen, Gottes und der Engel sind; die Juden sind die Feinde der Menschheit«. In einer ihrer Schriften, die sich mit der Unterweisung von Kindern befasse, heiße es: »Lehrt unsere Kinder zu lieben, dass Rache an den Juden und den Unterdrückern genommen wird und lehrt sie, dass unsere Jugend Palästina und Al-Quds [Jerusalem] befreien wird, wenn sie zum Islam zurückkehren und den Jihad um der Liebe Allahs wegen ausüben.«[130] Die guten Beziehungen zum wahhabitischen Regime sind wohl auch der Grund, weshalb die mittlerweile geschlossene saudische »König-Fahd-Akademie« in Bonn Recherchen des »Spiegel« zufolge für den Fall einer Auflösung der »Islamischen Gemeinschaft in Deutschland« als Begünstigte angegeben wurde.[131] El-Zayat ist weiterhin der Generalbevollmächtigte »Europäischen Moscheebau- und Unterstützungsgemeinschaft« (EMUG). In dieser Funktion habe er, so der »Spiegel« im Jahr 2008, Hunderte Baugrundstücke für Moscheen erworben und Bauherren beraten und soll dabei Multimillionär geworden sein.[132] Geld und Politik gehen für Ibrahim El-Zayat Hand in Hand. So wurde er beispielsweise als Aktionär der »al-Taqwa-Bank« in der Schweiz geführt, die von Youssef Nada und Ghaleb Himmat geleitet wurde. Beide standen 2008 bei den UN auf der Liste der islamistischen Terrorverdächtigen. Himmat war bis 2002 Vorsitzender der IGD, Nada soll ein Mitglied des bewaffneten Arms der Muslimbruderschaft in Ägypten gewesen sein.[133] Hartwig Möller, der ehemalige Präsident des Verfassungsschutzes NRW, beschrieb El-Zayat als »Spinne im Netz islamistischer Organisationen«,[134] doch dieser behauptet, keine Verbindungen zur Muslimbruderschaft zu unterhalten. Seine Anwälte sorgen dafür, dass Kritik teuer wird. Gegen die CDU-Abgeordnete Kristina Schröder verlor er jedoch einen diesbezüglichen Prozess, sodass sie ihn weiterhin als Funktionär der Muslimbruderschaft bezeichnen kann.[135]

4. Der Herr der Winkelzüge

Ich hatte bereits erwähnt, dass die muslimbrudernahen islamischen Zentren stets abstreiten, dem Netzwerk der Bruderschaft anzugehören. Anders als im ausgehenden 20. Jahrhundert, in dem sich kaum jemand ernsthaft für den politischen Islam interessierte, ist die Bevölkerung mittlerweile sensibilisiert, fragen Journalisten nach. Dabei kommen Beziehungen ans Tageslicht, die manch einer lieber im Dunkel der eigenen Community gelassen hätte, werden Einstellungen offenbar, die ganz und gar nicht zur neuerdings weichgespülten Demokratie-Rhetorik passen. Welche bizarren Züge die Debatten dabei annehmen können, zeigt das Beispiel der Kontroverse um das »Neuköllner Begegnungszentrum« (NBS) bzw. die mit ihr verbundene »Dar-as-Salam-Moschee«. Die Moschee ist eine der größten in Berlin und zieht allfreitäglich 1.500 Gläubige an. Mehr als die Hälfte von ihnen ist palästinensischer Abstammung, viele Neuzugänge sind Flüchtlinge. Der Imam des NBS, Mohamed Taha Sabri, hat sich in der Öffentlichkeit wiederholt gegen Extremismus und Antisemitismus positioniert, er hat sich von einer frauenfeindlichen Rede distanziert, die in der Berliner »Al-Nur-Moschee« bekannt wurde, und hat liberale Muslime wie Ahmad Mansour und Abdel-Hakim Ourghi in sein Haus eingeladen. Vielen dialogbeflissenen Vertretern von Politik und Zivilgesellschaft gelten Sabri und die von ihm geführten Einrichtungen daher als vorbildlich im Sinne der Integration. Michael Müller, regierender Bürgermeister von Berlin, verlieh dem Imam deshalb 2015 den Landesverdienstorden.

Ob das NBS, die dazu gehörige Moschee und ihr Führungspersonal diese Auszeichnungen wirklich verdienen, wird allerdings von vielerlei Seiten bezweifelt. Das liegt zum einen an unklaren Grenzen zum Salafismus. In den Jahren 2009 und 2013 hatte Sabri nämlich den salafistischen Prediger Muhammad al-Arifi eingeladen, einen islamistischen Hardliner, der gegen Juden, Homosexuelle und Schiiten hetzt und Gewalt gegen Frauen rechtfertigt. 2009 wurde al-Arifi vom Kameramann Reda Seyam begleitet. Seyam soll einer der Hintermänner des Anschlags von Bali im Jahr 2002 gewesen sein, hat immer wieder für dschihadistische Anschläge geworben und sich später dem IS angeschlossen. Auf Anfrage des RBB verschwieg Sabri zunächst den Auftritt von 2009, gab diesen aber zu, als alle Beweise auf dem Tisch lagen, und behauptete, man habe damals nichts über den problematischen Hintergrund der beiden gewusst. Sonderlich überzeugend ist dies nicht, da al-Arifi und Seyam einschlägig bekannt waren und al-Arifi gerade wegen seiner markigen Hassreden gerne von Moscheegemeinden als Redner bestellt wurde. Es sollte nicht bei diesen vermeintlichen »Ausrutschern« bleiben. 2014 bot Sabri dem israelischen Araber Raed Fathi eine Plattform. Fathi steht der »Hamas« nahe, glorifiziert den Dschihadisten Abdullah Azzam als Helden und hetzt gegen die Minderheit der Drusen.[136] Als die enttarnten Auftritte im Oktober 2016 von der Presse aufgegriffen wurden, meinte Sabri gegenüber dem RBB: »Wir haben ihn nicht wirklich eingeladen – er ist gekommen, um ein Krankenhaus zu besuchen.« Weil er aber eine solche Berühmtheit sei, »haben die Leute gesagt, dass sie ihn gern hier haben wollen, dann habe ich gesagt: Das ist kein Problem.«[137] Eine andere Berühmtheit, mit der sich Sabri traf und anschließend ein gemeinsames Bild auf Facebook postete, ist Abd ar-Rahman Swar ad-Dahab von der »Union of God«, einem Dachverband von islamistischen Hilfsorganisationen, die die »Hamas« finanziell unterstützen.Der Verband wurde 2001 in Saudi-Arabien gegründet und wird von Yusuf al-Qaradawi geleitet.[138] Vom RBB auf das Treffen mit ad-Dahab angesprochen sagte Sabri: »Das ist kein Treffen im Sinne von Treffen. Der ist eine Persönlichkeit. Also habe ich das gepostet in meinem Facebook-Account.«[139] Zu al-Qaradawi befragt meinte Sabri, er sei ein großer Gelehrter, doch von seinen antizionistischen Statements habe er noch nie etwas gehört. Der Verdacht, dass Sabris Ausflüchte und rhetorische Winkelzüge dem Umstand geschuldet sind, dass die Öffentlichkeit mutwillig getäuscht werden soll, liegt nahe, wenn man seine Verlautbarungen einbezieht, die nicht für deutschsprachige Dialogzirkel gedacht sind. Sascha Adamek und Jo Goll von RBB fanden heraus, dass Sabri am 16. Oktober 2016 im Beisein eines Kamerateams von »Al-Dschasira« eine Rede folgenden Inhalts gehalten habe: »Jede Erneuerung ist Ketzerei, jede Ketzerei ist eine Irrleitung und jede Irrleitung endet im Höllenfeuer.«[140] Das entspricht der Ideologie der Muslimbruderschaft, könnte aber auch aus einem salafistischen Lehrbuch stammen. Wir sehen hier wieder einmal, dass es vielleicht strategische, sicherlich aber keine nennenswerten ideologischen Unterschiede zwischen diesen beiden Flügen des Islamismus gibt. Jedes Abweichen von einem festgelegten radikal religiösen Weg wird nicht nur als unerwünscht kritisiert, sondern als schweres Verbrechen gebrandmarkt, für das die Strafe des Höllenfeuers verhängt werde. Mit Erneuerungen sind gewöhnlich liberale und moderate Auslegungen des Korans und der prophetischen Überlieferungen gemeint, jegliche Art der Hermeneutik oder das Sich-Einlassen auf eine säkulare Lebensweise, wie sie in Deutschland üblich ist. Auch die übliche Überhöhung der Muslime und die Abwertung anderer Religionsgemeinschaften fanden sich in Sabris Rede: »Bei den anderen, Christen, Juden, Zoroastriern, Buddhisten oder in irgendeiner anderen Umma, wirst du keinen finden, der sein Buch so auswendig kann wie Muhammads Umma das tut. Selbst der Papst kann die Bibel nicht auswendig. Selbst der höchste Rabbiner kann die Thora nicht auswendig. Nur in der Umma Muhammads findest du Vier-, Fünf-, Sechs-, Sieben- oder Achtjährige, die den Koran auswendig können.«[141] Für eine Nähe zur Muslimbruderschaft spricht ebenfalls, dass Sabri am 12. Januar 2014 ein Bild postete, das ihn mit drei anderen Männern beim dem »Rabia4«-Gruß zeigt, der erhobenen Hand mit eingeklapptem Daumen, den die Muslimbruderschaft nach dem Putsch des Militärs gegen Mursi zum Symbol ihrer Bewegung wählte.

Neben einer problematischen Auswahl von Referenten, bedenklichen eigenen Reden und eindeutigen Gesten gaben auch strukturelle Verbindungen zur »Islamischen Gemeinschaft Deutschland« zu denken. Sie betreffen u. a. die Immobilie, die die NBS als Begegnungsstätte nutzt. Der offizielle Vermieter ist ein »Verband Interkultureller Zentren«, der das Grundstück kurz vor der Vereinsgründung im Jahr 2007 erworben hatte. Als Bevollmächtigte für den Kauf handelte Houaida Taraji, die damals das Amt der Vizepräsidentin der »Islamischen Gemeinschaft in Deutschland« (IGD) innehatte; der Vorsitzende des Vereins war nach Recherchen des RBB Samir Falah, der die Funktion des Präsidenten der IGD wahrnahm. Beide sind, wie ich oben gezeigt habe, neue Vorstandsvorsitzende von FIOE. Auf Nachfragen leugnete Sabri stets inhaltliche Bezüge zur IGD und versuchte das Mietverhältnis als normale Geschäftsbeziehung herunterzuspielen. Dazu passt allerdings nicht, dass der Mietpreis eher symbolisch zu nennen ist: Für tausend (!) Quadratmeter beläuft er sich lediglich auf 700 Euro pro Monat. Ganz offensichtlich wird die Begegnungsstätte finanziell von der IGD alimentiert.

Über die IGD führt zudem eine Spur von der NBS an den arabischen Golf. Die Journalisten entdeckten ein Video, auf dem Sabri und der kuwaitische Prediger Mohammed Awadi ein islamisches Lied (*naschid*) singen. Awadi ist ein Funktionär mit vielen Posten und auch in der »Muslimischen Weltliga« engagiert. Die Frage, ob Sabri nach Kuweit gereist sei, um Spenden zu sammeln, wurde negativ beantwortet. Alles sei rein privat gewesen, er habe niemals einen Cent erhalten. »Ich bin nicht dahin gegangen, um zu betteln«, meinte er, »das mache ich nicht. Falls ich Geld von irgendwem bekomme, dann wird man es sehen. Dann wird man sehen, dass es dieser Moschee prächtig geht. Aber wir sind eine bescheidene Moschee.«[142] Kurz nach dem Interview erfuhren RBB-Redakteure, dass Sabri bereits vier Tage vor dem Interview ein Gespräch mit dem Senatskultur-Staatssekretär Gerry Woop wegen der Erwartung einer Spende aus Kuwait in Höhe von 2,2 Millionen Euro geführt hatte. Bis zum gegenwärtigen Zeitpunkt gibt es keine Informationen über den großzügigen Spender, doch ist bekannt, dass die Muslimbruderschaft die einflussreichste muslimische Organisation in Kuwait ist.[143] Auf der Homepage des NBS wurde nach Erscheinen des Artikels eine windelweiche Einlassung gepostet: »Die Moscheegemeinde hat keine Spende aus Kuwait erhalten und erwartet entgegen der falschen Behauptungen des RBB auch keine solche Spende. Wenn die NBS zukünftig Gelder aus dem In- oder Ausland annehmen sollte, um die dringend benötigte Erweiterung finanzieren zu können, dann nur, wenn keinerlei Bedingungen daran geknüpft sind, die ihre Unabhängigkeit beeinträchtigen und wenn der deutsche Staat keine Bedenken äußert.«[144] Die Bedenken des Staates waren es vermutlich, die bis heute dazu geführt haben, dass der Geldsegen nicht eintraf. Der Verfassungsschutz stuft die NBS nämlich als muslimbrudernahe Einrichtung ein und beobachtet sie. Um den Beobachtungsstatus per Gerichtsbeschluss aus den Berichten tilgen zu lassen, legte die NBS 2017 eine Klage beim Verwaltungsgericht ein. Jetzt musste man umso vorsichtiger sein und in der Öffentlichkeit Bedenken zerstreuen. Unglücklicherweise gab es nicht nur die dokumentierte Nähe zur IGD und zu Personen aus dem Umfeld des Salafismus und der Muslimbruderschaft, sondern die NBS hatte darüber hinaus eine tragende Rolle bei der Gründung des »Fatwa-Ausschusses Deutschland« am 12. März 2016 gespielt. Dass man eifrig mitgemischt hatte, erschien ein Jahr später nicht mehr sonderlich vorteilhaft, und Sabri versuchte in einem im Juli 2017 geführten Interview mit dem RBB nach bewährter Manier alles herunterzuspielen. So wie das Treffen mit dem erwähnten ad-Dahab kein Treffen gewesen sein soll, sollte die Gründung jetzt keine Gründung mehr sein. »Hier bei uns gegründet?«, entgegnete er auf entsprechende Vorhaltungen der Journalisten. »Nein! Das war eine Veranstaltung zur Einhaltung der Gebete in Deutschland.« In der Tat veranstaltete der »Fatwa-Ausschuss« eine Konferenz zur Abgleichung der Gebetszeiten, doch gleichzeitig wurde dieses Ereignis vom Ausschuss selbst auf seiner Homepage mit der Gründung verknüpft. Dennoch versuchte man sich im Nachhinein erneut in der hohen Kunst des Herumlavierens. In einer am 10. September 2017 herausgegebenen Erklärung, also mehr als ein Jahr nach der Gründung, aber kurz vor der Klage gegen den Verfassungsschutz, konnte man unter der Überschrift »Fatwa-Ausschuss in Deutschland – Gründung und Aktivitäten« lesen, der Ausschuss sei bereits

2011 gegründet worden, der Beginn seiner Arbeit wird allerdings auf den 12. März 2016 datiert.[145] Offensichtlich hatte man den Arbeitsbeginn mit der ersten großen Aktivität, nämlich besagter Konferenz, zusammengelegt. Die Konferenz habe, so konnte man auf der Facebook-Seite des Ausschusses lesen, in einem Hotel stattgefunden, und man sei lediglich zur Verkündigung des Abschlussberichtes in die NBS gegangen. Immer wieder wurden geschraubt formulierte Leugnungen jeglicher Verbindungen zwischen der NBS und dem »Fatwa-Ausschuss« verkündet. So heißt es beispielsweise: »Da an der Konferenz eine Anzahl an bekannten Gelehrten und Predigern teilnahm, welche schwer zu versammeln sind, wurden am Rande der Konferenz einige öffentliche Veranstaltungen unter Teilnahme dieser Gelehrten organisiert. Zu diesen gehörte das NBS. Diese wurden weder im Namen des Fatwa-Ausschusses noch in Kooperation mit diesem organisiert. Ferner weisen wir darauf hin, dass die von uns am 12. Mai 2017 gepostete Veranstaltung vom 13.5.2017 in Kooperation mit diversen Berliner Moscheen und Organisationen durchgeführt worden ist. Zu diesen zählte die NBS nicht.«[146] Der Grund für die windige Unabhängigkeitsbekundung liegt auf der Hand, doch sie hat nicht viel genützt, denn im April 2018 bestätigte das Verwaltungsgericht die Sicht des Verfassungsschutzes.

Man mag einem Mann wie Mohammed Taha Sabri zugutehalten, dass er zwischen allen Stühlen sitzt. Auf der einen Seite ist unbestreitbar, dass er bei seinen Dialogbemühungen weit über das konservativ-fundamentalistische Spektrum hinausgegangen ist, dem sich die meisten arabischen Moscheen verpflichtet fühlen; andererseits hat er auch keine Berührungsängste gegenüber ausgemachten Extremisten. Seine deutlichste Verortung sind die Netzwerke der Muslimbruderschaft, die alles andere als transparent sind. Verbindungen werden heruntergespielt, relativiert und geleugnet. Der Schlingerkurs allerdings macht einen schlechten Eindruck. Da letztendlich immer alles herauskommt und die vorgetragenen Argumente durchsichtig sind, fragt man sich natürlich, ob hier eine grenzenlose Naivität, das Scheitern des Versuches, Unmögliches miteinander zu vereinen, oder schlicht die Absicht vorliegt, das Gegenüber zum Narren zu halten. Problematischer als Sabris rhetorische Manöver ist jedoch die vorbehaltlose Solidarisierung von Funktionären der Kirchen und bestimmter zivilgesellschaftlicher Organisationen mit ihm und seiner Einrichtung. Diesen Dialogexperten ist es zu verdanken, dass eine andere umstrittene Person der »Dar-as-Salam-Moschee«, der Jugendseelsorger Mohamed Matar, im Dezember 2017 als Redner zu der Gedenkveranstaltung anlässlich des dschihadistischen Anschlags auf dem Breitscheitplatz geladen wurde. Matars Teilnahme wurde u. a. vom »Zentralrat der Juden« und dem Berliner Büro des »American Jewish Commitee« kritisiert. Als Repräsentant einer umstrittenen Organisation sei er für diese Rolle nicht geeignet. Diese Kritik trifft ins Schwarze. Auf einem mittlerweile gelöschten Post gab Matar an, am »Europäischen Institut für Humanwissenschaften« studiert zu haben. Eine Zeit lang war er stellvertretender Vorsitzender des »Islamischen Jugendzentrums Berlin«, das nach Angaben des Verfassungsschutzes Berlin in der Vergangenheit gemeinsame Veranstaltungen mit der IGD durchführte. Wes Geistes Kind Matar ist zeigt sich auch anhand eines Facebook-Posts, auf dem er eine erschossene palästinensische Attentäterin als Märtyrerin willkürlicher Gewalt des israelischen Militärs beschrieb. Zu seiner Entschuldigung muss gesagt werden, dass er zum Zeitpunkt des Eintrags nicht wusste, dass die erschossene Frau, deren Bild er ins Netz stellte, eine Terroristin war, dennoch zeigt sein Handeln, dass er umstandslos und ohne weitere Nachfragen in einen antiisraelischen Modus fiel. Als die Fakten auf dem Tisch lagen und die erwartbare Kritik einsetzte, meldeten sich die Verteidiger Matars zu Wort. Eine von ihnen war die Sprecherin der Evangelischen Kirche Berlin-Brandenburg-schlesische Oberlausitz. Matar sei vom »Zentralrat der Muslime« empfohlen worden, teilte sie dem »Deutschlandfunk« mit, und sei außerdem »in der muslimischen Jugendarbeit und gegen Rassismus aktiv«.[147] Warum das Belege für eine gemäßigte Einstellung sein sollen, verriet sie nicht. Ayman Mazyek, der Vorsitzende des »Zentralrates der Muslime«, versuchte gar, den Spieß umzudrehen. Am 20. Dezember schrieb er auf Facebook: »Einige möchten die Stimme der Muslime am liebsten aus der Öffentlichkeit verbannen. Jedes Mittel ist dafür recht: Pranger, Kriminalisieren, Lügen erdichten etc. Am Ende übrig bleiben die selbsternannten Islamkritiker, ›Liberalen‹ und Sonstigen, die von der Islamhass-Industrie trefflich profitieren bzw. selber Teil davon sind.«[148] Im weiteren Verlauf des Posts distanzierte sich Mazyek von der Muslimbruderschaft, warf den Kritikern aber vor, »ohne einen echten Beweis Muslime [als Muslimbrüder, d. Verf.] abzustempeln«. Der gescholtene Bruder Matar dagegen habe nichts anderes getan, als sich für die Gesellschaft und für den Frieden einzusetzen.

Auseinandersetzungen wie diejenige in Berlin gibt es auch andernorts, sogar in den neuen Bundesländern. Etwa 50 Funktionäre sind mal in der einen oder anderen Organisation tätig, die dem Netzwerk der Muslimbruderschaft zugeordnet werden. Sie laden gegenseitig ein, führen gemeinsame Tagungen durch und starten zusammen neue Unternehmungen. Sobald man Organisationen oder Personen nachspürt, stößt man auf eine aus unterschiedlichen Organiationen bestehende Struktur mit unendlich vielen Querverbindungen, auf Funktionäre, die mal in dieser oder jener Gruppe auftauchen, die Führungsaufgaben in mehreren Vereinigungen ausüben oder bei Veranstaltungen eine Rolle spielen, die der Konstituierung dieser vitalen Szene des politischen Islam dienen. Unzweifelhaft ist, dass ein Netzwerk existiert, doch wie es beschaffen ist, darüber kann nur spekuliert werden. Eine These ist, dass es sich um eine hierarchisch strukturierte globale Organisation handelt, bei der ein »innerer Kreis« die Fäden in der Hand hat und verschiedene äußere Kreise zwar durch die Ideologie vereint, nicht aber in strategische Planungen eingebunden sind. Einige investigative Journalisten und Sicherheitsexperten vertreten gar die Auffassung, dass es ausbuchstabierte Strategiekonzepte für eine Unterwanderung Europas gebe. Wahrscheinlicher ist meiner Meinung nach, dass wir es weniger mit einer einheitlichen Organisation als mit einem Geflecht zu tun haben. In diesem gibt es eine Reihe von Führungskadern, die sich über die fernen Ziele einig sind, in Bezug auf die nahen Ziele und die Strategien jedoch Differenzen miteinander austragen. Wenn wir uns vor Augen führen, wie viele mächtige Organisationen seit den 1960er-Jahren geschaffen wurden, als Führungskader der Bruderschaft wie Said Ramadan und Issam al-Attar sich in Europa niederließen, dann ist dies zweifellos das Resultat strategischen Denkens. In Europa sind mittlerweile Statusgruppenorganisationen der Bruderschaft, die den Belangen der Frauen und der Jugend gewidmet sind, ein Bildungsnetzwerk für die Weitergabe der Ideologie und ein Fatwa-Rat für deren rechtliche Fundierung fest verankert. Die internationalen Organisationen korrespondieren einerseits mit nationalen Unterabteilungen und islamischen Zentren, sind andererseits aber an ausländische Einrichtungen wie die

die »Islamische Weltliga« und die »Weltvereinigung der muslimischen Jugend« (WAMY) gebunden. Ihren Einfluss gewinnen sie nicht zuletzt dadurch, dass das Netzwerk für Außenstehende kaum durchschaubar ist.

IV TÜRKISCHER ISLAMISMUS IN DEUTSCHLAND

Die größte Gruppe der Muslime in Deutschland besitzt einen türkischen Migrationshintergrund. Türkeinahe religiöse Organisationen gehören zu den mitgliederstärksten muslimischen Vereinigungen und sind nicht selten strukturell, finanziell und personell mit politischen Organisationen, Parteien oder staatlichen Einrichtungen in der Türkei verflochten. Das ist kein neues Phänomen, wird politischen und zivilgesellschaftlichen Akteuren in Deutschland allerdings erst jetzt in seiner ganzen Tragweite bewusst. Unter Präsident Erdogan ist vor allem die Anbindung an die türkische Regierung enger geworden, und man kann von einer weitgehenden Instrumentalisierung der religiösen Vereinigungen sprechen. Politik und Zivilgesellschaft müssen sich daher mit dem Problem konfrontieren, dass bei Kooperationen mit türkisch-muslimischen Organisationen die türkische Regierung als unsichtbarer Dritter mit am Tisch sitzt.

1. Deutschtürkische politische Ambivalenzen

Die ersten größeren Gruppen türkischer Muslime kamen im Rahmen eines Anwerbeabkommens, das die Bundesrepublik Deutschland im Jahr 1961 geschlossen hatte. In der Türkei herrschten damals Massenarbeitslosigkeit und Landflucht, in Deutschland dagegen wurden dringend Arbeiter im Bergbau, im Agrarsektor und in der Industrie benötigt. Die alleinstehenden Männer und Frauen, die sich auf den Weg machten, hatten keineswegs vor, ihre Heimat für längere Zeit zu verlassen, sondern wollten lediglich für eine begrenzte Zeit außerhalb des Landes arbeiten. Das war auch der Plan der Bundesregierung, weshalb die Aufenthaltsgenehmigungen zunächst auf zwei Jahre befristet wurden. Aus Gastarbeitern wurden jedoch Menschen, die dauerhaft umsiedelten, und heute leben Nachfahren der ersten Zuwanderer in der vierten Generation in Deutschland. Insgesamt waren es im Jahr 2016 nach Angaben des Mikrozensus 2,8 Millionen Personen, von denen die Hälfte die deutsche Staatsangehörigkeit besitzt.[149] Obwohl sich mittlerweile eine türkischstämmige Akademikerschicht herausgebildet hat, stellen Türkeistämmige noch immer eine marginalisierte Gruppe dar. Die Bildungsabschlüsse sind insgesamt schlechter als bei anderen Einwanderern, und 26 Prozent verlassen die Schule ohne Abschluss, darunter sogar dreizehn Prozent der in Deutschland Geborenen.[150] Das liegt nicht zuletzt daran, dass es an Unterstützung der Kinder in den oft bildungsfernen Familien fehlt. Dazu trägt die Praxis bei, junge Frauen als Heiratspartnerinnen aus ländlichen Regionen der Türkei zu »importieren« und ihnen die Erziehung der Kinder zu überantworten. Viele dieser Frauen besitzen nur eine rudimentäre Bildung, einige sind Analphabetinnen, die meisten der deutschen Sprache nicht mächtig. Bei der Bewältigung schulischer Herausforderungen können sie keine Hilfestellung leisten. Hausaufgabenbetreuungen, die von Unterstützervereinen, Horten und von Moscheegemeinschaften angeboten werden, sind weder flächendeckend vorhanden noch entsprechen sie immer den erforderlichen Standards, um Defizite nachhaltig beheben zu können. Die schlechten Startbedingungen werden zusätzlich durch unrealistische Erwartungen der Kinder und des Elternhauses verstärkt. Bei eigenen Interviews mit Mädchen zwischen zwölf und 16 Jahren, die ich im April 2012 durchgeführt habe, sahen sich alle im späteren Leben in akademischen Berufen, obgleich die Leistungen der überwiegenden Mehrheit befürchten ließen, dass schon ein einfacher Schulabschluss keine ausgemachte Sache sein würde. Ähnliches wurde mir immer wieder von Lehrerinnen und Schulleiterinnen über die Wünsche der Eltern berichtet. Teilweise wurden bereits erfolgreich eingefädelte Ausbildungsverhältnisse abgelehnt, weil man Kinder trotz fehlender Empfehlung aufs Gymnasium schicken wollte, wo sie nach kurzer Zeit scheiterten. Schlechte Noten und Schulversagen wurden von meinen muslimischen Interviewpartnern meist auf »rassistische Lehrerinnen« geschoben. In diesem Terminus zeigt sich nicht nur die fehlende Bereitschaft, Verantwortung für die eigene Zukunft zu übernehmen, sondern auch ein großes Misstrauen gegenüber der Gesellschaft. Die Vorstellung, Menschen mit türkischem Migrationshintergrund würden stets diskriminiert und benachteiligt, wird wie ein Mantra erzählt und tradiert. Sie basiert auf einem realen Kern, denn tatsächlich erfahren Personen mit einem türkischen Namen oder mit orientalischem Aussehen Diskriminierungen. Andererseits liegt das Problem in den Communities selbst. Viele Türkeistämmige reduzieren Begegnungen mit der deutschen Gesellschaft auf das Notwendigste. Die deutsche Umgebung ist ihnen unvertraut, ja letztendlich eine feindliche Umgebung geblieben. Vor allem Migranten der ersten Generation fürchten eine Entfremdung ihrer Kinder und trauen sich nicht zu, den Spagat zwischen alter und neuer Heimat zu bewältigen. Die Herkunftskultur und die deutsche Kultur werden als fundamental unterschiedlich empfunden, vor allem, wenn es um Sexualität, Familie, Ehre, Religion und Nationalismus geht. »Lieber fünf Söhne im Knast als eine ›verhurte‹ Tochter«, zitierte eine türkische Freundin ihre Landsleute. »Verhurt« bedeutet dabei nichts anderes als zu leben »wie eine Deutsche«. Die Bindung an die Türkei bleibt häufig prägend, wenngleich etliche bei Heimaturlauben damit konfrontiert sind, dort als »Almanci« wahrgenommen zu werden. Der türkische Präsident Recep Tayyip Erdogan hat diese Ambivalenzen stets für sich genutzt, warnt in Reden vor einer Assimilation und schwört die Türkeistämmigen auf die Treue zur türkischen Nation ein. Damit hat er Erfolg. Deutschtürken stimmen seiner Politik in größerem Ausmaß zu als Türken in der Türkei. Bei der Parlamentswahl im Jahr 2015 erhielten die AKP und die mit ihr verbundene ultranationalistische MHP fast 70 Prozent aller Stimmen von in Deutschland lebenden türkischen Wahlberechtigten. Beim Referendum zur umstrittenen Verfassungsreform im Jahr 2017 gewann Erdogan in Deutschland 61 Prozent aller Stimmen, in der Türkei waren es lediglich 51 Prozent.

Wie es generell um die Einstellungen von Türkeistämmigen in Deutschland bestellt ist, hat ein Team unter Leitung des Politikwissenschaftlers Detlef Pollack an der Universität Münster in Zusammenarbeit mit dem Meinungsforschungsinstitut TNS Emnid erhoben.[151] Das 2016 veröffentlichte Zahlenmaterial ist bemerkenswert, besonders hinsichtlich derjenigen, die in Deutschland geboren und aufgewachsen sind. 72 Prozent bezeichneten sich als sehr religiös, für 36 Prozent waren die Gebote des Islam wichtiger als die Gesetze in Deutschland, und 27 Prozent befürworteten die Aussage, Muslime sollten die Rückkehr zu einer Gesellschaftsordnung wie zu Zeiten Mohammeds anstreben. 15 Prozent von ihnen rechtfertigten Gewalt, wenn der Islam durch westliche Werte bedroht werde, und sechs Prozent sogar, wenn es um die Verbreitung und Durchsetzung des Islam gehe. 83 Prozent aller Befragten bekundeten, wütend zu sein, wenn nach einem Terroranschlag Muslime verdächtigt würden,

73 Prozent forderten Zensurmaßnahmen, wenn die Gefühle religiöser Menschen durch Bücher oder Filme verletzt werden könnten. Auf die Frage, was man tun sollte, um gut integriert zu sein, antworteten 86 Prozent aller in Deutschland Geborenen »selbstbewusst zur eigenen Kultur stehen«. Nur 43 Prozent aller Kopftuchträgerinnen, so eine Studie der Konrad-Adenauer-Stiftung aus dem Jahr 2006, fühlten sich mit Deutschland verbunden, 71 Prozent dagegen mit der Türkei. Doppelnennungen waren möglich. Auch bei denjenigen, die die deutsche Staatsbürgerschaft besaßen, lag der Anteil der mit Deutschland Verbundenen nur bei 49 Prozent.[152]

Diese Zahlen zeigen eine starke identitäre Aufladung von Türkeistämmigen im Hinblick auf die türkische Kultur und einen Islam fundamentalistischer Auslegung. Nicht nur ökonomisch Marginalisierte lassen sich von türkischem Nationalismus und Islamismus begeistern, sondern auch Unternehmer, Akademiker oder hoch bezahlte, in Deutschland geborene und aufgewachsene Spieler der deutschen Nationalmannschaft wie Mesut Özil und Ilkay Gündogan, die sich im Mai 2018 zu einem Fotoshooting mit Erdogan trafen. Gündogan, der die deutsche und türkische Staatsangehörigkeit besitzt, überreichte Erdogan sein Fußballtrikot, auf dem stand: »Mit großem Respekt für meinen Präsidenten.« Ob man darauf vertrauen sollte, dass diese Prägungen im Laufe der Zeit einer Akzeptanz westlicher Werte weichen werden, wie Pollack in einem Interview meinte,[153] muss bezweifelt werden, da die Studie teilweise eine Zunahme türkisch-islamistischer Identitätsbekundungen in der jungen Generation nachgewiesen hat, obgleich die sozioökonomische Situation spürbar besser geworden ist. Dafür sind neben den gelegentlichen Auftritten türkischer Politiker und den türkischen Medien, die für die Diaspora meinungsbildend sind, vor allem politische und religiöse Vereinigungen verantwortlich, die auf vielfältige Weise mit der AKP oder anderen Institutionen des politischen Islam in der Türkei verflochten sind.

2. Nationalisten, »Graue Wölfe« und ein Rockerclub

Die wichtigste Lobbyorganisation der AKP ist die 2004 gegründete »Union Europäisch-Türkischer Demokraten« (UETD), die Niederlassungen in mehreren europäischen Ländern besitzt. Zur Eröffnung des Büros in Köln reiste Erdogan im Jahr 2005 persönlich an. Die UETD hat in der Vergangenheit Wahlkampfhilfe für die AKP geleistet und Reden türkischer Politiker organisiert, dabei auch den spektakulären Auftritt von Erdogan in der Köln-Arena im Jahr 2008. UETD-Politikern wurde mehrfach vorgeworfen, Personen bedroht zu haben, die als Feinde des türkischen Präsidenten ausgemacht wurden. Nach einer Recherche des ZDF-Magazins »Frontal 21« soll beispielsweise Yilmaz Ilkay Arin, der ehemalige Vorsitzende der Mannheimer UETD-Ortsgruppe, geplant haben, die Rockergruppe »Osmanen Germania« für eine »Bestrafungsaktion« gegen den Moderator Jan Böhmermann anzuheuern, der ein »Schmähgedicht« gegen Erdogan verfasst hatte. Nach Angaben der »Stuttgarter Nachrichten« soll Arin Türken in Deutschland außerdem aufgefordert haben, sich zu bewaffnen.[154] Der Chef der »Osmanen«, Mehmet Bagci, soll bei einem von Arin organisierten Treffen mit einem Erdogan-Berater versprochen haben, gegen die »Feinde der Türkei und Terroristen zu kämpfen – egal, wo sie sich befinden«.[155] Nach Meinung des Geheimdienstexperten Erich Schmidt-Eenboom wurden die »Osmanen« noch im Jahr 2018 »mit Kriegswaffen zu einer Art Sturmabteilung der UETD« aufgerüstet.[156] Allgemeine Ahnungslosigkeit und Unübersichtlichkeit im Gewerbe privater Sicherheitsunternehmen führten dazu, dass die »Osmanen« über Umwege sogar im Dienste deutscher Behörden standen. Wie der »Spiegel« im März 2018 berichtete,[157] sollen sie im Landkreis Lörrach über Subunternehmen als Wachdienste für Flüchtlingsunterkünfte angeheuert worden sein. Das ist skandalös, denn bei der Truppe handelte es sich um eine kriminelle Vereinigung, die neben ihren zweifelhaften Diensten für Erdogan und die UETD mit weiteren illegalen Machenschaften beschäftigt war. Im Juli 2017 war genügend belastendes Material von den Sicherheitsdiensten gesammelt worden, um eine bundesweite Razzia bei Einrichtungen des Clubs und einen anschließenden Prozess durchzuführen. Im Juli 2018 wurde die Gruppe von Innenminister Horst Seehofer verboten.

Die UETD versucht auch, auf legalem Weg Einfluss in Deutschland auszuüben. Mehrfach waren ihre Mitglieder damit befasst, eigene Parteien zu gründen. Zu ihnen gehört die vom Berliner Unternehmer Remzi Aru gegründete »Allianz Deutscher Demokraten« (ADD), die auf ihrer Homepage ein unverfänglich modernes Image präsentiert. Man warb im in der Vergangenheit mit gut aussehenden jungen Frauen, von denen die erste, die ich beim Öffnen der Seite erblickte, lachend eine Deutschlandfahne hochhielt, während ihr langes Haar im Wind wehte. Im Bundestagswahlkampf 2017 war von Deutschland allerdings keine Spur. Auf Werbeplakaten schaute Erdogan den Betrachter an, und auch die türkische Schrift zeigte, wer hier angesprochen werden sollte. Die politischen Erfolge der ADD sind einstweilen noch bescheiden. In NRW, wo die ADD bei der Landtagswahl 2017 angetreten war, erzielte sie lediglich 0,15 Prozent der abgegebenen Zweitstimmen, bei der Bundestagswahl waren es 0,4 Prozent in NRW und 0,1 Prozent bundesweit. Eine zweite Partei, die von UETD-Funktionären gegründet worden sein soll, ist das »Bündnis für Innovation und Gerechtigkeit« (BIG), das sich als Migrantenpartei vermarktet und regelmäßig bei Wahlen antritt.[158] Das Gleiche gilt für die kleine Lokalpartei »Neues Forum Offenbach«, die das ehemalige UETD-Mitglied Muhsin Senol im Jahr 2011 aus der Taufe hob. Sie erhielt zwei Sitze im Stadtparlament der hessischen Kommune. Für die Bürgermeisterwahl in Offenbach hatte sich Senol den Slogan »Wählt den Babo« ausgedacht. Mit dem Begriff des *babo*, der im Türkischen »Anführer« oder »Boss« bedeutet, wollte der Kandidat offensichtlich an den Sprachgebrauch des Rappers »Haftbefehl« aus der Sparte des Gangsta-Rap anschließen, der unter Offenbacher Jugendlichen eine Größe ist. Möglicherweise war die Gangster-Pose nicht nur gespielt, denn Senols Name taucht auch bei Ermittlungen der Staatsanwaltschaft Stuttgart auf. Nach einem Bericht der »Stuttgarter Nachrichten« sei er im Juni 2017 von einer türkischstämmigen Frau kontaktiert worden, die ihn um Unterstützung bei der Regelung einer Mietzahlungsangelegenheit bat. Senol soll dem »Osmanen«-Chef Mehmet Bagci den Auftrag übergeben haben, den säumigen Mieter einzuschüchtern.[159] Nach Recherchen der Zeitung und des ZDF-Magazins »Frontal 21« sei Senol außerdem Kontaktmann zwischen Erdogan-Vertrauten und der UETD gewesen. Obgleich die UETD als politische Organisation gegründet wurde, nutzte sie einer Recherche von Hüseyin Topel zufolge in der Vergangenheit Räumlichkeiten der islamistischen Vereinigungen DITIB, »Milli Görüs« und ATIB, von denen noch die Rede sein wird.[160] Dass sie es versteht, Islamismus und Nationalismus zusammenzubringen, wird auch aus einem Interview mit dem Vorsitzenden Zafer Sirakaya anlässlich der Eröffnung einer Zweigstelle in Bosnien-Herzegowina deutlich. Sirakaya betonte, dass der Islam eine der grundlegenden Kräfte Europas darstelle.[161]

Als sich der türkische Außenminister Mevlüt Cavusoglu im März 2017 bei einer Rede vom Balkon des Hamburger Generalkonsulats seinen Anhängern zeigte, begrüßte er die Anwesenden mit dem »Wolfsgruß«. Dabei wird mit der Hand ein stilisierter Wolfskopf geformt. Der Wolfsgruß ist das Erkennungszeichen türkischer Faschisten, der sogenannten »Grauen Wölfe«, die der Minister offenbar unter den Anwesenden identifiziert hatte. In der Tat sind sie innerhalb der türkischen Migrantenszene zahlreich vertreten. Bereits im Jahr 2007 konstatierte der Sozialwissenschaftler Kemal Bozay, dass mehr als 350 rechtsextreme türkische Vereine und Gemeinden Einfluss auf das soziale Leben der Diaspora-Community nehmen.[162] Sie organisieren sich unter anderem in der »Föderation der Türkisch-Demokratischen Idealistenvereine in Deutschland e. V.« (Almanya Demokratik Ülcücü Türk Dernekleri Federasyonu, ADÜTDF), kurz »Türkische Föderation«, und in den »Idealistenclubs« (Ülkü Ocaklari). Die »Türkische Föderation« wurde 1978 in Frankfurt gegründet, besitzt etwa 7.000 Mitglieder und ist damit die stärkste rechtsextreme Organisation in Deutschland – noch vor der NPD mit 5.000 Mitgliedern.[163] Die Organisation habe eine starke Feindbildfixierung, sei antisemitisch und fungiere, so der hessische Verfassungsschutz, als Auslandsvertretung der faschistischen Partei MHP.[164] Regelmäßig, so Claudia Dantschke, schwören Jugendliche bei Großveranstaltungen den feierlichen »Eid der Idealisten«, der von der Wissenschaftlerin selbst aufgenommen wurde und folgendermaßen lautet: »Ich schwöre bei Allah, dem Koran, dem Vaterland, bei meiner Flagge, bei der Waffe. Wir, die idealistische türkische Jugend, werden unseren Kampf gegen Kommunismus, Faschismus, Kapitalismus und jegliche Art von Imperialismus fortführen. Unser Kampf geht bis zum letzten Mann, bis zum letzten Atemzug, bis zum letzten Tropfen Blut. Wir, die idealistische türkische Jugend, werden niemals aufgeben, nicht wanken, wir werden siegen, siegen, siegen. Möge Allah die Türken schützen und sie überhöhen.«[165] Feinde sind in diesem Weltbild alle Türkeistämmigen, die keine Muslime oder keine ethnischen Türken sind, d. h. Alewiten, Christen, Armenier, Aramäer und vor allem Kurden. Auch antisemitische Verschwörungstheorien, so Dantschke, sind integraler Bestandteil der Ideologie.

Etwas kleiner ist der »Verband der türkischen Kulturvereine« (Avrupa Türk Birligi, ATB), der etwa 3.000 Mitglieder umfasst und ebenfalls zu den »Grauen Wölfen« gezählt wird. ATB vertritt einen aggressiven nationalistischen Islam und strebt ein islamisches Weltsystem an, das unter der Herrschaft der Türken aufgebaut werden müsse.[166] Das Leben in der Diaspora wird von ATB-Funktionären als tendenziell zerstörerisch gesehen, und man versucht gegenzusteuern. Jugendliche werden angehalten, Türkisch und nicht Deutsch miteinander zu sprechen, sich von gleichaltrigen Nicht-Türken fernzuhalten und ihre Freizeit in der Gemeinschaft Gleichgesinnter zu verbringen. Die deutsche Lebenswelt werde häufig, so der Soziologe Emre Arslan, als »Dreck« abgewertet, die eigene Gegenwelt, die nicht zuletzt in den Vereinsräumen gestaltet wird, bezeichnet man als reine Inseln.[167] Arslan zufolge ist Gewalt das erklärte Mittel der Wahl, wenn es darum geht, Dinge zu bekämpfen, die in die Kategorien »unsittlich, dreckig, antitürkisch oder schädlich« fallen.[168] Gegenüber Vertretern der deutschen Gesellschaft bemüht man sich allerdings, harmlos aufzutreten und das des Türkischen nicht mächtige Gegenüber zu täuschen. So berichtet Arslan, dass sich ein von ihm besuchter Verein im Türkischen »Seldschukischer Weltordnungsverein«, im Deutschen aber »Interkulturelles Elternbildungswerk« genannt habe.[169] Nicht immer kümmert es die Politik, wen sie vor sich hat, wenn es um gute Kontakte zu Migranten geht. Als im Jahr 1998 der Vorsitzende der »Grauen Wölfe« in Mannheim zum Vorstand der »Yavuz-Sultan-Selim-Moschee« ernannt wurde, spielten lokale Politiker dies herunter. Der damalige Oberbürgermeister bekundete der alarmierten Presse gegenüber, es gebe keine Probleme hinsichtlich der interkulturellen Arbeit der Moschee, da sich der Vorsitzende aktiv für die Integration einsetze. Auf die politische Gesinnung des neuen Vorstehers angesprochen, winkte auch der damalige Ausländerbeauftragte ab und entgegnete, man dürfe die Entwicklungen in der Moschee »nicht mit deutschen Maßstäben messen«.[170]

Eine Abspaltung der ADÜTDF ist die »Union der türkisch-islamischen Kulturvereine« (Avrupa Türk-Islam Birligi, ATIB), die wie die ATB ein stärkeres Gewicht auf den Islam als auf das Türkentum legt. Sie gebe sich vergleichsweise moderat, schreibt der Politikwissenschaftler Ismail Küpeli, und biete dadurch türkischen Nationalisten, denen die faschistische MHP zu radikal sei, die Möglichkeit, im Milieu der »Grauen Wölfe« zu bleiben.[171] Anders als die ADÜTDF, die die Bewahrung der türkischen Sprache zu einem entscheidenden Ziel ihrer Arbeit in Deutschland macht, spricht sich die ATIB beispielsweise für einen bekenntnisorientierten Islamunterricht an staatlichen Schulen in deutscher Sprache aus.[172] Die ATIB wurde von Musa Serdar Celebi, dem damaligen Vorsitzenden der »Türkischen Föderation«, gegründet. Celebi hat eine zweifelhafte Vergangenheit. In der Türkei war er Vizepräsident der »Partei der Großen Einheit« (Büyük Birlik Partisi,

BBP), die dem Spektrum der »Grauen Wölfe« zugerechnet und für mehrere politische Morde verantwortlich gemacht wird. Celebi selbst saß zwei Jahre lang wegen einer möglichen Beteiligung am Attentat auf Papst Johannes Paul II. in Italien im Gefängnis und kam schließlich wegen Mangels an Beweisen frei. In der ATIB hatte er bis 1999 den Vorsitz inne und ist noch immer Ehrenvorsitzender. Gegenwärtig wird die ATIB von seinem Sohn Mehmet Alparslan Celebi geführt, der durch ultranationalistische Kommentare beispielsweise zur Armenien-Resolution des Bundestages auffällt. In der »Huffington Post« macht er die »armenische Lobby« sowie »Hass gegen die Türkei und Erdogan« für die Entscheidung verantwortlich, den Genozid an Armeniern und anderen christlichen Minderheiten, die zwischen 1915 und 1916 ermordet wurden, zu verurteilen.[173] Gern wettert er gegen Jesiden und Kurden und bekundet seine Sympathien für Erdogan. Im Jahr 2018 entdeckte die Bloggerin Sigrid Herrmann-Marschall, dass Celebi offenbar gute Beziehungen ins kriminelle Milieu pflegt. Anlässlich einer polizeilichen Ermittlung gegen Achraf Rammo, dem Mitgliedschaft in einem kriminellen libanesischen Clan vorgeworfen wird, schrieb er auf Instagram: »Wirklich tut weh zu lesen was du erlebt hast und deine Familie, dieses Land wird immer unerträglicher. Und jetzt lesen sicher ein paar Nazi Alamans Mit und denken sich geht doch zurück. Wir werden bleiben und das Leben euch Nazis zur Hölle machen.«[174] Pikanterweise ist Mehmet Celebi nicht nur Vorsitzender von ATIB, sondern auch Vizepräsident des »Zentralrates der Muslime in Deutschland« (ZMD). ATIB ist die mitgliederstärkste Organisation des ZMD, der wiederum Mitglied der »Deutschen Islamkonferenz« ist, Steuergelder für Jugendarbeit und andere Aktivitäten erhält und in unzählige Projekte von Politik und Zivilgesellschaft eingebunden ist.

3. Die DITIB: Religionsgemeinschaft oder politisches Instrument Erdogans?

Der größte muslimische Verband ist die »Türkisch-Islamische Anstalt für Religion e. V.« (Diyanet Isleri Türk Islam Birligi, DITIB), die nach eigenen Angaben fast 1.000 Moscheen unterhält. 1982 wurde die erste DITIB-Moschee in Berlin eröffnet, und 1984 erfolgte die Einrichtung einer bundesweiten Zentrale mit Sitz in Köln. Sie ist eine Gründung des türkischen »Präsidiums für Religionsangelegenheiten« (Diyanet Isleri Baskanligi, kurz: »Diyanet«), das unmittelbar dem türkischen Präsidenten untersteht, und besitzt den Status einer »Diyanet«-Auslandsorganisation. Die Ziele der ausländischen »Diyanet«-Zweigstellen bestehen in der religiösen und seelsorgerischen Betreuung von türkeistämmigen Muslimen, in der Bewahrung und Stärkung der Türkeibindung und in der Vermittlung einer »wahre(n) Identität der islamischen Religion«.[175] Eine Verknüpfung religiöser und politischer Anliegen war von Anfang an intendiert, wurde aber lange Zeit in Deutschland nicht als Problem erachtet, weil der türkische Staatsislam als moderate Alternative zu anderen islamischen Organisationen in Deutschland galt. Seit Recep Tayyip Erdogan die Türkei sukzessive in eine islamistische Diktatur umwandelt und alle staatlichen Einrichtungen, also auch die »Diyanet« und ihre Auslandsorganisationen, für diesen Zweck instrumentalisiert, sind bei deutschen Politikern und Akteuren der Zivilgesellschaft Zweifel an dieser Sicht entstanden. Eine allzu große Nähe zur türkischen Regierung gilt vielen mittlerweile als Problem und es werden Forderungen laut, die DITIB möge diese beenden.

Das wohl gravierendste Problem ist, dass »Diyanet«-Funktionäre und andere Repräsentanten des türkischen Staates gemäß der Satzung alle relevanten

DITIB-Gremien dominieren. Nehmen wir zunächst den Vorstand, dessen Vorsitzender traditionell der Botschaftsrat für religiöse Angelegenheiten der türkischen Botschaft in Berlin und somit ein türkischer Beamter ist. Ehrenvorsitzender ist der jeweils amtierende »Diyanet«-Präsident persönlich. Alle Vorstandsmitglieder werden von einem Beirat vorgeschlagen, dem ebenfalls der »Diyanet«-Präsident vorsteht, und von einem Wahlgremium ernannt, in dem türkische Beamte den Ton angeben. Türkische Religionsattachés und Vertreter von Generalkonsulaten haben ein verbrieftes Mitspracherecht im Beirat. Die praktische Einflussnahme geht sogar noch über die rechtliche hinaus, wie die Islamwissenschaftlerin Aysun Yasar in ihrer 2012 erschienen Dissertation nachgewiesen hat. Zum Zeitpunkt ihrer Forschung waren alle Beiratsmitglieder türkische Beamte und politische Funktionsträger des türkischen Staates. Dass sich die strukturelle Dominanz in den vergangenen Jahren nicht geändert hat, wurde bei der letzten Vorstandswahl ersichtlich, die im Januar 2019 in Köln stattfand. Schon der Wahlmodus räumte jeden Zweifel darüber aus, wer bei der DITIB das Sagen hat. Einfache Mitglieder der deutschen Gemeinden waren kaum eingeladen, in der Türkei lebende pensionierte Religionsattachés und DITIB-Gründungsmitglieder dagegen schon. Das Ergebnis der Wahl war wenig überraschend. Drei von sieben Vorstandsmitgliedern stehen als türkische Beamte direkt auf Erdogans Gehaltsliste. In der Mitgliederversammlung dominieren diese Vertreter des türkischen Staates ebenfalls. Dazu kommt, dass alle Imame der DITIB von »Diyanet« ausgebildet werden. Sie besitzen den Status türkischer Beamter, werden für einen festgelegten Zeitraum nach Deutschland entsandt und sind gegenüber ihren Vorgesetzten, den Religionsattachés, rechenschaftspflichtig.

Ein Problem dieser strukturellen Abhängigkeit besteht darin, dass das DITIB-Personal gehalten ist, sich an Weisungen aus Ankara zu halten, und nach Belieben abgesetzt werden kann. Dafür sorgt eine pyramidale Organisationsstruktur der DITIB in Deutschland mit einer in Köln ansässigen Zentrale, Landesverbänden und örtlichen Gemeinden. Nicht nur türkische Beamte sind der Willkür aus Ankara ausgeliefert, auch deutschen Funktionsträgern der DITIB drohen Repressionen, wenn sie vom Kurs der Zentrale abweichen und eventuell zu liberales Gedankengut entwickeln. Das musste der Vorstand der Berliner »Sehitlik-Moschee« erfahren, der immer wieder durch eine Öffnung zur Mehrheitsgesellschaft aufgefallen war und im Jahr 2015 eine öffentliche Diskussion zum Thema Islam und Homosexualität gegen den erbitterten Widerstand Ankaras möglich gemacht hatte. Die Reaktion aus der Türkei kam postwendend: 2016 wurde der gesamte Vorstand in einer undurchsichtigen Prozedur ausgetauscht. Der neue Vorstandsvorsitzende ist ein Mann, der in Saudi-Arabien Theologie studiert hat und sich einer islamischen Lehre verpflichtet fühlt, die alles andere als liberal ist. Eingriffe Ankaras gab es auch in Hessen, wo ein von Politik und Zivilgesellschaft geschätzter Landesvorsitzender, der einen moderaten Islam vertrat und die Einführung eines bekenntnisorientierten Islamunterrichts an staatlichen Schulen mit auf den Weg gebracht hatte, Opfer einer beispiellosen Mobbingkampagne wurde. Sein Nachfolger, ein Mann ohne nennenswerten Einfluss, hatte die wirkliche Macht vollständig an einen von der Kölner Zentrale bestellten und bezahlten Landeskoordinator abgegeben, der sich immer wieder als überzeugter Vertreter der türkischen Regierung positionierte.

Seit Recep Tayyip Erdogan den türkischen Staatsislam radikalisierte und ihn für politische Zwecke instrumentalisierte, dient ihm die DITIB als wohlfeiles Mittel, um politische Botschaften unmittelbar in die deutschen Moscheen durchzureichen und in Deutschland politischen Einfluss zu gewinnen. Für solche Machtspiele eignet sich besonders die Freitagspredigt, die jede Woche an alle DITIB-Gemeinden verschickt und dort vom Imam verlesen wird. Sie ist ein Medium, mit dem Erdogan seinen Anti-Integrationskurs religiös untermauert. Er hatte im Jahr 2008 in der Köln-Arena vor 16.000 Zuhörern verkündet, Assimilierung sei ein Verbrechen gegen die Menschlichkeit, und den in Deutschland lebenden Türkeistämmigen für ihre Treue zur türkischen Heimat gratuliert. Die DITIB hat dieses Thema mehrfach aufgegriffen, beispielsweise in der Freitagspredigt vom 18. März 2016, in der das Thema »Heimatliebe« behandelt wurde. Da heißt es in der deutschen Übersetzung, die auf der Homepage einsehbar ist: »Mit Hilfe des erhabenen Allahs haben unsere Vorfahren Anatolien zur Heimat für unser Volk gemacht und dieses Land um Kopf und Kragen verteidigt.« Die Heimat ist unmissverständlich nicht Deutschland, sondern die Türkei. Sie zu vergessen, so der Text weiter, bringe Verderbnis: »Es darf nicht vergessen werden, dass Völker verloren gegangen sind, weil sie ihre nationalen und geistigen Werte verloren haben.« Der zentrale Wert, den die Predigt bei der Bewahrung von Heimat und heimatlichen Werten anmahnt, ist die »Erinnerung an die geehrten Märtyrer, die uns unsere Heimat als Erbe hinterlassen haben«. Nun mag mancher die Ansicht vertreten, dass es in einem pluralistischen Land kein Problem sein dürfe, wenn Einwanderer ihre kulturellen Wurzeln bewahren. Dies ist richtig, doch nur so lange, wie die Liebe zur Heimat der Eltern und Großeltern nicht in Ablehnung und Hass auf die hiesige Gesellschaft umschlägt. Das genau ist aber bei der DITIB der Fall. Seit vor einigen Jahren Menschen, die des Türkischen mächtig sind, damit begannen, türkischsprachige Internetseiten der DITIB zu übersetzen und zu dokumentieren, kam die Öffentlichkeit aus dem Staunen nicht mehr heraus. Vor allem Jugendgruppen hetzten offen gegen Deutschland, Christen, Juden oder ganz allgemein gegen den Westen.[176] So wurde beispielsweise das Weihnachtsfest von der DITIB-Gemeinde Möllen als eine »nach Blasphemie stinkende Tradition der Christen« und der Valentinstag von DITIB Neumünster als »Ehebruch-Feier der Juden und Christen« denunziert. Man warnte vor Freundschaft mit »Ungläubigen«, davor, Silvester oder christliche Feste zu feiern, und erging sich in antisemitischen Schmähungen. Beliebt schien ein Bild zu sein, das einen bärtigen Osmanen zeigte, der einem Weihnachtsmann die Faust ins Gesicht rammte. In einer DITIB-Moschee in Hamburg-Wilhelmsburg forderte im Jahr 2017 ein Jugendlicher Erdogan in einem YouTube-Video auf: »Mein Führer, gib uns den Befehl und wir zerschlagen Deutschland!« Er war mit dieser Ansicht offensichtlich nicht allein, denn der Vorsitzende des Vereins postete auf Facebook: »Demokratie ist für uns nicht bindend. Uns bindet Allahs Buch, der Koran.« Türken und Kurden, die nicht islamisch lebten, so der Vorsitzende weiter, spucke er ins Gesicht.[177]

Nicht nur die Beschwörung der Bindung an eine anatolische Heimat erweist sich im deutschen Kontext als Problem, sondern auch das Hochhalten des Märtyrertums als muslimisch-türkische Tugend, die in der oben zitierten Predigt zur Heimatliebe referiert wird. Märtyrer spielen eine wichtige Rolle im Weltbild der DITIB. Bereits am 14. März 2014 wurde dem Thema eine eigene Predigt gewidmet. Diejenigen, die »für ihren Glauben sterben, für ihr Land und die Werte, die ihnen heilig sind«, kann man nachlesen, nähmen eine Ehrenrolle vor Gott und den

Menschen ein. Um auch Kinder vom großen Glück des Sterbens für Allah zu überzeugen, legte »Diyanet« 2016 einen Comic auf, in dem ein Vater seinem Sohn erklärt, wie schön es sei, den Märtyrertod zu erlangen. Dieser Comic ist auch in deutscher Übersetzung erhältlich. Solche Ideen ermöglichen den Anschluss an radikale Strömungen des Islam und letztendlich sogar an den Dschihadismus. Wie so etwas funktioniert, ließ sich im Jahr 2013 in einer DITIB-Moschee in Wolfsburg beobachten. Dort konnte der tunesischstämmige IS-Anwerber Yassin Oussaifi ungehindert dschihadistische Propaganda verbreiten und junge Menschen für den Krieg in Syrien rekrutieren. Schließlich reisten 20 junge Muslime, die bei der DITIB radikalisiert worden waren, geschlossen zum IS. Auch im beschaulichen Dinslaken-Lohberg hatte sich eine zweistellige Gruppe junger Männer im DITIB-Umfeld radikalisiert und für ihre Zusammenkünfte Räumlichkeiten der DITIB genutzt. Im Jahr 2013 zogen elf von ihnen in den Krieg nach Syrien, produzierten unterwegs eifrig martialische Fotos, auf denen sie lange Messer in die Luft hielten, und einer von ihnen posierte später lachend mit abgeschnittenen Köpfen. Dass der Skandal nicht unbedingt zu einem gesteigerten Problembewusstsein führte, zeigt nicht nur das beharrliche Herunterspielen und Kleinreden durch die kommunale Verwaltung und die ortsansässige muslimische Gemeinschaft, sondern auch ein Foto aus dem Jahr 2015, auf dem ein DITIB-Vorstandsmitglied, das sich ehrenamtlich als Jugendwart betätigte, mit einem jungen Mann zu sehen ist. Der Jugendliche trägt ein weißes T-Shirt mit dem islamischen Glaubensbekenntnis in einer Form, wie es vom IS verwendet wird. Die beiden Männer, Arm in Arm, halten jeweils einen Zeigefinger in die Luft. Diese Geste dient als Erkennungszeichen von Salafisten und soll die Botschaft »ein Gott, ein Staat«

symbolisieren. Die Dinslakener Zelle hatte bei ihren fotografischen Selbstporträts, mit denen sie sich in den sozialen Netzwerken präsentierte, sowohl von entsprechenden T-Shirts als auch von der Ein-Finger-Gestik exzessiv Gebrauch gemacht. Auch in Dinslaken waren die Bedeutungen der Schrift und des Fingers bekannt. Von Journalisten auf den Vorfall angesprochen, reagierte das Vorstandsmitglied allerdings so, als ob man davon nichts wissen könne. Empört entgegnete er den Journalisten, das alles seien ganz normale religiöse Gesten, und er wolle seine Religion nicht verleugnen. Von DITIB-Funktionären wurden diese Vorfälle, nachdem sie sich zu einem medialen und politischen Skandal ausgeweitet hatten, als Einzelfälle verharmlost. Murat Kayman, zur damaligen Zeit Koordinator der DITIB-Landesverbände, lehnte sich in seinem Blog noch ein Stück weiter aus dem Fenster und behauptete allen Ernstes, der Jugendwart habe sich nur deshalb in IS-Pose gezeigt, um gefährdeten Jugendlichen nahezukommen und sie auf den Weg der Tugend zurückzuführen.[178] Dass Kayman sich hier – offenkundig im Bewusstsein, es sich erlauben zu können – über die Kritiker lustig machte, liegt auf der Hand. Der Umstand, dass in den Reihen der DITIB für den IS geworben wurde, schien ihn wenig zu stören. Ähnliches kann auch in Bezug auf das gesamte Umfeld in Wolfsburg und Dinslaken vermutet werden. Die vollmundige Bekundung, man habe bei der DITIB nicht gemerkt, dass sich jeweils eine ganze Gruppe von Jugendlichen radikalisierte, ist schon deshalb unglaubwürdig, weil die Jugendlichen ihre Gesinnung nicht verheimlichten. In Dinslaken wurden die sozialen Netzwerke geradezu mit Bildern geflutet, die die Radikalisierung und auch die Ausreise prahlerisch dokumentierten. Das lässt nur einen Schluss zu: Diejenigen, die dem Treiben der Jugendlichen zusahen und das Ganze für eine fromme Attitüde hielten, hatten selbst keine klaren Grenzen zum Dschihadismus.

Im Jahr 2018 wurde dies in besonders drastischer Weise deutlich, als der von der DITIB gepflegte Märtyrerkult unmittelbar in Kriegshetze überging. Der Anlass war die in Kapitel zwei erwähnte völkerrechtswidrige Militäroffensive der türkischen Armee gegen die Kurden im Norden Syriens. Das Unternehmen wurde als heiliger Krieg gepriesen, und mögliche Tote auf der eigenen Seite wurden zu Märtyrern erklärt. Dazu passte, dass Erdogan arabische Dschihadisten als Hilfstruppen anheuerte, just jene Schlächter, die von den kurdischen Selbstverteidigungseinheiten mit Unterstützung der USA aus Nordsyrien vertrieben worden waren. Unter »Allahu akbar«-Rufen vereinigten sich türkische Soldaten mit den unversehens wieder an die Macht gekommenen Dschihadisten und zwangen Hunderttausende Menschen aus der Stadt Afrin und den umliegenden Ortschaften zur Flucht. Die Rechtfertigung dieses Krieges, ja mehr noch, seine enthusiastische Unterstützung, erfolgte massenhaft auch in deutschen DITIB-Moscheen. Auf den Internetseiten der Moscheen marschierten Soldaten, wurden Fahnen geschwenkt und Kriegslieder gesungen. In der »Fatih-Moschee« im hessischen Dietzenbach postete man: »Die Armee, die einmarschiert, ist die Armee des Propheten Mohammed. O Gott, sende eine unbesiegbare Armee dorthin. Gott hilf, dass der Schuss sein Ziel trifft.« In Bruckhausen und anderorts wurde unter Anleitung des Imam für den Sieg der Armee gebetet. In Gelnhausen wiederholte man das Gedicht, für dessen Verlesen Erdogan einst in der Türkei zu einer Gefängnisstrafe verurteilt worden war: »Die Minarette sind unsere Bajonette, die Kuppeln sind unsere Helme, die Moscheen sind unsere Kasernen.« DITIB Gelnhausen zeigte ein Geschwader

Kampfflugzeuge, das aus der Perspektive eines der Piloten aufgenommen worden war. Dazu hieß es: »Ihr alle werdet die Stärke der türkischen Republik zu spüren bekommen. Ich kenne euch alle. Wer das Land verrät, wird die Konsequenzen spüren.« Der militaristische Weg in den Moscheen wurde in den folgenden Monaten fortgesetzt. Auf der Homepage von DITIB Ichenhausen gab es die markige Rede eines Generals zu bestaunen, bei der es um Blut, Boden und die Bereitschaft ging, als Märtyrer zu sterben.[179] Martialisch ging es auch im April 2018 in DITIB-Moscheen zu. Man feierte den mehr als 100 Jahre zurückliegenden Sieg der türkischen Armee gegen Briten und Franzosen in der Schlacht von Canakkale (Gallipoli) mit kriegerischem Kindertheater. In Herford imitierten kleine Jungen in türkischen Uniformen und mit Spielzeugwaffen ein militärisches Zeremoniell, und in Castrop-Rauxel sang ein Mädchenchor – in weiten schwarzen Gewändern mit rosafarbenem Schleier – eine Hymne an den gefallenen Märtyrer, für den der allmächtige Gott einen Platz im Himmel bereithalte. Ähnliches geschah in Ichenhausen und in Thannhausen, fanden Susanne Opalka und Sascha Adamek vom »Rundfunk Berlin-Brandenburg« heraus. Mit nationalistischer Kriegsverherrlichung scheint die DITIB ohnehin keine Probleme zu haben. Der Besuch der historischen Stätten der Canakkale-Schlacht war ein Programmpunkt einer DITIB-Reise im Projekt »Jugendbrücke« im Frühling 2018, das finale Highlight der Tour sollte der Besuch im Präsidentenpalast bei »unserem obersten Heerführer« Erdogan sein.[180]

Die unverhohlene Instrumentalisierung der DITIB für Erdogans politische Ziele wurde auch anlässlich der Ereignisse um den Putschversuch des Jahres 2016 deutlich. In der Freitagspredigt vom 22. Juli 2016 wurde Erdogans Sicht des Geschehens ungefiltert in die Moscheen getragen. Von »externen und internen Bösen« war darin die Rede sowie von »Körnern der Aufwiegelei«, die dem Volk seit 40 Jahren Schaden zugefügt hätten. Damit waren Anhänger des Predigers Fetullah Gülen gemeint, die die DITIB-Moscheen mangels eigener Moscheen ebenfalls als Gebetsorte nutzten. Der Beginn der Hexenjagd ließ nicht lange auf sich warten. In Gelsenkirchen belagerten örtliche DITIB-Mitglieder im Beisein ihres Imam einen Jugendtreff der Gülen-Bewegung und schlugen die Scheiben ein, in anderen Moscheen wurden Gülen-Anhänger bedroht, man verwehrte ihnen den Zutritt und rief zu einem Boykott ihrer Geschäfte auf. DITIB-Imame, die nicht auf AKP-Linie waren, wurden zurück in die Türkei beordert, versteckten sich oder beantragten Asyl, während regimetreue Imame sich als willfährige Diener des türkischen Geheimdienstes erwiesen. Im Auftrag der türkischen Regierung hatten sie die Namen vermeintlicher Gülen-Anhänger aus ihren Gemeinden notiert und weitergegeben.

Wie Erdogan die DITIB als politisches Instrument nutzt, um Zugriff auf die türkeistämmige Bevölkerung in Deutschland zu erlangen, ließ sich zuletzt eindrucksvoll anlässlich seines Besuches im September 2018 beobachten. Nachdem er beim Staatsbankett die Auslieferung der Opposition gefordert hatte, inszenierte er sich zum Schluss seiner Reise als Patron einer türkischen Parallelgesellschaft. Er eröffnete die 30 Millionen teure DITIB-Moschee in Köln und hielt eine anklagende Rede gegen die vermeintliche Islamfeindlichkeit in Deutschland. Die Öffentlichkeit war zur Feierstunde nicht zugelassen und Politiker blieben ihr fern, weil ihnen kein Rederecht erteilt worden war. Ursprünglich sollte die Moschee das Sinnbild eines in Deutschland angekommenen Islam darstellen, und man hatte vor, sie mit einem großen integrativen

Fest zu eröffnen, doch die Feier und ihre Begleitumstände sprachen eine andere Sprache. Eröffnet wurde eine Bastion der Türkei auf deutschem Boden, deren Präsident angetreten war, um allen unmissverständlich mitzuteilen, wer in diesem Komplex und in der DITIB das Sagen hat.

4. Die »Milli-Görüs«-Bewegung

Manch ein Kenner der Szene befürchtet, wenn die Kooperationen mit der DITIB beendet werden, könnten noch radikalere Akteure von der Leerstelle profitieren. Damit ist besonders die historische Konkurrentin der DITIB, die »Islamische Gemeinschaft Milli Görüs« (IGMG) gemeint, die auf Necmettin Erbakan zurückgeht.

Anders als die DITIB hat die IGMG ihre Wurzeln in einer gegen den türkischen Staat gerichteten islamistischen Bewegung, der »Milli-Görüs-Bewegung«, die auf den bereits in Kapitel zwei vorgestellten Necmettin Erbakan zurückgeht. Während sie zu Beginn der 1980er-Jahre in der Türkei verfolgt wurde und ihre Anhänger zu Vorsicht und Stillschweigen verurteilt waren, konnte sie sich in Europa ungehindert organisieren und einen Lebensstil kultivieren, der im Heimatland nicht möglich gewesen wäre. In »Milli-Görüs«-Gemeinschaften wurde eine radikale Trennung der Geschlechter praktiziert, Frauen verschleierten sich und die Männer hatten Bärte. Die Bewegung suchte den Schulterschluss mit anderen Gruppierungen des internationalen politischen Islam und lud deren Vertreter zu Veranstaltungen ein. 1983 kam es zu einer Spaltung, als Cemaleddin Kaplan, einer ihrer charismatischen Prediger, in Deutschland als politisch Verfolgter Asyl erhielt und den »Verband der islamischen Vereine und Kulturzentren« gründete. Wie Erbakan strebte er die Errichtung eines islamischen Staates an, orientierte sich aber am revolutionären Programm Ajatollah Khomeinis. Den Weg in den islamischen Staat stellte sich Kaplan wie im Iran vor: Nach einer Phase der Agitation sollte ein gewaltsamer Umsturz erfolgen. Wir sehen an diesem Beispiel, dass der von Khomeini angestrebte Export der islamischen Revolution durchaus Früchte bei sunnitischen Muslimen trug. Zwei Drittel aller »Milli-Görüs«-Anhänger folgten dem »Kölner Khomeini«, der medienwirksame Aktionen wie Massengebete in der Öffentlichkeit inszenierte, die später von Salafisten übernommen wurden. Sein Sohn Metin Kaplan, der 1983 ebenfalls als Asylbewerber nach Deutschland kam und seinem Vater im Amt nachfolgte, rief in Köln gar ein Kalifat aus. Er unterhielt Kontakte zu internationalen dschihadistischen Gruppen und organisierte mehrere Anschläge in der Türkei, die jedoch von der Polizei vereitelt wurden. Mit Konkurrenten ging er nicht zimperlich um. Ein Abtrünniger, der in Berlin ein Gegenkalifat ausrief, wurde mit vier Schüssen getötet. Kaplan wurde daraufhin verhaftet und seine Organisation verboten. Verurteilt wurden auch der Schwiegersohn Kaplans und dessen Bruder, denen Unterstützung der terroristischen Gruppe »Islamische Bewegung Usbekistan« nachgewiesen wurde.

Nach dem Desaster der Spaltung organisierte sich »Milli Görüs« im Jahr 1985 neu und gründete die »Organisation der Milli Görüs in Europa« (Avrupa Milli Görüs Teskilati, AMGT). Wo zuvor eine gewisse Autonomie der kommunalen Einheiten vorgeherrscht hatte, wurde jetzt ein pyramidaler Apparat mit Kontrollvorrichtungen geschaffen. Ideologisch setzte man auf Konsens und Vereinheitlichung.[181] Die Führungskräfte wurden von Erbakan eingesetzt und ihm durch einen Treueeid verpflichtet. Lokale Gemeinschaften überschrieben der Zentrale in Köln die Besitzrechte ihrer Moscheen, und diese verpflichtete sich zu Unterstützungsleistungen jedweder Form. Die Gemeinden wurden angehalten, Berichte über ihre Aktivitäten zu verfassen, in denen auch Mitgliederzahlen und eingeworbene Spenden aufgeführt wurden.[182] Die Bindungen zur Türkei wurden enger. Deutsche Muslime sammelten Gelder für türkische Wahlkämpfe; türkische Politiker und Prediger traten in Deutschland auf. 1995 wurde die AMGT in die »Islamische Gemeinschaft Milli Görüs« (IGMG) und die »Europäische Moscheebau- und -unterstützungsgemeinschaft« unterteilt. Im gleichen Jahr kandidierten insgesamt sechs IGMG-Funktionsträger bei den türkischen Parlamentswahlen für die Wohlfahrtspartei.[183] In dieser Zeit beginnt sowohl eine lückenlose Dokumentation deutschsprachiger Aufsätze der IGMG, die noch heute im Internet abrufbar ist und gewissermaßen eine eigene, für die Öffentlichkeit bestimmte Historie darstellt, als auch eine Weiterentwicklung organisatorischer Modernisierungen. Heute ist die IGMG eine funktional aufgebaute Organisation mit einem Präsidium, den Regionalverbänden und den Gemeinden.

Hatte diese strukturelle Erneuerung Auswirkungen auf das ideologische Tableau? Der Kulturanthropologe Werner Schiffauer glaubt, dass dies der Fall ist. Er hat eine ethnografische Studie bei »Milli Görüs« durchgeführt und die These aufgestellt, dass sich die Organisation im Verlauf der vergangenen Jahrzehnte von einer türkeiorientierten antiwestlichen Organisation mit kruder islamistischer Ideologie zu einer in der Demokratie angekommenen pragmatischen Interessenvertretung deutsch-türkischer Muslime gewandelt habe.[184] Die Entwicklung sei vornehmlich jungen Intellektuellen geschuldet, die in Deutschland geboren, aufgewachsen und sowohl mit der deutschen Sprache als auch der herrschenden politischen

Kultur bestens vertraut sind. Diese seien zwar nach wie vor religiöse Muslime, jedoch solche, die das politische System der Bundesrepublik schätzen oder sogar behaupten, in Demokratie und sozialer Marktwirtschaft das Ideal von Gerechtigkeit entdeckt haben, von dem auch der Islam spricht. »Postislamisten« nennt Schiffauer die neuen Kader von »Milli Görüs« und verwendet damit einen Begriff, der in der internationalen Islamismusforschung das Ende des radikalen politischen Islam und eine Hinwendung vom Politischen zum Kulturellen bezeichnet.[185] Schiffauer meint damit letztendlich, dass die IGMG die Vorstellung eines islamischen Staates aufgegeben habe. In der Tat bekennt sich die IGMG in ihren Verlautbarungen, die sie in deutscher Sprache auf ihrer Homepage publiziert, offensiv zur Treue gegenüber dem Grundgesetz der Bundesrepublik Deutschland. Dass dieses Bekenntnis ernst gemeint ist, wird allerdings von Sicherheitsorganen in Zweifel gezogen. Nach außen zeige sich die IGMG offen und dialogbereit, schrieb das Bayerische Landesamt für Verfassungsschutz im Jahr 2016, doch das Fernziel sei »die weltweite Einführung einer islamischen Staats- und Gesellschaftsordnung nach dem Vorbild des alten osmanischen Reichs unter Führung der Türkei«.[186] Als dieser Vorwurf im Jahr 2003 erhoben wurde, erfolgte postwendender Protest des damaligen Vorsitzenden der IGMG, Ücüncü. Er entgegnete: »Für die Verbandsarbeit der IGMG gilt die Maxime des großen islamischen Vordenkers Mevlana Celaleddin Rumi: Gibt dich wie du bist oder sei wie du dich gibst. Es gibt keine Diskrepanz zwischen dem was öffentlich und intern in den Gemeinden der IGMG geäußert wird.« Anders als der zitierte Rumi hatte sich der *spiritus rector* der IGMG, Necmettin Erbakan, jedoch explizit zu einer Strategie des Lügens und Täuschens bekannt. Jungen Anhängern, die durch seine taktischen politischen Manöver möglicherweise Zweifel an seiner islamistischen Grundauffassung hegen mochten, versicherte er: »Beurteilt unsere politischen Entscheidungen nicht nach der Scharia: Wir praktizieren *takkiye*, also Lügen für die islamische Sache, um die eigentliche Bewegung vorzubereiten.«[187] Eine Revision dieser islamisch begründeten Täuschung des Gegenübers ist bislang nicht erfolgt. Noch 2007 erfolgte ein explizites Bekenntnis zu Erbakans Theorie. »In einer Zeit, in der es scheinbar nur die Wahl zwischen dem kapitalistischen Westen und dem kommunistischen Osten gab, schickte sich eine neue Generation von Muslimen an, eine Alternative zu diesen Systemen aufzuzeigen«, heißt es auf der Homepage am 1. November 2007. Der Islam sei »die einzige Alternative zu all den Konzepten und Werten, die uns der über den Kommunismus obsiegende Westen zu bieten hatte«. Der Islam wird hier explizit als politisches System angesprochen, sodass das Fernziel, eine islamische Ordnung errichten zu wollen, auf der Hand liegt. In Einzelfällen erfolgten aus den Reihen von IGMG-Mitgliedern noch deutlichere Statements, so zum Beispiel von einem Vorstandsmitglied des Berliner Moscheevereins »Hicret«, der sich 2002 der Zeitschrift »Jungle World« gegenüber zu einer vollständigen Ablehnung der Demokratie bekannte. »Warum sollen wir ein schlechtes Modell übernehmen, wenn der Islam das bessere System ist?«, wird er zitiert.[188] Das Bundesamt für Verfassungsschutz sah im Jahr 2016 keine grundlegende Neuausrichtung, sondern schrieb über die formal unabhängigen Organisationen der »Milli-Görüs«-Bewegung, zu denen auch die IGMG gezählt wird, dass sie »von einer gemeinsamen ideologisch-religiösen Ausrichtung und der ideellen Bindung an den türkischen Politiker Necmettin Erbakan zusammengehalten werden«.[189] Ein Prozess gegen Vorstandmitglieder der IGMG, der im Jahr 2019 mit einer rechtskräftigen Verurteilung endete, brachte ans Tageslicht, dass von 2001 bis 2005 zwei Millionen Euro aus Steuerhinterziehungen nach Ankara an Erbakan gingen.[190] Eine Distanz zum verehrten Führer drückt sich so nicht aus. Zudem bekennt die IGMG noch 2018 in ihrer Selbstdarstellung ein vollkommen unkritisches, am 7. Jahrhundert ausgerichtetes Islamverständnis. Dort heißt es: »Den Islam zu leben bedeutet für die IGMG, das Leben in allen Belangen an den Maßstäben des Korans und der Sunna des Propheten auszurichten.«[191]

Auch der Antisemitismus Erbakans, der die »Milli-Görüs«-Bewegung geprägt hatte, begründete die Einstufung der IGMG als extremistische Organisation. Dem Verfassungsschutzbericht 2016 zufolge finden sich in den Druckerzeugnissen der »Milli-Görüs«-Bewegung regelmäßig antisemitische Aussagen. In der »Milli Gazete« vom Februar 2016, so das Bundesamt, habe beispielsweise gestanden: »Wir sagen nicht, dass Juden an allen Ecken und Enden lauern. Aber ein Jude lässt keine Ecke aus.« In der Märzausgabe des gleichen Jahres wurde vor der Freundschaft mit Christen und Juden gewarnt.[192] Wird die IGMG mit solchen Äußerungen in Verbindung gebracht, erfolgt umstandslos eine Unterlassungsaufforderung durch die Anwälte der Organisation. Man habe mit dem Journal und den darin artikulierten Positionen nichts zu tun, ist stets das Argument. Bereits im Jahr 2000 beschrieb Eberhard Seidel von der »taz«, dass sich die IGMG von der »Milli Gazete« distanzierte, und zitierte den Funktionär Hasan Özdogan mit folgenden Worten: »Wir haben gemerkt, dass antisemitische Äußerungen, die in der Türkei üblich sind, in Deutschland verboten sind.«[193] Hat tatsächlich eine Kehrtwende stattgefunden oder ist dies wieder eine der von Erbakan angeratenen Lügen? Sowohl das Bundesamt für Verfassungsschutz als auch die Nichtregierungsorganisation »Ufuq« betonen übereinstimmend, die formal unabhängige Zeitung »Milli Gazete« sei das Sprachrohr der Bewegung,[194] und die »Friedrich-Ebert-Stiftung« schreibt in einem Dossier, die »Milli Gazete« würde in den Moscheegemeinden der IGMG angeboten.[195] Das Landesamt für Verfassungsschutz Hessen betonte in seinem Bericht 2012: »In ihrer Berichterstattung nehmen neben der Milli-Görüs-Bewegung insbesondere auch die IGMG und deren Veranstaltungen breiten Raum ein. Damit ist die Milli Gazete neben der Publikation »IGMG Perspektif« und der zentralen IGMG-Homepage eine der wichtigsten Informationsquellen für die Anhänger der Organisation.« Der amerikanische Sozialwissenschaftler Lorenzo Vidino schreibt, obgleich »Milli Gazete« nicht formal an »Milli Görüs« gebunden sei, werde die Zeitschrift doch in »Milli-Görüs«-Zentren verteilt, und zitiert einen Funktionär mit folgenden Worten: »Milli Gazete ist unsere Lebenslinie. Es sollte unsere erste Pflicht sein für sie einzustehen, sie zu lesen und andere zu motivieren sie zu lesen.«[196] In einem Interview mit Eberhard Seidel versucht der damalige Funktionär Ücüncü zwischen Antisemitismus und Antizionismus zu unterscheiden, ein Kurs, den die IGMG seit Jahren praktiziert. Einerseits werden wohlfeile Entsetzensbekundungen veröffentlicht, wenn die Medien über Gewalt gegen Juden in Deutschland berichten, andererseits gibt es eine kritiklose Verteidigung palästinensischer Positionen und Handlungen. Diese geht bis zur Unterstützung der »Hamas«, die bekanntlich die Auslöschung Israels und die Vernichtung der israelischen Juden anstrebt. Die Zusammenarbeit mit der »Hamas« geschah u. a. durch die »Internationale Humanitäre Hilfsorganisation« (IHH), die nach Angaben der »taz« von der IGMG gesteuert wurde.[197] Sie wurde 2010 verboten, weil sie auf der Terroristenliste der EU steht und der »Hamas« 6,6 Millionen Euro zukommen ließ. Mustafa Yoldas, IGMG-Mitglied und ehemaliger IHH-Vorsitzender, versuchte den Spieß angesichts der erdrückenden Beweise umzudrehen und bezichtige den Innenminister, es sich zur Lebensaufgabe gemacht zu haben, die IGMG zu kriminalisieren. Die Finanzierung der »Hamas« wurde einerseits mit strukturellen Nöten gerechtfertigt – »keiner kann an der HAMAS vorbei« –, andererseits sagte Yoldas aber auch unmissverständlich: »Palästina ist eine Wunde im Herzen der ganzen islamischen Welt. Angesichts dessen gibt es auf der ganzen Welt keine einzige islamische Hilfsorganisation, die es sich leisten kann, das Leid der Palästinenser zu übergehen.«[198] Pikanterweise war Yoldas lange Zeit im Vorstand des Hamburger »Rates der Islamischen Gemeinschaften«, auch »Schura« genannt, mit denen das Land einen Staatsvertrag abgeschlossen hat.

Die von der deutschen Politik geforderte Abkehr vom Antisemitismus gerät angesichts solcher Haltungen zu einem durchschaubaren Manöver. Oft entsteht der Eindruck, als wolle man Kampagnen gegen Antisemitismus umdrehen und für eigene Ziele nutzen. Anlässlich einer Aktion im April 2018, bei der dazu aufgefordert wurde, durch das Tragen einer Kippa Solidarität mit deutschen Juden zu demonstrieren, rief die IGMG dazu auf, aus Solidarität die Takke, eine Kopfbedeckung muslimischer Männer, zu tragen. Der Generalsekretär Bekir Altas begründete die sonderbare Aktion folgendermaßen: »Wir Muslime wissen es leider zu gut, wie es ist, auf offener Straße angepöbelt und beleidigt zu werden. Immer häufiger kommt es zu gewalttätigen Übergriffen. Insbesondere muslimische Frauen mit Kopftuch sind hiervon zunehmend betroffen.«[199] Dass die Angriffe auf Juden, die die Aktion erst notwendig machten, häufig von Muslimen begangen wurden, wurde natürlich nicht erwähnt. Ohnehin erwecken die Positionierungen der IGMG den Anschein, als fühle man sich im sorgsam kultivierten Opferstatus durch den Kampf gegen Antisemitismus bedroht. Das Opfernarrativ ist wohl die auffälligste durchgehende Erzählung der IGMG. Immer wieder empört man sich über Islamfeindlichkeit, schlechte Behandlung und Extremismuszuschreibungen. Dass Gewalt im Namen des Islam etwas mit dem Islam zu tun haben könne, gilt IGMG-Funktionären bereits als islamfeindliche Unterstellung. Als Bundesinnenminister Thomas de Maizière 2014 darauf hinwies, dass deutsche IS-Anhänger sich auch in Moscheen radikalisiert hatten, erfolgte postwendende Empörung. IGMG-Generalsekretär Mustafa Yemeroglu nannte die Presseerklärung »verzerrend und gefährlich«, sprach von einem Generalverdacht gegen Muslime und nannte Radikalisierung in Deutschland »selbst verschuldete Einzelfälle«.[200] Selbst im Falle des verbrecherischen Vereins von Metin Kaplan, dessen Anhängerschaft sich zu einem großen Teil aus ehemaligen »Milli-Görüs«-Mitgliedern rekrutierte, war von Selbstkritik nicht die Rede. Nach dem Motto »Angriff ist die beste Verteidigung« erfolgte nach dem Verbot eine Beschwerde, die an Absurdität kaum zu überbieten war: »Das Verbot kommt zu einem unsensibel gewählten Zeitpunkt, zumal es drei Tage vor dem Ramadanfest ausgesprochen wurde«, schrieb der damalige Vorsitzende Mehmet Sabri Erbakan am 12. Dezember 2001.[201]

Islamfeindlich ist die Politik für die IGMG nicht nur, wenn sie Gewalt mit dem Islam in Verbindung bringt, sondern auch, wenn Muslimen Sonderrechte verweigert werden. Hier hat die Organisationsgeschichte einige amüsante Blüten zu bieten, so zum Beispiel die Forderung, Muslimen unabhängig von ihrer Staatsbürgerschaft das

Wahlrecht in Deutschland einzuräumen.[202] Durchgehend beklagt man, dass islamische Normen von der deutschen Gesellschaft nicht gewürdigt werden, sondern ihre Praktizierung in bestimmten Bereichen der Öffentlichkeit untersagt ist bzw. man Muslime zur Unterwerfung unter säkulare Regeln zwingt. Das betrifft unter anderem Klassenfahrten und den koedukativen Schwimmunterricht. Nach Auffassung der IGMG sollten muslimische Mädchen nicht daran teilnehmen. Sie unterstützt Eltern dabei, für die Befreiung vom Schwimmunterricht vor Gericht zu ziehen. Ablehnungen dieser Klagen werden als »verfassungsrechtlich nicht nachvollziehbar«[203] oder als »weder sachlich noch vertrauensbildend«[204] kommentiert. Auffällig ist, dass die Argumentation häufig juristisch erfolgt und man in einer Durchsetzung des Bildungsauftrages der Schulen eine Einschränkung der Religions- und Gewissensfreiheit ausmachen möchte. Als der »Europäische Gerichtshof für Menschenrechte« im Januar 2017 die Klage muslimischer Eltern zurückwies, die ihre Tochter vom Schwimmunterricht befreien lassen wollten, und stattdessen das Tragen eines Burkini empfahl, schrieb Generalsekretär Bekir Altas: »Das Urteil des Menschenrechtsgerichtshofs offenbart, dass es längst nicht mehr um Recht und Gesetz oder um das Schwimmenlernen geht, sondern um eine unzulässige Maßregelung von Muslimen.« Mit seinem Urteil habe der Gerichtshof »ein elementares Rechtsgut von Verfassungsrang eingetauscht gegen ein abstraktes ›staatliches Interesse‹ an der Integration von ausländischen Schülern. Während die betroffene Familie sich auf die Religionsfreiheit beruft und im konkreten Fall auch darlegen und begründen kann, dass die Teilnahmen am koedukativen Schwimmunterricht gegen ihre Glaubensgrundsätze verstößt, beschneiden die Straßburger Richter dieses Verfassungsrecht mit einer politischen Formulierung.«[205] Ähnlich wird auch beim islamischen Kopftuch argumentiert, dessen Tragen nach Ansicht der IGMG aus muslimischer Sicht verpflichtend ist. In der Freitagspredigt vom 31. Januar 2017 heißt es unmissverständlich zum Thema der grundlegenden Kleidungsvorschriften: »Die muslimische Frau bedeckt ihren Körper bis auf das Gesicht und die Hände. Das gilt auch für ihre Haare.«[206] Beendet wurde die Predigt mit der Ermahnung: »Vergessen wir nicht: Wir sind Muslime und sollten uns so kleiden, wie es für Muslime angemessen ist.« Dieser letzte Satz macht deutlich, dass die IGMG für einen identitären Islam steht, der Muslime klar von anderen Menschen abzugrenzen sucht. Auch der Kulturanthropologe Schiffauer räumt ein, dass es ein »Missverständnis wäre, zu glauben, dass das postislamistische Projekt in einen ›liberalen‹ Euro-Islam münden wird. Vielmehr hat man den Eindruck, dass das postislamistische Projekt seine Überzeugungskraft etwa gegenüber Kritikern aus der islamischen Welt gerade daraus ableitet, dass es einen streng rechtgeleiteten, das heißt an der Scharia orientierten Islam vertritt.«[207] Diesen schariageleiteten Islam versucht die IGMG in Deutschland durchzusetzen. Und dabei möchte sie sich jegliche Einmischung von außen verbitten.

Innerhalb des deutsch-türkischen Diaspora-Islam existieren enge Verbindungen. Man kennt sich, trifft sich, hat nicht selten verwandtschaftliche Beziehungen und fühlt sich durch die gemeinsame Kultur und Sprache miteinander verbunden. Jede Gemeinschaft wirbt zwar um eine eigene Klientel, doch bei meinen Forschungen erzählten mir Jugendliche, dass sie die Angebote aller türkischen Gemeinschaften nutzen, in denen sie Gleichaltrige kennen. Das gilt insbesondere für das Freitagsgebet, das immer eine Gelegenheit darstellt, Verwandte oder Freunde zu treffen. Auch Cihan Sügür, der Sprecher des Bündnisses »Muslime in der Union«, meinte, es mache für Muslime der dritten und vierten Generation keinen Unterscheid, ob man sich in einer Moschee von DITIB, »Milli Görüs« oder ATIB treffe.[208] Daher verwundert es nicht, dass auch die oben beschriebenen Organisationen vielfältige Verflechtungen aufweisen. So fanden UETD-Veranstaltungen beispielsweise häufig in DITIB-Moscheen statt, konnten AKP-Politiker wie Ozan Ceyhun in DITIB-Moscheen Propaganda für Erdogan machen.[209] Ein anderes Beispiel ist der Offenbacher Verein »Egibil – Bundesvereinigung interkultureller Jugendbildung«, in dem das bereits erwähnte UETD-Mitglied Muhsin Senol seit 2016 den Vorstand leitet. Der stellvertretende Vorsitzende des »Zentralrates der Muslime«, Mehmet Alparslan Celebi, der auch im Vorstand von ATIB sitzt, ist der stellvertretende Vorsitzende. Ein weiteres Mitglied des Vorstandes ist der erwähnte Cihan Sügür aus der Gruppe »Muslime in der Union«. Dass solche Verbindungen nicht an die Öffentlichkeit gelangen sollen, zeigte sich an der Reaktion der Genannten auf einen Beitrag der unabhängigen Bloggerin Sigrid Hermann-Marschall. Die entsprechenden Facebook-Einträge wurden umgehend gelöscht, und das Porträt Senols verschwand von der Seite der UETD Hessen.[210] Ceyhun war vor seinem AKP-Engagement übrigens Mitglied der Grünen und der SPD. Der ehemalige UETD-Vorsitzende Hassan Özdogan war zuvor stellvertretender Generalsekretär der IGMG und ehemaliger Vorsitzender des von der IGMG dominierten Islamrates. Zwischen Milli Görüs, DITIB und islamistischen Parteien in der Türkei bestehen ebenfalls enge Verbindungen. Der 2014 gewählte Generalsekretär Mustafa Yeneroglu, den der Ethnologe Werner Schiffauer als reformorientierten »Post-Islamisten« bezeichnet hatte, kandidierte im Jahr

2015 für die AKP und wurde in die Große Nationalversammlung gewählt. In öffentlichen Auftritten in Deutschland entpuppte er sich seitdem als glühender Verteidiger der türkischen Regierungspolitik.[211] Bekir Alboga, der langjährige Generalsekretär der DITIB, wollte es Yeneroglu gern gleichtun, wurde jedoch von der AKP 2018 nicht als Kandidat nominiert.

Verbindungen existieren auch zwischen Akteuren und Organisationen, die der Muslimbruderschaft zugerechnet werden, und türkeinahen Islamisten. In Deutschland ist Ibrahim El-Zayat der wichtigste Brückenbauer zwischen arabischen und türkischen Islamisten. Er ist mit Amina Erbakan, der Schwester von Mehmet Sabri Erbakan, verheiratet, der von 2001 bis 2002 Vorsitzender der IGMG war. Necmettin Erbakan, der Gründer der Milli Görüs in der Türkei, war der Onkel der beiden. El-Zayat ist wie bereits geschrieben der Generalbevollmächtigte der »Europäischen Moscheebau- und Unterstützungsgemeinschaft«. Diese gilt als IGMG-nah, fördert aber Moscheebauten und islamistische Zentren über die organisatorischen Grenzen der Kunden hinweg. Erdogan versucht seit einiger Zeit Fusionen über die persönlichen Verbindungen hinaus zu implementieren. Im Januar 2019 organisierte die ihm unterstellte DITIB in Köln eine Konferenz zur Zukunft der Muslime in Europa, auf der einem europäischen Islam eine Absage erteilt und der türkische Führungsanspruch bekräftigt wurde. Dazu passte, dass nicht nur türkische Vertreter des politischen Islam, sondern auch ranghohe Funktionäre aus dem Umfeld der Muslimbruderschaft geladen waren.

V DER LANGE ARM DER IRANISCHEN MULLAHS

Auch der schiitischen Variante des politischen Islam ist es in den letzten Jahrzehnten gelungen, sich als Partner des Staates ins Spiel zu bringen, einflussreiche Positionen in Gremien zu besetzen und üppige Fördergelder zu erhalten. Ihre Organisationen werden von Vertretern der »Islamischen Republik Iran« dominiert und für deren Ziele instrumentalisiert. Der iranischen Leitideologie folgend ist auch die Propaganda der in Deutschland tätigen Funktionäre nicht selten explizit antisemitisch, homophobisch, frauen- und demokratiefeindlich sowie strikt antiwestlich.

1. Der Stellvertreter des obersten Führers in Hamburg

Eine der wichtigsten Institutionen des iranischen Regimes in Deutschland stellt das »Islamische Zentrum Hamburg e. V.« (IZH) dar, dessen Bau bereits in den 1960er-Jahren mithilfe von Spenden iranischer Geschäftsleute und in enger Abstimmung mit der religiösen Elite im Iran begann, sowie die vom IZH geleitete »Imam-Ali-Moschee« an der Außenalster. Wie eng die Verbindung zwischen Teheran und Hamburg ist, zeigt sich beispielsweise an der Person des Hodschatoleslam Dr. Seyyed Mohammad Khatami, der nach seiner Amtszeit am IZH im Jahr 1997 Staatspräsident des Iran wurde. Zwischen 2004 und 2008 führte der als gemäßigt geltende Theologe Ajatollah Ghaemmaghami das Zentrum. Die politische Elite in Teheran war jedoch mit seiner liberalen Ausrichtung nicht einverstanden und ersetzte ihn durch den bis 2018 amtierenden Ajatollah Reza Ramezani. Ramezani gehörte dem »Expertenrat« der »Islamischen Republik Iran« an, einem handverlesenen politischen Gremium, dessen Mitglieder vom »Wächterrat« nominiert werden. Eine ihrer Qualifikationen ist ihre absolute Treue zum Regime. Die Aufgabe des »Expertenrates« ist die Überwachung der Amtsführung des obersten Führers, den er sogar absetzen kann. »Expertenrat«-Mitglied Ramezani war, so können wir schlussfolgern, während seiner gesamten Zeit am IZH ein hochrangiges Mitglied der politischen Führung des iranischen Regimes. Sein Nachfolger ist Hodschatoleslam Mohammad Hadi Mofatteh, der nach eigenen Angaben Mitglied der berüchtigten Revolutionsgarden war.

Nach Angaben des Sicherheitsdienstes wird das IZH nicht nur von Repräsentanten des Regimes geleitet, sondern auch aus dem Iran finanziert.[212] Eine unmittelbare Steuerung des Zentrums durch das Regime in Teheran liegt auf der Hand. Udo Wolter geht in einem 2004 von der Bundesregierung in Auftrag gegebenen Gutachten sogar so weit, von einer »Außenstelle der Islamischen Republik Iran« zu schreiben.[213] Das betreffe vor allem »den Aspekt des Revolutionsexportes« und die »Einflussnahme auf die schiitische und iranische Exilgemeinde in Deutschland«. Auch das Bundesamt für Verfassungsschutz kommt in seinem Bericht 2016 zu dem Schluss: »Der Leiter des IZH gilt als Vertreter des ›Revolutionsführers‹ der Islamischen Republik Iran in Deutschland. Die Aktivitäten des IZH sind darauf ausgerichtet, die islamische Lehre schiitisch-iranischer Prägung in Deutschland und Europa zu verbreiten.«[214] Zu diesem Zweck habe das IZH ein weit gespanntes Netz schiitischer Einrichtungen aufgebaut, von denen in diesem Kapitel die Rede sein wird. Noch deutlicher wird das Landesamt für Verfassungsschutz in Hamburg in seinem Bericht des gleichen Jahres: »Proiranische Einrichtungen in Deutschland sind grundsätzlich als Instrumente der iranischen Staatsführung zu bewerten. Sie repräsentieren eine Werteordnung, die mit unserer demokratischen Grundordnung nicht vereinbar ist.«[215] Die Bundesregierung äußerte sich auf eine Anfrage der Fraktion Bündnis 90/Die Grünen aus dem Jahr 2017 in gleicher Weise: Danach ist das IZH »neben der Botschaft die wichtigste Vertretung der Islamischen Republik Iran in Deutschland und eines ihrer wichtigsten Propagandazentren in Europa«. Mit Hilfe des IZH versuche »das Regime der Islamischen Republik Iran, Schiiten verschiedener Nationalitäten an sich zu binden und die gesellschaftlichen, politischen und religiösen Grundwerte der Islamischen Revolution in Europa zu verbreiten«. Die Bundesregierung hält eine fortlaufende Beobachtung des IZH durch Verfassungsschutzbehörden für weiterhin notwendig. Wie sie in der Vorlage ausführt, ergeben sich die inhaltlichen Positionen des IZH aus dessen Verbindung zur Islamischen Republik Iran, vor allem durch die vom »Büro des Revolutionsführers« vorgenommene Entsendung des jeweiligen Leiters des IZH. Die Islamische Republik Iran erkläre in ihrer Verfassung den weltweiten »Export« der iranischen Revolution zum Staatsziel, schreibt die Bundesregierung weiter und konstatiert: »Die Inhalte der Verfassung der Islamischen Republik Iran sind nicht mit den Prinzipien der freiheitlichen demokratischen Grundordnung der Bundesrepublik Deutschland vereinbar«.[216]

In der deutschen Öffentlichkeit und auch bei Hamburger Politikern scheint allerdings nur unzureichend bekannt zu sein, was diese Steuerung durch die religiösen Hardliner im Iran beinhaltet. Das IZH ist Mitglied der »Schura« Hamburg, eines Verbandes muslimischer Gemeinschaften, mit denen die Stadt Hamburg einen Vertrag eingegangen ist, und manch einer glaubt gar, im IZH einen demokratischen Dialogpartner vorzufinden.

Aus diesem Grund muss an dieser Stelle erörtert werden, was es genau bedeutet, die Politik des iranischen Regimes in Deutschland zu vertreten.

Eine der Aktivitäten, in die IZH-Mitglieder immer wieder verwickelt sind, ist der antisemitische »Qudstag«, der alljährlich in Berlin stattfindet. Wie in Kapitel zwei erwähnt, wurden die Demonstrationen zur Vernichtung Israels am Ende des Ramadan 1979 von Ajatollah Khomeini ausgerufen, um damit den Führungsanspruch des iranischen Regimes in der gesamten islamischen Welt zu legitimieren. Khomeinis Nachfolger Khamenei, der derzeitige oberste Führer des Iran, erneuerte im Jahr 2018 die Vernichtungsdrohung gegen Israel.[217] Viele Jahre lang war das IZH nach Angaben des Hamburger Verfassungsschutzes der Organisator der »Qudstage«,[218] dann scheint die Organisation an eine dubiose »Quds-AG« der »Islamischen Gemeinden der Schiiten in Deutschland« übergegangen zu sein. Auffällig ist die erstaunliche semantische Nähe zum schiitischen Dachverband »Islamische Gemeinde der schiitischen Gemeinden Deutschlands« (IGS), die aus dem IZH hervorgegangen ist und in vielerlei Hinsicht Partner staatlicher Einrichtungen ist. Die Spitzfindigkeiten der Namensgebung und die verschachtelten Zuständigkeiten sind Teil einer Strategie, die offenkundige Verbindungen verschleiern soll, um Einrichtungen wie das IZH aus der Kritik der Öffentlichkeit zu nehmen. Die scheinbare Unverbundenheit mit dem IZH ermöglicht es den Organisatoren des »Oudstages« ungehindert eine Meinung zum Ausdruck zu bringen, die exakt der Ideologie der iranischen Führung entspricht und ungeschminkt antisemitisch ist. Auf der deutschsprachigen Homepage »Qudstag« ist unter der Rubrik »Amerikanisches Terrormanagement: Widerstand in Deutschland« zu lesen: »Hier in Deutschland können wir dem Trio – USA, Britannien,

Israel – keinen Krieg erklären, aber wir können versuchen die Zionisten in die demokratische Schranke zu weisen und diese radikale Sekte, die viel zu verheimlichen hat, unter Beobachtung stellen. Man muss sie entmachten, indem man ihren Einfluss bei den Medien und ihre Lobbys in den Parteien abbaut. Zionisten sind von ihrer Ideologie her Rassisten mit der Tendenz zur Weltherrschaft.«[219] Offizieller Anmelder des »Qudstages« ist der Ikonenhändler und Konvertit Jürgen Grassmann, der den Holocaust in einem Interview als »gefälschte Geschichte«[220] bezeichnete und in einer Rede im Iran sagte: »Das palästinensische Volk wird keine Chance haben, seine legitimen Rechte ohne den Beistand Irans wiederherzustellen.«[221] Grassmann bestätigte damit die beanspruchte Führungsrolle des Iran für die gesamte muslimische Weltgemeinschaft inklusive der Sunniten. Was passiert auf den »Qudstagen« in Berlin? Die »Jüdische Allgemeine« berichtete 2009 über »Flaggen der Hamas, der Hisbollah, des Iran, des syrischen Assad-Regimes und dazu Parolen, nicht Hisbollah sei terroristisch, sondern ›die Zionisten‹«.[222] Redner bezeichneten Zionisten als »Krebsgeschwür der Menschheit«, und die Demonstrationsteilnehmer skandierten »Zionisten – Kindermörder!«[223] Dennoch war die Reaktion von Medien und Öffentlichkeit verhalten. Erst in den Jahren 2016 und 2017 wurden die Aufmärsche breiter diskutiert. Politik und Medien waren sensibilisiert, und 2017 formierte sich eine Gegendemonstration, zu der der »Lesben- und Schwulenverband«, die »Grüne Jugend« und das »Jüdische Forum für Demokratie und gegen Antisemitismus« aufgerufen hatten. Dennoch waren ähnliche Parolen wie in den vorangegangenen Jahren zu hören: »Zionisten sind Rassisten, töten Kinder und Zivilisten«, sowie »Gaza, Gaza bis zum Sieg!«[224] Dazu verbrannte man israelische Fahnen. Im Jahr 2020 wurde der Aufmarsch von den Veranstaltern abgesagt. Vorausgegangen war der Erlass eines Betätigungsverbotes für die Hisbollah durch den Bundesinnenminister.

Das IZH, Partner des Staates in Hamburg, hatte also verständlichen Grund, sich gegenwärtig nicht allzu offensichtlich in die demonstrierte Israelfeindlichkeit einzubringen. Andererseits kann vermutet werden, dass es zumindest in der jüngeren Vergangenheit keine inhaltliche Distanz zu den auf dem »Qudstag« gerufenen Sprechchören gab. Khomeini und Khamenei, deren antisemitische Vernichtungsrhetorik stets unmissverständlich war, gelten nach wie vor unangefochten als verehrte Führer, und immer wieder erscheinen Repräsentanten des IZH auf Qudsdemonstrationen. 2018 wurden Seyed Mousavi, der Vizechef des IZH, Muhammad Mohsen aus dem Vorstand der »Islamischen Gemeinde der schiitischen Gemeinden Deutschlands«, von der noch die Rede sein wird, und Hamidreza Torabi, der Leiter der »Islamischen Akademie«, die dem IZH eng verbunden ist, gesichtet.[225] Torabi war auch schon 2017 und 2016 dabei. Er marschierte zusammen mit seinem Stellvertreter in der ersten Reihe und hielt ein Plakat, auf dem Israel als »widerrechtlich und verbrecherisch« denunziert wurde.[226] Das löste nicht unerhebliche mediale Aufmerksamkeit aus, die von den Betreibern der offiziellen Homepage des »Qudstages« mit folgenden Sätzen kommentiert wurde: »In diesen Tagen sind viele Berliner Laufburschen der Rothschilds und Co aus ihren Löchern gekrochen und versuchen, die Stadt für alle Gegner Israels unsicher zu machen.«[227] Reza Ramezani scheint das gesteigerte Interesse der Öffentlichkeit an seiner Institution und letztlich auch an seiner eigenen Person höchst ungelegen gekommen sein. Zu einer Klarstellung wollte er sich auf Presseanfragen nicht bewegen lassen, doch auf der »Qudstag«-Homepage wurde veröffentlicht: »Ayatollah Dr. Ramezani hat sich bisher nie an der Demonstration beteiligt.«[228] In anderen Kontexten, in denen das Qudsmotto mit gleicher Verve verfolgt wird, beteiligte er sich durchaus, zum Beispiel auf dem Internetportal »Islamisches Erwachen«, das bereits auf der ersten Seite mit dem Slogan »Israel ist illegal« aufwartete. Ramezani wurde als eines von acht Mitgliedern aufgeführt. In der Kopfzeile des Portals prangte die »Al-Aqsa-Moschee« in Jerusalem, die auch jedes Mitgliedsprofil zierte, unterschrieben mit dem Spruch: »Gott hat verordnet, dass Palästina befreit wird.« Israel wurde als »Kolonialgebilde« beschrieben, das sich »wie ein Krebsgeschwür unaufhaltbar ausbreitet, ethnische Säuberung und Vertreibung praktiziert« und jeden verfolgt, »der solch einem Verbrecherstaat die Existenzberechtigung abstreitet«.[229] Gleich auf der ersten Seite sah man ein Bild von Josef Schuster, dem Vorsitzenden des »Zentralrates der Juden«, den man für seine Befürchtungen angriff, dass mit den arabischen Flüchtlingen auch Antisemiten nach Deutschland eingereist sein könnten. Perfiderweise wurden in dem Artikel gegen Schuster die Adresse und ein Foto des Hauses veröffentlicht, in dem der Zentralrat seinen Sitz hat.

Auch jenseits antisemitischer Einstellungen trat bei Reza Ramezani ein bedenkliches Islamverständnis zutage. Als die Feministin Seyran Ates im Jahr 2017 in Berlin die liberale »Ibn Rushd-Goethe-Moschee« gründete, in der kein Kopftuchzwang existiert, wie in anderen Moscheen, in der Frauen die Predigt halten können und die Geschlechter nicht getrennt sind, schäumte der Ajatollah vor Wut. Die liberalen Muslime seien, so wetterte er, eine »gemanagte Bewegung zur Verunglimpfung und Beleidigung des Islams, der Muslime und der Heiligtümer der Religionen«. Das könne nicht unbeantwortet bleiben. Und so fordert der Geistliche schließlich »den Koordinationsrat der Muslime

(KRM), die Schiitische Gemeinschaft Deutschlands (IGS), die Islamischen Räte der Bundesländer, die islamischen Fakultäten, Islamwissenschaftler, Moscheen und deren Imame, und alle Brüder und Schwestern auf, dieser Beleidigung nicht tatenlos zuzusehen und ihre Abneigung zu verkünden, damit dieser Schandfleck nicht auf den Namen der deutschen Muslime und deren Vertreter beruht«.[230]

Hin und wieder stieß der islamistische Kurs auf Widerspruch in den eigenen Reihen, so etwa Pfingsten 2010, als die radikalislamistische Organisation »Islamischer Weg« eine »Islamische Tagung deutschsprachiger Muslime« in der »Imam-Ali-Moschee« in Hamburg durchführte, die als Friedenskongress beworben wurde. Das Gemeindemitglied Peter Schütt ging an die Öffentlichkeit. Die friedfertige Aufmachung sei nur Tarnung, sagte er dem »Hamburger Abendblatt«. Ein anderes Mitglied bezeichnete die gebotenen Inhalte als »Demagogie und ideologische Kriegsführung unter dem Banner der iranischen Revolutionsgrade«.[231] Einige Mitglieder artikulierten sogar Angst, dass mögliche Kritik an den Geheimdienst weitergeleitet werde und die im Iran lebenden Familienangehörigen mit Repressionen zu rechnen hätten.

2. Die »Islamische Gemeinschaft der schiitischen Gemeinden in Deutschland«

2009 wurde unter Anleitung Ajatollah Reza Ramezanis der schiitische Dachverband »Islamische Gemeinschaft der schiitischen Gemeinden in Deutschland« (IGS) gegründet. Die Struktur der IGS ist dem politischen System der »Islamischen Republik« nachempfunden und hat an seiner Spitze einerseits einen Bundesvorstand, andererseits aber einen Gelehrtenrat, dem zurzeit der Recherche zu diesem Buch Ramezani vorsaß. Der Gelehrtenrat soll laut Satzung den Vorstand beraten, die Inhalte der Lehrbücher für den islamischen Religionsunterricht erarbeiten und begutachten, Gutachten (*fatwas*) ausarbeiten, bei Konflikten schlichten und die Erfüllung des Vereinszweckes kontrollieren. Zudem fällt ihm die »Oberaufsicht über die IGS in religiösen Angelegenheiten« zu.[232] Damit ist die Kontrolle durch das iranische Regime faktisch festgeschrieben. Wie die oben erwähnte parlamentarische Anfrage von Volker Beck und der Fraktion »Bündnis90/ Die Grünen« zeigte, ist die Einflussnahme des IHZ auf die einzelnen Mitgliedsverbände der IGS der deutschen Politik bekannt. Die IGS wird außerdem vom Verfassungsschutz beobachtet. Eine Rede Ramezanis anlässlich der IGS-Mitgliederversammlung 2015 zeigte, wie er seine Aufgaben als Stellvertreter der iranischen Führung in Deutschland verstand. Zunächst betonte er, dass das IGS beschützt werden müsse und stets vom IZH unterstützt worden sei. Dann folgten konkrete Anweisungen: Der Vorstand müsse beim Kontakt mit Regierungsverantwortlichen die schiitische Identität wahren, solle sich stärker zu »Angelegenheiten der islamischen Welt« äußern und »den heiligen Propheten (s.) sowie die unfehlbaren Imame (a.) als vollkommene Vorbilder für die menschliche Gesellschaft vorstellen«.[233] Die administrative Leitung der IGS übernimmt der neunköpfige Vorstand, der von der Mitgliederversammlung gewählt wird. Der bis vor Kurzem amtierende Vorsitzende war Scheich Mahmood Khalilzadeh, der, wie dem Facebook-Auftritt der IGS zu entnehmen ist, ebenfalls engen Kontakt zu Klerikern im Iran hält. Das bestätigte auch die Bundesregierung. Sie bezeichnete Khalilzadeh als »iranischen Gelehrten, der dem politisch-religiösen Establishment der Islamischen Republik Iran zugerechnet wird«.[234]

Die IGS versteht es, sich trotz dieser erdrückenden Beweise ihrer Abhängigkeit von Teheran, ein demokratisches Image zu geben und damit Kontakte bis in die höchsten Ebenen der Politik zu knüpfen. Sie war Mitglied in der »Deutschen Islamkonferenz«, hat es in Person ihres umtriebigen ehemaligen Vorstandsmitglieds Dawood Nazirizadeh geschafft, innerhalb der SPD und der ihr verbundenen »Friedrich-Ebert-Stiftung« einen gewissen Einfluss auszuüben und spielt auch auf kommunaler Ebene die Rolle eines Kooperationspartners. Daher lohnt es sich, sowohl die Funktionäre der IGS als auch einzelne Ortsgemeinden näher zu betrachten. Vorangeschickt werden muss die Information, dass die IGS trotz ihrer engen Anbindung an das IZH und damit an die iranische Linie heterogene Gemeinden unter ihrem Dach vereinigt. In erster Linie sind die Unterschiede durch die Herkunftsländer der Gläubigen bedingt, aber auch die politischen Ausrichtungen der Gemeinden variieren stark, ja sogar der Grad, in dem politische Einmischungen überhaupt erwünscht sind. Sayyid Mohamed Amer von der »Torath-Gemeinde« in Berlin, mit dem ich im März 2018 ein längeres Gespräch führte, wollte schiitische Gemeinde- und Verbandsarbeit in Deutschland ausschließlich religiös und karitativ verstanden wissen. Ihm gefalle weder die iranische Dominanz noch die Politisierung des Islam, die von den Anhängern des Regimes in Teheran vorangetrieben werde, sagte er mir. Amer ist bekennender Anhänger Ajatollah Ali as-Sistanis im Irak, der als bedeutendster schiitischer Gelehrter des Landes gilt und eine deutliche Distanz zu den politischen Positionen der iranischen Führung zeigt.

Doch kommen wir zu den problematischen Mitgliedern der IGS. Eines von ihnen ist der libanesische Verein »Al Mostafa« in Berlin, der auch eine gleichnamige

Moschee unterhält. Der Leiter des Vereins ist Hassan Shahrour. Shahrour sorgte 2016 für öffentliches Aufsehen, weil er eine Gedenkveranstaltung für den getöteten libanesischen Terroristen Samir Kuntar abhielt, der nicht nur zwei israelische Polizisten und einen jungen Mann getötet, sondern Presserecherchen zufolge offenbar auch einem vierjährigen Kind den Schädel eingeschlagen hatte. Der »Berliner Tagesspiegel« hatte am 7. Januar 2016 darüber berichtet und Shahrour befragt. Dass Zivilisten umgekommen seien, hielt er für eine Falschmeldung der Medien, denn Kuntar sei ein Märtyrer, entgegnete er den Redakteuren.[235] Da wundert es nicht, dass Shahrour nach Angaben des Journalisten Kazem Moussavi im Jahr 2015 den Qudsmarsch in Berlin angeführt haben soll.[236] Ein anderer Mitgliedsverein des IGS ist das »Islamische Zentrums Imam Riza« in Berlin, dessen Leiter Sabahattin Türkyilmaz gern öffentlich gegen Homosexuelle hetzt. Am 20. Juni 2017 predigte er: »Homosexualität ist dem Islam zufolge eine moralische Perversion, die im Widerspruch zu der Natur des Menschen steht. Homosexualität führt dazu, dass der Mensch die menschlichen Werte verliert, sich von moralischen Werten entfernt und dass ihm die Wege zu den göttlichen Werten verschlossen bleiben. Der Ursprung der Homosexualität liegt aus religiöser Sicht in satanischen Bestrebungen, die Natur des Menschen zu verändern, den reinen Geist des Menschen zu töten.«[237] Mit dieser Haltung steht Türkyilmaz in der IGS nicht alleine, sondern scheint vielmehr die offizielle Linie zu repräsentieren. Entnehmen kann man das einer Pressemitteilung anlässlich der Entscheidung des Bundestages zur »Ehe für alle«. Dabei bezeichnet der Vorstand die Akzeptanz der Gleichstellung von Homosexuellen »als einen äußerst befremdlichen und besorgniserregenden Trend, der Indizien auf eine geplante und organisierte gesellschaftliche Verirrung sowie die Verwässerung jeglicher Moral, Ethik und Religiosität aufweist.« Der Beschluss wird nicht nur als verfassungswidrig denunziert, sondern auch als »offensichtliche Auflehnung und Ablehnung der göttlichen Gebote«.[238] Doch zurück zu Sabahattin Türkyilmaz. Er war vor seiner Berliner Zeit Imam in der Frankfurter »Hazrat-Fatima-Gemeinde«, wo seine Beteiligung am Qudsmarsch 2009 zu heftiger Kritik seitens der Kommunalpolitik führte. Als schließlich herauskam, dass er auch in einer Freitagspredigt gegen Israel gehetzt haben soll, verlangte die damalige Integrationsdezernentin Nargess Eskandari-Grünberg Konsequenzen, die seine Entlassung zur Folge hatten.[239] In Berlin hatte der ARD-Redakteur Constantin Schreiber eine Predigt, die Türkyilmaz am 30. Dezember 2016 hielt, aufgezeichnet und übersetzt. Türkyilmaz sagte darin: »Ihr könnt nicht sagen: ›Ich bin zugleich Demokrat und Schiit.‹ Nein, das geht nicht. Man kann nicht sowohl Muslim als auch laizistisch sein. Man kann nicht sowohl Humanist als auch ein Freund der Familie des Propheten sein.«[240] Nach dieser an die Zuhörer gerichteten Aufforderung, sich gegen Demokratie, Humanismus und Säkularismus zu stellen, folgte ein eher politischer Teil, der sich auf seine türkische Heimat bezog. »Er (Gott) möge unser Land aus den Händen der Jesiden, [...] und der Imperialisten befreien. Er möge diejenigen, die die Mentalität der Jesiden [...] in unserem Land verankern wollen, zu Grunde richten.«[241] Auf einer anderen Demonstration soll er in arabischer Sprache gerufen haben: »Wir gehören zur Gemeinschaft der Hisbollah!«[242]

Ein weiterer Mitgliedsverein der IGS befindet sich Delmenhorst und nennt sich »Islamischer Weg«. Der Vorstandsvorsitzende ist Yavuz Özoguz, das zweite im Impressum aufgeführte Vorstandsmitglied ist Gürhan Özoguz. Die Brüder haben ein autobiografisches Büchlein mit dem Titel »Wir sind ›fundamentalistische Islamisten‹« herausgegeben und unterhalten das Internetportal »Muslim-Markt«, das der Propaganda der regimetreuen iranischen Lehre und insbesondere der Botschaften Ajatollah Khameneis dienen soll. »Ich bin Anhänger der Islamischen Revolution im Iran und vertrete die Befreiungstheologie des Islam«, schrieb Yavuz Özoguz am 25. Juli 2017.[243] In diesem Aufsatz fasste er auch seine politische Ideologie folgendermaßen zusammen: »Die kapitalistisch-imperialistischen Kräfte des Westens haben das Gift des Nationalismus in die islamische Welt getragen, ein Gefühl, das der Islam nicht kennt. Das Ergebnis war der Zerfall des Osmanischen Reiches [...], die Demütigung durch Besatzer und Kolonialisten [...], Erniedrigung und Demütigung durch Imperialisten.«[244] Gegen die Nationalstaaten, die dem Islam angeblich fremd sind, setzt Özoguz die Idee eines vereinigten islamischen Reiches »von Delmenhorst bis Islamabad«, das es durch eine gewaltige islamische Revolution zu erreichen gelte. Diese Revolution soll sich, ganz dem Vorbild des iranischen Regimes folgend, vor allem gegen die USA und Israel richten. »Schon bald könnte es die USA in ihrer heutigen Form und Israel als Apartheidstaat nicht mehr geben«, schwadroniert Özoguz. »Die Vorbereitungen für jenen Tag haben schon längst begonnen. Auch wir müssen uns vorbereiten. Und ich möchte ein Tropfen in dem Ozean der Befreiung sein, der sicherlich eines Tages kommen wird.«[245]

Einer der Gründer des Vereins beziehungsweise die Vorläuferorganisation »Islamische Gemeinde in Clausthal« ist der Iraner Mahammad-Ali Ramin, der von 1977 bis 1994 in Deutschland lebte. Er hat sich einen zweifelhaften Ruf als glühender Antisemit und Holocaustleugner erworben und im Jahr 2006 im Iran eine berüchtigte Holocaustkonferenz organisiert, zu der weltweit Personen eingeladen wurden, die den Holocaust als israelische und amerikanische Erfindung bezeichneten. Die Konferenz, so Ramin, sollte der Start der Vernichtung Israels sein und diese legitimieren. Ramin hat wegen seines aggressiven Antisemitismus Einreiseverbot in Deutschland. Einer Recherche des NDR zufolge bezeichnete Yavuz Özoguz Ramin als seinen »islamischen Lehrer« und als »geliebten Bruder«. Folgerichtig erhielt er auf dem von den Brüdern Özoguz produzierten Internetportal »Muslim Markt« mehrfach Gelegenheit demokratiefeindliche Propaganda und Verschwörungstheorien zu verbreiten. Dass der muslimische Antisemitismus in den Rechtsextremismus hinein anschlussfähig ist, zeigt der Umstand, dass im März 2006 der stellvertretende Chefredakteur der NPD-Zeitung »Deutsche Stimme« Andreas Molau vom »Muslim Markt« interviewt wurde. Darin gab er zum Besten, er »achte den Islam als gewachsene Kultur«. »Bewusste Deutsche und bewusste Muslime« sollten seiner Meinung nach in einen Dialog treten und Gemeinsamkeiten herausarbeiten. Sein Feindbild sei »ein alle Kultur zerstörender Amerikanismus« und dieses hielt er offenbar auch im radikalislamischen Kontext für anschlussfähig. Dass es auch eine gemeinsame Haltung zu Juden und zu Israel ist, wurde nicht in diesem Gespräch, aber in anderen Aktivitäten Molaus deutlich. So hatte er 2006 bei einem internationalen Holocaust-Karikaturenwettbewerb der iranischen Zeitung »Hamshahri« eine Zeichnung eingereicht, auf der sich der israelische Ministerpräsident Olmert wie Pontius Pilatus vor der Kulisse des Berliner Holocaust-Denkmals die Hände wäscht, während Angela Merkel ihm dazu das Wasser reicht. Die FAZ verfasste wegen dieser und anderer Übereinstimmungen zwischen Rechtsextremismus und Islamismus im August 2008 einen eigenen Artikel.

3. Islamistische Propaganda im Internet

Auch das bereits erwähnte Internetportal »Islamisches Erwachen« dient der Verbreitung iranischer Revolutionsideen. Der Begriff ist im deutschsprachigen Kontext ungewöhnlich, doch im anglofonen Raum wird er als »Islamic revival« für die Islamisierungsbewegungen verwendet, von denen dieses Buch handelt.[246] Auf dem Internetportal wird ausbuchstabiert, wie man sich das Erwachen konkret vorstellte. Es geht um die Mobilisierung muslimischer Massen zu einer einheitlichen Bewegung, die letztendlich zu einer großen islamischen Revolution führen sollte. »Islamisches Erwachen« bedeutet also die Vorbereitung einer weltweiten islamischen Revolution, von der man erwartet, dass sie auch in Europa ein System islamischer Herrschaft errichten werde. Die Macher des Portals zitieren zu diesem Zweck Ajatollah Khameneis Worte: »Lasst es mich euch sagen, dass diese Bewegung des Erwachens bis ins Herz Europas vordringen wird.«[247] In einer kreisförmigen Infografik wird die passende Strategie angeboten: In einem äußeren gelb markierten Ring wird eine »Schwachstellenanalyse« vorgestellt, in der die fehlende Einheit der Muslime, aber auch das »Vertrauen auf den Feind« oder die Unkenntnis über »die Bedeutung der aktuellen Lage« als Revolutionshindernisse identifiziert werden. Ein hellroter Ring ist mit »Erklärung der Ziele« beschrieben. Diese Ziele sind unter anderem die Schaffung der »Einheit der Muslime«, der »Präsenz des Islam in allen Angelegenheiten« und der »Bildung von Strukturen«, letztendlich also ein klassisches Unterwanderungsprogramm. Das finale Stadium, ein dunkelroter Ring im Innern der Grafik, ist als »Revolution« ausgewiesen. Wie dieses Erwachen, das eine Revolution sein soll, gemeint ist, zeigt ein kleines Schriftfeld neben der

Grafik. Darin heißt es: »Die Feinde fürchten sich vor dem Begriff ›Islamisches Erwachen‹. Warum? Wenn der Islam in seiner eigentlichen Gestalt zum Vorschein kommt, dann erzittern ihre Körper.«[248] Der Vorbereitung der geplanten Revolution diente auch eine Kampagne Ajatollah Khameneis, die sich »Letter4you« oder »Briefe des Islamischen Revolutionsführers Imam Khamenei an die Jugend im Westen« nennt. Zu der Kampagne gehören Plakataktionen mit Khameneis Bild sowie der Abdruck der in mehreren Sprachen übersetzten Briefe auf Internetplattformen regimetreuer Organisationen wie »Islamisches Erwachen«. Der Tenor dieser Briefe ist antiisraelisch, antiamerikanisch und antiwestlich. »Aggressivität und moralische Zügellosigkeit«, so Khamenei in seinem zweiten Brief, seien »Hauptmerkmale der westlichen Kultur«; an anderer Stelle nennt er sie auch »primitive und sinnentleerte Kultur«, gegen deren Export in Form von »scheinbar künstlerischen Produkten« sich der Islam zur Wehr setze.[249] Grundsätzlich möchte Khamenei der Jugend im Westen das iranische Weltbild erklären. Dieses ist recht simpel: Auf der einen Seite befindet sich der großen Aggressor USA mit seinen jüdischen Hintermännern, auf der anderen Seite sind die unterdrückten Muslime. Welche Gewichtung dem Iran und seinen obersten Führern als Motoren des islamischen Erwachens zugedacht wurde, lässt sich auf den ersten Blick ersehen. In der Kopfzeile des Portals sind rechterhand die Ajatollahs Khomeini und Khamenei abgebildet, und in weiten Teilen ergehen sich die Autoren in Glorifizierungen der »Islamischen Republik« und ihrer Repräsentanten, übersetzen Ansprachen Khameneis und schreiben erbauliche Geschichten aus der Familie der verehrten Führer. Wie im Delmenhorster »Muslim-Markt« bildet Israelhetze einen weiteren Schwerpunkt des Portals, wird der von Khomeini ausgerufene »Qudstag« beworben, von Muvahhid Özoguz in einem Essay sogar als »Tag der Entrechteten«[250] gefeiert. Neben den Köpfen der Ajatollahs prangt in der Kopfzeile der Felsendom und quer über den Bildschirm ist in riesigen Lettern zu lesen: »Israel ist illegal.« Wer steht hinter dem Portal? Als Mitglieder werden nur wenige Personen genannt, darunter die Brüder Yavuz und Huseyin Özoguz aus Delmenhorst. Ein anderes Mitglied ist Reza Ramezani und ein weiteres der ehemalige Jugendbeauftragte Nord der IGS, Ali Chaukair. Chaukair firmiert als Rechtsberater des Portals.[251] Er ist ein bekennender Israelhasser. Am 8. Juli 2017 schrieb er auf seinem Facebook-Profil: »Ist jemand in der Lage das Strandfoto von Netanjahu und dem indischen Premier so zu bearbeiten, als ob sie ihre Füße in Blut baden? Dürfte ja nicht allzu schwer sein, oder? Oder hat jemand eine solche bearbeitete Version des Bildes im Web gesehen? In jedem Fall, her damit.« Ein fünftes Mitglied war Mahdi Wafa-Esfahani, der auf seiner Facebook-Seite am 24. August 2018 die Rekrutierung von Kindersoldaten durch die iranische Regierung glorifizierte.[252] Als Dreizehnjähriger zu sterben hielt er für eine erstrebenswerte Märtyrerlaufbahn. Ohnehin spielten Kriegshelden bei ihm eine große Rolle. Am 19. August 2018 postete er: »Die Märtyrer und Kämpfer auf dem Pfade Gottes erreichen eine Stufe der Erkenntnis, die vielen von uns fremd ist.«

Zu den Partnerseiten von »Islamisches Erwachen« gehört ein weiteres Portal, das sich »Israel ist illegal« nennt. Es ist die Homepage einer Kampagne aus dem Jahr 2017, die in Delmenhorst durchgeführt wurde. Dabei sollten Pro- und Kontra-Stimmen für die Existenz Israels gesammelt werden. Verantwortlich zeichnet ein Hassan Mohsen, der auch im Impressum einer Organisation namens »Die Feder« aufgeführt wird. »Israel ist illegal« ist genau genommen ein Projekt der »Feder«. Die Macher der »Feder« bezeichnen sich als »Anhänger der Islamischen Revolution« und bieten ein Schulungsprogramm für »muslimische Aktivisten« an.[253] Sie unterhalten ein Radioprogramm (»Radio Wilaya«), dessen Sendungen archiviert werden, stellen Artikel und Filmbeiträge zum Herunterladen ins Netz und bieten Workshops für Moscheegemeinschaften an, in denen sie beispielsweise unter der Überschrift »Der große Satan« über »die Verbrechen der USA«[254] dozieren. Um den Satan ging es auch in einem anderen Workshop, der sich mit den Einflüsterungen des Teufels befasste. Zu den teuflischen Dingen werden Demokratie, Menschenrechte und Liberalismus gezählt, die den Muslimen in aller Welt übergestülpt werden sollen, um ihnen den Islam und ihr religiös-politisches Bewusstsein zu entziehen.[255] Der Referent dieses Workshops sowie vieler anderer war der bereits genannte Ali Chaukair, der ehemalige Jugendbeauftragte des IGS. Unter der Rubrik »Publikationen« verweist die »Feder« auf ein weiteres Portal, das sich »Offenkundiges« nennt. Hier schreiben wieder Ali Chaukair, Hassan Mohsen und Huseyin Özoguz gegen Israel und den Westen. Ein Ahmad Abbas echauffierte sich über Forderungen der Mehrheitsgesellschaft, dass Muslime sich von islamistischem Terror distanzieren sollten. »Der Westen ist der größte Verursacher des Terrorismus«, schrieb er. »Unter der Führung der USA und der Flagge der UN-Menschenrechte hat man die muslimischen Länder platt gebombt. Und sie bomben weiter als gäbe es kein Morgen.«[256] Der Westen messe mit zweierlei Maß, setzte er fort, und »keine sogenannte islamistische Gruppe [...] kann es mit den zahllosen Schandtaten der USA aufnehmen«.

Fast alle Beiträge dieses Portals – wie auch aller anderen, die im Umfeld der regimetreuen schiitischen Islamisten erscheinen – werden von Männern gestaltet. Frauen sind nahezu unsichtbar, und wenn sie zu Wort kommen, dann nur, um ihren Ausschluss aus der Öffentlichkeit zu untermauern. Ein schönes Beispiel stellt ein Interview mit einer schwarz verschleierten jungen Frau namens Fatima Jammoul dar, das unter der Rubrik »Islam im Alltag« am 27. August 2012 auf YouTube veröffentlicht wurde.[257] Jammoul beklagte darin, dass Frauen im Westen nicht ihrer eigenen Natur gemäß leben können, dass sie ihre »eigenen Aufgaben« aufgeben und diejenigen der Männer aufnehmen müssten. Mit männlichen Aufgaben ist die Berufstätigkeit gemeint, die, so Jammoul implizit, Frauen ihrem eigenen Selbst entfremde. Mehrfach betonte sie, sie wünsche sich, dass Frauen einfach nur Frauen sein könnten, was wohl heißt, dass sie sich nur noch um Haushalt, Kinder und Männer kümmern sollten, wie es in allen Beiträgen zur islamgemäßen Genderordnung wiederholt wird. Im Islam sei es so, dass Mann und Frau unterschiedliche Pflichten und unterschiedliche Aufgaben hätten, und das sei auch gut so, denn nur durch die Ergänzung dieser Pflichten könne eine Gesellschaft bestehen. Erst wenn die Frau eine »richtig Frau« sei, könne die Gesellschaft gut werden.[258] Das begeisterte auch die Konvertitin Dörte Donker, die an anderer Stelle über die sittlichen Ideale des Germanentums schwadroniert.[259] Ihrer Beschreibung zufolge scheint die weibliche Berufstätigkeit geradezu ein Akt der Menschenrechtsverletzung zu sein. Sie schreibt: »Zu allerletzt reißt man sie aus dem Ort, der ihr gehört (die Familie) und nimmt ihr das einjährige Kind weg, welches sie geboren und welches sie zu behüten und nähren hätte, was ihren tiefsten seelischen Empfinden nach ihr dringlichstes Bedürfnis sein müsste. Wie sehr muss man sich bereits von sich selbst entfremdet und entseelt haben, wenn Frauen dazu auch noch Beifall klatschen.«[260] Ähnlich theatralisch sieht sie den Verzicht auf das Kopftuch: »Die Frau der Moderne hat ihre Schleier abgelegt, ihr Geheimnis offen zur Schau gestellt, nicht vor dem höheren Typus Mann, dem Krieger oder Asketen, der sie letztendlich vor diesen Schritt bewahrt hätte. Nein, sie hat sich vor dem niedrigen Mann, dem hedonistischen ›Hampelmann‹ und dem kaltherzigen, materialistischen Managertyp, die heute die Rollen des modernen Mannes repräsentieren und die Frau als billige Arbeitskraft ausbeuten wollen, entblößt. Mehr noch: Sie hat nicht nur den Schleier ihrer weiblichen Seele abgelegt, sondern sich für Geld vollkommen entkleidet, sich selbst zu Markte getragen. Sie ist somit zur Ware geworden, hat ihre Weiblichkeit entseelt und innerlich entsinnlicht, um letztendlich ein schlechterer Mann zu werden. Diese beiden Rollen machen heute die Sinnbilder der modernen Frau aus: die sexuell jedem verfügbare, entblößte Frau oder die entweiblichte Karrierefrau.«[261]

»Offenkundiges« ist mit den anderen Portalen sowie mit den Facebook-Seiten iranisch-schiitischer Organisationen und Funktionäre verbunden. Man verweist aufeinander, zitiert sich gegenseitig und referiert Beiträge. Die Themen sind jeweils die gleichen: Neben der Hetze gegen die USA, der Feindschaft zum Westen und kruden Ideen einer islamistischen Weltherrschaft ist es die stetige Wiederholung einer antisemitischen Ideologie. Im Vorfeld des »Qudstages« 2018 wurde vom »Islamischen Zentrum Hamburg« eine Freitagsansprache veröffentlicht, die sich »Einsatz gegen Unterdrückung als Merkmal der Gottesfurcht« nannte und eine lange Litanei muslimischer Opfererzählungen darstellte. Die Rede endete erwartungsgemäß bei den Palästinensern. Wörtlich sagte der Ajatollah: »Der systematische Mord an Kindern kennt seit Jahrzehnten keine Grenzen in Palästina. Die einzige Forderung der Palästinenser ist es, selbstbestimmt über ihr Schicksal zu entscheiden, über ihr Land und ihre Bevölkerung. Das aber wird ihnen nicht gestattet. Sie werden unterdrückt, erniedrigt, ermordet und vertrieben. Und die Welt sieht tatenlos zu. Welche Stimme in der Welt setzt sich für die Palästinenser ein? Was ist das für eine unvorstellbare Tyrannei, die ihnen vor aller Augen widerfährt? Müssen wir gegenüber dieser Ungerechtigkeit nicht unsere Stimme erheben? Müssen wir den Palästinensern nicht ihr Recht zurückgeben, über ihr eigenes Land zu verfügen?«[262] Vermutlich hatte der Ajatollah seinem Umfeld auch signalisiert, der markigen Rede Taten folgen zu lassen, denn am gleichen Tag jubilierte ein Mahmoud Ayad in »Offenkundiges«: »Höchste Geistlichkeit nimmt am Qudstag teil: Ayatollah Ramezani kommt inshallah morgen nach Berlin. Die Hassprediger der Springerpresse und ihr Höriger Volker Beck zerreißen sich schon die Mäuler. Ich bin gespannt, ob die anderen Schura-Vereine in Hamburg nun ihren Mut unter Beweis stellen oder gegenüber der zionistischen Lobby einknicken. Es wäre schließlich schade, wenn nicht auch eine sunnitische Gemeinde für die Palästinenser Flagge zeigt.«[263] Ramezani muss in letzter Sekunde doch noch die möglichen Konsequenzen gescheut haben, denn zwei Tage später gab man seine kurzfristige Verhinderung und seine Vertretung durch Hamidreza Torabi, den Direktor der »Islamischen Akademie Deutschland«, bekannt.[264] Auch die IGS-Führung wagt keine Stellungnahme zu den »Qudstagen« in der Öffentlichkeit. Bei einem Interview des RBB sagte der Geschäftsführer Djavad Mohagheghi: »Jede Gemeinde kann für sich entscheiden, was sie machen will. Wir geben weder eine Empfehlung aus, noch verbieten wir denen das.« Auf die Frage, ob er es richtig fände, was auf den »Qudstagen« passiere, meinte er: »Nein, schauen Sie, solche Fragen brauche ich gar nicht zu beantworten, ich sage einfach, die IGS ist dafür nicht zuständig.«[265] In Anbetracht der Tatsache, dass nicht nur die Vorsteher einzelner in der IGS organisierter Gemeinden, sondern auch das Vorstandsmitglied Muhammad Mohsen am »Qudstag« 2018 teilgenommen haben, war diese Antwort mehr als eindeutig.

Trotz solch windiger Formulierungen wurde auch 2019 aus den Kreisen der IGS wieder massiv für den Qudstag geworben. »Offenkundiges« druckte eine Rede Khameneis ab, die schon in der Überschrift »Virus des Zionismus wird eliminiert werden« deutlich machte, dass sich am antisemitischen Hass nichts geändert hatte. Nach den üblichen verzerrten Darstellungen der Geschichte des Nahen Ostens und Beschimpfungen westlicher Länder als Unterdrücker der Welt folgen dann Kampfparolen: »Der Kampf für die Befreiung Palästinas ist Dschihad auf dem Weg Gottes, und er ist eine Verpflichtung und ein islamisches Ziel. Der Sieg in einem solchen Kampf ist garantiert ... Das Ziel dieses Kampfes ist die Befreiung aller palästinensischen Gebiete – vom Fluss bis zum Meer – und die Rückkehr aller Palästinenser in ihre Heimat ... Mein wichtigster Ratschlag ist, diesen Kampf fortzusetzen und die Organisationen für die Dschihad-Arbeit und ihre Zusammenarbeit besser zu organisieren und die Gebiete des Dschihads innerhalb der palästinensischen Gebiete auszuweiten.«

4. Das »Al-Mustafa-Institut« in Berlin: Ideologieexport im wissenschaftlichen Gewand

Die Ideologie der »Islamischen Republik Iran« wird seit kurzem nicht mehr nur durch Predigten, Workshops und Internetportale vermittelt, sondern auch durch ein Institut, das sich in der deutschen Wissenschaftslandschaft zu profilieren versucht. Es handelt sich um das »Al-Mustafa-Institut« in Berlin. Dieses ist offiziell eine Tochtereinrichtung der »Al-Mustafa-Universität« in Ghom, die mehr als 100 ähnlicher Auslandsdependancen unterhält. In einem Artikel der »Jungle World« wird sie als »Kaderschmiede« der »Islamischen Republik« bezeichnet.[266] Dort wird ein Bachelorstudiengang »Islamische Theologie« angeboten, dessen Curriculum »aus wissenschaftlich-theologischen Gründen«[267] von der »Al-Mustafa-Universität« im Iran übernommen wurde. Außer einigen einführenden Sprach- und Methodenkursen, der Befassung mit dem Koran, den prophetischen Überlieferungen, der Glaubenslehre und dem islamischen Recht beinhaltet er ein ganzes Modul zu Ethik mit einem Pflichtkurs »Islamische Erziehung«. Ein weiteres Modul trägt den Titel »Geschichte des Islams und der muslimischen Zivilisation«. Im Wahlpflichtbereich kann man sich mit der Beziehung zwischen Religion und Politik sowie mit der Situation von Muslimen in Europa befassen. Das Lehrprogramm geht also weit über die Vermittlung theologischer Grundkompetenzen hinaus und umfasst die Vermittlung politischer, historischer, kultureller und ethisch-moralischer Inhalte. Dies ist nicht unwichtig, da das Institut gegenüber der deutschen Öffentlichkeit behauptet, unabhängig zu sein und dies, wie ich zeigen werde, auch mit juristischen Mitteln durchzusetzen versucht.

Schauen wir uns die Beziehung zur iranischen Mutteruniversität genauer an, die auf der Homepage wörtlich als solche bezeichnet wird. Auffällig ist, dass der Studiengang in Deutschland nicht akkreditiert wurde. Als Begründung wurde gegenüber dem »Tagesspiegel« angegeben, dass dies nicht nötig sei, da das Institut eine Zweigstelle der »Al-Mustafa-Universität« im Iran sei.[268]

Auf der Homepage des Berliner Instituts heißt es zum Punkt Akkreditierung: »Der Studiengang Islamische Theologie (B.A.) wird in Kooperation mit der Internationalen Al-Mustafa Universität in Qum[269] (Iran) angeboten. Das Al-Mustafa Institut in Berlin handelt hierbei als offizieller Vertreter der Internationalen Universität. Die im Laufe des Studiums auszuhändigenden Zeugnisse werden daher von der Internationalen Al-Mustafa Universität stammen.«[270] Der Passus endet kryptisch mit dem Satz: »Da der Abschluss an der Internationalen Al-Mustafa Universität in Iran Anerkennung genießt, wird dieser in Deutschland akkreditiert werden.« Bis dato, so ist diesem Text unmissverständlich zu entnehmen, stellt das »Al-Mustafa-Institut«, obgleich als gemeinnützige GmbH beim Amtsgericht Berlin registriert, keine unabhängige Einrichtung dar, sondern lediglich eine Auslandsdependance einer iranischen Universität, deren »offizieller Vertreter« sie ist. Die Zeugnisse der Studierenden werden von ebendieser Universität ausgestellt. Von Unabhängigkeit ist also keine Spur. Dass der offizielle Vertreter sich in der Lehre von der Muttereinrichtung entfernt, wäre schon bei demokratischen Einrichtungen unwahrscheinlich. Im Falle des Iran, dessen Führung seine Auslandseinrichtungen nutzt, um politischen und ideologischen Einfluss zu nehmen, ist das mehr als zweifelhaft.

Wie steht es um die Studiengänge der »Al-Mustafa-Universität« in Ghom? Auch dort ist die Regierungsnähe Programm. Auf der englischsprachigen Homepage ist zu lesen: »Die Programme, die von der Universität angeboten werden, basieren auf den Standards, die vom Ministerium für Wissenschaft, Forschung und Technologie der Islamischen Republik Iran aufgestellt wurden.«[271] Dass dieser Zusammenhang in die Öffentlichkeit gerät, scheint der Führung von »Al-Mustafa« Berlin höchst unangenehm. Als ich in einem Interview darauf verwies, dass »Al-Mustafa« im Geiste der Islamischen Republik arbeite, war die Empörung groß. Man beauftragte die Münchner Anwälte Michael Hubertus von Sprenger und Hans-Viktor von Lavergne, um mich zu einer Unterlassungserklärung zu bewegen, und drohte zudem, dass ich für deren »Auslagen« bis zur Höhe von 10.000 Euro aufzukommen hätte. Dieser Schritt lässt tief blicken. Ganz offensichtlich sollen diejenigen mundtot gemacht werden, die das allzu Offensichtliche öffentlich machen. Zudem darf man wohl davon ausgehen, dass die Auslagen der Kanzlei nicht aus den Boardmitteln der Berliner GmbH abgezweigt werden, und vermuten, dass sich hier möglicherweise der Iran in die Meinungsfreiheit in Deutschland einmischt. Von Sprenger hat Erfahrung mit einer entsprechenden Klientel und vertrat bereits Recep Tayyip Erdogan gegen Jan Böhmermann. Nach einem Bericht der »Süddeutschen Zeitung« hatte er zuvor bereits den Holocaust-Leugner David Irving beraten.[272] Ich wurde mit der Aussage wiedergegeben, dass die »Islamische Republik Iran« seit einigen Jahren große Anstrengungen unternehme, um ihren Einfluss in westlichen Ländern auszudehnen, zum Beispiel mit der Kampagne »Letter4you«. In fett gedruckten Buchstaben wurde auf den von mir geäußerten Satz »In diesem Geist arbeiten auch die Dozenten des Al-Mustafa-Instituts« wiedergegeben, um gleich darauf zu behaupten, es handele sich um eine Unterstellung, die jeglicher Grundlage entbehre. Die Dozenten, so die Anwälte, hielten sich an ein Modulhandbuch, »das keinerlei politische Agitation im Sinne der iranischen Staatsführung« aufweise: »Die Dozenten haben lediglich die Aufgabe, gemäß ihrer akademischen Profession zu lehren und dabei nicht einen sogenannten Kulturkampf zwischen den ›islamischen Werten‹ und der ›vermeintlich moralischen Dekadenz des Westens‹ zu führen.« In einer längeren öffentlichen Erklärung, die auch auf der Homepage des Instituts abgedruckt wurde, wurde betont: »Das Al-Mustafa Institut ist eine unabhängige und selbständige Wissenschaftseinrichtung, die nach eigenem Ermessen und auf Grundlage des deutschen Grundgesetzes handelt und nicht auf Weisung irgendeines anderen Staates.«[273] Ob dies überhaupt möglich ist, wenn eine Institution keine Eigenständigkeit besitzt, sondern die Auslandsdependance einer iranischen Universität ist, die in Übereinstimmung mit der iranischen Regierung agiert, zudem noch das Curriculum dieser Universität übernommen hat und die Abschlussurkunden aus dem Iran erhält, ist mehr als zweifelhaft. Auch die Bundesregierung jedenfalls antwortete auf eine Anfrage von Volker Beck und der Fraktion von »Bündnis 90/Die Grünen« entsprechend: »Bei dem seit Mitte 2016 existierenden ›Al-Mustafa-Institut‹ in Berlin handelt es sich um einen deutschen Ableger der Al-Mustafa Universität in Ghom/Iran. Aufgrund der direkten Verbindung zwischen den beiden Institutionen kann von einer Beeinflussung der Lehrinhalte durch die Islamische Republik Iran in Anlehnung an die dortige Verfassung ausgegangen werden.«[274]

5. Iranischer Islamismus, iranische Dissidenten und die deutsche Politik

Die Ideologie der beschriebenen iranisch-islamistischen Institutionen und Akteure ist in den sozialen Medien, dabei vor allem den beschriebenen Internetportalen, offen zugänglich. Sie entspricht vollständig den Positionierungen des obersten Führers der »Islamischen Republik Iran« und der religiösen Elite. Sie ist antiwestlich, antisemitisch, frauenfeindlich, homophobisch und aggressiv. Es ist eine

Ideologie, die selbst im Iran nur noch unter dem Einsatz massiver staatlicher Repressionen aufrechterhalten werden kann. Schon seit Jahren wenden sich dort nämlich selbst Intellektuelle, die die islamische Revolution einst unterstützt hatten, enttäuscht von der diktatorischen Realität ab.[275] Auch auf der Ebene der sozialen Bewegungen zeichnete sich seit Beginn des neuen Jahrtausends ab, dass sich Teile der Bevölkerung, insbesondere die Jugend des Landes, von der vorgegebenen Linie des obersten Führers entfernen. Sie fordern fundamentale Veränderungen. Nach der Niederschlagung einer Protestaktion gegen frauendiskriminierende Gesetze in Teheran wurde 2006 die Initiative »Eine Millionen Unterschriften Kampagne für Frauenrechte« gegründet. Die Aktivistinnen und Aktivisten verlangten eine Angleichung des iranischen Rechts an internationale Standards und eine Korrektur der Benachteiligung von Frauen. Zu den Initiatorinnen gehörte die Friedensnobelpreisträgerin Shirin Ebadi. Die politische Führung reagierte erwartungsgemäß mit Gewalt, und Shirin Ebadi lebt mittlerweile in Großbritannien im Exil.

Doch der Geist der Revolte ließ sich nicht ersticken. Im Jahr 2009 wurde der damals amtierende Präsident, der Hardliner Ahmadinedschad, durch einen reformorientierten Kandidaten herausgefordert. Es handelte sich um Hussein Mussawi, der den Wahlkampf mit aktiver Unterstützung seiner Frau, der Professorin Sahra Rahnaward, durchführte und damit eindrucksvoll demonstrierte, dass er ein modernes Eheverständnis hatte und für die vollständige Gleichberechtigung von Männern und Frauen eintrat. Als die Auszählung der Stimmen einen Sieg Ahmadinedschads anzeigte, waren Mussawis Anhänger überzeugt, dass Betrug am Werk sein müsse. Zu Tausenden versammelte sich die städtische Jugend des Iran bei Demonstrationen und forderte Demokratie. Am 15. Juni

2009 demonstrierten mehrere Millionen Menschen in Teheran – trotz eines verhängten Versammlungsverbotes. Die Mitglieder der Oppositionsbewegung, an deren Spitze junge Frauen standen, trugen grüne Bänder und bemalten sich das Gesicht mit grüner Farbe. Deshalb ging die Bewegung als »grüne Revolution« in die Geschichte ein. Es war eine Revolution, die in Blut erstickt wurde. Trotz Erschießungen, Verhaftungen und Folter ließ sich der Geist der Freiheit jedoch auch nach dem Ende der grünen Revolution nicht mehr unterdrücken. Die Jugend war dem Regime entfremdet und wünschte einen politischen Wandel. 2013 wurde Hassan Rohani Präsident, ein Geistlicher, der keineswegs einen Bruch mit dem Regime anstrebte, wohl aber langsame Reformen. Im Jahr 2017 wurde er wiedergewählt, und eine sukzessive Aufweichung der normativen Grundlagen der Islamischen Republik schien möglich zu werden. Was bedeutet das? Kritiker verweisen darauf, dass die Hinrichtungen keineswegs weniger geworden sind und sich auch sonst wenig Progressives getan habe. Auf der Ebene des Alltags sind jedoch deutliche Veränderungen sichtbar. Als ich selbst im März und April 2017 den Iran besuchte, begegneten mir unzählige Menschen, die sich entweder als moderat islamisch, als Anhänger der vorislamischen zoroastrischen Religion oder gar als Atheisten bezeichneten. Sie alle hielten eine Trennung von Religion und Staat für überfällig. Im Privaten unterliefen sie die religiösen Vorschriften des Regimes, wo immer es möglich war. Bei privaten Einladungen wurde ich stets aufgefordert, das staatlich vorgeschriebene Kopftuch an der Eingangstür abzulegen. »Zieh das Kopftuch aus, hier bist du frei«, sagten meine Gastgeber. Selbst in der Öffentlichkeit waren Veränderungen nicht mehr zu übersehen. Frauen trugen bodenlange Umhänge aus durchsichtiger Spitze, High Heels, Make-up und ließen das Kopftuch kess auf den Hinterkopf rutschen, um ihre gefärbten und ondulierten Haarsträhnen zur Geltung zu bringen. Für solche Inszenierungen wären sie vor wenigen Jahren verhaftet worden. Ich verließ den Iran mit der Zuversicht, dass eine stille Evolution im Gange war, deren Protagonisten weniger auf spektakuläre Umbrüche, sondern auf eine Veränderung setzten, die unter dem Radar der Obrigkeit stattfand, die eher subversiv als offensiv agierte, aber letztendlich kein Hehl daraus machte, dass sie eine Ende der »Islamischen Republik« herbeisehnte.

Im Winter verschärfte sich die Situation. Plötzlich war die Jugend wieder auf der Straße und trotzte der staatlichen Gewalt. Anders als 2009 war es nicht nur der gebildete Mittelstand, der gegen das Regime protestierte, sondern es waren auch die einfachen Leute, die stets zu seinen Unterstützern gehört hatten. Sie prangerten die allgegenwärtige Korruption und die Monopolisierung der materiellen Ressourcen des Landes durch die religiösen Eliten und ihre Vasallen an. Unerhörte Parolen waren zu hören. Der Tod Khameneis wurde gefordert, der kostspielige Revolutionsexport kritisiert, und einige Oppositionelle wagten es sogar, sich öffentlich gegen den Islam zu positionieren. Frauen jeden Alters zogen den Schleier aus, banden ihn an einen Stock, schwenkten ihn wie eine Fahne und ließen Fotos davon machen. In Windeseile wurden diese Bilder über die sozialen Medien weltweit verbreitet und zeigten der Weltöffentlichkeit, dass der Wunsch nach Freiheit auch nach 40 Jahren islamistischer Diktatur weiter besteht, ja dass er vielleicht so stark ist, weil die Menschen am eigenen Leib erfahren haben, was islamistische Herrschaft bedeutet. Viele Menschen im Iran haben sich vom Regime abgewandt und praktizieren im Privaten, was durch die Regierung verboten wurde. Der Unterschied zwischen der durch die Polizei kontrollierten Öffentlichkeit und der privaten Welt ist gravierend. Während man im vertrauten Kreis Partys feiert, Alkohol konsumiert und bestenfalls verhalten islamisch lebt, ist die Öffentlichkeit zu einem Ort der Konfrontation geworden. Mittlerweile reicht es vielen aber nicht mehr, ein subversives Lebensgefühl zu kultivieren, sich aber sonst anzupassen. Der Geist der Revolte lässt sich nicht mehr beruhigen – trotz einer Kultur der Bespitzelung, der Gewalt der »Revolutionsgraden« und der drakonischen Urteile einer Justiz, die Frauen ins Gefängnis wirft, die ihr Kopftuch für ein YouTube-Video ausziehen. Täglich finden irgendwo im Land Demonstrationen statt, fordern Oppositionelle den Sturz des Regimes und gehen dafür das Risiko ein, verhaftet, gefoltert und ermordet zu werden. Die Rechtsanwältin Nasrin Sotoudeh, die Frauen verteidigte, die verfolgt wurden, weil sie ihr Kopftuch in der Öffentlichkeit auszogen, wurde zu 38 Jahren Haft und 148 Peitschen hieben verurteilt, der Ringer Navid Afkari wurde nach einem unter Folter abgepressten Mordgeständnis zum Tode verurteilt und hingerichtet.

Im Gegensatz zu rebellischen Jugend im Iran halten die Funktionäre des IZH, der IGS und anderer iranisch-islamistischer Einrichtungen der Ideologie der Mullahs und dem obersten Führer Khamenei die Treue. Yavuz Özoguz von der Gruppe »Islamischer Weg« verkündet nach internationalen Protesten nach der Ermordung Navid Afkaris im September 2020 auf seinem Internetportal »Muslim Markt«, der Sportler sei ein Mörder und die Aufregung im Westen lediglich antiislamische Hetze. Die in Deutschland lebenden Mitglieder der radikalen schiitischen Netzwerke glauben offenbar an das versprochene »islamische Erwachen«, an eine islamistische Weltdiktatur im iranischen Stil, und möchten ihren Beitrag leisten. Eigentümlich ist, dass sie trotz dieser kruden, gegen unsere Gesellschaft gerichteten Gesinnung, trotz ihres Antisemitismus, ihrer Homosexuellen- und Frauenfeindlichkeit auf kommunaler, Landes- und Bundesebene Partner des Staates sind und sogar finanzielle Unterstützung für ihre Tätigkeiten erhalten. Das IZH ist beispielsweise in Hamburg Mitglied der »Schura – Rat der islamischen Gemeinschaften in Hamburg« und Reza Ramezani stellte einen von drei Vorsitzenden. Hamburg hat mit der »Schura« einen Vertrag abgeschlossen und beteiligt das IZH an der Organisation des Religionsunterrichts an staatlichen Schulen. Alljährlich, wenn wieder Vertreter des IZH auf der Qudsdemonstration gesichtet werden, wird dieser Vertrag von Mitgliedern der politischen Parteien infrage gestellt, doch bis jetzt hatte die Empörung noch keine Konsequenzen. Der eifrige »Qudstag«-Marschierer Torabi wurde 2017 zusätzlich durch eine Einladung ins Auswärtige Amt geadelt – skurrilerweise zu der Veranstaltung »Friedensverantwortung der Religionen«.

Hart an einem öffentlichen Skandal bewegte sich die Entscheidung des Bundesfamilienministeriums, einen Workshop der IGS und des »Al-Mustafa-Instituts« zur angeblichen Extremismusprävention im Rahmen des Modellprojekts »Präventionsnetzwerk gegen religiös begründeten Extremismus« im Bundesprogramm »Demokratie leben!« mit 18.000 Euro zu fördern. Der Protest setzte mit Bekanntwerden der Entscheidung ein. Die Exiliranerin Mina Ahadi, deren Ehemann unter Khomeini ermordet wurde, schrieb einen offenen Brief an das Ministerium, in dem sie die Unterstützung als »Ohrfeige für die säkulare Frauenbewegung im Iran« geißelte, und die Initiative »Stop the Bomb« verfasste ebenfalls eine öffentliche Stellungnahme, die unter anderem von Günter Wallraff unterzeichnet wurde. »Ausgerechnet mit ausgemachten Unterstützern des politischen Islam wollen Sie gegen

Radikalisierung in Deutschland vorgehen«, kritisierte Ahadi. »Ich kann es mir nur mit Ihrer Unkenntnis erklären, dass Sie im Rahmen des Programms ›Demokratie leben! Aktiv gegen Rechtsextremismus, Gewalt und Menschenfeindlichkeit‹ unverblümt Vertreter des Islamismus finanzieren.« Sie verwies auf die Regimeanbindung des »Al-Mustafa-Instituts« und darauf, dass die Auslandsdependancen der »Al-Mustafa-Universität« in Ghom dem Ideologieexport des Regimes dienen. Dass eine solche Einrichtung nicht verboten, sondern staatlich finanziert werde, sei ein Skandal und beweise, »dass die deutsche Regierung mit dem Vorwand angeblicher Religionsfreiheit eine falsche Toleranz pflegt und damit die innere Sicherheit Deutschlands gefährdet«. Nach der massiven Kritik zog das Ministerium seine Finanzierungszusage zurück. Der Workshop wurde dennoch durchgeführt. Das bereits erwähnte Vorstandsmitglied Dawood Nazirizadeh, das mit der Durchführung betraut war, bestritt jede Verbindung zu Extremismus. Nazirizadeh war das smarte Gesicht der IGS und vermied klare Stellungnahmen zu Aussagen aus dem Umfeld der Dachorganisation, die auf Ablehnung stoßen könnten. Er ist SPD-Mitglied und nutzt die Kontakte in die Politik für eigene Vorhaben und diejenigen seiner Organisation. Mehrfach hat er Politiker und Unternehmer in den Iran begleitet und Sigmar Gabriel zu seiner Zeit als Bundesminister für Wirtschaft und Energie im Jahr 2015 bewogen, ein Beileidsschreiben zum »Aschura-Tag« zu verfassen, der im Zentrum des schiitischen Glaubens steht. Schiiten gedenken dabei des gewaltsamen Todes von Hussein, dem Enkel Mohammeds, in der Schlacht von Kerbela, die die Spaltung der Muslime in Sunniten und Schiiten verursachte. Gabriel lehnte sich mit seinem Brief weit aus dem Fenster. Er schrieb: »Das Schicksal von Imam Hussain und seiner Familie kann uns alle lehren, dass am Ende das aufrichtige Einstehen für Freiheit und Mitmenschlichkeit stärker ist als Gewalt und Krieg.«[276] Unmittelbar auf die erfolgreiche Einwerbung staatlicher Mittel für Projekte der IGS im Bereich der Betreuung schiitischer Flüchtlinge anspielend müssen wohl die beiden folgenden Sätze als Unterstützung ausgelegt werden: »Als schiitische Gemeinschaft in Deutschland verfügen Sie über viele wertvolle Erfahrungen, die Menschen helfen können, bei uns Fuß zu fassen. Unter dem Dach der IGS wird Vielfalt gelebt.«[277] Als Außenminister bereiste Gabriel den Iran. Zweimal soll er dabei von Madschid Samii begleitet worden sein, dem Leiter einer Privatklinik in Hannover. In dieser Klinik ließ sich der iranische Richter Mahmud Hashemi im Dezember 2017 behandeln. Hashemi war jahrelang für Folter und Hinrichtungen verantwortlich und soll, nach Angaben von »Human Rights Watch«, ein Vergewaltigungsopfer wegen unerlaubten Geschlechtsverkehrs und einen 13-jährigen Jungen wegen einer homosexuellen Beziehung zum Tode verurteilt haben.[278] Der damalige IZH-Leiter Ajatollah Ramezani besuchte ihn damals im Krankenhaus. Mehrere Menschen, darunter der stellvertretende Vorsitzende der »Kurdischen Gemeinde Deutschlands« Mehmet Tanriverdi und der Grünen-Politiker Volker Beck, erstatteten Anzeige wegen Verbrechens gegen die Menschlichkeit gegen Hashemi, doch bevor ein Haftbefehl erstellt werden konnte, konnte er unbehelligt das Land verlassen.[279] Tanriverdi mutmaßte, dass Hasehmi ein Visum erhalten hatte, um die deutsch-iranischen Wirtschaftsbeziehungen zu forcieren.[280] Dem Außenministerium stand zum damaligen Zeitpunkt Sigmar Gabriel vor. Die guten Beziehungen Gabriels zu den Vertretern des iranischen Regimes in Deutschland wurden auch bei einem Fastenbrechen-Empfang der IGS im Jahr 2016 bestätigt. Sigmar Gabriel wird neben Ramezani auf der Homepage des IZH als Redner erwähnt.[281] Nun ist es nicht unüblich, dass Politiker zu Iftar-Empfängen eingeladen werden, doch die Summe der Verkettungen macht in diesem Fall einen denkbar schlechten Eindruck. Für weitere Irritationen sorgte im Jahr 2018 zudem eine Einladung von IGS-Vertretern durch Bundespräsident Walter Steinmeier nach Schloss Bellevue und ein Glückwunsch-Telegramm des Bundespräsidenten zum Jahrestag der Islamischen Revolution nach Teheran. Der Umstand, dass die Glückwünsche im Namen der deutschen Bevölkerung ausgesprochen wurden, führte zu einer Reihe von Protestnoten. Dass die Anerkennung seitens der Politik von der IGS propagandistisch genutzt wurde, versteht sich von selbst.

Trotz vielfacher Kritik wurden in den vergangenen Jahren immer wieder Steuergelder für Projekte der IGS bewilligt. Von 2017 bis 2020 erhielt sie aus dem EU Fonds für Innere Sicherheit 283.150 € für ein Projekt, das angeblich der Extremismusprävention dient. Die Entscheidung über die Förderung wurde vom CDU-geleiteten Bundesinnenministerium getroffen. Zusätzliche Mittel für das Projekt wurden aus dem SPD-geführten Bundesfamilienministerium im Bundesprogramm »Demokratie leben!« freigegeben. Im Jahr 2018 waren es 41.931 € im Jahr 2019 sogar 45.873 €. Ebenfalls aus diesem Bundesprogramm erfolgte eine weitere Zuweisung finanzieller Mittel, da die IGS Kooperationspartnerin im »Präventionsnetzwerk gegen religiös begründeten Extremismus« ist, das federführend von der »Türkischen Gemeinde in Deutschland e. V.« organisiert wird.

6. Verbindungen zur Hisbollah

Das iranische Regime erhält sich im Inneren nur noch durch Repression und Gewalt, für die maßgeblich hochgerüstete und mit weitreichenden Befugnissen ausgestattete paramilitärische Einheiten zuständig sind. Milizen sind auch ein Mittel ihrer Außenpolitik. Der Iran hat den gesamten Nahen und Mittleren Osten mit einem dichten Netzwerk von finanziell abhängigen und ideologisch indoktrinierten Kampfeinheiten überzogen, mit denen sie die Politik maßgeblich beeinflussen. Zu den wichtigsten zählen die Qudsbrigaden und die im Jahr 1982 von iranischen Revolutionsgarden gegründete Hisbollah, die mittlerweile den Libanon militärisch kontrolliert. All diese Gruppen wurden auf ihr vorrangiges Ziel, die Vernichtung Israels, programmiert. Der wichtigste iranische Führungskader, der mit dem Aufbau und der Betreuung irantreuer militärischer Verbände im Irak, in Syrien, im Jemen, im Libanon und in Gaza betraut war, der die Qudsbrigaden kommandierte, die die Hisbollah und die Hamas unterstützte, hieß Kassem Soleimani. Sein Ziel war der Export der »Islamischen Revolution« iranischer Prägung unter Einsatz aller Mittel. Dazu gehörte neben der Verbreitung iranischer Propaganda die Rekrutierung von »Freiwilligen« für die asymmetrische Kriegsführung, die Finanzierung und Aufrüstung schiitischer Kampfverbände im Ausland und die Durchführung von Anschlägen. Deshalb stand Soleimani auf der EU-Terrorliste. Am 3. Januar 2020 wurde er, zusammen mit dem irakischen Milizenführer Abu Mahdi al-Muhandis, von einer amerikanischen Drohne getötet. Sein Tod wurde von der iranischen Führung mit einem Akt der Staatstrauer beantwortet und der General zum Märtyrer stilisiert. Das ist nicht verwunderlich, sondern passt zur üblichen Rhetorik des Regimes. Bezeichnend waren jedoch die Reaktionen der schiitischen Organisationen in Deutschland, die die iranische Propaganda ungefiltert übernahmen und sich beeilten den Terroristen zum Friedensstifter umzudeklarieren. »Trauerzeremonie für die heldenhaften Märtyrer General Qassem Soleimani und Abu Mahdi Al-Muhandis, die durch einen Terrorakt der USA ermordet wurden«, kündigte ein Plakat des »Islamischen Zentrums Imam Reza« für den 9. Januar 2020 in Berlin an. In ähnlicher Weise mobilisierte auch die »Imam-Ali-Moschee« in Hamburg Anhänger des iranischen Regimes. Die IGS buchstabierte die Verehrung für Soleimani noch weiter aus. »Nach islamischer Auffassung«, so ihre Stellungnahme, »haben die Opfer des Anschlages eine hohe Stellung bei ihrem Schöpfer erreicht – sie gelten nicht als tot, sondern sie sind Märtyrer und in der Trauer der Abertausenden von Menschen werden sie nochmals erhöht. Sie haben in und mit ihrem Leben dafür Zeugnis abgelegt, zu welchen friedensstiftenden Handlungen gläubige Menschen fähig sein können und mit ihrem gewaltsamen Tod bezeugen sie, wozu fehlgeleitete und menschenverachtende Individuen imstande sind.«[282] Allenthalben fanden im Umfeld von IZH und IGS Trauerfeierlichkeiten für Soleimani statt.

Eindeutige Sympathiebekundungen für Terroristen legen den Verdacht nahe, dass möglicherweise auch andere Formen von Unterstützung geleistet werden. Die radikalen schiitischen Netzwerke sind transnational aufgestellt, was die Nachverfolgung von Geld- und Informationsströmen nicht einfach macht. Dass die Hisbollah in Europa operiert, wurde immer wieder deutlich, doch anders als in Ländern, wo sie verboten ist, fehlte in Deutschland stets eine Grundlage für polizeiliches Handeln bei Verdacht, da nur der militärische Arm der Organisation verboten war. Dieser stand wegen zahlreicher

Terroranschläge seit 2013 auf der EU-Terrorliste. Der so genannte politische Arm blieb bis 2020 legal, obgleich aus Führungskreisen der Hisbollah immer wieder betont sei, es gäbe nicht zwei, sondern nur eine Organisation mit unterschiedlichen Tätigkeitsbereichen. Die einen unterhielten Moscheen und Waisenhäuser, die anderen übten den Umgang mit schweren Waffen. Der Generalsekretär der Gesamtorganisation ist seit 1992 Hassan Nasrallah.

Nachdem mehrere europäische Länder auch die vermeintlich politische Hisbollah als Terrororganisation verboten, zog Deutschland im April 2020 nach und verhängte ein generelles Betätigungsverbot der Hisbollah. Schon lange wurde aus Sicherheitskreisen darauf hingewiesen, dass in Deutschland Geld für die Miliz gesammelt oder gewaschen wird, dass es Beschaffungskriminalität und logistische Zuarbeit gibt. Durch das Verbot lassen sich die Ermittlungen in Bereiche eines möglichen Unterstützernetzwerkes ausdehnen. An dieser Stelle kommen wieder die islamistischen schiitischen Gruppierungen ins Spiel, die sich in der IGS zusammengeschlossen haben. Hausdurchsuchungen, die mit Erlass des Verbotes angeordnet wurden, trafen Vereine und Moscheen aus dem Umfeld der IGS, die keine Unbekannten waren, sondern das bereits erwähnte Imam Mahdi-Zentrum in Hiltrop bei Münster, deren Imam auch 2020 wieder für den Qudsmarsch geworben hatte. Nach Angaben des Landesamtes für Verfassungsschutz NRW ist das Zentrum seit langem »eine Plattform und Begegnungsstätte für Hisbollah-Anhänger in Nord-Rhein-Westfalen und im Westen Deutschlands«.[283]

Die Reaktion des IZH war eindeutig. Statt einer Distanzierung vom Terror beschwerte man sich. Mohammed Hadi Mofatteh, der derzeitige Leiter, verfasste einen offenen Brief an den Bundespräsidenten, in dem er die mangelnde Sensibilität mit den schiitischen Gemeinden bei den Durchsuchungen beklagte. Der Respekt gegenüber den Gebetsstätten der Muslime und dem Koran sei grob missachtet worden. Dadurch habe man die deutsche muslimische Gemeinschaft tief verletzt. Auch der Zeitpunkt der polizeilichen Maßnahmen, die während des Ramadan stattfanden, wurde kritisiert. Auch die IGS verfasste eine Pressemitteilung. Diese beginnt mit dem Zitieren freundschaftlicher Begegnungen zwischen Muslimen und der Politik, die gerade zu Zeiten des Ramadans gepflegt werden und kritisiert dann die Polizeieinsätze. Moscheen seien »sakrale Räume mit einer Aura der Ruhe, der Spiritualität und dem Zwiegespräch zwischen Gott und Mensch«, empört man sich, und signalisiert, dass Hausdurchsuchungen schon deshalb nicht statthaft seien.[284] Dass diese Orte durchsucht wurden, weil in ihnen Hass gepredigt wurde und möglicherweise terroristische Aktivitäten geplant und unterstützt worden sind, wird sorgsam verschwiegen. Man setzt auf die übliche Strategie, unverbindliche Friedfertigkeit, Spiritualität und Dialogorientierung zu betonen und Dinge zu verschleiern, die öffentliche Empörung hervorrufen könnten. Das Aussprechen der antisemitischen, antidemokratischen und gewaltlegitimierenden iranischen Staatsideologie überlässt man in den Führungsetagen des IZH und der IGS-Einzelgemeinden oder Aktivisten, die Internetportale unterhalten. Wenn die Strategie nicht aufgeht, präsentiert man sich als ungerecht verfolgte muslimische Minderheit. Immer noch hat dieses Vorgehen bei vielen politischen Akteuren Erfolg, die das Bild einer demokratieverträglichen schiitischen Diaspora nicht aufgeben wollen.

VI KRIEG IM NAMEN DES ISLAM

Die öffentliche Wahrnehmung des Islam wird vor allem durch seine gewaltsame Seite geprägt. Anschläge in Bussen und Bahnen, in Einkaufszentren, Diskotheken und Restaurants, auf Marktplätzen und in Schulen erschüttern die Welt von Südostasien bis nach Westafrika und vom Kaukasus bis in die USA. Die Täter töten im Namen des Islam und bekunden dies in langen Erklärungen, während Vertreter muslimischer Verbände die gebetsmühlenhafte Floskel dagegenhalten, Dschihadismus habe nichts mit ihrer Religion zu tun. Auch in Deutschland hat sich seit Beginn des 21. Jahrhunderts ein dschihadistischer Untergrund herausgebildet, der durch radikalisierte Flüchtlinge zusätzlich verstärkt wird. Seit 2016 gelang es Attentätern gleich mehrfach, bei uns zuzuschlagen, und seitdem gewöhnen wir uns an Poller auf Weihnachtsmärkten und ein mulmiges Gefühl bei Großveranstaltungen. Ein Ende der Bedrohung ist nicht in Sicht, denn trotz finanzstarker Präventionsprogramme steigt die Zahl islamistischer Gefährder kontinuierlich.

1. Die Etablierung einer dschihadistischen Internationale

In der Vergangenheit sahen Vertreter des Islamismus im Dschihad, dem Krieg gegen vermeintlich Ungläubige, ein probates Mittel, um ihre politischen Ziele zu erreichen. Dabei ging es bis zur Mitte des 20. Jahrhunderts in erster Linie gegen den sogenannten »nahen Feind«, d. h. gegen die europäischen Kolonialmächte, die von muslimischem Territorium vertrieben werden sollten, oder gegen eine als ungläubig denunzierte postkoloniale Regierung, die man zu stürzen hoffte. Beispiele dafür sind Anschläge der Muslimbruderschaft gegen britische Einrichtungen in Ägypten während der 1930er-Jahre oder die Ermordung des ägyptischen Präsidenten Anwar as-Sadat durch die Gruppe »al-Dschihad« am 6. Oktober 1981. »In den Augen der Attentäter«, schreibt Mariella Ourghi, »war as-Sadat vom Islam abgefallen. Die islamistische Gruppe, der die Attentäter angehörten, verstand es als religiöse Pflicht, eine solche Tat zu verüben.«[285]

Ein führender Ideologe des ägyptischen Dschihadismus war der Elektroingenieur Abd as-Salam Faradsch (1954–1982), der dazu aufrief, politische Führer zu eliminieren, wenn diese sich vom wahren Glauben abgewendet hätten. Auf alle gegenwärtigen Staatsoberhäupter in muslimischen Ländern träfe dies zu, meinte er. »Sie wurden an den Tischen des Imperialismus aufgezogen, sei dies nun das Kreuzfahrertum, der Kommunismus oder der Zionismus. Sie tragen nichts vom Islam in sich außer ihrem Namen, auch wenn sie beten, fasten und behaupten Muslime zu sein.«[286] Sie müssten für diese Sünde bestraft werden, schrieb er in Anlehnung an Ibn Taymiyya, und die Strafe sei immer der Tod.[287] Faradschs Thesen fielen auf fruchtbaren Boden. Nicht nur in Ägypten, auch in vielen anderen islamischen Ländern organisierten sich religiöse Eiferer in dschihadistischen Milizen, führten Anschläge durch oder beteiligten sich an militärischen Auseinandersetzungen, zum Beispiel in Afghanistan, wo die sogenannten Mudschahedin[288] zunächst gegen sowjetische Invasoren und später gegeneinander kämpften. Sie wurden von den Taliban besiegt, die von 1996 bis 2001 ein tribalistisch-islamistisches Regime errichteten, das Elemente der paschtunischen Kultur und der an Ibn Taymiyya angelehnten islamistischen Deobandi-Schule miteinander vereinte.[289] In Südostasien wurde nahezu zeitgleich, nämlich im Jahr 1993, die Gruppe »Jemaah Islamiyyah« gegründet, die ein Kalifat von Südthailand über Malaysia, Brunei und Indonesien bis zu den Philippinen errichten wollte. Mehrere große Anschläge sollten den Weg dafür bereiten.[290] In Afrika lassen sich ähnliche Aktivitäten von Dschihadisten beobachten. So wurde beispielsweise 1989 im Sudan ein islamistischer Staat etabliert, der zum Ausgangspunkt für weitere dschihadistische Bewegungen wurde, die bis heute die gesamte Region destabilisieren.[291] In allen genannten Regionen ging es Dschihadisten darum, die eigenen Regierungen zu stürzen, Repräsentanten fremder Mächte zu attackieren und die politische Macht zu übernehmen. Das gelang nur in seltenen Fällen, auch weil die nationalen Machthaber die Unterstützung westlicher Länder erhielten.

Das ist der Hintergrund für die zweite Phase des Dschihad, den Kampf gegen den »fernen Feind«, der Ende der 1990er-Jahre begann.[292] Als ferne Feinde wurden diejenigen bezeichnet, die man als Drahtzieher hinter den eigenen »unislamischen« Regierungen vermutete, die diese kulturell beeinflussten, mit ihnen wirtschaftliche Beziehungen unterhielten oder sie in militärische Bündnisse einbanden. Wenn die lokalen Herrscher von ausländischen Mächten unterstützt werden, dann, so die dschihadistischen Denker, müsse sich der Kampf auch gegen diese, also gegen einen »fernen Feind«, richten.[293] Diese neue Doktrin ging auf den Palästinenser Abdallah Azzam (1941–1989) zurück, der 1984 mit saudischer Unterstützung im pakistanischen Peschawar ein »Dienstleistungsbüro« eröffnete, das den Einsatz ausländischer Kämpfer für den Dschihad in Afghanistan koordinierte. Dort begegnete Azzam dem saudischen Staatsbürger Osama bin Laden (1957–2011), der sich gerade dem afghanischen Dschihad angeschlossen hatte. Seine Aufgabe soll maßgeblich in der Einwerbung und Verwaltung finanzieller Hilfsmittel bestanden haben, die vom Chef des saudi-arabischen Auslandsgeheimdienstes koordiniert wurden.[294] Bin Laden verstand es außerdem, die konträren Konzepte der Kriege gegen »nahe« und »ferne« Feinde miteinander zu verbinden. Seiner Meinung nach war es möglich, den Dschihad gleichzeitig an unterschiedlichen Orten zu führen. Er legte zu diesem Zweck eine Datenbank mit den Namen von Freiwilligen an, die für mögliche Einsätze in unterschiedlichen Regionen verwendbar seien. Diese »Basis« zukünftiger Aktivitäten, arabisch »al-Qaida«, wurde als Bezeichnung für das dschihadistische Netzwerk bekannt, das sich in Pakistan formierte. Es handelte sich um die Keimzelle einer dschihadistischen Internationale, die Elemente des Wahhabismus, des Salafismus und der Muslimbruderschaft miteinander kombinierte und mit saudischem Geld unterstützt wurde. Die neuen Dschihadisten bewegten sich in transnationalen Netzwerken und konnten in vielen Ländern auf Unterstützer zurückgreifen. Abdallah Azzam selbst ist dafür ein gutes Beispiel. Er wurde im palästinensischen Dschenin geboren, ging zum Studium nach Damaskus, wo er sich der Muslimbruderschaft anschloss, und soll nach seinem ersten Abschluss unter palästinensischen Flüchtlingen in Jordanien Kampfgruppen gegen Israel aufgebaut haben. Seine akademische Ausbildung setzte er anschließend an der ägyptischen »al-Azhar-Universität« fort. Nach seinem Magisterexamen arbeitete er an der Scharia-Fakultät von Amman und später an einer Hochschule im saudi-arabischen Dschidda. Von dort wurde er an die »Internationale Islamische Universität« im pakistanischen Islamabad abgeordnet, an der er lehrte, bis er im pakistanisch-afghanischen Grenzgebiet eine neue Aufgabe fand.

Transnationale dschihadistische Akteure benötigen

Räume, um sich zu organisieren, vor Verfolgern zurückzuziehen, um ihre Ideen zu entwickeln und an Gefolgsleute weiterzugeben. Außerdem sind ihre Kämpfer auf Trainingscamps angewiesen. In diesen Rückzugsräumen müssen sie vor Geheimdiensten und Polizeieinheiten sicher sein, und die Bevölkerung sollte ihnen nicht feindselig gegenüberstehen. Das pakistanisch-afghanische Grenzgebiet, in dem Azzam und bin Laden so unbehelligt agieren konnten, war eine von vielen Regionen, die für Dschihadisten nutzbar gemacht werden konnten. Der Staat war abwesend, galt als notorisch korrupt, und etliche Entscheider aus Politik, Geheimdienst und Militär unterstützten die ausländischen Kämpfer oder ließen sie zumindest gewähren. Beispiele für solche Räume begrenzter Staatlichkeit[295] finden wir in ehemals sowjetischen Gebieten Zentralasiens, in Nordafrika und der Sahelzone, in unzugänglichen Regionen Südostasiens und im Mittleren Osten. Nicht selten ist die Politik westlicher Staaten für ihr Entstehen mitverantwortlich und spielt dschihadistischen Akteuren in die Hände. So in Afghanistan, wo die USA die islamistischen Mudschahedin nach dem Einmarsch der Sowjetarmee als antisowjetische Fronttruppen aufrüsteten, oder im Irak, wo eine westliche Allianz unter Führung George W. Bushs den Diktator Saddam Hussein mit fingierten Anschuldigungen völkerrechtswidrig stürzte und dadurch den Boden für die Entstehung sunnitischer Terrororganisationen bereitete. Eine von ihnen, die Gruppe »al-Qaida im Irak«, expandierte nach Syrien, vollzog einen Bruch mit der »al-Qaida«-Mutterorganisation und sollte schließlich als »Islamischer Staat« Geschichte schreiben.[296]

Davon war noch nichts zu ahnen, als sich die internationalen Dschihadisten um Abdallah Azzam und Osama bin Laden in den Bergen des unzugänglichen Grenzlandes zusammenfanden. Die internationalen Auswirkungen ihres Treibens wurden allerdings bereits Ende des 20. Jahrhunderts sichtbar. Erste große Anschläge wurden durchgeführt, so zum Beispiel am 26. Februar 1993, als Attentäter eine Bombe in der Tiefgarage des Welthandelszentrums in New York zündeten. Sechs Menschen wurden getötet und über 1.000 verletzt. Als Drahtzieher wurde der ägyptische Prediger Abd ar-Rahman ausgemacht, der sich seit 1990 in den USA aufhielt, ungehindert Hasspredigten in Moscheen hielt und ein dschihadistisches Netzwerk aufbaute.[297] Islamischer Terrorismus war damals in der westlichen Welt weitgehend unbekannt, und die Sicherheitsdienste hatten die Täter zunächst in einem anderen Milieu vermutet. Dass man international mit einer neuen Gefahr zu rechnen hatte, wurde am 7. August 1998 bestätigt. Islamistische Sturmtrupps zündeten Sprengladungen vor den US-Botschaften in Daressalam und Nairobi, die fast 300 Menschenleben und mehr als 5.000 Verletzte forderten. Zwei Jahre später, am 12. Oktober 2000, wurden 17 Personen bei einem Anschlag auf das US-Kriegsschiff »Cole« getötet, das in der jemenitischen Hafenstadt Aden vor Anker lag. Diese drei Attentate richteten sich gegen die militärische Infrastruktur der USA, der man imperialistische Bestrebungen vorgeworfen hatte, und standen daher in klarem Zusammenhang mit Abdallah Azzams Konzept, einen fernen Feind anzugreifen. Am 11. September 2001 zeigte sich, dass man auch vor einem Angriff auf ein rein ziviles Ziel nicht zurückschreckte. Ein aus 19 Personen bestehendes Kommando entführte in den USA vier Passagiermaschinen und lenkte zwei davon in die Türme des Welthandelszentrums in New York. Ein drittes durchschlug mehrere Gebäudeteile des Pentagon in Washington, und das vierte sollte vermutlich das Kapitol treffen, stürzte aber nach Kämpfen zwischen den Entführern und

Passagieren ab. Wäre der Anschlag wie geplant geglückt, so wäre die politische, die militärische und die wirtschaftliche Elite der USA in einer Weise getroffen worden, die symbolträchtiger nicht hätte sein können. Allein der Einsturz der Hochhäuser in New York, der von der Weltöffentlichkeit vor laufenden Kameras auf Fernsehschirmen mitverfolgt wurde, stellte einen Erfolg für den radikalen Islam dar, der zuvor kaum vorstellbar gewesen war. Fast 3.000 Menschen starben, doch es waren nicht diese Toten, die einen nachhaltigen Schock auslöste, sondern der Umstand, dass es eine kleine entschlossene Gruppe von Dschihadisten so problemlos schaffen konnte, ins Herz der Supermacht vorzudringen.

Seit dieser Zeit kam es weltweit zu einer Vielzahl von Anschlägen und Anschlagsversuchen. Exemplarisch möchte ich einige Attentate herausgreifen, zum Beispiel die Serie von Angriffen in Mumbai am 26. und 27. November 2008, bei denen 174 Menschen an unterschiedlichen Örtlichkeiten, darunter dem Luxushotel »Tadsch Mahal« und dem jüdischen Zentrum, getötet wurden. Die Täter verwendeten Handgranaten, Bomben und verschiedene Schusswaffen. Zwei andere Fälle ereigneten sich in Afrika. Am 26. Juni 2015 erschoss ein Attentäter 39 Touristen am Strand von Sousse in Tunesien, und am 13. März 2016 machten Mitglieder der Gruppe »al-Qaida im Islamischen Maghreb« Jagd auf Urlauber an der Elfenbeinküste und töteten 22 von ihnen. Auch die USA blieben nicht verschont. Am 15. April 2013 verübte ein Brüderpaar aus Zentralasien, das mit seiner Familie als Flüchtlinge Aufnahme in den USA gefunden hatte, einen Anschlag auf den Boston-Marathon, und am 12. Juni 2016 wurden 50 Besucher einer Diskothek in Orlando erschossen. Der verheerendste Anschlag fand am Ostersonntag 2019 in Sri Lanka statt. Attentäter sprengten 253 Christen beim

Beten in Kirchen und Touristen in Hotels in die Luft. In Europa traf es zunächst England, Spanien, Frankreich, die Niederlande und Belgien, später auch Deutschland, Dänemark, Schweden und Finnland. Die Attentate waren anfangs sehr aufwendig konzipiert und verursachten eine große Anzahl von Opfern. Beispiele sind die Anschläge auf mehrere Vorortzüge am 11. März 2004 in Madrid, die fast 200 Menschenleben forderten, die koordinierten Sprengungen in drei U-Bahnen und einem Bus am 7. Juni 2005 in London, bei denen 56 Personen ums Leben kamen, und die Attentate am 13. November 2015 in Paris, bei denen 130 Besucher von Restaurants, Bars und der Diskothek »Bataclan« erschossen wurden. Mit Aktionen dieser Art sollten der Eindruck einer enormen Schlagkraft dschihadistischer Organisationen vermittelt und mögliche zukünftige Gefolgsleute beeindruckt werden. Der Erfolg der Aktionen hielt sich jedoch in Grenzen, denn trotz einer Verschärfung der Sicherheitsarchitektur der betroffenen Länder kam es weder zu nachhaltigen Verunsicherungen der Bevölkerungen noch zum eigentlich beabsichtigten Effekt, einem massenhaften Nachahmen durch muslimische Migranten.

Die dritte Phase, in der wir uns momentan befinden, stellt in gewisser Weise eine Abkehr von den komplizierten Anschlagschoreographien der Vergangenheit dar. Statt großer Gruppen werden jetzt Einzeltäter aktiv und diese nutzen einfache Gegenstände, vorzugsweise Hieb- und Stichwerkzeuge, aber auch Autos, um Menschen zu ermorden. Die Gewalttaten benötigen keine ausgefeilte Logistik, und sie können problemlos im Alleingang geplant und durchgeführt werden. Das Konzept basiert auf den Ideen des ehemaligen Muslimbruders Abu Musab as-Suris, der es unter dem Titel »Aufruf zum weltweiten islamischen Widerstand« erstmals im Jahr 2005 ins Internet stellte.[298] As-Suri ruft darin Muslime in westlichen Ländern auf, Anschläge mit einfachen Mitteln zu begehen. Messer, Autos und Gegenstände, die für jeden zugänglich sind, werden als Waffen empfohlen. Jeder Muslim soll in die Lage versetzt werden, die verhassten westlichen Gesellschaften anzugreifen. Die Botschaft kam an. Bereits im Sommer 2015 war ein Video in deutscher Sprache erschienen, in denen der Österreicher Mohamed Mahmoud alias Abu Usama al-Gharib und der Deutsche Abu Omar al-Almani ihren Glaubensbrüdern folgenden Ratschlag gaben: »Meine Geschwister, entweder ihr schließt euch hier den Mudschaheddin an, oder ihr führt den Dschihad in Deutschland und Österreich durch. Du brauchst nicht viel. Nimm ein großes Messer und schlachte jeden *kafir*! Sie sind wie Hunde!«[299] Der allgemeine Terror soll eine Verschärfung der Repression gegen Muslime auslösen, die sich dann in einer weiteren Phase der angenommenen Kettenreaktion in einem gewaltsamen Aufstand gegen die Nichtmuslime erheben und schließlich die Macht erobern.

2. Der dschihadistische Untergrund in Deutschland

Als die Frankfurter Polizei im Dezember 2000 drei Algerier festnahm, die Anschläge auf das Münster und den Weihnachtsmarkt in Straßburg geplant hatten, ahnte noch niemand, dass dies der Beginn einer neuen Epoche sein würde, dass der islamistische Terror, der in anderen Teilen der Welt bereits ein bekanntes Phänomen war, auch hier Fuß fassen würde. Ein Jahr später wurde offenkundig, dass der Anschlag auf das Welthandelszentrum in Deutschland vorbereitet worden war. Verantwortlich war eine Gruppe arabischer Studenten, die in Hamburg lebten. Einer von ihnen war Mohammad Atta, der Sohn eines ägyptischen Rechtsanwaltes. Er studierte Stadtplanung, hatte ein Stipendium der »Carl-Duisberg-Gesellschaft« erhalten und arbeitete vier Jahre lang in einem Stadtplanungsbüro. Bei einem zweiten handelte es sich um Ziad Dscharrah aus dem Libanon, dessen wohlhabende Eltern das Studium des Sohnes im fernen Deutschland mit monatlich 2.000 Dollar unterstützten.[300] Beide beteiligten sich als Piloten an den Anschlägen. Auch das dritte Flugzeug wurde möglicherweise von einem Hamburger Studenten gesteuert. Im Verdacht stand Marwan Mohammed asch-Schahi, der mit einem gut dotierten Regierungsstipendium der Vereinigten Arabischen Emirate nach Hamburg gekommen war. Wie Atta und Dscharrah stammte asch-Schahi aus einer begüterten Familie. Ein weiterer Komplize Attas war der Marokkaner Mounir al-Motassadeq, Sohn eines Arztes aus Marrakesch. Al-Motassadeq, von dem der Journalist Hans Leyendecker in der »Süddeutschen Zeitung« schreibt, er sei gottesfürchtig und antisemitisch gewesen,[301] hatte Elektrotechnik an der »Technischen Universität Hamburg-Harburg« studiert. Im Jahr 2000 soll er in ein dschihadistisches Trainingscamp nach Afghanistan gegangen sein. Die Mitglieder der Hamburger Zelle widerlegen die gern geäußerte Annahme, dass es die Benachteiligten und Abgehängten seien, die in ihrer Verzweiflung zu Terroristen werden. Die Männer, die die Anschläge des 11. September 2001 organisierten und umsetzten, gehörten in ihren Heimatländern der reichen Oberschicht an. In Deutschland waren sie ebenfalls keine marginalisierten Underdogs. Die mehr als üppigen finanziellen Zuwendungen, die sie von ihren Familien erhielten, machten sie zu einer ökonomischen Elite innerhalb der Studentenschaft. Auch die Mutmaßung, Dschihadisten seien religiös ungebildet, widerlegen die

Hamburger. Sie waren allesamt fromm, kamen teilweise aus streng religiösen Familien und hielten Kontakt zur Hamburger »al-Quds-Moschee«, die als extremistisch bekannt war.

In den folgenden 15 Jahren konnten Sicherheitskräfte mehrere dschihadistische Anschläge verhindern, und die islamistische Gewalt erschien vielen Menschen in Deutschland als primär ausländisches Problem. Dann kam das verhängnisvolle Jahr 2016. Am 4. Februar 2016 nahm die Berliner Polizei mehrere Mitglieder einer Zelle fest, denen vorgeworfen wurde, einen Anschlag am Alexanderplatz vorbereitet zu haben. Der Kopf der Gruppe war der aus Algerien stammende Farid A., der in Syrien vom IS ausgebildet worden und mit Frau sowie zwei kleinen Kindern am 28. Dezember 2015 mit gefälschten Papieren als Flüchtling eingereist war. Zwei der Verdächtigen lebten seit Anfang des Jahrtausends in Berlin, ein weiterer hielt sich ebenfalls als Flüchtling in Deutschland auf. Nur kurze Zeit später, am 26. Februar 2016, griff die in Deutschland geborene fünfzehnjährige Gymnasiastin Safia S. einen Polizisten in Hannover mit dem Messer an und verletzte ihn lebensgefährlich.Der IS übernahm die Verantwortung für die Tat. Safia war bereits mit sieben Jahren ein Kinderstar der salafistischen Szene und rezitierte Koransuren in Videos des bekannten salafistischen Predigers Pierre Vogel. Zum Prozess erschien ihre Mutter in Vollverschleierung, begleitet von zwei weiteren Frauen mit verhülltem Gesicht. Am 16. April 2016 versuchten sich erneut minderjährige Muslime als Attentäter. Es handelte sich um den türkischstämmigen Yussuf T. und den syrischstämmigen Mohammed B., beide 16 Jahre alt, und ihren siebzehnjährigen Freund Tolga I. Die drei Jugendlichen zündeten am 16. April 2016 einen mit Sprengstoff gefüllten Feuerlöscher im Eingangsbereich eines Sikh-Tempels in Essen, in dem gerade eine Hochzeit gefeiert wurde. Drei Personen wurden verletzt, darunter der Priester. In allen drei Fällen hatten die Mütter sich vor dem Anschlag wegen der Radikalisierung ihrer Söhne an die Behörden gewandt, in zwei Fällen war sogar das Präventionsprogramm »Wegweiser« des Landes NRW in die Betreuung involviert. Genützt hatte dies nichts, weil man die Gefahr offenbar unterschätzte. Ein weiterer Attentäter des Jahres 2016 stammte wieder aus Syrien. Es handelte sich um Mohammed Daleel, der am 24. Juni 2016 einen Sprengstoffanschlag auf ein Musikfestival in der fränkischen Kleinstadt Ansbach plante. Der Täter versuchte, mit einer Bombe im Rucksack auf das Festivalgelände vorzudringen, scheiterte aber, weil er keine Eintrittskarte besaß. Dann betrat er ein Weinlokal, zündete den Sprengsatz und verletzte 15 Personen. Er selbst kam ums Leben. Auswertungen seiner Chatkontakte zeigten, dass er mit Mitgliedern des IS in Verbindung stand und den Auftrag erhalten hatte, die Folgen des Anschlags zu filmen und an seine Auftraggeber zu schicken. Daleel hatte in Bulgarien, dem Land, in dem er zuerst europäischen Boden betreten hatte, subsidiären Schutz erhalten, war aber nach Deutschland weitergereist. Hier hatte er um Asyl ersucht. Sein Antrag wurde abgelehnt, doch er erhielt wegen psychischer Probleme eine Duldung, für die sich besonders ein Abgeordneter der Partei »Die Linke« stark gemacht hatte. Ein weiterer Attentäter, Muhammad Riyadh, war am 30. Juni 2015 unter falschem Namen und unter Angabe eines falschen Herkunftslandes nach Deutschland gekommen. Er hatte sich als sechzehnjähriger Flüchtling ausgegeben und alle Privilegien genossen, die Minderjährigen nach unserem Recht zustehen. Die örtliche Jugendhilfe kümmerte sich um ihn, er konnte ein Praktikum in einer Bäckerei machen und hatte Aussicht auf eine Lehrstelle. Schließlich wurde er sogar von einer Pflegefamilie aufgenommen. Der Attentäter hatte Deutschland von seiner besten Seite kennengelernt, wurde behütet, beschützt und integriert. Gegen den tief sitzenden Hass auf unsere Gesellschaft, den Riyadh hinter einer freundlichen Fassade verbarg, konnten die Fürsorge von Staat und Zivilgesellschaft jedoch nichts ausrichten. Am 18. Juli 2016 bestieg der Mann im fränkischen Ochsenfurt schwer bewaffnet die Regionalbahn nach Würzburg und attackierte eine chinesische Familie mit Axt und Messer. Dem Angriff ging ein lautes »Allahu akbar!« voraus. Als Mitreisende die Notbremse zogen, sprang er aus dem Zug und überfiel bei seiner Flucht eine Spaziergängerin. Ein Sondereinsatzkommando der Polizei spürte ihn schließlich auf und erschoss ihn. Vor seiner Tat hatte Riyadh eine Video-Ansprache verfasst, in der er sich als Soldat des IS ausgab. »Ihr könnt sehen, dass ich in Eurem Land gelebt habe und in Eurem Haus«, sagte er. »Bei Gott, ich habe diesen Plan in Eurem eigenen Haus gemacht. Und so Gott will werde ich Euch in Eurem eigenen Haus abschlachten. Ich werde so ein Durcheinander in Euren Straßen anrichten, dass Ihr Frankreich vergessen werdet [...]. So Gott will, werde ich Euch mit diesem Messer abschlachten und Eure Schädel mit Äxten brechen.«[302] Die Behörden mussten im Nachhinein Versäumnisse zugestehen, die den Attentäter erst in die Lage versetzt hatten, sich unter falscher Identität in der beschaulichen fränkischen Provinz einzuschmuggeln. Niemand überprüfte seine Angaben, es wurden keine Fingerabdrücke genommen, Ausweispapiere mussten nicht vorgelegt werden, und selbst Widersprüche seiner Aussagen lösten offensichtlich keinerlei Besorgnis aus.

Das war bei einer Gruppe syrischer Flüchtlinge, die am

13. September 2016 in Schleswig-Holstein festgenommen wurden, nicht der Fall. Mahir al-H., 17 Jahre, Ibrahim M, 18 Jahre, und Mohamad A., 26 Jahre, waren mit gefälschten Pässen über die Balkanroute gekommen. Da die Sicherheitsorgane mutmaßten, dass die drei mit der gleichen Schlepperorganisation nach Europa gelangt waren wie einige der Attentäter, die 2015 in Paris gemordet hatten, wurden sie mit großem Aufwand beobachtet. Die drei jungen Männer verhielten sich unauffällig und einer von ihnen galt als integrierter »Vorzeigeflüchtling«, doch die polizeilichen Recherchen ergaben einen dringenden Verdacht, dass es sich um eine vom IS gesteuerte Zelle handele, die einen Anschlag vorbereite.[303] Am 10. Oktober 2016 wurde ein weiterer Anschlag durch einen syrischen Flüchtling verhindert. Aufgrund eines Hinweises verhaftete die Polizei in Leipzig Dschaber al-B., der im Auftrag des IS einen Anschlag auf ein Ziel der Verkehrsinfrastruktur geplant haben soll. In der Wohnung des Verdächtigen wurde bei einer anschließenden Hausdurchsuchung Sprengstoff gefunden. Zwei Tage nach seiner Festnahme erhängte er sich in seiner Zelle. Der Bruder des Toten sagte aus, er sei in Berlin durch den Imam einer Moschee radikalisiert worden. Die letzte spektakuläre Festnahme des Jahres 2016 ereignete sich im rheinland-pfälzischen Ludwigshafen. Dort hatte ein zwölfjähriger Deutschiraker am 26. November 2016 und am 5. Dezember 2016 versucht, zwei Anschläge mit selbst gebauten Sprengsätzen durchzuführen, einen davon auf dem Weihnachtsmarkt, den anderen in der Nähe des Rathauses. Er soll über den von Dschihadisten gern benutzten Messengerdienst »Telegram« vom IS angeleitet worden sein.

Der schlimmste Anschlag ereignete sich am 19. Dezember 2016 in Berlin. Dort überfiel der vierundzwanzigjährige Tunesier Anis Amri, der im Jahr 2015 als Flüchtling nach Deutschland gelangt war, den Fahrer eines 40 Tonnen schweren Sattelschleppers, der im Dienste eines polnischen Speditionsunternehmens 25 Tonnen Stahl aus Italien zu Thyssen-Krupp nach Berlin transportierte. Er tötete den polnischen Fahrer Lukasz U. und lenkte das erbeutete Fahrzeug in die Mitte der Hauptstadt der Bundesrepublik Deutschland zum Weihnachtsmarkt an der Gedächtniskirche. Mit voller Geschwindigkeit steuerte er das Fahrzeug in die engen Gassen zwischen die einstürzenden Verkaufsstände und überfuhr zahlreiche Passanten, bis das automatische Bremssystem das Fahrzeug schließlich stoppte. Zwölf Menschen verloren ihr Leben, 50 wurden verletzt, und einige von ihnen werden niemals wieder gesund werden. Der Anschlag auf den Berliner Weihnachtsmarkt kam nicht unerwartet. Hans-Georg Maaßen, der damalige Präsident des Bundesamtes für Verfassungsschutz, hatte sich bereits im Frühjahr 2016 mit eindrücklichen Warnungen vor einer wachsenden Terrorgefahr an die Medien gewandt und in diesem Zusammenhang die Flüchtlingspolitik der Bundeskanzlerin kritisiert. Der IS, so Maaßen, beabsichtige, Attentäter als Flüchtlinge nach Deutschland einzuschleusen, und die mangelnden Kontrollen im Jahr 2015 hätten dies leicht gemacht. Der Anschlag des Anis Amri bestätigte Maaßen in furchtbarer Weise. Wegen verschiedener krimineller Delikte war Amri bereits früh ins Visier der tunesischen Strafverfolgungsbehörden geraten, unter anderem wegen Drogenhandel und Diebstahl eines Lkw. Kurz nach dem Sturz des Diktators Ben Ali machte er sich im März 2011 auf den Weg nach Europa, um der Strafverfolgung zu entgehen. In Italien kam er in eine Aufnahmeeinrichtung für unbegleitete minderjährige Flüchtlinge und später in eine Gastfamilie. Er setzte seine kriminellen Aktivitäten fort, wurde wegen Diebstahl und versuchter Brandstiftung zu vier Jahren Haft verurteilt und im Mai 2015 entlassen. Die geplante Abschiebung scheiterte an der Weigerung Tunesiens, Amri zurückzunehmen.

Europa geriet in diesem Jahr außer Kontrolle. Hunderttausende Menschen aus Afrika und Asien passierten die deutsche Grenze, und niemand hatte einen Überblick, wer eigentlich ins Land gekommen war. Wer keine Ausweispapiere hatte, konnte sich mehrere Identitäten zulegen und bei kriminellen Machenschaften unerkannt bleiben. Auch Amri gelang es, nach Deutschland einzureisen und sich im Land zu bewegen, ohne sonderlich aufzufallen. Er handelte im großen Stil mit Drogen und schloss sich der salafistischen Szene um den Hildesheimer Prediger Abu Walaa an, der im November 2016 wegen des Verdachts, für den IS rekrutiert zu haben, inhaftiert wurde. In Berlin soll Amri in der salafistischen »Fussilet-Moschee« verkehrt haben, die im Februar 2017 geschlossen wurde.[304] Ob er sich in Deutschland, in Italien oder in Tunesien radikalisierte, ist nicht bekannt. Tatsache ist, dass er bereits im Frühjahr 2016 als »Gefährder« von deutschen Sicherheitsdiensten beobachtet wurde, weil man glaubte, dass er einen Anschlag vorbereitete. Eine Vielzahl von Pannen, Versäumnissen und politischen Fehlentscheidungen führte dazu, dass er nicht verhaftet wurde, sondern seine Pläne ungehindert in die Tat umsetzen und am 22. Dezember 2016 unschuldige Weihnachtsmarktbesucher ermorden konnte.

Die Bilanz des Jahres 2016 ist erschreckend. Die Sicherheitsorgane verzeichneten fünf durchgeführte und fünf vereitelte dschihadistische Anschläge; in mindestens fünf Fällen[305] waren Minderjährige beteiligt, in sieben von zehn Fällen hatten sich Täter oder Verdächtigte als Geflüchtete ausgegeben. Den zehn geplanten oder ausgeführten terroristischen Angriffen mit islamistischem Hintergrund dieses einzigen Jahres stehen nämlich nur zehn Anschlagsvorhaben und zwei erfolgte Anschläge vom Jahr 2000 bis 2015, also in einer Zeitspanne von 15 Jahren, gegenüber. Am 28. Juli 2017 ereignete sich trotz erhöhter Wachsamkeit wieder ein Anschlag. Der 26-jährige Palästinenser Ahmad A. stach mit einem Messer wahllos auf Kunden eines Supermarktes ein und tötete einen von ihnen. Nach Angaben eines Zeugen soll er bei seiner Tat »Allahu akbar!« gerufen haben. Ahmad A. war 2009 nach Norwegen eingereist und hatte Asyl beantragt, wurde jedoch abgelehnt und reiste danach durch Europa, wo er in mehreren Ländern immer wieder Anträge stellte. Niemand hinderte ihn daran, ohne gültige Papiere jahrelang durch Europa zu reisen. 2016 wurde ein in Deutschland gestellter Asylantrag ebenfalls negativ beschieden, doch das hatte keinerlei Konsequenzen für Ahmad A. Nach den Dublin-Regularien hätte er bereits 2015, als er in Deutschland als asylsuchend vorstellig wurde, nach Norwegen abgeschoben werden müssen. Das ist nicht geschehen.

Weitere mögliche Anschlagsvorhaben, darunter einer mit hochgiftigen Substanzen, wurden seitdem von den Sicherheitsorganen verhindert. Die Zahl islamistischer Radikaler hatte nach Angaben des Bundesamtes für Verfassungsschutz mit fast 11.000 Personen im Jahr 2018 einen neuen Höchststand erreicht. Darunter befanden sich fast 800 sogenannte »Gefährder«, d. h. Personen, denen Sicherheitsdienste einen Anschlag zutrauen. Diese Menschen müssten eigentlich, solange sie auf freiem Fuß sind, lückenlos polizeilich überwacht werden. Das ist jedoch personell nicht möglich, sodass Sicherheitslücken entstehen. Diese können von Attentätern genutzt werden, die einen Anschlag nach dem Muster begehen, das as-Suri vorgab: spontan, allein und mit einfachsten Mitteln.

3. Rechtfertigungen des Dschihad

Kurz bevor Amri den Lastwagen in die Menschenmenge des Breitscheidplatzes lenkte, verfasste er eine dreiminütige Videonachricht, die er an die Agentur »Amaq«, das Sprachrohr des IS, sendete. »Meine Botschaft geht gegen die Kreuzzügler, die, die jeden Tag Muslime angreifen«, sagt er. »Wenn Gott will, so werden wir Euch abschlachten, ihr Schweine! Ihr tötet die Muslime? Wir sind gekommen, um Euch abzuschlachten. [...] Oh Allah, ermächtige mich gegen diese Kreuzzügler, diese ungläubigen Menschen. Sie haben deine Religion und deinen Gesandten bekämpft, oh Herr der Welten. Sie haben deine Gefolgschaft bekämpft, oh Allah [...]. (Dies geschieht) solange bis alle Ungläubigen beseitigt werden, bis die Scharia umgesetzt und die Errichtung des islamischen Staates vollzogen ist.«[306]

In dieser Botschaft, die große Übereinstimmungen mit anderen dschihadistischen Bekennervideos aufweist, sind die zentralen Rechtfertigungen von Gewalt im Namen des Islam enthalten. Die erste Narrative ist eine politisch-moralische, die mit dem Bild der »Kreuzzügler, die jeden Tag Muslime angreifen« operiert. Vermeintliche Belege für solche Angriffe fluten das Internet. An Material fehlt es angesichts der Vielzahl gegenwärtiger Bürgerkriege nicht. Zur Illustration des Leids, das der Westen über die Muslime gebracht haben soll, werden vor allem Bilder schwer verletzter und getöteter Kinder gezeigt. Niemand bemüht sich darum herauszufinden, wer diese Kinder waren und wer für ihren Tod verantwortlich ist. Man schreibt sie einfach immer dem Westen zu. Anders als in deutschen Medien, die zwar Bombenexplosionen und zerstörte Häuser abbilden, sich aber mit Darstellungen von Leichen und Verstümmelten zurückhalten, fokussieren dschihadistische Medien explizit auf detaillierte Bilder des Todes. In endloser Folge zeigen sie zerplatzte Schädel und blutüberströmte Gesichter, verdrehte kleine Körper und traurige Augen – alles aus nächster Nähe, akustisch untermalt von Koranrezitationen. »Wa-llahi, sie schlachten ein Kind! Und die schlachten sie, weil sie ahl as-sunna (Sunniten) sind und weil sie Muslime sind. Für nichts anderes«, sagte der österreichische Dschihadist Mohamed Mahmoud in einer Ansprache an potenzielle Gefolgsleute.[307] In der dschihadistischen Agitation ist es niemals ein bestimmtes Kind, das als Referenz für die Brutalität des Krieges steht. Es sind viele, eine unüberschaubare Anzahl, eine Masse, die für den kollektiven Körper der *umma* stehen. Außer den Kindern werden auch die Frauen als Opfer des Westens genannt. Sie eignen sich allerdings deutlich schlechter für die dschihadistische Werbung, weil ihre bildliche Darstellung an bestimmte Bedingungen geknüpft ist. Aus Gründen islamistischer Moralvorstellungen sollen Frauen nicht in der Öffentlichkeit gesehen werden, sodass nur ältere, vorzugsweise in der Rolle der trauernden Mütter, gezeigt werden.

Dschihadisten behaupten, dass der Westen einen Krieg gegen den Islam führt und dass er insbesondere die Frauen und Kinder, also die Schwächsten der Schwachen, tötet. Das unterstreicht den Vorwurf der besonderen Niederträchtigkeit, die die Angriffe angeblich charakterisiert. Es sind keine Männer, deren Leben von den »Kreuzzüglern« bedroht ist, sondern Unschuldige, die keine Chance haben, sich zu wehren. Sie werden einfach getötet, und das »jeden Tag«. In dieser Unabwendbarkeit des täglichen Getötetwerdens gibt es keine Normalität, keinen Alltag, der nicht unmittelbar bedroht ist. Implizit liegt in dieser Konstruktion bereits ein starker Aufruf zum Handeln. Jeder, der sich nicht mit der Ungeheuerlichkeit abfinden möchte, so die implizite Botschaft, müsse etwas tun, um das Unrecht zu beseitigen. Die moralische Dringlichkeit der dschihadistischen Propaganda wird zusätzlich dadurch untermauert, dass sie häufig in Form von Videobotschaften abgefasst ist, die mit religiösen Gesängen, sogenannten Naschid, untermauert sind. Einer der bekanntesten Naschid ist »Mutter bleibe standhaft, dein Sohn ist im Dschihad« aus dem Jahr 2010. Darin erklärt Yassin Chouka aus Bonn-Kessenich, warum er Dschihadist geworden ist. Seine Botschaft wird als Ansprache an seine Mutter gestaltet. Es ist eine Form medialer Inszenierung, die eine tiefe emotionale Betroffenheit hervorrufen möchte und gewissermaßen »familientauglich« ist. Chouka erläutert seiner Mutter, warum der Dschihad der einzige Weg für einen ehrenhaft handelnden Mann wie ihn darstellt. Der folgende Text ist lediglich ein Auszug aus dem 25-minütigen Lied: »Mutter, geehrte Mutter, es sind die kleinen, die unschuldigen Kinder, die du auf dem Bildschirm deines Fernsehers siehst. Jung und unschuldig werden sie von den Gefährten des Unheils bombardiert. Die Gefährten des Unheils, deren Herzen von der Barmherzigkeit völlig verlassen wurden, sie machen keinen Unterschied. Sie bombardieren ganze Bezirke, ganze Städte, Kinder, Frauen, alte Menschen. Mama, die Krankenhäuser sind überfüllt, die Körper durch chemische Waffen entstellt, die Totenzahl nimmt von Tag zu Tag zu. Mutter, wie soll ich sitzen bleiben? Unsere Geschwister sind in Not. Man beleidigt den Propheten und man tritt auf den Koran. Mutter bleibe standhaft, dein Sohn ist im Dschihad.«[308]

Die Ansprachen von Kämpfern, die in den Krieg ziehen, um Muslime zu schützen, treffen auf fruchtbaren Boden, weil sie an ein Gefühl von Gerechtigkeit appellieren, für das besonders Jugendliche empfänglich sind. Obgleich dieses Gefühl von Dschihadisten instrumentalisiert wird, verbirgt sich dahinter auch ein ernst zu nehmendes Moment von Kritik, denn es gibt durchaus eine Doppelbödigkeit westlicher Außenpolitik. Man gab in der Vergangenheit nicht selten vor, die Demokratie zu fördern, während man Despoten stützte, man predigte Frieden und lieferte gleichzeitig Waffen in Konfliktgebiete, man schwadronierte vom Selbstbestimmungsrecht der Völker, marschierte aber völkerrechtswidrig in andere Länder ein, um einen Regimewandel herbeizuführen, der ausschließlich den eigenen Interessen diente. Die US-Interventionen im Irak sind ein abschreckendes Beispiel für diese Form imperialistischer Politiken. Dazu kommen doppelte Maßstäbe in Bezug auf Kriegsopfer. Während die eigenen Toten medial betrauert wurden, verschwieg man die Opfer, die man selbst auf dem Gewissen hatte.[309] Von den mehr als 100.000 Toten, die der Golf-Krieg 1990/1991 gekostet hat, weiß hierzulande niemand etwas, geschweige denn wurde jemand dafür zur Verantwortung gezogen. Dazu kommen fürchterliche Menschenrechtsverletzungen, die Soldaten und andere Angehörige westlicher Staaten begangen haben. Damit sind sie allerdings nicht allein. Dschihadisten verengen nun komplexe Konfliktlagen auf ein simples Schema, demzufolge Muslime immer Opfer und die Akteure des Westens immer Täter sind. Das kommt bei vielen an, die sich ohnmächtig fühlen, aber auch bei denjenigen, die nur eine Legitimation zum Töten benötigen.

Die dschihadistische Narrative schließt an ältere Rechtfertigungen des Dschihad an wie diejenige, die Abdallah Azzam entwickelt hatte. Er hatte seine Ideologie in dem Werk »Die Verteidigung der Länder der Muslime ist die wichtigste der individuellen Glaubenspflichten« veröffentlicht. Darin schrieb er: »Wenn auch nur ein Fußbreit muslimischen Landes angegriffen wird, wird der jihad zu einer individuellen Glaubenspflicht für die Bewohner dieser Region, [...] wenn aber die Zahl der Leute in dieser Gegend nicht ausreicht, oder wenn sie nicht zum Kampf befähigt sind oder aber die Untätigkeit bevorzugen, wird der jihad zur individuellen Glaubenspflicht der Bewohner der Nachbarterritorien, und dies immer weiter, bis die Pflicht für die gesamte islamische Welt gilt, sodass kein Muslim sie ablehnen darf.«[310] Einen Sonderfall der Verteidigung stellt für Dschihadisten die Vergeltung von »Beleidigungen des Islam« dar. Das war die Rechtfertigung für die Ermordung der Journalisten des Satiremagazins »Charlie Hebdo« im Jahr 2015 und für die blutigen Ausschreitungen nach den Mohammed-Karikaturen in der dänischen Zeitung »Jyllands Posten«, die 2005 weltweit 139 Menschenleben kosteten. Für Azzam ist der Dschihad aber nicht nur dann eine Glaubenspflicht für jeden Muslim, wenn der Islam verunglimpft wird oder westliche Truppen in muslimische Länder einmarschieren, sondern auch, um selbst Ländereien zu erobern. Man muss sich seine Argumentation und diejenige anderer Dschihadisten in vollem Umfang vergegenwärtigen, um zu verstehen, dass der Grund, gegen den Westen zu kämpfen, selbst bei einer fundamentalen Änderung der Außenpolitik weiter bestehen würde. Azzam sagt nämlich, dass der Dschihad so lange verpflichtend sei, »bis jede Region, die muslimisch war, an die Muslime zurückfällt, damit dort wieder der Islam regiert«.[311] In die Liste der »zu befreienden« Länder gehören seiner Definition zufolge nicht nur muslimisch geprägte Länder, die »unislamisch« regiert werden oder unter westlichem Einfluss stehen, sondern auch westliche Länder, die irgendwann in der Geschichte unter muslimischer Herrschaft standen, also das gesamte südliche Europa von der spanischen Halbinsel über Südfrankreich bis Ungarn.

Es geht also letztendlich um eine aggressive Kriegspropaganda und nicht um die Abwehr eines imperialistischen Übergriffs auf eigenes nationales Territorium. Verurteilt werden ohnehin nur die Kriege des Westens und diejenigen von Herrschern, die man für unislamisch hält, nicht aber die Kriege und Gewalttaten der eigenen Soldaten. Die Ermordung von Muslimen wird beklagt, doch die Tötung von Christen, Schiiten oder Jesiden hält man durchaus für legitim. Der Publizist Jürgen Todenhöfer hat 2014 den Solinger IS-Anhänger Christian Emde alias Abu Qatada im Irak interviewt, der ihm mitteilte, dass alle Schiiten getötet würden, die nicht zum sunnitischen Islam konvertieren. Es gebe nur eine Wahl: den Islam oder das Schwert.[312] Westlichen Regierungen kann vorgeworfen werden, heuchlerisch zu sein und die Menschenrechte, die sie zu verteidigen vorgeben, nur selektiv anzuwenden, doch Dschihadisten gestehen Nichtmuslimen entweder gar keine oder nur sehr eingeschränkte Rechte zu. Sie auch nur im Entferntesten als Kämpfer gegen Unterdrückung zu glorifizieren, ist vollkommen verfehlt. Ihren eigenen Ansprüchen zufolge geht es um nichts anderes als um die gewaltsame Durchsetzung einer islamistischen Ordnung und dies in einem möglichst großen Terrain. Manch einer glaubt, man stehe kurz vor der islamischen Weltrevolution, und auch Abu Qatada sagte zu Todenhöfer, es sei nicht die Frage, ob Europa erobert werde, sondern nur wann. In einem eschatologischen Endzeitkampf, davon sind viele Dschihadisten überzeugt, werde man sich gegen die Ungläubigen durchsetzen, um Gottes Plan zu erfüllen und dafür zu sorgen, dass »das Wort Gottes das Höchste ist«.[313] Bei diesem historischen Ereignis dabei zu sein, so die dschihadistische Propaganda, sei eine ehrenvolle Handlung, die den Kämpfern Anerkennung und Respekt einbringe. In der Zeitschrift »Dabiq«, einer der aufwendig produzierten Online-Publikationen des IS, gibt es eine Rubrik, die mit »Unter den Gläubigen gibt es Männer« überschrieben ist und einen ausführlichen Nachruf auf jeweils einen getöteten Dschihadisten darstellt. Es ist ein Spiel mit Satzfragmenten auf zwei Bedeutungsebenen. Die erste zielt auf eine innerislamische Anerkennungsökonomie. Anders als diejenigen, die sich nicht aufraffen können, in den Krieg zu ziehen und lieber zu Hause bleiben, so der implizite Subtext des Journals, sind die Getöteten nämlich wahre Männer oder, wie es in der dschihadistischen Terminologie heißt: Sie sind die Löwen der *umma*. Die zweite Bedeutungsebene ist eher religiöser Natur und kann als Empfehlung für einen sicheren Weg ins Paradies gelesen werden. Der Text ist nämlich der Anfang der koranischen Sure 33: 23, in der es heißt: »Unter den Gläubigen gibt es Männer, die treu in dem sind, was sie mit Gott abgemacht haben. Mancher von ihnen wurde getötet, mancher hat abzuwarten.« Diejenigen, die Gott treu ergeben sind, so der Koran in Sure 33: 24, »wird Gott für ihre Wahrhaftigkeit belohnen.«[314] Die Belohnung besteht nach Vorstellung der Dschihadisten in einem privilegierten Zugang zum Paradies. Auch Chouka betont in seinem Naschid in Anlehnung an den Koranvers 3:169: »Wenn ich auf dem Schlachtfeld falle, dann glaub nicht, ich sei tot. Vielmehr bin ich lebendig an einem besseren Ort.« In vielen islamistischen Botschaften wird genau ausgeschmückt, wie man sich das Paradies vorstellt. Nicht selten spielen dabei auch die Paradiesjungfrauen eine Rolle, zum Beispiel im Naschid »For the sake of Allah«. Dort heißt es übersetzt: »Um Allahs Willen marschieren wir durch die Tore des Paradieses, wo unsere Jungfrauen warten. Wir lieben den Tod so, wie du dein Leben liebst.«[315]

Muslimische Verbandsvertreter behaupten gern, der Terror der Dschihadisten habe nichts mit dem Islam zu tun, doch eine Sichtung von Publikationen des IS führt diese Behauptung schnell *ad absurdum*. Die Öffentlichkeitsabteilung des IS wird nicht müde, Anschläge, Massaker, Folter, brutale Hinrichtungsmethoden und andere Gräueltaten mit Verweisen auf islamische Quellen zu legitimieren, und zitiert dabei einzelne Koranverse oder die islamischen Überlieferungen. Militärische Auseinandersetzungen und Gewalt sind in der islamischen Geschichte evident, und Mohammed selbst nutzte nicht nur das Wort, sondern auch das Schwert, um seine religiösen und politischen Ziele durchzusetzen.[316] Allerdings fielen seine kriegerischen Aktivitäten in die zweite Hälfte seines Lebens; in der ersten Hälfte war er ein friedfertiger Bürger Mekkas, der andere ohne großen Erfolg von seiner Religion überzeugen wollte, die ihm nach eigenen Angaben vom Erzengel Gabriel übermittelt worden sei. Im Jahr 622 musste Mohammed mit einigen Getreuen in die Stadt Yatrib fliehen, die heute unter dem Namen Medina bekannt ist. Dort wurde er zum anerkannten Religionsstifter und zum politischen Führer, was einerseits seinem individuellen Geschick und seinem Charisma zu verdanken war, andererseits aber dem Umstand, dass er bereit war, Gewalt anzuwenden.[317] Unter seiner Leitung wurden Karawanen überfallen, mehrere Kriege gegen Mekka geführt und die Stadt schließlich erobert. »Von Anfang an«, so Gudrun Krämer, »verband sich im Islam der Glaube an den Einen und Einzigen Gott mit gemeinschaftlichen und gemeinschaftsbildenden Riten und Praktiken. Dazu zählte konstitutiv der Jihad als bedingungsloser Einsatz für die Sache Gottes, der auch den bewaffneten Kampf gegen seine Feinde miteinschloss. In diesem Sinne diente der Jihad von frühester Stunde an als positiver Glaubensbeweis.«[318] Das lässt sich auch an koranischen Versen ablesen, die die Legitimität des Tötens von Andersgläubigen begründen. Dazu zählen Teile der neunten Sure, die auch als »Schwertverse« bekannt wurden. In Vers 9: 5 heißt es: »Sind die heiligen Monate abgelaufen, dann tötet die Beigeseller, wo immer ihr sie findet, ergreift sie, belagert sie, und lauert ihnen auf aus jedem Hinterhalt!«[319] In Vers 9: 29 kann man lesen: »Kämpft gegen die, die nicht an Gott glauben, die das was Gott und sein Gesandter verboten haben, nicht verbieten und die nicht der Religion der Wahrheit angehören«.[320] Wenn heutige Dschihadisten Gewalt gegen Nichtmuslime rechtfertigen möchten, können sie sich daher durchaus auf eine gängige theologische Interpretation des Korans berufen. Auch die islamischen Überlieferungen sind reich an Beispielen, die den Märtyrer preisen, der für die Sache Gottes gefallen ist, und den Dschihad als Notwendigkeit darstellen. »Der Dschihad ist Grundpfeiler und höchste Verwirklichung des Islam«,[321] heißt es in einem Hadith. Die muslimische Gemeinschaft, so der Islamwissenschaftler Abdel-Hakim Ourghi, sei nach Meinung von Gelehrten aus dem 8. und 9. Jahrhundert »verpflichtet, das Territorium auszuweiten und möglichst viele Menschen zum islamischen Glauben bzw. zumindest unter islamische Ordnung zu bringen. Expansiver *jihad* ist also nach klassischer Lesart eine kollektive Pflicht.«[322]

4. Salafismus als Subkultur

Gewalt im Namen des Islam wird heute in Deutschland hauptsächlich mit dem Begriff des Salafismus in Verbindung gebracht, und man suggeriert, es handele sich um eine neue abgrenzbare Sonderform des Islam. Das ist in mehrfacher Weise irreführend. Zum einen ist der salafistische Islam in wesentlichen Aspekten, nämlich der unkritischen Bezugnahme auf den Koran in einer wortwörtlichen Auslegung und auf das Vorbild Mohammeds und seiner Gefährten, nicht von anderen islamistischen Strömungen unterscheidbar, und zum anderen bezeichnen sich Salafisten selbst niemals als Salafisten, sondern stets nur als (wahre) Muslime.[323] Die fehlende Grenze zwischen ihnen und anderen Islamisten lässt sich auch daran erkennen, dass salafistische Prediger in Moscheen eingeladen werden, die angeblich nicht salafistisch ausgerichtet sind, und dass Treffpunkte für sogenannte Salafisten und sogar Dschihadisten häufig ganz gewöhnliche Moscheen sind. Die Existenz einer islamischen Sonderrichtung namens Salafismus ist im hohen Maße konstruiert. Konstruiert von Wissenschaftlern, aber auch von staatlichen und zivilgesellschaftlichen Akteuren, die das Bedürfnis hatten, Extremisten theoretisch dingfest zu machen, ohne die Befindlichkeiten islamistischer Akteure zu verletzen. Man wollte gern weiterhin mit Organisationen zusammenarbeiten, die eindeutig einem islamistischen Spektrum zugeordnet waren, aber keine Gewalttäter legitimieren. Da bot sich diese Differenzierung in gewisser Weise an, wenngleich auch das sogenannte salafistische Milieu keineswegs nur aus potenziellen Attentätern besteht.

Jenseits solch definitorischer Probleme lässt sich allerdings durchaus ein subkulturelles Milieu identifizieren, für das man den Begriff des Salafismus verwenden kann. Es handelt sich um meist junge Menschen, die sich in einer verschworenen Gemeinschaft zusammengefunden haben und großen Wert auf Außendarstellung legen. Salafisten haben sich ihre eigenen Milieus mit spezifischen Werten, Ritualen und sozialen Strukturen, aber auch einer eigenen Musik und Ästhetik, eigenen Symbolen und einer besonderen Sprache geschaffen, die sich arabischer Metaphern und Floskeln bedient.[324] In gewisser Weise stellt der Salafismus in westlichen Ländern eine Jugendkultur dar.[325]

Diese Kultur ist offensiv. Man möchte auf den ersten Blick erkannt werden, und man möchte sich öffentlich präsentieren, Raum einnehmen. Dazu dient auch die optische Aufmachung, besonders bei Frauen. Salafistinnen sollen sich der Doktrin entsprechend in der Öffentlichkeit in lange weite Gewänder hüllen, die die Körperkonturen vollständig verstecken. Je nach Strenge der Ideologie darf die Farbe ausschließlich schwarz oder auch moderat farbig sein. Idealerweise wird von Frauen nicht nur der Kopf, sondern auch das Gesicht bedeckt, sodass nur die Augen frei bleiben oder selbst diese durch einen schwarzen Gazestreifen bedeckt sind. Da die Vollverschleierung in Deutschland schlecht angesehen ist und die Frauen mit negativen Reaktionen rechnen müssen, können sie ihre Verhüllung zu einem Akt besonderer Glaubensfestigkeit und des Widerstands gegen die Gesellschaft stilisieren. Beliebt ist es, mit mehreren Gleichgesinnten an einen öffentlichen Ort zu gehen, dort ein Foto zu machen und dieses ins Internet zu stellen. Viele zustimmende Kommentare belohnen solche Aktionen, und die Frauen steigen in der gruppeninternen Hierarchie ein Stück nach oben auf. Die Vollverschleierung, dabei vor allem der Gesichtsschleier (*niqab*), werden in unserer Gesellschaft bewusst eingesetzt, um Reaktionen zu provozieren und die eigene Position bei Statuskämpfen innerhalb der salafistischen Frauengruppen abzusichern. Auch andere öffentlichkeitswirksame Aktionen wie Gebete auf belebten Plätzen in Innenstädten sichern Salafisten die erwünschte Aufmerksamkeit und werden als Demonstration des Andersseins genutzt. »Durch meine schrille Aufmachung wollte ich mich offen von all den Ungläubigen abgrenzen«, schrieb der Aussteiger Dominic Musa Schmitz.[326]

Was junge Menschen in dieses Milieu treibt, wird in der Wissenschaft kontrovers diskutiert. Der französische

Politikwissenschaftler Olivier Roy vertritt die These, es handele sich um eine Islamisierung einer ohnehin vorhandenen Radikalität unter Jugendlichen, denen es an Perspektiven mangele.[327] Roys prominentester Gegenspieler in Frankreich ist der Sozialwissenschaftler Gilles Kepel, dessen zahlreiche Publikationen sowohl aktuelle Entwicklungen in der arabischen Welt als auch in den französischen Banlieues thematisieren. Kepel sieht durchaus, dass soziale Marginalität für Extremismen anfällig macht, möchte der ideologischen Komponente des Dschihadismus aber ebenso Geltung verschaffen. Er wirft Roy vor, die gegenwärtige Radikalisierung des Islam auszublenden; und in der Tat kann Roy nicht erklären, welche sozialrevolutionäre Strategie sich hinter einem Selbstmordanschlag verbergen könnte. Roys abschließendes Fazit, dschihadistische Attentäter seien Psychopaten und Todessüchtige, die Gewalt nicht mehr als Mittel zur Erreichung eines Zieles, sondern als ultimatives Ziel an sich verstünden, wirkt wie ein hilfloser Versuch, etwas Unbegreifliches durch Pathologisierung fassbar zu machen.

Tatsächlich ist die Begeisterung junger Menschen für eine radikale Ideologie wie den Salafismus nicht so schwer zu verstehen. Sie bietet eine schlüssige Welterklärung, wirkt gruppenkonstituierend und verschafft ihren Anhängern das Gefühl, etwas Besonderes zu sein. Im Salafismus ist die Komplexität der Welt auf eine übersichtliche Spielfilmwelt reduziert, in der es die Guten und die Bösen, Gläubige und Ungläubige, Schwarz und Weiß, Erlaubtes und Verbotenes, Richtiges und Falsches gibt. Das entlastet diejenigen, die sich durch die Zumutungen der Moderne überfordert fühlen, die sich nach klaren Regeln sehnen und nach jemandem, der sie durchsetzt. Dass diese Regeln vermeintlich von Gott selbst eingesetzt wurden, macht sie unhinterfragbar. Der Mensch wurde nicht geschaffen, um an Gottes Werk herumzumäkeln, sondern um sich Allahs Befehlen zu unterwerfen. Diese Weltauffassung teilen die Salafisten mit allen anderen Islamisten, doch anders als die Funktionäre der muslimischen Verbände betonen sie es permanent. Man könnte sagen, dass eines der Alleinstellungsmerkmale von Salafisten die Unbekümmertheit und schonungslose Offenheit ist, mit der sie die islamistische Ideologie vertreten. Die Verbreitung dieser Ideologie geschieht in besonderer Weise durch die neuen Medien. Salafistische Prediger unterhalten YouTube-Kanäle und posten Beiträge in den sozialen Netzwerken. Dadurch erzielen sie einen Verbreitungsgrad, der kaum überboten werden kann. Bekannte Internetprediger sind vor allem Jugendlichen vertraut, und diese drängen die Vorstände ihrer Moscheegemeinden, ihre Idole für Vorträge oder Seminare einzuladen. Häufig wird diesen Wünschen nachgegeben, wenngleich man fürchten muss, dass bei Entdeckung Ärger mit den jeweiligen Integrationsämtern oder dem Staatsschutz droht.

Etliche moderne Prediger sind außerordentlich charismatisch, sprechen die Sprache der Jugend und thematisieren deren Probleme. Ich selbst habe im Jahr 2011 einen Auftritt von Pierre Vogel in Frankfurt aus nächster Nähe mitverfolgt und konnte die Wirkung seines rhetorischen Geschicks beobachten. Die Jugendlichen, die sich streng geschlechtergetrennt vor der Rednertribüne versammelt hatten, waren begeistert. Immer wieder riefen sie im Chor »Allahu akbar!« oder »takbir!«[328] Den Höhepunkt stellten die Konversionen einer Reihe junger Muslime dar, die auf der Bühne, angeleitet von Vogel, das Glaubensbekenntnis sprachen. Es handelte sich offensichtlich um den Abschluss einer erfolgreichen inneren Mission, denn nach salafistischem Verständnis praktizieren die meisten Muslime nicht den »wahren Islam«. Dieser zeichnet sich nach salafistischer Vorstellung durch das genaue Befolgen der genannten göttlichen Regeln aus. Dazu gehören die fünf täglichen Pflichtgebete, das Spenden für wohltätige Zwecke und das Fasten während des Ramadan, die Vermeidung alles Verbotenen und eine strikte Geschlechtertrennung. Frauen sollen Kopf und Körper »bedecken« und nach Möglichkeit auch einen Gesichtsschleier tragen. Für diejenigen, die von Salafisten angeworben werden, ist diese Regelstrenge neu. Die meisten haben vorher ein eher weltliches Leben geführt, und so manch einer hat deswegen Gewissensbisse, fürchtet gar, wegen religiöser Verfehlungen nach dem Tod in der Hölle zu enden. Ohnehin leiden sie an kaum auflösbaren normativen Konflikten. Moschee und Elternhaus vermitteln oft andere Werte als Schule und Gesellschaft, und die Jugendlichen fühlen sich zwischen beiden Welten zerrieben.[329] Familiäre Konflikte, Schuldgefühle und Selbstzweifel prägen ihren Alltag. An diesen Zweifeln setzen Salafisten an. Marcel Krass, ein beliebter Szene-Führer, postete am 17. August 2018 einen Text, der diese Situation gezielt für seine Zwecke nutzte. Er schrieb: »Es spielt keine Rolle, ob du mal ohne Kopftuch rumgelaufen bist oder nicht gebetet hast; ob du mal keinen Bart hattest oder Beziehungen zum anderen Geschlecht; ob du mal die Nächte durchgefeiert hast, betrunken warst und Frauen abgeschleppt hast. Was zählt ist jetzt. Verzweifle nicht und gib die Hoffnung nicht auf. Hab nicht das Gefühl, dass dir niemals vergeben wird. Dein Herr ist jemand, der einem Massenmörder vergeben hat, obwohl er 100 Menschen auf dem Gewissen hatte. Und selbst eine Prostituierte war von Seiner Barmherzigkeit nicht ausgenommen. Er kann dich im Nu von einem Sünder in einen Heiligen verwandeln. Alles, was du sagen musst, ist: Es tut mir leid.«[330]

Die Separation von der Außenwelt, unter Umständen auch von der Herkunftsfamilie, sorgt dafür, dass die Reihen eng geschlossen bleiben. Dazu kommt das Gefühl, etwas Besonderes zu sein, von Gott auserwählt und in der Gruppe anerkannt zu werden. Es ist nicht mehr wichtig, ob man gute Noten in der Schule, eine Arbeit oder Geld hat. Selbst Straffälligkeit ist kein Makel. Es reicht aus, die geforderte Frömmigkeit zu demonstrieren und sich innerhalb der Gemeinschaft loyal zu verhalten. In etlichen Fällen wird jedoch nach einiger Zeit Druck aufgebaut, um Jugendliche zu verpflichten, den Einsatz für die Bewegung zu erhöhen. Das bezieht sich in erster Linie auf das fromme Leben, von dem nicht abgewichen werden darf, selbst wenn dies zum Bruch mit der Familie führen sollte. Der Psychoanalytiker Fethi Benslama verwendet den Begriff des »Übermuslims« für dieses Phänomen.[331] Die Erwartung der Gemeinschaft kann auch eine Teilnahme am Dschihad beinhalten, und manchmal entsteht ein Wetteifern darum, wer dem Islam durch drastische Taten am meisten dient. Diese Dynamiken bringen junge Menschen, nicht selten Brüderpaare oder sogar ganze Freundeskreise, unter den Einfluss von Anwerbern für den Dschihad.

Dabei ging es in der Vergangenheit weniger um Anschläge in Deutschland als darum, sich einer ausländischen Miliz anzuschließen. Die Mehrheit der jungen Gotteskrieger zog es in der ersten Dekade des 21. Jahrhunderts nach Waziristan, in den afghanisch-pakistanischen Grenzstreifen, der von »al-Qaida« beherrscht wurde,[332] und in der zweiten Dekade nach Syrien und in den Irak. Dort rief der Dschihadist Abu Bakr al-Baghdadi im Juli 2014 einen islamischen Staat aus und ernannte sich selbst zum Kalifen. Er rief Muslime in aller Welt auf, sich ihm anzuschließen, und hatte damit bei vielen von ihnen Erfolg. Das war nicht zuletzt dem Umstand geschuldet, dass der IS unter Ausnutzung ethno-religiöser Konflikte und mit Unterstützung ehemaliger Mitarbeiter des irakischen Geheimdienstes erstaunliche militärische Siege feiern konnte. Die irakische Zwei-Millionen-Metropole Mossul wurde beispielsweise im Sturm erobert nachdem man die gesamte Stadt zuvor unterwandert und Allianzen mit allen Regimegegnern geschlossen hatte.[333] Durch diese Erfolge sah manch einer die vermeintliche Prophezeiung bestätigt, dass sich der Islam jetzt zu einem letzten Gefecht gegen seine Widersacher erheben und schließlich die Herrschaft über die Welt erlangen würde. Sich einer siegreichen Armee anzuschließen und dabei einen privilegierten Platz im Paradies zu sichern schien vielen jungen Männern ein attraktiver Zukunftsplan zu sein, und man sieht den Videoaufnahmen die Siegesgewissheit an. Die Selbstdarstellungen der Dschihadisten zeigen endloses Posieren mit Waffen, großspurige Inszenierungen von Dominanz und Stärke und das Feiern kameradschaftlicher Beziehungen, in die schon kleine Jungen eingebunden werden. »Möchtest du lieber Dschihadist oder Selbstmordattentäter werden?«, fragte ein belgischer Milizionär in einem Video seinen kleinen Sohn, und der Knirps entschied sich für die erste Variante. In dieser Welt musste nicht für die Schule gelernt werden, es gab keinen nervigen Arbeitsalltag und keinen Stress mit der Freundin. Die »Löwen der *umma*« zeigten sich frei, omnipotent und irgendwie immer gut gelaunt. Der Dschihad demonstrierte in der Propaganda einen archaischen Männertraum. Wenn man auf YouTube schaut, wie sich die internationale Gefolgschaft des selbst ernannten Kalifen Abu Bakr al-Baghdadi der Öffentlichkeit präsentierte, dann fühlt man sich postwendend in ein Computerspiel versetzt. Martialisch gewandete Kerle donnerten im Pick-up durch die Wüste, schossen auf alles, was sich bewegte, hatten Spaß bei Schießereien im Häuserkampf oder stoppten Autos und erledigten die zum Knien gezwungenen Insassen durch Genickschüsse. Wer es noch ein bisschen härter mochte, der konnte sich ein Beispiel am Deutschtürken Mustafa K. aus Dinslaken-Lohberg nehmen, der mit einem abgeschnittenen Kopf vor mehreren verstümmelten Körpern posierte, oder an Farid S., der in einem Leichenfeld syrischer Ölarbeiter sitzend erzählte, sie hätten die Männer »abgeschlachtet«, weil sie das Fasten während des Ramadan gebrochen hätten.

Gefährliche Waffen, martialische Gesten und die Gemeinschaft von Kriegern unter weitgehendem Ausschluss von Frauen – all das sind Stereotypen, die man in modernen Gesellschaften weitgehend überwunden glaubte. So etwas wirkte natürlich in erster Linie bei jungen Männern, die in der einen oder anderen Weise gesellschaftliche Verlierer waren. Einer von ihnen war der ehemalige Pizzabote Philipp B. aus Dinslaken, der kurz vor seinem Tod ein Video von sich ins Netz stellte. Es zeigte einen Kerl mit pausbäckigem Kindergesicht, rosigen Wangen und einem rundlichen Körper. Das Sturmgewehr, das an seiner linken Schulter lehnte, wirkte seltsam deplatziert, genauso wie sein Kriegsname »Abu Osama«. Osama bedeutet »Löwe«. Dass Salafismus aber allein ein Problem prekärer sozialer Verhältnisse darstellt, lässt sich empirisch nicht belegen. Eine Analyse der deutschen Sicherheitsbehörden aus dem Dezember 2014, die auf Daten zu 378 damals bereits ausgereisten Personen basierte, kam zu folgendem Ergebnis: 35 Prozent hatten einen Gymnasial- und 27 Prozent einen Hauptschulabschluss, 50 Prozent hatten eine Ausbildung und 19 Prozent ein Studium abgeschlossen.[334] Wenngleich unbestreitbar ist, dass Menschen sich eher radikalisieren, wenn sie vom Leben wenig erwarten, wäre es zu einfach, Salafismus auf einen vermeintlich unzulänglichen Sozialstaat, eine defizitäre Jugendarbeit oder fehlende Partizipationsmöglichkeiten von Muslimen zu reduzieren. Salafismus ist zuallererst eine ideologiegetriebene Bewegung, die ihre Attraktivität aus dem Umstand gewinnt, dass sie einen Gegenentwurf zur gegenwärtigen Gesellschaft anbietet. Bis zum Sommer 2014 war diese Gegenwelt weitgehend fiktiv und konnte lediglich in subversiven Zirkeln gelebt werden. Durch die Gründung des »Islamischen Staates« wurde die Utopie dann plötzlich greifbar.[335] Man konnte ins Kalifat ziehen, sogar Frau und Kinder mitnehmen oder eine Familie gründen. Der Wunschtraum hat sich wieder zerschlagen, und die ausländischen Kämpfer und Bewohner des »Islamischen Staates« kehren zurück nach Europa und nach Deutschland. Nur von wenigen hat man vernommen, dass sie sich von der salafistischen Ideologie abgewandt haben, sodass wir davon ausgehen müssen, dass die Sicherheitslage angespannt bleibt.

VII DIE UNTERWERFUNG DER FRAUEN

Sowohl im Salafismus und Dschihadismus als auch im legalistischen politischen Islam wird die Regulierung der Beziehung von Männern und Frauen leidenschaftlich diskutiert. Die Kontrolle der Sexualität, die Durchsetzung einer repressiven Moral und die Unterwerfung der Frauen sind Dauerthemen in islamistischen Reden und Texten. So unterschiedlich die Lager auch sind, stets wird eine Genderordnung angestrebt, die den Prinzipien der Gleichberechtigung zwischen Männern und Frauen vollständig widerspricht, da sie auf männlicher Dominanz und weiblicher Unterordnung basiert.

1. Liebe im Land des Dschihad

Gehen wir noch einmal zurück zum IS und seinen Bemühungen, ein echter Staat zu werden. Während seine Außendarstellung und die seiner Vorläuferorganisationen zunächst rein maskulin geprägt waren, weil in erster Linie Männer rekrutiert werden sollten, änderte man nach der Ausrufung des Kalifats im Sommer 2014 die Strategie und warb gezielt um junge Frauen, die bereit waren, Auslandskämpfer zu heiraten. Für einen echten Staat, der die Keimzelle eines islamischen Weltreiches werden wollte, benötigte man eben nicht nur Krieger, sondern auch Frauen und Kinder. Die islamische Familie gilt im Salafismus einhellig als wichtigste Einheit der Gesellschaft. Nur wenn sie intakt und nach islamistischen Prinzipien aufgebaut ist, so glaubt man, findet das Individuum den nötigen moralischen Halt, um den Einflüsterungen des Teufels zu widerstehen. Zu diesen satanischen Verlockungen gehört natürlich auch die Sexualität. Wenn man verhindern wolle, dass Sünde unter den Kämpfern entstehe, so die IS-Führung, müsse man ihre Sexualität in geregelte Bahnen leiten und sie verheiraten. Dazu kam, dass die Auslandskämpfer geradezu erwarteten, eine Frau zugeführt zu bekommen, die ihnen sexuell zur Verfügung stand. Einige mögen sogar gehofft haben, mehrere Frauen zu bekommen, denn in der Werbepropaganda spielte die erlaubte Polygynie durchaus eine Rolle. »Hier kannst du vier Frauen heiraten«, verkündete der bereits erwähnte Dinslakener Pizzabote Philipp B. in einem Werbevideo für den IS. Abgesehen von der sexuellen Versorgung der Männer wollte der IS auch die physische Reproduktion seiner Gemeinschaft sichern. Eine nächste gottesfürchtige Generation sollte heranwachsen, die vollständig im Geiste der salafistischen Ideologie erzogen sein und den Kampf gegen die »Ungläubigen« weiterführen würde.

Da die übliche religiöse Indoktrination offenbar nicht ausreichte, lancierten die Medienexperten des IS zwei sehr professionelle Kampagnen, um Frauen und Mädchen zur Ausreise ins »Kalifat« zu bewegen. Die eine warb mit Bildern gut aussehender junger Männer, die mit Katzen posierten. Sie hielten die Tierchen auf dem Arm, ließen sie auf ihren Gewehren herumkrabbeln oder schliefen Seite an Seite neben ihnen. Einige Aufnahmen zeigten winzig kleine Babykatzen, die von bewaffneten Kerlen mit Fläschchen gefüttert wurden, und damit auch niemand auf die Idee kam, ein solches Verhalten sei unmännlich oder gar unislamisch, erinnerte man an einen Gefährten Mohammeds, der wegen seiner Liebe zu Katzen den Beinamen »Abu Huraira« erhalten hatte, was »Vater des Kätzchens« bedeutet. Die Katzenmänner des IS waren die bildgewordene sanfte Seite der Dschihadisten, die in Selbstdarstellungen sonst eher mit blutigen Messern und toten Körpern präsentiert wurden. In den sozialen Netzwerken zeigten sich die Frauen begeistert. Tausende wollten gern einen dieser süßen Burschen heiraten, die ganz offensichtlich in der Lage waren, männliche Stärke mit zarten Gefühlen zu verbinden. Die Anzahl ausreisender Frauen und Mädchen stieg sprunghaft an.

Ähnlich erfolgreich war auch eine zweite Anwerbeaktion, die ich »Romantik-Dschihad-Kampagne« nennen möchte. Sie war noch ausgefeilter als die Katzen-Aktion und enthielt neben Bildern auch längere Liebesgeschichten, die meist als Blogs in die sozialen Netzwerke gestellt wurden. Die Bilder zeigten Männer und Frauen, die sich offenbar innig zugetan waren. Auf einem Foto, das unzweifelhaft eine Hochzeitsfeierlichkeit darstellen sollte, sieht man eine in mehrere cremefarbene Stofflagen gehüllte Frau, deren Gesicht blickdicht hinter einem farblich angepassten Spitzenschleier verborgen ist. Ein Mann beugt sich lächelnd zu ihr hin und der Text mahnt die Betrachterin, nur einen Menschen zu heiraten, der imstande ist, ihre eigene Moral zu heben. Solche Männer, so die Botschaft, finde man beim IS. Zwei Bilder suggerieren, dass die Bildunterschrift von den jeweils dargestellten tief verschleierten Frauen ausging, die beide in Begleitung ihrer fürsorglichen Gefährten gezeigt wurden. »Heirat im Land des Dschihad. Bis das Märtyrertum uns scheidet«, stand unter einem von ihnen, »Im Land des Dschihad habe ich dich gefunden, mein geliebter Mudschaheddin« unter dem anderen. Eine Frau, die sich »Paradiesvogel« nannte, schilderte in einem Blog, wie sie auf den Mann ihres Herzens traf. Nach ihrer Ankunft in Syrien habe sie zunächst in einem Junggesellinnenheim gewohnt, dann wurde sie einem heiratswilligen Mann vorgestellt. »Ich habe gezittert, nervös, ängstlich«, schrieb die Bloggerin. Als der Mann kam, hätten beide sich vorgestellt und dann geschwiegen. Nach einigen Minuten habe sie ihren Gesichtsschleier gelüftet. »Er lächelte«, teilte sie mit, »und dann stellte er eine Frage, die ich für den Rest meines Lebens niemals vergessen werde. ›Können wir nach dem Nachmittagsgebet heiraten?‹ Mein Herz schrie ›nein‹, aber ich antwortete ›ja‹.« Wie in einem schlechten Film endete alles schließlich mit der Entwicklung schwärmerischer Gefühle auf Seiten der Frau. Schon am nächsten Morgen glaubte sie den Mann gefunden zu haben, den Gott am Anfang aller Zeiten für sie vorbestimmt hatte. Der Ehemann selbst hatte offenbar eine weitaus nüchternere Einstellung. Nach vier Tagen verließ er die frisch verliebte Gattin mit den Worten: »Der *jihad* ist meine erste Frau, du bist meine zweite. Ich hoffe, du verstehst das.«[336]

Nicht immer war der Krieg die erste Frau, mitunter existierte diese auch ganz real. Ein Mann, der seinen gehobenen Status unterstreichen wollte, demonstrierte dies gern durch mehrere Ehefrauen. Polygynisten konnten sich auf den Koran, Sure 4: 3 berufen, in der es heißt: »So heiratet von den Frauen, was euch gut dünkt – zwei, drei oder vier. Und wenn ihr fürchtet, ihnen nicht gerecht zu werden, dann nur eine oder was ihr an Sklavinnen besitzt«.[337] In diesem Vers wird nicht nur die Polygynie, sondern auch die Sklaverei als rechtmäßig bezeichnet. Er war eine Steilvorlage für den IS, der Hunderte jesidischer Frauen und Kinder raubte und versklavte, nachdem man ihre Dörfer gestürmt, die Männer und älteren Menschen ermordet und ihre Häuser dem Erdboden gleichgemacht hatte. Die Frauen und Mädchen wurden als rechtlose Besitzstücke ihrer »Eigentümer« in Ketten gelegt, misshandelt, vergewaltigt und mehrfach verkauft. Die Brutalität der Täter wird aus den Schilderungen jesidischer Überlebender, aber auch aus einem IS-Video deutlich, in dem sich mehrere jugendliche Kämpfer feixend über die zu erwartenden Sklavinnen unterhalten. Einer von ihnen meint, er brauche eine neue, da die vorherige gestorben sei. Gerne habe man ganz junge, betonen die Männer, mit blauen oder grünen Augen. Das alles wurde ganz offiziell als islamkonform legitimiert. Das Hochglanzmagazin »Dabiq«, in dem der IS Berichte, Meinungen und Belehrungen veröffentlichte, hatte in seiner dritten Ausgabe ausführlich Stellung zur Versklavung nichtmuslimischer Frauen genommen und diese durch Zitate aus islamischen Quellen gerechtfertigt.

Viele junge Frauen, die nach Syrien ausreisten, um dort einen Kämpfer zu heiraten, machten sich unrealistische Vorstellungen über ihre Handlungsmöglichkeiten. Das wird vor allem an den martialischen Inszenierungen ersichtlich, die Frauen als Kämpferinnen zeigen. Stets waren sie in bodenlange weite Gewänder gehüllt, trugen Handschuhe und hatten das Haupt bedeckt. Nur ein winziger Schlitz im Gesichtsschleier erlaubte eine beschränkte Sicht. Die dargestellten kriegerischen Aktivitäten erschienen daher vollkommen absurd. In der Tat stellten sie eine rein mediale Inszenierung dar, denn Frauen waren im »Islamischen Staat« *per definitionem* von Kampfhandlungen ausgeschlossen. Das strenge Regelwerk des IS sah nämlich nicht vor, dass sie sich mit Gefechten, sondern lediglich mit Hausarbeit und der Versorgung der Familie befassen sollen. Nur Männer waren Kämpfer; Frauen dagegen hatten zukünftige Kämpfer zu gebären. Eine Ausnahme bildete eine Abteilung der Scharia-Polizei, die »Al-Khanssaa-Brigade« genannt wurde und hauptsächlich aus Ausländerinnen bestanden haben soll. Mitglieder der Brigade kontrollierten, ob Frauen sich blickdicht verhüllten, und waren autorisiert, Verhaftungen vornehmen und Verhöre durchzuführen, wenn sie etwas zu beanstanden hatten. Delinquentinnen, denen vorgeworfen wurde, nicht gut genug bedeckt gewesen zu sein, wurden mit Peitschenhieben bestraft oder auch mit dem Zerquetschen der Brüste durch eine scharfkantige eiserne Zange, mit der man ganze Fleischstücke herausreißen konnte. Auch die reguläre Sittenpolizei, »Hisbah« genannt, schikanierte Frauen. Frauen und selbst kleine Mädchen wurden gemaßregelt, wenn sie angeblich nicht ordnungsgemäß bedeckt waren – selbst dann, wenn sie im Krankenhaus arbeiteten. Erschwerend kam hinzu, dass sie das Haus in der Regel nicht ohne einen *mahram*, einen männlichen Verwandten, verlassen durften, der die Verantwortung für sie übernahm und für eventuelles weibliches Fehlverhalten mitbestraft werden würde. Wenn kein Ehemann, Bruder oder Vater zur Stelle war, musste die Frau im Haus bleiben. Die Folge war, dass Frauen die Öffentlichkeit zunehmend mieden und Mädchen nicht mehr in die Schule gingen. Diese Verhältnisse führten auch bei einigen Befürworterinnen des IS zu Frustration, die meisten akzeptierten die islamistische Ordnung jedoch. In Chats befürworteten sie Anschläge, Hinrichtungen und die Vergewaltigungen kurdischer und jesidischer Frauen. Eine britische Krankenschwester posierte im Internet sogar mit einem abgeschnittenen Kopf. Einige Frauen waren bereit, die eigene Familie für den IS zu opfern. Als der Vater der norwegischen Gymnasiastin Ayan begann, seine beiden ausgereisten Töchter in Syrien zu suchen, dabei in IS-Gefangenschaft geriet und in Gefahr war, als vermeintlicher Spion getötet zu werden, soll sie gesagt haben: »Wenn er spioniert, muss er eben bestraft werden.«[338]

Etwa 25 Prozent aller Ausgereisten in Deutschland waren Frauen und Mädchen, und sicherlich mag es die eine oder andere unter ihnen geben, die sich das »Kalifat« anders vorgestellt hatte und von den real existierenden

Zuständen abgestoßen war. Auffällig ist allerdings, dass es hierzulande keine Aussteigerin gibt, die von ihren Enttäuschungen berichtet und sich öffentlich davon distanziert. Einigen Dschihadistinnen wurden die Lebensbedingungen unangenehm, nachdem der IS militärisch geschlagen war, so etwa Nadja Ramadan, die sich aus einem kurdischen Gefangenenlager im September 2017 in einer spektakulären Videobotschaft an Angela Merkel wandte und darum bat, nach Deutschland zurückgeholt zu werden, weil sie ihren Kindern die Strapazen des Lagerlebens ersparen wollte. Gelernt hat sie aus ihrer Zeit in Syrien oder dem Irak offenbar wenig, die sie als die schönste ihres Lebens bezeichnete. Etliche Anhängerinnen des IS schlossen sich nach ihrer Rückkehr sogleich salafistischen Frauennetzwerken an, in denen sie teilweise auch vor ihrer Ausreise tätig waren. Im Dezember 2017 meldete das Landesamt für Verfassungsschutz in Nordrhein-Westfalen, dass ein »Schwesternnetzwerk« von etwa 40 Frauen die personellen Lücken schloss, die Verhaftungen männlicher Dschihadisten verursacht hatten. Die Frauen betätigten sich bei der Ideologievermittlung, warben neue Mitglieder für die Szene an und sammelten Spenden für Inhaftierte.

Frauen fehlt es keineswegs an linientreuer Überzeugung, und auch hinsichtlich des Hasses auf Andersgläubige stehen sie den Männern nicht nach. Die Annahme, dass sie selbst keine Anschläge durchführen werden, weil es nicht in die dschihadistische Genderideologie passt, könnte sich ebenfalls als Trugschluss erweisen. Es gibt nämlich durchaus Beispiele für islamistische Attentäterinnen. So setzten palästinensische Organisationen in der Vergangenheit immer wieder Frauen ein, um Anschläge zu begehen, und das Gleiche gilt auch für Gruppen aus Tschetschenien und Dagestan, die Frauen für Selbstmordoperationen in russischen U-Bahnen, Bussen und Flugzeugen rekrutierten. In Westeuropa kam es bisher noch nicht zu vergleichbaren Fällen, doch im September 2016 verhinderte die Polizei von Paris buchstäblich in letzter Minute ein Attentat, indem sie eine Gruppe von IS-Anhängerinnen festnahm, die ein mit Sprengstoff beladenes Fahrzeug vor einem Ziel positioniert hatten. Zuvor hatte in Deutschland die fünfzehnjährige Safia S. versucht, einen Polizisten zu ermorden. Diese Beispiele machen deutlich, dass es sträflich wäre, Frauen nur als Unterstützerinnen männlicher Dschihadisten zu behandeln.

2. Gehorsam und häusliche Gewalt

Viele Frauen, die sich dem IS anschlossen, gaben an, ein Leben nach islamischen Regeln führen zu wollen. Um welche Regeln es sich handelt, lässt sich anhand von Publikationen, Internetblogs, Predigten und Reden charismatischer salafistischer Führer nachverfolgen. Exemplarisch werde ich an dieser Stelle Einblicke in das Manifest »Frauen im islamischen Staat« geben, das von den »Khanssaa-Brigaden« herausgegeben worden sein soll, 2015 von der britischen »Quilliam-Stiftung« ins Englische übersetzt wurde[339] und auch in einer kommentierten deutschen Version vorliegt.[340] Ergänzend werde ich ein von al-Sheha in Saudi-Arabien produziertes Buch vorstellen, das unter dem Titel »Frauen unter dem Schutz des Islam« bzw. »Die Stellung der Frau im Islam« in deutscher Sprache erschien. Beide Texte schreiben gegen die »westliche« Emanzipation an, die Männer angeblich »entmännliche« und Frauen mit »männlichen« Aufgaben belaste, die sie nicht bewältigen könnten. Ausgangspunkt der gesamten Genderordnung ist für die Autoren die Annahme, dass Frauen sich sowohl in physischer als auch in kognitiver Hinsicht fundamental von Männern unterscheiden. Bei al-Sheha liest sich das folgendermaßen: »Die göttliche Weisheit gab den Frauen im Allgemeinen sehr sensible Emotionen, sanfte Gefühle, Fürsorge und Liebe. Dies befähigt die Frau zu ihrer natürlichen Aufgabe Kinder zu bekommen, zu stillen, für alle Bedürfnisse des kleinen Kindes zu sorgen [...]. Diese Verantwortung erfordert ein sehr großes Herz, ungeheure Sorge, tiefes emotionales Einfühlungsvermögen und eine sehr starke Liebe.«[341] Das Manifest der »Khanssaa-Brigaden« ist weniger poetisch, betont aber gleichfalls die fundamentale Differenz der Geschlechter und reduziert Frauen auf ihre »göttliche Pflicht der Mutterschaft«.[342] Der Platz der Frau, das wird unmissverständlich klargemacht, sei im Haus und in der Familie. Gott habe dies in seinen Anweisungen berücksichtigt und im koranischen Vers 33: 33 gesagt: »Und bleibt in eurem Haus.« Frauen käme dies absolut zupass, denn sie seien von Natur aus immobil. Heute jedoch gebe es einige, die ihr Zuhause nicht mehr als Himmel betrachteten und sich der Anordnung Gottes widersetzten. Schuld daran sei der Teufel, der sich des westlichen Emanzipationsdiskurses bediene.[343]Ausländische Dschihadistinnen befolgten solche Anweisungen offenbar widerspruchslos. »Wir bleiben zu Hause, kochen, schauen auf die Kinder und sorgen für das Wohl unserer Ehemänner. Wenn dein Mann Zeit und Lust hat, kann er dich zum Markt begleiten oder ins Internetcafé«, schrieb die zwanzigjährige in Schottland geborene Aqsa Mahmood auf Twitter, und auch andere ausgereiste Frauen erzählten vom Glück, auf die eigenen vier Wände beschränkt zu sein. Aus der Logik der gottgewollten Beschränkung der Frauen auf das Haus verbietet sich weibliche Berufstätigkeit nahezu von selbst. Und in der Tat war es Frauen beim IS nur im Ausnahmefall erlaubt, für einige Stunden einer Tätigkeit außerhalb des Hauses nachzugehen – vor allem als Lehrerin oder als Ärztin. Dabei mussten die Vorschriften der Scharia strikt befolgt werden. Wer davon abwich, dem konnte es ergehen wie der jungen Zahnmedizinerin Dr. Rou'aa Diab, der vorgeworfen wurde, Männer behandelt zu haben, was aufgrund der rigiden Geschlechtertrennung ein Kapitalverbrechen darstellte. Am 22. August 2014 wurde die Beschuldigte verhaftet und hingerichtet.

Nun könnte man argumentieren, dass sich die Geschlechterordnung des IS nicht auf andere Muslime übertragen lasse, doch das wäre weit gefehlt. Gabriele Hofmann hat ähnliche Vorstellungen in den 1990er-Jahren bei deutschen Konvertitinnen erforscht. Die von ihr interviewten Frauen bekannten sich durchgehend zur Idee einer als natürlich angesehenen geschlechtlichen Differenz und empfanden die moderne Gesellschaft mit ihrem Egalitäts- und Gleichheitsanspruch als falsch. Eine der Frauen glaubte, dass Gleichheit zulasten der Erotik gehe. Seit sie Muslimin war, fühlte sie sich »als Frau« und explizit »weiblich«.[344] Die Unterschiede zwischen Männern und Frauen wurden von den Interviewten auf körperliche Differenzen zurückgeführt, wobei psychologische Zuschreibungen und soziale Rollen essentialisiert wurden. Die Frau sei eher zur Aufzucht des Nachwuchses berufen als der Mann, dem dafür die Geduld und Fürsorglichkeit fehlten, meinten sie, da sie den Kindern durch Schwangerschaft, Geburt und Stillen ohnehin näher sei. Umgekehrt behinderten die weiblichen Qualitäten, die in der Reproduktion gebraucht würden, die Frauen im Beruf. Frauen seien weniger durchsetzungsfähig und gäben zu schnell nach. Die männliche Führungsrolle in der Familie ergibt sich für die Befragten also ebenfalls aus biologischen Dispositionen. Kinder, so die Interviewten einhellig, bräuchten die Mutter. Wenn die Mutter arbeite, würden die Kinder vernachlässigt und liefen Gefahr, drogenabhängig oder kriminell zu werden. »Die hohe Wertschätzung der Mutter im Islam erlaube es den Frauen dort – im Gegensatz zu Frauen in westlichen Ländern – Mutter zu sein und sich in dieser Rolle auf ihr eingeschriebenes Wesen zu besinnen.«[345]

Obwohl der Haushalt als das originär weibliche Wirkungsfeld dargestellt wird, sollen wichtige häusliche Entscheidungen ebenfalls von Männern getroffen werden. »Die finanzielle und moralische Verantwortung eines Haushalts benötigt eine starke Persönlichkeit, Präzision und Entschlossenheit beim Treffen von Entscheidungen«, schreibt al-Sheha. »Die Haushaltsangelegenheiten führen, leiten und bewegen ist im Islam die Verantwortung des Mannes, und nicht die der Frau.«[346] Die überbordende mütterliche Gefühlsbetontheit sei zwar für die reproduktiven Aufgaben sinnvoll, schränke andererseits aber die weibliche Denk- und Entscheidungsfähigkeit ein. Frauen ähnelten nach al-Shehas Meinung eher Kindern als Männern. Aus diesem Grund seien sie als Zeuginnen vor Gericht unzuverlässig und sollten auch nicht eigenständig über eine Eheschließung oder Scheidung entscheiden. Al-Sheha möchte das Recht auf Scheidung ganz in die Hand des Ehemannes geben. Grundsätzlich habe Gott den Mann mit der finanziellen Versorgung sowie mit einer vollständigen Autorität gegenüber der Familie und der Frau betraut. Beide Texte zitieren Vers 4: 34 des Korans, in dem es in der Übersetzung von Hartmut Bobzin heißt: »Die Männer stehen für die Frauen ein, deshalb, weil Gott den einen von ihnen den Vorzug vor den anderen gewährte.«[347] In einer älteren Übersetzung von Rudi Paret wird das Verhältnis noch deutlicher: »Die Männer stehen über den Frauen, weil Gott sie ausgezeichnet hat.«[348] Das solchermaßen skizzierte Dominanzverhältnis beinhaltet die Pflicht der Ehefrau, ihrem Mann gehorsam zu sein. »Die frommen Frauen sind demütig ergeben«, steht im Koran, wobei die Adressaten, denen die Ergebenheit geschuldet werden soll, offensichtlich die Ehemänner sind. Männer, deren Frauen es an Unterwerfungsbereitschaft mangelt, werden autorisiert, die Gefügigkeit der Ehefrauen auch mit Gewalt durchzusetzen: »Die aber, deren Widerspenstigkeit ihr fürchtet, die ermahnt, haltet euch von ihnen fern auf dem Lager, und schlagt sie«, heißt es.[349]

Dieser Vers macht es allen Muslimen schwer, gegen häusliche Gewalt zu argumentieren. Häufig versuchten muslimische Frauen mir im Gespräch zu erklären, dass das erlaubte Schlagen keine »wirkliche« Gewalt sei, sondern eher einen ermahnenden Charakter habe. Diese Auffassung ist in der islamischen Welt weitverbreitet, und so mancher Imam gibt regelrechte Tipps für das »richtige« Schlagen. Einer von ihnen ist der ägyptische Imam Saad Arafat. Er gab 2015 in einer Fernsehsendung zum Besten, der Mann dürfe seine Frau nicht ins Gesicht schlagen, ihr auch keine Knochen brechen und nicht die Augen ausstechen.[350] Der Mann schlage nur, um seine Frau zu disziplinieren, und dies sei auch notwendig. Der Frankfurter Prediger Abdellatif Roualli erläuterte 2015 in einem YouTube-Video, dass man nur »leicht« schlagen soll, sodass die Frau keine Beulen oder blauen Augen bekäme.[351] Der Fernsehprediger Yusuf al-Qaradawi äußerte sich ebenfalls ausführlich zum »richtigen« Schlagen von Frauen, dessen Sinn er genauso wenig bezweifelt wie die männliche Dominanz in der Familie. »Wegen seiner natürlichen Fähigkeit und seiner Verantwortung, für die Familie zu sorgen«, schreibt er, »ist der Mann der Vorstand von Haushalt und Familie. Er hat Anspruch auf Gehorsam und Zusammenarbeit seitens der Frau und sie darf sich nicht gegen seine

Autorität auflehnen.«[352]Al-Sheha geht in seiner Publikation noch einen Schritt weiter und rät Männern, bei zwei »Sorten« von Frauen Gewalt dezidiert anzuwenden. Eine Sorte nennt er »kontrollierende oder führende Frauen«, die zweite Sorte seien »unterwürfige Frauen«. Letztere, so schreibt er, »genießen es, geschlagen zu werden«.[353] Er führt einen Psychologen an, der geschrieben haben soll: »Dies ist unter Frauen ein weit verbreiteter Instinkt, auch wenn sie sich darüber nicht im Klaren sind. Aus diesem besonderen Grund sind Frauen besser in der Lage, mehr Schmerzen zu ertragen als Männer. Eine Ehefrau von diesem Frauentyp findet ihren Gatten immer anziehender und anbetungswürdiger, je mehr er sie schlägt.«[354]

3. Mord im Namen der Ehre

Vorstellungen einer durch vermeintliche rationale Defizite begründeten Unmündigkeit von Frauen und die Akzeptanz einer koranisch niedergelegten weiblichen Gehorsamspflicht sind keineswegs auf den Salafismus beschränkt. Sie werden vielmehr von weiten Kreisen fundamentalistischer Muslime getragen. In Ländern, in denen das islamische Recht gilt, bedeutet das, dass die Stimme eines Mannes vor Gericht so viel wert ist wie die von zwei Frauen, dass Frauen im Erbrecht benachteiligt werden und dass sie bei einer Scheidung ihre Kinder verlieren, sobald diese ein gewisses Alter erreicht haben. Es bedeutet weiterhin, dass Männer mehrere Frauen heiraten und sich wesentlich leichter von Frauen scheiden lassen können als umgekehrt. In vielen Ländern reicht ein dreimaliges Aussprechen der Formel »ich verstoße dich«, um eine ungeliebte Gattin loszuwerden. Heute kann man die Verstoßungsformel sogar per SMS schicken. Auf islamischen Homepages, teilweise sogar solchen von Moscheegemeinschaften, wird der Eindruck erweckt, dass solche Gesetze auch in Deutschland Bestand haben. Das ist natürlich nicht der Fall, denn obgleich Ausländer im internationalen Privatrecht teilweise nach den in ihrer Heimat geltenden Rechtsvorschriften behandelt werden, heißt dies nicht, dass deutsche Muslime islamische Rechtsvorstellungen geltend machen können. Wer hierzulande ausschließlich »islamisch heiratet«, gilt als ledig, und dies hat unter Umständen Konsequenzen für die Ansprüche von Kindern, die in diesen Ehen geboren werden. Sofern die Vaterschaft anerkannt wird, profitieren sie jedoch von den deutschen Gesetzen, die auch Kindern, die nicht in einer Ehe geboren werden, Rechte gegenüber den Vätern garantieren.

Problematisch ist die Idee weiblicher Unmündigkeit in Verbindung mit patriarchalischer Dominanz vor allem bei arrangierten Eheschließungen junger Musliminnen in Deutschland. Häufig handelt es sich um Heiraten, bei denen ein Partner aus der Heimat der Eltern stammt, also um den Import eines Ehemannes oder einer Ehefrau. Der Erziehungswissenschaftler Ahmet Toprak fand bei seinen Forschungen heraus, dass unter Türkeistämmigen Bräute aus der Türkei bevorzugt werden, weil man das Verhalten von türkischstämmigen Mädchen, die in Deutschland aufgewachsen sind, für »unehrenhaft« hält. Unehrenhaft bedeutet dabei »zu selbstbewusst, zu selbstständig und zu eigenverantwortlich«, um sich dem Ehemann unterzuordnen.[355] Aus diesem Grund werden Mädchen auch bevorzugt in einem sehr jungen Alter verheiratet. In Topraks Studie lag das Durchschnittsalter bei der Eheschließung bei 16,5 Jahren.[356] In meinen eigenen Forschungen hatte die Mehrheit meiner Gesprächspartnerinnen ebenfalls als Minderjährige geheiratet. Häufig werden die Ehen zudem unter Verwandten geschlossen. Mit solchen Verbindungen arbeitet man familiäre Verpflichtungen ab und garantiert den Angehörigen der transnationalen Großfamilie die Migration nach Deutschland. Außerdem stärkt man die Familienbande. Bei einem Gespräch, das ich im Jahr 2012 in einer marokkanischen Moschee führte und an dem etwa zwanzig Männer teilnahmen, stellte sich heraus, dass alle bis auf einen ihre Cousine geheiratet hatten.[357] Ehen innerhalb der eigenen Familie seien stabiler, sagten die Männer, da man sich bereits kenne und sich nicht mehr an andere Personen gewöhnen müsse. Das bedeutet allerdings auch, dass niemand aus den oft bereits im Kindesalter geschlossenen Verlobungen aussteigen kann. Wenn ein Mädchen sich der Ehe mit ihrem Cousin verweigert, verliert ihre eigene Familie unweigerlich ihre Ehre – von den bereits getätigten finanziellen Zuwendungen ganz zu schweigen.

Man kann davon ausgehen, dass die Mehrheit der Mädchen sich nicht auflehnt und auch keinen Bruch mit ihrer Familie riskieren will. In Fällen, wo sie sich widersetzen oder sogar eine selbst gewählte Liebesbeziehung anstelle der vorgeschriebenen eingehen, kann es zu massiver Gewalt bis hin zum Mord kommen. Wir sprechen dann von einem »Ehrenmord«, weil die Tat dazu dient, die vermeintlich beschmutzte Ehre der Familie wieder reinzuwaschen. Es handelt sich nicht um eine Beziehungstat, bei der ein einzelner Täter die Kontrolle über sich verliert und im Affekt handelt. Oft ist daran die ganze Familie beteiligt, die den Mord kaltblütig plant und durchführt. Das wohl eindrücklichste Beispiel eines »Ehrenmordes« ist das der Kurdin Hatun Aynur Sürücü, die im Jahr 2005 von einem oder mehreren ihrer Brüder getötet wurde. Hatun Sürücü wurde 1982 in Berlin geboren, wuchs mit fünf Brüdern und drei Schwestern in Kreuzberg auf und besuchte das »Robert-Koch-Gymnasium«, bis ihr Vater sie in der achten Klasse abmeldete. Als sie 16 Jahre alt war, verheirateten die Eltern sie mit einem Cousin in der Türkei. Sie verließ Deutschland, um mit dem Ehemann und seiner Familie zu leben, fühlte sich aber unwohl und zerstritt sich schnell mit den strenggläubigen Schwiegereltern. Ihr Mann schlug sie. Im Jahr 1999 trennte sich von ihm und kehrte schwanger in die elterliche Wohnung nach Berlin zurück. Noch im gleichen Jahr zog sie von dort in ein Wohnheim für minderjährige Mütter. Später nahm sie sich eine eigene Wohnung im Berliner Bezirk Tempelhof, ging wieder zur Schule, bestand ihren erweiterten Hauptschulabschluss und begann eine Ausbildung als Elektroinstallateurin. Sie hatte das Kopftuch abgelegt, kleidete sich modisch und ging Beziehungen mit Männern ein. Nach Auffassung ihrer Eltern und Brüder hatte sie durch dieses Verhalten die Ehre der Familie verletzt und sollte dafür sterben. Kurz vor ihrer Gesellenprüfung, am 7. Februar 2005, wurde Hatun Sürücü an einer Bushaltestelle unweit ihrer Wohnung mit mehreren Kopfschüssen ermordet. Der jüngste unter Verdacht stehende Bruder Hatuns, Ayhan Sürücü, gestand die Tat am 14. September 2005 und entlastete die dringend tatverdächtigen älteren Brüder Alpaslan und Mutlu.

Dieses Muster eines gemeinschaftlich geplanten Mordes, den ein noch strafunmündiger junger Mann im Auftrag der Familie durchführt oder für den er zumindest vor Gericht die Schuld übernimmt, ist bei Ehrenmorddelikten häufig. Der Direktor des Jugendgefängnisses in Berlin, in dem im Jahr 2005 sechs junge muslimische Männer wegen »Ehrenmord« einsaßen, sah dahinter ein System: »Für gewöhnlich gibt der Patriarch dem jüngsten Sohn den Auftrag, das Verbrechen auszuführen. Denn sie wissen: Deutsche Gerichte verhängen gegen jugendliche

Straftäter so gut wie nie die Höchststrafe.«[358] Ehrenmorde wurzeln in einer kulturellen Ordnung, in der Frauen und Mädchen entweder Ikonen sexueller Reinheit oder Huren sind. Wenn eine Frau sich den Regeln der Gemeinschaft nicht unterwirft, mangelnden Gehorsam zeigt und eigene Lebensplanungen umsetzen möchte, bedroht sie die Ehre ihrer Familie und bringt Schande über ihre Verwandten. Dass ein Mord wie der an Hatun Sürücü in der türkischen Gemeinde durchaus gebilligt wurde, machte der Schulleiter der »Thomas-Morus-Schule« in Neukölln deutlich. Ihm hatten Schüler nach dem Bekanntwerden des »Ehrenmordes« gesagt: »Die hat doch selbst Schuld. Die Hure lief rum wie eine Deutsche.«[359]

Ein anderer Ehrenmord ereignete sich 2016 in Darmstadt. Opfer und Täter waren Mitglieder der »Ahmadiyya Muslim Jamaat«, einer Gruppe, die mit dem Slogan »Liebe für alle, Hass für keinen« wirbt und durch ihre Frontfrau Khola Maryam Hübsch das Hohelied der Gleichberechtigung der Frauen im Islam verkündet. Die Geschichte ist schnell erzählt: Eine junge Frau verliebte sich in einen jungen Mann; beide waren Ahmadis. Unglücklicherweise hatten die Eltern der beiden bereits andere Ehepartner ausgesucht. Die jungen Leute fügten sich nicht wie erwartet den elterlichen Beschlüssen, sondern setzten ihre Beziehung fort. Nach Aussagen der vierzehnjährigen Schwester versuchte die Mutter, ihre Tochter mit körperlicher Gewalt zur Räson zu bringen. Auch von Nahrungsentzug und Einsperren war die Rede. Irgendwann entdeckte sie Verhütungsmittel in der Tasche ihrer Tochter. Beide Eltern sahen die Ehre der Familie, die ihrer Meinung nach an die Jungfräulichkeit der Tochter gebunden war, als verletzt und beschlossen, die Tochter zu töten. Das Mädchen wurde erdrosselt und ihre Leiche am Ufer eines Sees abgeladen.

Die wichtigste Anklägerin des Systems der arrangierten Ehen und die damit verbundenen Gewaltverhältnisse ist seit vielen Jahren die türkischstämmige Soziologin Necla Kelek, die in ihrem Buch »Die fremde Braut« behauptet hat, dass mehr als die Hälfte aller Ehen türkischer Migranten in Deutschland auf Zwangsheiraten basieren. Junge Frauen, so Kelek, würden gegen ein entsprechendes Entgelt von ihren Schwiegermüttern oder anderen Verwandten eines Mannes erworben und nach Deutschland importiert, um dort rechtlos, ohne die Sprache zu beherrschen oder die Gepflogenheiten des neuen Landes zu kennen, in vollkommener Abhängigkeit ein tristes Dasein zu führen, das primär aus häuslicher Arbeit sowie dem Gebären und der Aufzucht von Nachwuchs bestehe. Mit ihren Kindern sprächen sie Türkisch und erzögen sie so, wie sie selbst in der Türkei erzogen worden seien. Obwohl sie in Deutschland lebten, kämen »Importbräute« nie wirklich dort an.[360] Wie aktuell das Problem der Zwangsehen ist, zeigte ein Bericht des Berliner Tagesspiegels. Nach Einschätzung der Mitarbeiterin einer Einrichtung für von Gewalt betroffenen Mädchen und Frauen, sollen allein in der Bundeshauptstadt jährlich 6.000 Zwangsehen geschlossen werden.[361] Kelek selbst verfasste, nachdem sie primär die weiblichen Opfer in den Blick genommen hatte, ein zweites Buch, das sich den männlichen Leidtragenden widmet. »Die verlorenen Söhne«, so der Titel, vollzieht nach, wie sich verängstigte kleine Jungen, geprügelt wie die Schwestern und Mütter, zunächst in jugendliche Machos und später in autoritäre Väter und Ehemänner verwandeln.[362] Verheiratet werden sie ebenso wie die jungen Frauen, und wenn sie Pech haben, wie Ayhan Sürücü, dann werden sie des Mordes an einem Menschen schuldig, den sie möglicherweise lieben. Profiteure sehen anders aus als die jungen Männer, deren Leben Kelek in einfühlsamen Porträts wiedergibt. Deshalb kann die Frage, wer eigentlich Interesse an der Aufrechterhaltung des Systems hat, nur unter Zuhilfenahme ethnografischer Innenperspektiven geklärt werden. Ethnologische Forschungen zeigen, dass es primär die älteren Frauen sind, die sich gegen Veränderungen sperren.[363] Der unbestritten schwachen und wenig respektierten jungen Frau, so die Forscherinnen, stehe in der orientalischen Kultur die dominante und geachtete ältere Frau gegenüber, die Mutter erwachsener Kinder, vor allem die Mutter von Söhnen. Camille Lacoste-Dujardin stellte für den Maghreb die These auf, dass die Machtdifferentiale nicht zwischen Männern und Frauen, sondern vor allem zwischen Schwiegermüttern und Schwiegertöchtern verliefen. Die älteren Frauen schikanierten ihre Schwiegertöchter, ließen sich von ihnen bedienen und missbrauchten sie als persönliche Sklavinnen. Erst durch die Geburten eigener Kinder, vor allem natürlich von Söhnen, steige die junge Frau im Ansehen und könne ihren Handlungsspielraum ausdehnen. Sobald die Söhne erwachsen seien, heirateten und sie über eigene Schwiegertöchter verfügten, seien Frauen im Zenit der Macht angekommen. Nach der eigenen leidvollen Geschichte würden sie im Alter die Früchte der jahrelangen Torturen ernten. Jemand anderes müsse jetzt schuften und gehorchen. Eine selbstbewusste Schwiegertochter gefährdet diesen verdienten Lebensabend. Emanzipierte junge Frauen, wie sie in Deutschland normal sind, sind für diese älteren Frauen so bedrohlich, sodass sie mit aller Macht versuchen, das heimatliche Muster auch unter den Bedingungen der Migration beizubehalten. Im Hinblick auf emotionale Verbindungen prallen in der deutschen Diaspora zwei Welten aufeinander, die nicht miteinander in Einklang zu bringen sind, ohne dass die alten Frauen dabei verlieren. Eine Liebesheirat des Sohnes und das in unserer Kultur stets geforderte »Loslassen« der Kinder katapultiert die Mutter erwachsener Söhne ins soziale und emotionale Abseits. Die Frau, die für ihre Söhne gelebt hat und von diesen verehrt und geliebt wird, wird diese nicht freiwillig an eine jüngere Konkurrentin abgegeben.

Haben diese Problematiken irgendetwas mit dem Islam zu tun? Kelek behauptet das in beiden genannten Monografien, andere Wissenschaftler verneinen die Frage. Der Ethnologe Werner Schiffauer schrieb, dass »der enge Nexus von Islam und Ehrdenken nicht haltbar sei«[364] und die geschilderten Praktiken in kulturellen Traditionen wurzelten. Dieselbe Ansicht vertrat Heiner Bielefeldt, der Leiter des »Deutschen Instituts für Menschenrechte«.[365] Beide wiesen darauf hin, dass patriarchalische Ehrvorstellungen auch in nichtislamischen Mittelmeergesellschaften existierten und daher nicht spezifisch »islamisch« seien. Wenngleich Schiffauer und Bielefeldt Recht zu geben ist, dass Ehrenmorde nicht nur bei Muslimen vorkommen, muss erklärt werden, warum der Anteil der muslimischen Täter bei Ehrenmorddelikten überproportional hoch ist bzw. warum die Täter in Deutschland, von einigen wenigen Ausnahmen abgesehen, allesamt Muslime waren. Auch greift das Argument nicht, wenn man berücksichtigt, dass etliche Täter nicht aus dem Mittelmeerraum, sondern aus der arabischen Welt und dem islamischen Süd- bzw. Zentralasien stammten und das Phänomen in allen islamischen Ländern bekannt ist. Der Göttinger Arabist Tilman Nagel monierte dementsprechend: »Die bisweilen in Deutschland geäußerte Behauptung, ›Ehrenmorde‹ hätten nichts mit dem islamischen Glauben zu tun, ist unzutreffend.« Mohammed und seine Anhänger, so Nagel, seien davon überzeugt gewesen, dass die von Allah gewollte Gesellschaftsordnung patriarchalisch und gemeinschaftsorientiert sei. »Deshalb«, führte er mit einem Verweis auf die in Kuwait herausgegebene »Enzyklopädie des Schariarechts« aus, gebe es »eine religiöse Pflicht, die sexuelle Integrität der Ehefrau und anderer weiblicher Sippenmitglieder zu verteidigen.«[366]

Doch was verbirgt sich eigentlich genau hinter dem Konzept der Ehre, auf das immer wieder Bezug genommen wird? Toprak hat sich mit türkischen Ehrvorstellungen beschäftigt, die in ihren Grundzügen auf andere Kontexte übertragbar sind. Im Türkischen wird zwischen unterschiedlichen Formen der Ehre einer Person unterschieden, von denen der in diesem Zusammenhang wichtigste *namus* ist.[367] Er bedeutet für eine Frau, dass sie ihre Jungfräulichkeit bis zur Ehe bewahren muss und ihre Sexualität ausschließlich mit dem Ehemann auslebt. In dieser Hinsicht sind kulturelle und islamische Konzepte deckungsgleich. Doch nicht nur eine Frau verliert ihre Ehre, wenn sie illegitime sexuelle Kontakte hat, sondern auch ihr Vater, Ehemann sowie alle männlichen Verwandten und letztendlich sogar die gesamte Familie. Das Ansehen des Kollektivs ist also vollständig abhängig vom Verhalten seiner einzelnen Mitglieder. Die immense Bedeutung dieses Ansehens wird in der Aussage »unsere Ehre ist uns heilig« deutlich.[368] Insbesondere den Männern obliegt es, die Ehre der Familie zu bewahren und die Sexualität der weiblichen Familienmitglieder zu kontrollieren. Um bereits im Vorfeld Gefahren für die Ehre auszuschalten, muss ein langer Kanon von Verhaltensvorschriften beachtet werden, dessen Verletzung ebenfalls zu Gerede und damit zu einem Verlust sozialer Anerkennung führen kann. So weit lässt sich das türkische Modell auf andere kulturelle Kontexte übertragen. Was allerdings als unbotmäßiges Verhalten aufgefasst wird, unterscheidet sich von Fall zu Fall. Wo die Geschlechtersegregation strikt ausfällt, kann es ein Gespräch mit einem Mann sein, ein Lächeln, ein Blick, Haarsträhnen, die sich aus dem Kopftuch lösen oder Kleidung, die Körperkonturen nicht vollständig verdeckt. In besonders rigiden Regionen steht bereits das Verlassen des Hauses unter Verdacht oder auch Schuhe, die ein Geräusch machen. Selbst in Deutschland gibt es Familien, in denen Frauen nicht einkaufen gehen dürfen, weil das schon als Gefahr gesehen wird. Mir wurde berichtet, dass Kinder die Einkäufe für die gesamte Familie erledigen müssten, wenn der Vater beruflich unterwegs sei, der Mutter aber verboten habe, das Haus zu verlassen. Dass es sich nicht um Einzelfälle aus dem salafistischen Milieu handelt, zeigt eine Broschüre der »Milli Görüs«, die Werner Schiffauer analysiert hat. Sie bietet islamische Lösungen für Probleme von Musliminnen an. Eine Frau, deren Fall geschildert wird, habe sich an die Familienberatungsstelle von »Milli Görüs« gewendet, da sie unter dem Verbot ihres Mannes litt, sich ohne seine Begleitung aus der Wohnung zu entfernen. Das Einsperren hatte er mit Verweisen auf den Islam begründet, und die Frau wollte jetzt wissen, ob er damit Recht habe. Die Beraterinnen antworteten, dass sie nach eingehender Erörterung der historischen Vorbilder zur Zeit des Propheten zu dem Schluss gekommen seien, dass es einer Muslimin durchaus erlaubt sei, »auf sittsame und zivilisierte Weise« einzukaufen oder in die Schule zu gehen.[369]

4. Die Sündhaftigkeit des weiblichen Körpers

Bis auf den heutigen Tag wirft die Regulierung der Sexualität und die Unterwerfung der Frauen in der islamischen Welt Fragen zum schwierigen Verhältnis zwischen Islam und Kultur auf. Welche frauenfeindlichen Normen werden islamisch begründet, und wo kommen patriarchalische kulturelle Traditionen ins Spiel? Bleiben wir zunächst einmal beim Islam. Er regelt die Sexualität der Muslime anhand dreier Prinzipien. Das erste Prinzip lautet, dass Sexualität nur innerhalb einer islamisch geschlossenen Ehe statthaft ist. Vor- und außereheliche Sexualität gilt als Unzucht (*zina*), ja sogar als besonders schweres Vergehen gegen die göttliche Ordnung. Die Feststellung der Tat erfolgt durch die Aussagen von vier männlichen Zeugen, durch ein Geständnis oder durch die Schwangerschaft einer nicht verheirateten Frau. Der Ehebruch einer Frau kann außerdem durch die Beschuldigung ihres Mannes festgestellt werden. Wir sehen, dass zwei der genannten Fälle ausschließlich Frauen betreffen, und auch die Tatfeststellung durch ein Geständnis entpuppt sich in der Realität häufig als repressives Instrument gegen Frauen. Immer wieder kommt es nämlich vor, dass Frauen, die eine Vergewaltigung bei der Polizei anzeigen, wegen unerlaubter sexueller Beziehungen verhaftet und verurteilt werden. Die Anzeige wird dabei als Geständnis gewertet. Der oder die Vergewaltiger bleiben dagegen auf freiem Fuß, wenn die Frau nicht in der Lage ist vier männliche Zeugen anzugeben, die die Tat bestätigen. Der Koran gibt in Sure 24:2 an, dass die Verurteilten mit hundert Peitschenhieben bestraft werden sollen. Die prophetischen Überlieferungen sehen sogar die Steinigung vor.

Nun kann man einwenden, dass die islamische Jurisprudenz eine Wissenschaft ist, in der es viele Lehrmeinungen und Interpretationen von Koran und Sunna gibt, die Auswirkungen auf das tatsächlich gesprochene und vollzogene Recht besitzen. Das ist zweifellos richtig, und so mancher Rechtsgelehrte versucht die Quellen in einer Weise zu deuten, die ein Todesurteil letztendlich abwenden. Soweit die Theorie. Faktisch jedoch wurden in den vergangenen Jahren Steinigungen in Afghanistan, Nigeria, dem Iran und Irak, im Jemen, in Pakistan, Saudi-Arabien, Somalia, dem Sudan und den vereinigten Arabischen Emiraten sowie in Syrien unter der Herrschaft des IS durchgeführt. Immer wieder wurden Frauen verurteilt, die nach ihrer Scheidung schwanger wurden. Einer dieser Fälle war der der fünffachen Mutter Safiya Hussaini, die im Jahr 2002, zwei Jahre nach ihrer Scheidung, im Norden Nigerias ein Kind zur Welt brachte und deshalb wegen *zina* angezeigt wurde. Hussaini gab bei der Vernehmung an, von einem Nachbarn vergewaltigt worden zu sein. Der Mann gestand die Tat zunächst, nahm sein Geständnis aber später zurück. Er wurde nicht weiter behelligt, da die Vergewaltigung nicht von vier männlichen Zeugen bestätigt werden konnte. Die Mutter dagegen wurde zum Tod durch Steinigung verurteilt. Nach internationalen Protesten und dank ausländischer finanzieller Unterstützung wurde das Verfahren in der Berufungsinstanz erneut aufgerollt. Safiya Hussani entschied sich, bei diesem Verfahren einen ortsüblichen Trick anzuwenden, und gab den geschiedenen Ehemann als Vater an. Das nigerianische Recht kennt einen Sachbestand »schlafende Schwangerschaften«, der besagt, dass Embryonen jahrelang nach der Befruchtung im Mutterleib ruhen und sich erst später entwickeln. So können Kinder solchen Männern zugeordnet werden, mit denen die Frau schon lange keinen Kontakt mehr hatte.[370]

In Deutschland wird kein islamisches Strafrecht angewendet, doch das Verbot des nichtehelichen Sexualverkehrs spielt für Muslime auch bei uns eine Rolle, allerdings ebenfalls primär für Frauen. Bei meinen eigenen Interviews in Wiesbaden erzählten mir Männer regelmäßig, dass sie vor ihrer Ehe nichtmuslimische Freundinnen gehabt hatten. Geheiratet wurde dann eine muslimische Jungfrau. Unisono berichteten mir Männer, dass man einen Unterscheid mache, ob Mädchen oder Jungen voreheliche Liebesbeziehungen eingingen. »Wenn ein Junge mit der deutschen Freundin nach Hause kommt, macht die Mutter Kaffee, bei der Tochter wäre das ein Skandal«, sagte einer meiner Gesprächspartner, und ein anderer meinte, bei einem Jungen werde so etwas toleriert, auch wenn man es für *haram* halte. Ein Mädchen dagegen würde ihren eigenen Ruf und den ihrer ganzen Familie verspielen. Natürlich gehen auch muslimische Mädchen voreheliche sexuelle Beziehungen ein, teilweise aus freien Stücken, teilweise, weil sie von jungen Männern dazu gedrängt werden. Um ihre Jungfräulichkeit zu schützen, praktizieren sie Analverkehr, und wenn alles schiefgeht, bleibt immer noch eine chirurgische Hymenrekonstruktion oder ein mit rotem Farbstoff gefülltes Kunststoffhymen zum einmaligen Gebrauch in der Hochzeitsnacht.

Das zweite islamische Prinzip zur Regulierung der Sexualität geht aus dem ersten hervor. Es besagt, dass alles unterbunden werden solle, was zur *zina* führen könne. Das geschieht in der Praxis durch eine möglichst strikte Geschlechtertrennung bzw. durch den Ausschluss von Frauen aus dem öffentlichen Raum und die Verbergung alles Weiblichen. Wie diese Exklusion ausbuchstabiert wird, hängt maßgeblich vom Grad der religiösen Durchdringung einer Gesellschaft ab. Zwei Beispiele können das verdeutlichen: Während der Herrschaft der Taliban war es Frauen in Afghanistan verboten, einen Beruf auszuüben, sich auf den Balkonen ihrer Wohnungen aufzuhalten, an öffentlichen Plätzen Wäsche zu waschen, ohne Begleitung ihres Ehemannes oder eines männlichen Verwandten das Haus zu verlassen, mit einem nicht verwandten Mann zu sprechen, ein Badehaus oder eine Sportstätte aufzusuchen oder in ein Taxi einzusteigen. Die Fenster von Wohnhäusern wurden bemalt, damit niemand hineinschauen konnte. In Indonesien dagegen arbeiten Frauen als Händlerinnen, Handwerkerinnen, Bäuerinnen, Managerinnen oder im Staatsdienst. Sie fahren Auto und Motorrad, gehen ins Restaurant, nehmen an Demonstrationen, Paraden und öffentlichen Veranstaltungen teil. Selbst in den Moscheen beten Männer und Frauen im selben Raum, wenngleich die Männer den vorderen Teil einnehmen. Mit einer zunehmenden Fundamentalisierung des indonesischen Islam gehen diese Freiheiten jedoch verloren. Auch in Europa können wir solche Prozesse beobachten. In Stadtvierteln, in denen starke muslimische Minderheiten oder sogar Mehrheiten existieren, bilden sich Parallelstrukturen, in denen die Geschlechtersegregation durchgesetzt wird.[371]

Überraschend ist, dass die Trennung von Männern und Frauen im Koran eher schwach begründet wird. In Vers 33: 53 werden Besucher des Propheten zwar gebeten, mit seinen Frauen hinter einem Vorhang zu kommunizieren, doch wird nicht ersichtlich, ob sich diese Regelung auf alle Frauen beziehen soll. Der indische Theologe Ali Asghar Engineer vertritt die Ansicht, dass die Segregation nur für die Frauen des Propheten gedacht war, da diese von den Gefährten Mohammeds belästigt wurden. Um sie zu schützen, habe Gott Verse erlassen, in denen ein Sichtschutz zwischen ihnen und den männlichen Gästen Mohammeds verordnet wird.[372] Dies habe jedoch nicht für gewöhnliche Frauen gegolten, die am öffentlichen Leben teilnahmen. Die prophetischen Überlieferungen sind gegenüber dem Koran expliziter. So soll Mohammed gesagt haben, dass eine Frau und ein Mann nicht zusammen in einem Raum sein dürfen, dass eine Frau nicht ohne ihren Ehemann oder einen engen Verwandten reisen dürfe und dass eine Frau, die parfümiert an Männern vorbeigehe, Ehebruch begehe. Aus solchen Quellen werden unterschiedliche repressive Regularien abgeleitet. So dürfen

Frauen nach Ansicht von Islamisten nicht mit Männern in der Moschee beten, weil Männer sich in weiblicher Gegenwart angeblich nicht mehr auf das Gebet konzentrieren können, und sie sollen Männern nicht die Hand geben, da die Berührung eine große Verwirrung auslöse. Einige glauben, dass sogar die weibliche Stimme zum Schweigen gebracht werden müsse. Das war zumindest die Ansicht der Taliban und auch diejenige des türkischen Politikers Bülent Arinc, der im Jahr 2014, als er noch Erdogans Stellvertreter war, Frauen gern das Lachen in der Öffentlichkeit verbieten wollte.

Die Verbergung des Weiblichen soll, da ist sich die Mehrheit aller konservativen und fundamentalistischen Muslime sicher, nicht nur durch eine räumliche Segregation, sondern auch durch die »Bedeckung« der Frauen erfolgen, damit von ihren Körpern keine Reize mehr gesendet werden, die Männer zu sündhaftem Verhalten motivieren könnten. Wie schon die Geschlechtertrennung lässt sich auch diese Regel nicht schlüssig aus dem Koran herauslesen. Vers 33: 59 weist die Frauen der Gläubigen zwar an, »sie mögen ihre Gewänder über sich schlagen«, allerdings erschließt sich nicht, wer sich bedecken soll und über welche Körperteile man die Gewänder schlagen soll. Der Vers wird gewöhnlich als allgemeines Verschleierungsgebot gedeutet, doch die Begründung könnte schlicht auf den Status der Frauen bezogen sein. Das legt die Weiterführung des Verses zumindest nahe: »Es ist dann leichter, dass man sie erkennt, auf dass sie nicht belästigt werden.«[373] Engineer glaubte, wie schon bei der zuvor zitierten Stelle, dass die Frauen des Propheten gemeint sind. Der Vers sei durch die Existenz von antisozialen Elementen begründet, die den Frauen des Propheten zu nahe kamen und dann, wenn man sie darauf ansprach, behaupteten, nicht zu wissen, dass es sich bei den Frauen um Musliminnen gehandelt habe.[374] Die Verschleierung habe dem Ziel gedient, Musliminnen als solche erkennbar zu machen. An anderer Stelle verweist er auf Sklavinnen, die von ihren Besitzern zur Prostitution genötigt und von Männern in der Öffentlichkeit auf sexuelle Dienstleistungen angesprochen wurden. Um freie Frauen von diesen Prostituierten unterscheiden zu können, sollten erstere sich verschleiern.[375] In der Tat differenzierten die orientalischen Gesellschaften des 7. Jahrhunderts zwischen Sklavinnen und freien Frauen, und ein hoher Status wurde durch Kleidung ausgedrückt.[376] Engineer hielt den Schleier für einen Import aus Syrien und Palästina, wo er als Statussymbol gedient habe. Die amerikanische Historikerin Leila Ahmed sieht dies ähnlich. Bei ihren Eroberungen seien die Muslime in Regionen vorgestoßen, in denen Frauen der oberen Schichten einen Schleier trugen, führt sie aus.[377] Die Politikwissenschaftlerin Renate Kreile verweist auf einen assyrischen Gesetzestext, in dem »ehrbare« Frauen durch den Schleier von Sklavinnen und Prostituierten unterschieden werden.[378]

Auch Vers 24: 31 wird heute in Deutschland als Aufforderung zur Verschleierung interpretiert: »Und sprich zu den gläubigen Frauen, dass sie ihre Blicke senken und ihre Scham bewahren und ihren Schmuck nicht zeigen.«[379] Die Deutung ist jedoch nicht weniger strittig. Der Schweizer Koranexeget Kerem Adigüzel, der den Blog »Al-Rahman« unterhält, und die Islamwissenschaftlerin Rotraud Wieland sind beispielsweise der Ansicht, dass mit dem Schmuck nicht das Haar, sondern die Brüste gemeint waren.[380] Islamisten sind natürlich anderer Ansicht. Al-Qaradawi betont in seinen Reden, dass die Kleidung die Körperkonturen unsichtbar machen soll, und unterstreicht die vermeintlich göttlichen Anweisungen mit finsteren Drohungen: »Unter den Bewohnern der Hölle sind solche

Frauen, die bekleidet und doch nackt sind, die verführen und verführt werden. Sie werden den Paradiesgarten nicht betreten und nicht einmal sein Geruch wird sie erreichen.«[381]

Hinter dem Bedürfnis von Islamisten, Frauen teilweise bis zur Unkenntlichkeit zu verhüllen, den vielfältigen Beschränkungen ihres Ausdrucks und der Erschaffung eines frauenfreien öffentlichen Raumes, steht nicht nur der Wille der Männer, ihre Dominanz zu exerzieren, sondern auch schlicht Angst: Angst vor der imaginierten erotischen Macht der Frauen, der gegenüber sich Männer hilflos fühlen. Islamistische Predigten sind voll von Warnungen vor *fitna*, der unheilvollen Versuchung, die von der Anwesenheit von Frauen ausgehe. So sagte der salafistische Prediger Abdul Adhim Khamouss in einer Ansprache, in der er die Verlockungen der gegenwärtigen Welt geißelte, Gott habe keine härtere Anfechtung für Männer geschaffen als Frauen. »Eine Frau«, wetterte er in einem Video, »die nur nach Gelüsten lebt, die ihre Ehre verkauft und die keine Scham behütet und die keine Gottesfurcht hat, die kann dich kaputtmachen.«[382] Selbst die Liebe zu einer rechtmäßig geheirateten Frau, so der salafistische Hardliner Abul Baraa, sei eine Gefahr für den gläubigen Mann, gefährde möglicherweise gar seinen Platz im Paradies, wenn er Gott zugunsten der Gattin vernachlässige.

Wie kommen solche Gedanken bei Jugendlichen an? Ich habe im Rahmen meiner Forschung mit vielen jungen Männern und Frauen gesprochen. Wie Mädchen ihre Rolle als tugendhafte Frau sehen, konnte ich in einer afghanischen Moschee erfahren. Fast alle, mit denen ich sprach, trugen das Kopftuch, und eine schwärmte davon, irgendwann einmal den Gesichtsschleier tragen zu können. Sie sagte: »Eine Frau im Islam ist wie 'ne Perle. Und 'ne Perle muss man halt auch schützen.«[383] Als Motivation, sich zu verschleiern, nannten alle die Angst vor der Hölle. Schließlich habe Gott den Frauen die Pflicht der Verhüllung auferlegt und würde sie bestrafen, wenn sie sich seinem Gebot widersetzten. Doch es ist nicht nur die Hölle, die muslimischen Mädchen zu schaffen macht. Mindestens genauso wichtig sind die Gebote von Scham und Ehre, mit denen bereits Kinder traktiert werden. Die Anwältin Seyran Ates beschreibt, dass ihre Kindheit von einer permanenten Kontrolle überschattet war.[384] Anstand sei der wichtigste Begriff der Erziehung gewesen, und für ein Mädchen habe vieles als unanständig gegolten: die Beine übereinanderzuschlagen, das Sprechen in Gegenwart von Jungen, Lachen in der Öffentlichkeit oder ein Eis auf der Straße zu essen. Man redete ihr ein, dass ihr Körper eine Quelle von Scham und Peinlichkeit war, vor allem ihre Genitalien. Das hat sich auch nach 60 Jahren in Deutschland nicht geändert. Im Gegenteil: Mittlerweile ist eine zunehmende Anzahl muslimischer Eltern, die teilweise bei uns geboren und aufgewachsen sind, der Ansicht, dass Mädchen schon vor der Pubertät ihre Ehrbarkeit durch »islamische Kleidung« unter Beweis stellen müssen. Gemeint sind lange Gewänder und ein Kopftuch, um dessen korrekten Sitz sich die Kleinen ständig bemühen müssen. Schließlich soll kein Härchen herausgucken. Diese Bekleidung behindert die Kinder bei altersgemäßen Spielen und sorgt dafür, dass Mädchen sittsam in der Ecke sitzen, anstatt herumzurennen und sich sportlich zu betätigen. Mädchen betrachten ihren Körper mit Argwohn und befinden sich in stetiger Angst vor einem möglichen Ehrverlust.

Diejenigen, die glauben, dass allein eine repressive Sozialisation und die Drohung mit dem Höllenfeuer nicht ausreicht, um einem Mädchen die Sexualität auszutreiben, möchten gleich das Messer anlegen und das Zentrum der Lust herausschneiden. Außerhalb Europas ist die Verstümmelung weiblicher Genitalien in vielen Regionen üblich. In Somalia sind 98 Prozent aller Frauen zwischen 15 und 49 Jahren beschnitten, in Guinea sind es 96 Prozent, in Ägypten 91 Prozent, in Mali 89 Prozent und im Sudan 88 Prozent.[385] Bei der Prozedur, die oft unter extrem unhygienischen Bedingungen durchgeführt wird, entfernt man die Klitoris und/oder die Schamlippen, und in einigen Regionen näht man das Mädchen regelrecht zu, so dass das Urinieren und die Monatsblutung fortan erschwert sind. Vor der Hochzeitsnacht schneidet man die Naht wieder auf, und das Gleiche geschieht bei Geburten. Nach den Entbindungen wird erneut genäht. Die Folgen für die Mädchen und Frauen sind fürchterlich. Sie leiden an Unterleibsentzündungen, Inkontinenz, dauerhaften Schmerzen und sind in Gefahr, bei den Geburten zu sterben. In afrikanischen Ländern praktizieren auch christliche Ethnien Genitalverstümmelungen, sodass man nicht von einer originär islamischen Sitte sprechen kann. Die islamische Gelehrtenwelt ist in der Frage ihrer Akzeptanz sogar recht uneinig. Ein Teil lehnt sie vehement ab. Im Jahr 2006 verabschiedeten islamische Gelehrte unter Führung des Großmuftis von Ägypten sogar eine Resolution gegen jede Art weiblicher Beschneidung, doch solche positiven Signale werden immer wieder aus den eigenen Reihen torpediert, selbst in der westlichen Welt. So erklärte Shaker Elsayed, der Imam am »Dar al-Hijrah Islamic Center« im US-amerikanischen Bundesstaat Virginia, Genitalverstümmelung sei ein effektives Mittel, um bei Mädchen Promiskuität zu verhindern und die Gesellschaft vor Hypersexualität zu bewahren,[386] und in Deutschland wirbt der Salafist Abul Baraa für diese Praxis, um einer vermeintlich zu großen Triebhaftigkeit von Frauen entgegenzuwirken. »Die Beschneidung«, so führt er mit dem Verweis auf islamische Quellen aus, sei »authentisch bewiesen in der Sunna des Propheten Mohammed für die Frau«.[387]

Während Mädchen und Frauen in ihrer Kindheit gelernt haben, dass ihr Körper und ihre Sexualität unrein und unanständig sind, konditioniert man Jungen und Männer zu Wesen, die sich gerade über ihre virile unkontrollierbare Sexualität definieren. In einer Gruppe von Jungen zwischen 16 und 18 Jahren, mit denen ich 2012 sprach, erzählten alle, sie wollten nicht, dass ihre zukünftige Frau arbeiten gehe, weil sie dann lüstern von Männern angeschaut würde. Das erschien ihnen naturgegeben, und einer erklärte: »Wir sind doch eigentlich alle Männer und wissen ganz genau, dass wir keine reinen Herzen haben.« Dieses Bekenntnis, als Mann den eigenen Trieben ausgeliefert zu sein, entspricht einem Männlichkeitsverständnis, das eine intrinsische Triebkontrolle als unmännlich ablehnt. Der bereits zitierte salafistische Prediger Abdellatif Roualli formulierte das in aller Schlichtheit folgendermaßen: »Wenn du sagst, ich kann eine Frau angucken und es passiert nichts, dann bist du kein Mann.«[388] Ähnlich äußerte sich Hadayatullah Hübsch, der ehemalige Pressesprecher der »Ahmadiyya Muslim Jamaat« in Deutschland: »Im Gegensatz zur Frau unterliegt der Mann seiner Sexualität in einem Maße, das eine körperliche Befreiung zwingend vorschreibt. Der Mann produziert Samen, derer er sich naturgemäß entledigen muss. [...] Natürlich kann und sollte ein Mann lernen, sich zu beherrschen, seine körperlichen Funktionen lassen sich aber nicht unbegrenzt unterdrücken. Das könnte seiner Physis schaden.«[389]

Solche Vorstellungen von Männlichkeit und Weiblichkeit kollidieren zwangsläufig mit den Grundprinzipien unserer Gesellschaft, die die Gleichberechtigung zwischen

Männern und Frauen in der Verfassung festschreibt. Sie bringen junge Muslime in vielfältige Schwierigkeiten und verursachen eine Reihe von Alltagskonflikten, die den gesellschaftlichen Zusammenhalt gefährden.

KONFLIKTZONEN

Die Vertreter des politischen Islam schwören Muslime auf ein Wertesystem ein, das im Widerspruch zu den Grundlagen unserer Gesellschaft steht. Hinzu kommt, dass sie unter Berufung auf Artikel vier des Grundgesetzes, der die Freiheit des religiösen Bekenntnisses und die ungestörte Religionsausübung garantiert, versuchen, islamische Normen in staatlichen Einrichtungen durchzusetzen. Dort, wo Muslime eine numerisch starke Gruppe bilden, kommt es zu Provokationen, Abwertung von Nichtmuslimen oder zu Gewalt gegen diejenigen, die sich nicht den Normen des politischen Islam unterwerfen. Die wichtigste Konfliktzone ist zurzeit die Schule.

1. Religiöses Mobbing und Gewalt in Schulen

Schulen sind neben den Familien die Orte, an denen die nächste Generation erzogen, geprägt und mit dem nötigen Wissen für ein erfolgreiches Leben versehen werden soll. Das kann nur gelingen, wenn sie gut ausgestattet sind, wenn Lehrkräfte auf Herausforderungen vorbereitet sind, die durch eine immer diverser werdende Schülerschaft entstehen, und wenn diese Schülerschaft die Lehrkräfte als Autoritätspersonen akzeptiert. Alle diese Voraussetzungen sind häufig nicht mehr gegeben, und gerade in multikulturellen Ballungsräumen schrieben Lehrer in den vergangenen Jahren Brandbriefe an die Kultusministerien. Sie beklagten vor allem eine wachsende Respektlosigkeit und sogar physische Angriffe auf Lehrkräfte. In Berlin wurden im Schuljahr 2015/16

65 Übergriffe auf Schulpersonal und 430 Fälle schwerer körperlicher Gewalt gemeldet; im Schuljahr 2016/17 waren es 743 schwere Gewalttaten.[390] Immer häufiger sind dabei Waffen im Spiel. 2016 ließ der »Verband Bildung und Erziehung« vom Meinungsforschungsinstitut »Forsa« eine Studie durchführen und befragte bundesweit 2.000 Lehrkräfte[391]. Die Ergebnisse waren alarmierend. Über die Hälfte von ihnen berichtete über psychische und mehr als 20 Prozent auch über körperliche Gewalt. 97 Prozent aller Angriffe gingen von Schülern und fünf Prozent von Eltern aus.

Die Gewalt von Schülern richtet sich allerdings hauptsächlich gegen Klassenkameraden, und unter den vielfältigen Ursachen spielen Islamismus und Ethnizität als Distinktions- und Kampfmittel eine besondere Rolle. Das Problem ist nicht neu. Bereits im Jahr 2009 hatten Güner Balci und Nicola Graef in einem eindrucksvollen Dokumentarfilm mit dem Titel »Kampf im Klassenzimmer« auf die grassierende Deutschenfeindlichkeit in Klassen mit mehrheitlich muslimischen Schülern aufmerksam gemacht. Er zeigt den Alltag in einer Hauptschule in der ehemaligen Bergarbeitersiedlung Essen-Karnap, in der Muslime 70 Prozent der Schüler stellten. Von einem gelungenen Miteinander war keine Rede, sondern von einem konstanten Mobbing der deutschen Minderheit. Deutsche Jugendliche wurden von ihren muslimischen Mitschülern verbal abgewertet und auch verprügelt. Wenn sich einer von ihnen nicht gegen seine Aggressoren zur Wehr setze, bekannte ein muslimischer Junge freimütig vor der Kamera, dann mache er sich zum Opfer, schlug er aber zurück, dann wurden nach Schulschluss die Brüder und Cousins mobilisiert, um es dem Deutschen richtig zu zeigen. Das Erschreckende ist, dass die interviewten Schüler diese Verhältnisse für ganz normal hielten und kein Unrechtsbewusstsein zeigten. Sie betonten die Überlegenheit ihrer Herkunftskultur, setzten ihre eigenen Regeln und Normen absolut und lehnten die Kultur der Mehrheitsgesellschaft aus tiefster Überzeugung ab. Die Vorstellung, als Muslime *per se* besser zu sein, rechtfertigte auch einen abgründigen Sexismus gegenüber deutschen Mädchen. Deutsche Mädchen seien Schlampen, tönte es aus den Reihen der muslimischen Schülerschaft, muslimische Mädchen seien dagegen rein und sauber. Die Schulleiterin und die zu Wort gekommenen Lehrkräfte schienen auf verlorenem Posten zu stehen. Die Mehrheit der Schüler würde keinen Abschluss schaffen, meinte die Leiterin, und Integrationsbemühungen lägen ihnen fern. Gespräche mit Eltern scheiterten an mangelnden Sprachkenntnissen, der Frauenfeindlichkeit muslimischer Väter und dem Unwillen, über Probleme zu sprechen. In Deutschland könne man gut Geld machen, meinte einer der Jugendlichen auf die Frage, was ihm denn hier gefalle. Mehr fiel ihm dazu nicht ein.

Im gleichen Jahr wurde in der »Berliner Lehrerzeitung« ein Artikel mit dem Titel »Deutschenfeindlichkeit in Schulen. Über die Ursachen einer zunehmenden Tendenz unter türkisch- und arabischstämmigen Jugendlichen« veröffentlicht. Die »Gewerkschaft Erziehung und Wissenschaft« (GEW) war alarmiert und veranstaltete im Oktober 2010 eine Tagung. Bereits im Titel »Der Streit um die sogenannte Deutschenfeindlichkeit« wurde ersichtlich, dass das Thema als unangenehm empfunden wurde und Befunde möglicherweise relativiert werden sollten. Die Tagung war Berichten zufolge hauptsächlich vom Schweigen der Berliner Lehrerschaft gekennzeichnet, doch eine Schulleiterin wagte es, ihre Erfahrungen vor versammeltem Publikum zu schildern. Die Mehrheit ihrer Schüler sei türkisch- oder arabischstämmig, bildungsfern und bildungsunwillig, berichtete sie. Der Unterricht werde boykottiert, und leistungsbereite Schüler würden gemobbt. Deutsche Kinder müssten sich »unsichtbar« machen, um unbehelligt zu bleiben. Beschimpfungen und Drohungen seien auf dem Schulhof gang und gäbe, und sie selbst sowie andere Lehrkräfte blieben nicht von demütigenden und sexistischen Verbalattacken verschont. Wer die Lehrer herausforderte und aggressiv aufträte, ernte Anerkennung. Der Journalist Jörg Lau hatte damals in der »Zeit« einen Artikel über die Tagung geschrieben und bemerkt, dass die versammelten Gewerkschaftler sich denkbar schwer mit den Schilderungen der Schulleiterin taten. Dass arabisch- und türkischstämmige Schüler deutsche Schüler aus rassistischen Motiven mobbten, passte nicht ins linke Weltbild. Obgleich die Ergebnisse des Artikels in der »Berliner Lehrerzeitung« durch weitere Beispiele unzweifelhaft bestätigt wurden, entschied man sich, auf den heiklen Begriff »Deutschenfeindlichkeit« zu verzichten. Die geschraubten Begründungen zeigen, welche Mühe man hatte, die Faktizität des Phänomens rhetorisch zu verneinen. Während der GEW-Geschäftsführer dem »Tagesspiegel« gegenüber verlautbaren ließ, der Beschluss wende sich nur gegen die Verwendung des Begriffes, das Phänomen hingegen werde nicht abgestritten,[392] meinte der ehemalige Leiter des Landesschulamtes, es handele sich gar nicht um Deutschenfeindlichkeit, sondern um den Versuch benachteiligter Schüler, Stärke zu demonstrieren.[393] Diese seien ja selbst rassistischen Vorbehalten ausgesetzt. »Und auf einmal«, so Lau, »wendet sich der Verdacht gegen die Lehrer, die von ihrer Ohnmacht erzählt hatten: Sind sie einfach zu wenig ›kultursensibel‹?«[394] Zu dieser Art verdrehter Wirklichkeit passte es denn auch, dass die Bremer Erziehungswissenschaftlerin Yasemin Karakasoglu die Überforderung von Lehrerinnen angesichts dieser katastrophalen Zustände als Ausdruck von »Islamophobie« abqualifizierte.[395] Statt gegen die faktisch evidente Deutschenfeindlichkeit empörte man sich gegen einen angeblich »wachsenden antimuslimischen Rassismus«.[396] Der Workshop versiegelte das Thema, legte ein Tabu darüber, sodass danach allenfalls hinter vorgehaltener Hand über die Missstände gesprochen werden konnte. Lehrerinnen sagten Gespräche ab, so die »FAZ«-Redakteurin Regina Mönch, und bekundeten, man dürfe nicht mit der Presse darüber reden.[397]

Mit der Strategie des Totschweigens war das Problem natürlich nicht gelöst, und bereits ein Jahr später wurden weitere Fälle islamistisch gerahmten Mobbings offenkundig. Einer Studie der SPI zufolge war an Berliner Grund- und Sekundarschulen ein zunehmender Einfluss extrem konservativer islamischer Strömungen zu bemerken. Ein islamisch begründeter Verhaltenskodex werde mit repressiven Mitteln durchgesetzt, und sogar Schulanfängerinnen stünden unter Druck, sich »islamisch« zu bekleiden. Selbst ernannte Moralwächter würden die Trennung von Mädchen und Jungen im Klassenzimmer fordern, und es sei zu verschiedenen Vorkommnissen in Zusammenhang mit religiös begründeter Homosexuellen-, Juden-, Christen-, Alewiten- und Frauenfeindlichkeit gekommen. Insgesamt vermerkten die Autoren der Studie Ansätze einer islamistischen Leitkultur, die sich feindlich gegen die Gesellschaft und gegen diejenigen Muslime richtete, die nicht den islamistischen Normen entsprachen.[398] Wie reagierte die Berliner Schulbehörde? Weit davon entfernt, geeignete Maßnahmen zu entwickeln, drehte sie das Problem einfach um und warnte Lehrer in einer Handreichung vor einer »moralischen Überwältigung« der Schüler »mit westlichen Freiheitsrechten«.[399]

Danach wurde es in den Medien ruhiger, doch seit

2017 wird wieder gesellschaftlich diskutiert. Jetzt sind es nicht mehr nur vereinzelte Lehrkräfte, die ihr Schweigen brechen. Mobbingfälle dringen vermehrt an die Öffentlichkeit, wenngleich oft erst verspätet, zum Beispiel an der Berliner »Paul-Simmel-Grundschule«. Dort wurde ein Mädchen, das einen jüdischen Elternteil besitzt, von muslimischen Mitschülern wegen ihres Glaubens beschimpft und mit dem Tode bedroht, doch der Schulleiter versuchte zunächst, die Sache als Einzelfall zu verharmlosen.[400] Nachdem der Skandal durch entsprechende journalistische Recherchen nicht mehr zu vermeiden war, räumte er mehrere ähnlich gelagerte Vorkommnisse an seiner Schule ein.[401] Journalisten recherchierten weitere Fälle, die in eine ähnliche Richtung wiesen. An vielen Schulen hätten kopftuchtragende muslimische Schülerinnen Mädchen attackiert, die kein Kopftuch trugen; nichtmuslimische Kinder seien von muslimischen Schülern als Ungläubige beschimpft worden, die in der Hölle braten müssten; das Essen von Nahrungsmitteln, die nicht *halal* waren, wurde als unrein bezeichnet; und in mehreren Fällen sei es zu körperlicher Gewalt sowie zu Morddrohungen gekommen. Heinz-Peter Meininger, der Präsident des »Deutschen Lehrerverbandes«, sieht solche Ereignisse nicht als Einzelfälle. In Schulen mit einem hohen Migrantenanteil nähmen verbale Attacken auf Mitschüler und Lehrkräfte, aber auch Angriffe mit CS-Gas und Messern zu.[402]

Im März 2018 sprach ich mit Hildegard Greif-Groß, der Leiterin einer Grundschule in Neukölln, die Beispiele religiösen Mobbings sammelt. Sie erzählte davon, dass Jungen sich während des Ramadan auf der Schultoilette verstecken, um muslimische Schüler zu »enttarnen«, die heimlich Wasser trinken, und dass türkischstämmige Lehrerinnen von ihren muslimischen Schülern darauf angesprochen werden, dass sie das Kopftuch tragen sollten.

Muslimische Frauen im Stadtviertel würden durch Kopftücher und lange Mäntel ihre Reinheit demonstrieren, und einige muslimische Männer verstünden dies als Freibrief, Frauen ohne Kopftuch sexuell zu belästigen. In mehreren Oberschulen würden muslimische Jungen ihre Mitschülerinnen öffentlich in die Kategorien *halal* und *haram* einsortieren. Eine andere Grundschule, die ich besuchte, befindet sich im Frankfurter Stadtteil Griesheim, einem abgewirtschafteten ehemaligen Industriestandort. Fast 100 Prozent der Schüler besitzen einen Migrationshintergrund. Ich führte im Januar 2018 ein langes Interview mit der Schulleiterin Ingrid König und hatte dann im Februar 2018 die Gelegenheit, mit dem gesamten Kollegium zu sprechen. König berichtete von schwierigen sozialen Verhältnissen, vernachlässigten Kindern und häuslicher Gewalt. Zusätzlich sorge der Einfluss des radikalen Islam für Konflikte. Viele Kinder stünden unter Druck, meinten die Lehrerinnen, Pluspunkte für den Tag des Jüngsten Gerichts sammeln zu müssen, und demonstrierten eine islamische Lebensweise. Mädchen gäben Jungen bei Kreisspielen nicht mehr die Hand und einige von ihnen zögen bereits im ersten Schuljahr ein Kopftuch an. Schon die Kleinen würden teilweise im Ramadan fasten, und im Schwimmunterricht oder bei Ausflügen seien Mädchen häufig abwesend. Da es sich um verpflichtende Veranstaltungen handele, behaupteten die Eltern stets, ihre Töchter seien erkrankt. Das funktioniere, weil es Ärzte gebe, die entsprechende Atteste ausstellten. Auffällig sei auch die extreme Abwertung alles Nichtmuslimischen, darunter von Lehrerinnen und Erziehern. Christ zu sein werde als Makel wahrgenommen, christlich geprägte Veranstaltungen wie der Laternenumzug würden als sündhaft abgelehnt. Respektlosigkeit und religiös begründete Aggressivität erführen die Lehrerinnen auch von den Eltern, die die westliche Art zu leben vollständig ablehnten und auf patriarchalisch-islamistischen Umfangsformen beharrten. Väter und ältere Brüder würden Respektlosigkeit gegenüber den Lehrerinnen demonstrieren, und auf dem Schulhof nehme die Gewalt zu. Wenn im Rahmen von Ausflügen Kirchen besichtigt würden, folgten Beschwerden, und es seien auch schon Beleidigungen der Lehrkräfte aufgrund eines christlichen Kreuzschmuckes vorgekommen. Man erwarte von ihnen selbst Toleranz, war die einhellige Meinung der Lehrerinnen, lasse es umgekehrt aber genau daran fehlen. Abgesehen von diesen Problemen bemerkten meine Gesprächspartner eine ungeheure Anspruchshaltung der Eltern bei gleichzeitiger Verweigerung der Verantwortung für die Bildung ihrer Kinder. Ich hatte den Eindruck, das Kollegium kämpfe einen täglichen Kampf gegen Windmühlen, sorge sich um das Wohlergehen der Kinder und sei doch ratlos, weil adäquate Mittel fehlen, um ihnen einen Weg aus der familiären Misere heraus zu ermöglichen. Die Schulleiterin und das Kollegium vermissten zudem die Unterstützung des Schulamtes und der Politik. Die Behörden, so mutmaßten sie, wüssten zu wenig von den Niederungen der Ebene und produzierten stattdessen Verordnungen, die niemandem etwas nützten.

Der Journalist Joachim Wagner hat Daten in anderen multikulturellen Kommunen erhoben und kam zu ähnlichen Befunden. In der Hälfte aller von ihm besuchten Schulen klagten Lehrerinnen über Respektlosigkeit muslimischer Schüler, in vielen sorgte die Ablehnung christlicher Feste und das Mobbing nichtmuslimischer Schüler für Probleme, und nicht selten erwarteten muslimische Eltern unrealistische Bildungskarrieren ihrer Kinder, ohne diese darin zu unterstützen. Mangelnde Deutschkenntnisse der Eltern machten Gespräche oft schwierig, und in Schulen mit einem hohen Anteil von Kindern mit Migrationshintergrund gehe es kaum noch um Bildung, sondern vielmehr um grundständige Kulturtechniken wie Jacke aufhängen, Schuhe binden, Hände waschen oder rudimentäre Formen des Benehmens. Eine Mehrheit der von ihm befragten Lehrkräfte an Schulen mit hohem Ausländeranteil, so Wagner, habe das »pädagogische Ziel Integration« aufgegeben.[403]

2. Die Instrumentalisierung des Fastens und Betens

Eines der unmittelbarsten Zeichen einer zunehmend religiöser werdenden muslimischen Schülerschaft ist, dass immer mehr Kinder während des Ramadan fasten. Mancherorts gibt es einen regelrechten Überbietungswettbewerb, bei dem diejenigen Kinder am meisten punkten, die während des gesamten Ramadan tagsüber weder trinken noch essen. Selbst Grundschüler beteiligen sich bereits daran. Der selbst gemachte Leistungsdruck wird in vielen Klassen durch Schüler verstärkt, die – wie eine jugendliche Scharia-Polizei – kontrollieren, ob alle muslimischen Kinder sich an die strengen Fastengebote halten und erheblichen Druck aufbauen, wenn dies nicht der Fall sein sollte. Da wird mit Höllenstrafen und mit sozialem Ausschluss gedroht und die Befolgung vermeintlicher islamischer Vorschriften zu einem ultimativen Gradmesser moralischen Verhaltens stilisiert. Das Fasten werde immer mehr zu einer »Leistungsschau«, schreibt der Berliner Senat, nicht fastende Schüler und Schülerinnen würden kritisiert und bekämen Verachtung zu spüren.[404] Das Ergebnis ist keine Überraschung. Muslimische Kinder bleiben dem Unterricht fern, sind hoffnungslos übermüdet, weil das Frühstück mitten in der Nacht eingenommen wird, können sich nicht konzentrieren und schon gar nicht am Sportunterricht teilnehmen. Das bleibt auch muslimischen Eltern nicht verborgen. Da etliche von ihnen die Religion aber über weltliche Belange stellen, kommt es ihnen nicht in den Sinn, ihren Kindern das Fasten zu untersagen. Stattdessen fordern sie, dass sich die Schule nach dem Islam richtet und dass während des Ramadan weder Prüfungen noch Schulfeste oder Sportereignisse stattfinden.[405] Je höher der Anteil muslimischer Schüler in einer Schule sei, so Joachim Wagner, desto eher nähmen die Lehrkräfte und Schulleiter darauf Rücksicht.[406] Ein Nachgeben in dieser Frage bedeutet allerdings, dass sich Prüfungen vorher oder nachher massiv an wenigen Tagen häufen.

Konflikte gibt es auch mit Schülern, die darauf bestehen, Gebete während der Schulzeit durchzuführen, und dafür entweder eine Freistellung oder einen schuleigenen Gebetsraum verlangen. Nach konservativer Auffassung müssen männliche Muslime jeden Freitag zur Mittagszeit in einer Moschee das Freitagsgebet verrichten, doch zu dieser Zeit ist meist noch normaler Unterricht. Fromme Schüler stehen daher in einem Konflikt und bedürften einer beruhigenden Ansprache durch muslimische Kleriker oder Einrichtungen. Die erfolgt allerdings nur selten. Der »Zentralrat der Muslime in Deutschland« (ZMD), der stets betont, die Schulpflicht zu akzeptieren, empfahl dennoch, dass Schüler jede dritte Woche zum Freitagsgebet gehen und dann auch zwangsläufig dem Unterricht fernbleiben sollten.[407]

Wie geht man mit solchen Problemen um, die einerseits daraus entstehen, dass Kinder aus bildungsfernen Familien stammen, in denen das Lernen genauso wenig Platz hat wie das Einüben von Pünktlichkeit, Zuverlässigkeit oder Respekt, andererseits aber auch durch die Kultivierung eines islamistischen Abgrenzungs- und Überlegenheitsdiskurses bedingt sind? Politiker scheuen sich häufig, klare Richtlinien zu erlassen, und hoffen darauf, dass die Schulen die Herausforderungen alleine stemmen. Nicht selten wird der Wunsch geäußert, muslimische Verbände oder Moscheegemeinschaften für die Erarbeitung gemeinsamer Empfehlungen zu gewinnen. Die ehemalige Neuköllner Bezirksbürgermeisterin Franziska Giffey hatte diesen Weg beschritten und zu diesem Zweck versucht, Beziehungen zu muslimischen Einrichtungen aufzubauen. Man müsse die Moscheen nutzen, um Kontakte in die arabischstämmige Klientel zu bekommen, da arabische Lehrkräfte, Psychologen, Erzieher und Sozialarbeiter fehlten, argumentierte sie. In diesem Sinne hatte sie Vertreter von Moscheen zu Gesprächen eingeladen, um verbindliche Richtlinien für die Fastenzeit zu entwickeln. Das Ergebnis war eine Handreichung, die bereits im ersten Satz hervorhob, dass Fasten eine der fünf Säulen des Islam sei. Selbst das Fasten im Grundschulalter wurde nicht prinzipiell abgelehnt: »Im Grundschulalter beginnt – sofern das Kind dies wünscht – die Heranführung an das Fasten«,[408] heißt es. Allerdings sei Fasten kein Freifahrtschein, um schulische Pflichten zu umgehen. Man betonte: »Im Islam ist es nicht erwünscht, dass wegen des Fastens die Leistungen in der Schule schlechter werden. Das Fasten kann verschoben werden, wenn zu befürchten ist, dass sich die Leistungen in Prüfungen, Klassenarbeiten und Klausuren wegen des Fastens verschlechtern würden.« Auch sollten Eltern, die Kinder wegen des Fastens lobten, darauf hinweisen, »dass es bei Gott noch höher angesehen ist, wenn Kinder und Jugendliche zugleich in der Schule erfolgreich sind«. Man verwies mit impliziter Erwähnung eines Koranverses darauf,[409] dass es keinen Zwang in der Religion gebe und Fasten eine persönliche

Sache zwischen Mensch und Gott sei, die niemanden etwas angehe. Daher dürfe niemand herabgewürdigt oder diskriminiert werden, weil er oder sie nicht faste. Die Erklärung, die man nur als religionssensiblen Kompromiss lesen kann, wurde nach langen Verhandlungen in Neukölln von drei Moscheevorständen unterzeichnet. 17 andere verweigerten sich.

Wer wissen möchte, was der organisierte Islam zu anderen Schwierigkeiten der Passfähigkeit islamischer Normen und deutscher Gesetze zu sagen hat, kann entsprechende Empfehlungen der »Deutschen Islamkonferenz« aus dem Jahr 2009 nachlesen. Nach einem wachsweichen Bekenntnis zur Beachtung der allgemeinen Schulpflicht werden Begründungen für Ausnahmen gegeben, die sich als Ermutigung islamistischer Schülerinnen und Eltern lesen lassen. Zum Beispiel beim Sport. Mit Beginn der Pubertät bestehe »im Einzelfall ein Anspruch auf Unterrichtsbefreiung, wenn ein koedukativerteilter Sportunterricht für Schülerinnen muslimischen Glaubens zu einem Gewissenskonflikt führt«.[410] Ab der Jahrgangsstufe fünf müsse der Religionsfreiheit vor dem staatlichen Bildungsauftrag der Vorzug gegeben werden. Wenige Zeilen später werden dann islamistische Normen sogar zu allgemeinen Normen stilisiert und eine Abschaffung der Koedukation im Sport gefordert. Konkret liest sich das folgendermaßen: »Beim Schwimmen, aber auch bei anderen Formen des koedukativen Sports, sind die weiterführenden Schulen bei ausdrücklichen Einwänden von Eltern und Schülerinnen zunächst gehalten, den Sportunterricht durch geschickte Organisation in geschlechtshomogenen Übungsgruppen einer Jahrgangsstufe oder auch jahrgangsübergreifend getrennt nach Jungen und Mädchen durchzuführen.«[411] Ähnlich geht man in Bezug auf den Sexualkundeunterricht vor. Nach einer knapp bemessenen formalen Zustimmung zum Sexualkundeunterricht erfolgen dann lange Erörterungen, warum dieser mit religiösen Vorstellungen kollidiere. Wieder sind es die religiösen Überzeugungen, die ins Feld gebracht werden, unterstützt noch von Verweisen auf das »natürliche« Schamgefühl der muslimischen Kinder.[412] Und so geht es weiter. »Glaubensvorschriften hinsichtlich der unbegleiteten Reise von Mädchen« seien zu beachten, und während des Ramadan werden Schüler und Schülerinnen ab der Pubertät zum Fasten angehalten. Letzteres wird sogar apodiktisch als Muss beschrieben. Es sei Gläubigen »untersagt«, zwischen Sonnenauf- und -untergang Speisen und Getränke zu sich zu nehmen.[413]

Solche Empfehlungen, das ist unübersehbar, unterlaufen alle Bemühungen von Lehrkräften, muslimische Kinder und Jugendliche in einem normalen und geordneten Schulalltag zu integrieren. Sie befördern Auseinandersetzungen um Sonderrechte, sorgen für Unfrieden in den Schulen und stigmatisieren die muslimischen Schüler gleichzeitig als Außenseiter. Ja mehr noch, im Prinzip läuft es auf die Übernahme islamischer Normen für alle Kinder hinaus. Dafür stehen Anregungen, geschlechtshomogene Gruppen zusammenzustellen, eventuell sogar jahrgangsübergreifend. Da ist es nicht mehr weit zu Überlegungen, die Koedukation ganz aufzugeben, um Muslimen entgegenzukommen. Teilweise fügen sich Schulleitungen oder auch übergeordnete Behörden bereits den Forderungen muslimischer Schüler, Eltern und Verbände. In der bereits zitierten Handreichung des Berliner Senats heißt es beispielsweise: »Wenn möglich, sollte der Schwimm- und Sportunterricht geschlechtergetrennt durchgeführt werden. Wo dies nicht ohnehin der Fall ist, könnte dies wenn möglich durch die Zusammenlegung von Parallelklassen erfolgen. Auch das Lehrpersonal sollte gleichgeschlechtlich sein. Zudem sollte während des Mädchensports möglichst kein männliches Lehrpersonal, Hausmeister oder Badeaufsicht die einsehbaren Räume betreten. In einem solch geschützten Raum entfallen die islamischen Kleidungsvorschriften und religiöse Mädchen können dann auch ohne Kopftuch und in funktionaleren Sportkleidern agieren.«[414]

Solche Anweisungen sind kontraproduktiv und arbeiten den Kadern des politischen Islam in die Hände. Sie untergraben ein Regel- und Wertesystem, das die Gleichheit aller Schüler und Schülerinnen im Sinn hat, und erlauben das Entstehen identitärer Sondergruppen, die sich in selbst definiertem Gegensatz zur Gesellschaft befinden. Kinder, die bereits in den Familien und Moscheen vermittelt bekommen, dass sie sich von »Deutschen« fernhalten sollen, dass sie etwas Besseres sind und sich nicht um hiesige Regeln scheren müssen, weil islamische Lobbyisten diese ohnehin nach und nach aufweichen, sind für ein friedliches Zusammenleben denkbar schlecht gerüstet. Wer jetzt meint, dies sei alarmistisch, dem sei empfohlen, die Ergebnisse einer niedersachsenweiten Befragung muslimischer Schüler aus dem Jahr 2015 zu lesen. 69 Prozent aller Befragten stimmten der Aussage zu: »Der Koran ist das einzig wahre Glaubensbuch; die darin festgehaltenen Regeln müssen genau befolgt werden«, und 36,6 Prozent bejahten die Aussage: »Der Islam ist die einzig wahre Religion; alle anderen Religionen sind weniger wert.« 29,9 Prozent konnten sich vorstellen, selbst für den Islam zu kämpfen und das Leben zu riskieren, 27,4 Prozent stimmten zu, dass die Scharia und die harte Bestrafung von Ehebruch und Homosexualität besser sei als die deutschen Gesetze, und 18 Prozent meinten, es sei die Pflicht eines jeden Muslims, Ungläubige zu bekämpfen und den Islam auf der ganzen Welt zu verbreiten. 18,6 Prozent aller Schüler und Schülerinnen waren der Ansicht, dass mit aller Härte gegen die Feinde des Islam vorgegangen werden müsse.[415] Unter diesen Umständen verwundert es nicht, dass islamistische Schüler Sympathien für Dschihadisten zeigen und Terroranschläge im Namen des Islam gutheißen. Besonders nach dem Anschlag auf die Redaktion von »Charlie Hebdo«, so beklagten Lehrkräfte, habe in einigen Klassen regelrechte Feierstimmung geherrscht. Die Wiener Lehrerin Susanne Wiesinger, die ihre ernüchternden Erfahrungen mit muslimischen Schülern im Herbst 2018 publizierte, schreibt, dass etliche der Ansicht waren, jeder, der den Propheten beleidige, verdiene den Tod.[416]

Viele Lehrerinnen und Lehrer engagieren sich trotz widrigster Verhältnisse mit großem Einsatz für die ihnen anvertrauten Kinder und haben eigene Maßnahmen entwickelt, um mit den beschriebenen Problemen umzugehen. Sie werden von Privatpersonen unterstützt, die als Paten für bedürftige Kinder einspringen oder die die finanziellen Mittel für kostenlose Schulspeisungen, Betreuungen und Hausaufhabenhilfen bereitstellen. Diese Menschen benötigen die Unterstützung von Schulämtern und Ministerien, um die Herkulesaufgabe bewerkstelligen zu können, islamistisch indoktrinierte Kinder und Jugendliche aus bildungsfernen Schichten für ein Leben in Deutschland vorzubereiten.

3. Zwanzig Jahre Kopftuchstreit

Religiöses Mobbing von Mädchen, die kein Kopftuch tragen, gehört mittlerweile zum Schulalltag. Die vollmundigen Bekundungen islamistischer Verbandsvertreter, dass es in der Religion keinen Zwang geben dürfe und das Tragen des Kopftuches freiwillig sein müsse, spiegeln sich in der Realität nicht wider. Hier wird mit Drohungen, Ausgrenzungen und Beleidigungen reagiert, wenn Mädchen sich nicht einer Ordnung fügen, die gleichermaßen als ehrenhaft und gottgewollt dargestellt wird. In diesem Zusammenhang erhält die seit mittlerweile 20 Jahren währende Diskussion um das islamische Kopftuch von Lehrerinnen eine neue Brisanz.

In der Kontroverse geht es u. a. darum, ob der Schleier ein unbedenkliches Zeichen individueller Religiosität darstellt oder ob er Ausdruck eines problematischen Islamverständnisses ist. Sie konzentrierte sich lange Zeit fast ausschließlich auf Beschäftigte im öffentlichen Dienst, dabei primär auf Lehrerinnen als Repräsentantinnen des Staates, der sich selbst als weltanschaulich neutral versteht. Bevor die Debatte in Deutschland entbrannte, hatte sie bereits in Frankreich für erheblichen Wirbel gesorgt. Alles begann im Jahr 1989 im Pariser Vorort Creil, wo drei muslimische Schülerinnen nach den Sommerferien mit islamischen Kopftüchern bekleidet zum Unterreicht erschienen. Sie wurden aufgefordert, die Kopfbedeckungen abzunehmen und schließlich, nachdem sie sich weigerten, vom Direktor aus dem Unterricht ausgeschlossen. Die Organisation »SOS Racisme« griff das Thema auf und klagte im Namen der Mädchen, die Presse wurde auf den Fall aufmerksam und berichtete über ihn, und dies wiederum rief Politiker, Vertreter zivilgesellschaftlicher Organisationen und Intellektuelle auf den Plan. Die *affaire du foulard* entwickelte sich zu einer nationalen Kontroverse, bei der es um weitaus mehr ging als um ein Stück Stoff auf dem Kopf dreier Schülerinnen. Die Feministin Elisabeth Badinter beschrieb die beiden polarisierten Lager in einem Aufsatz folgendermaßen: »Auf der einen Seite [stehen] die 68er, die Differenzialisten, die Söhne von Michel Foucault und Lévi-Strauss. Sie fordern das Recht auf den

Unterschied, auf die Differenz. Auf der anderen Seite stehen die Universalisten, die Erben der Aufklärung und der französischen Revolution. Für sie kommt eine Aufweichung der weltlichen und republikanischen Prinzipien, die für alle, unabhängig von Religion und Geschlecht gelten, nicht infrage.«[417] Badinter, die sich selbst auf der Seite der Republikaner positionierte, verurteilte das Kopftuch als Zeichen von Patriarchalismus und Unterdrückung und sah den Staat in der Verantwortung, die in der Verfassung garantierten Rechte von Frauen in der Schule durchzusetzen. Trotz vielfacher Einsprüche gegen diese Interpretation erwies sich die Argumentation von Badinter in den letzten 20 Jahren als mehrheitsfähig, selbst unter französischen Muslimen. Im Jahr 2004 verabschiedete das Parlament ein Gesetz, das auffällige religiöse Symbole an Staatsschulen verbietet. Das entscheidende Argument in der französischen Kontroverse war allerdings nicht die laizistische Verfassung, sondern ebenso wie in Deutschland eine Kritik der durch das Kopftuch symbolisierten islamischen Geschlechterverhältnisse, vor allem die Unterdrückung der Frauen und Mädchen.

Acht Jahre nach der französischen »Kopftuch-Affäre« wurde auch in Deutschland debattiert. Auslöser war Fereshta Ludin, die Tochter eines afghanischen Diplomaten und Lehramtsanwärterin in Baden-Württemberg. Ludin trug ein Kopftuch, das die Haare, Ohren, den Hals und Nacken bedeckte, und bewarb sich nach bestandenem Examen im Jahr 1997 um ein Referendariat an einer öffentlichen Schule. Die Leiter zweier Schulen, bei denen sie sich vorstellte, sahen die staatliche Neutralitätspflicht verletzt und legten ihr nahe, das Kopftuch im Unterricht abzulegen. Ludin weigerte sich und erhielt die Stellen nicht. Eine katholische Schule akzeptierte sie schließlich. Doch damit war nicht viel gewonnen. Ihrem Antrag auf Einstellung in den Staatsdienst im Land Baden-Württemberg wurde nicht stattgegeben und auch eine Klage beim Bundesverwaltungsgericht wurde abgelehnt. Ludin wandte sich an das Bundesverfassungsgericht und erzielte einen Teilerfolg. Der Zweite Senat des Gerichts entschied am 24. September 2003, dass die bisherige Regelung auf der Ebene verwaltungsinterner Verordnungen nicht länger akzeptabel sei und eine Verletzung der Rechte der Beschwerdeführerin vorlag. In der Verfassung ist die »Freiheit des Glaubens, des Gewissens und die Freiheit des religiösen und weltanschaulichen Bekenntnisses« (Art. 4 Absatz 1 Grundgesetz) garantiert, sofern diese nicht anderen Rechten widersprechen. Zu diesen anderen Rechten gehört unter anderem »die negative Religionsfreiheit der Schülerinnen und Schüler, das elterliche Erziehungsrecht sowie der Ausgestaltungsauftrag des Staates für die Schule (Art. 7 Absatz 1 Grundgesetz)«.[418] Die Abwägung der unterschiedlichen Rechtsansprüche und ihre juristische Klärung wurden den Ländern übertragen. Die Gesetze, die daraufhin in den Bundesländern erlassen wurden, zeigten das Dilemma des Föderalismus und wichen vor allem in der Gewichtung der zwei wichtigsten Aspekte, nämlich der Religionsfreiheit auf der einen und der Neutralität des Staates auf der anderen Seite, voneinander ab. Fast alle Länder schätzten allerdings das Neutralitätsgebot des Staates und seiner Funktionsträger als das übergeordnete Prinzip ein.

Anette Schavan, die damals das Amt der Kultusministerin des Landes Baden-Württemberg bekleidete, brachte einen weiteren Aspekt in die Debatte ein. In einem Interview mit der »Neuen Zürcher Zeitung« sagte sie unmissverständlich: »Das Kopftuch ist innerhalb des Islam immer stärker zum Symbol für politischen Islamismus, für kulturelle Abgrenzung, geworden.« Außerdem stehe es »für die

Geschichte der Unterdrückung der Frau«.[419] Proteste aus den Reihen der Kopftuchbefürworterinnen ließen nicht lange auf sich warten. Am 1. Dezember 2003 veröffentlichten 72 Politikerinnen, Wissenschaftlerinnen und andere gesellschaftliche Funktionsträgerinnen einen Aufruf »Wider eine Lex Kopftuch«. Die Initiatorin der Kampagne war die Grünen-Abgeordnete Marieluise Beck, Erstunterzeichnerinnen waren Barbara John und Rita Süssmuth von der CDU und Sabine Leutheusser-Schnarrenberger von der FDP. Das Verbot betreffe nur Frauen, nie Männer, monierten die Unterzeichnerinnen, und es stigmatisiere die Kopftuchträgerin.[420] Kurz nach dem Erscheinen des Textes formierten sich auch die Kopftuchgegnerinnen. Eine Gruppe »Demokratisch gesinnter Migrantinnen aus muslimischen und anderen Ländern« warf den Unterzeichnerinnen vor, den Islamismus zu verharmlosen. Das Kopftuchverbot grenze lediglich Fundamentalistinnen aus, nicht die Mehrheit der in Deutschland lebenden Musliminnen, die nämlich gar kein Kopftuch trage. Das Kopftuch sei keineswegs so neutral, wie Beck meine, sondern stelle in anderen Ländern längst das »Kampfprogramm« des Islamismus dar. Diesem müsse der Staat eine deutliche Grenze zeigen. Die Anwältin Seyran Ates mahnte, die Kampagne für das Kopftuch nütze nur islamistischen Männern, die Frauen ohne Kopftuch als unmoralisch abwerten würden, und die Grünen-Bundestagsabgeordnete Ekin Deligöz appellierte an ihre Landsleute, das Kopftuch abzulegen. Sie bekam Morddrohungen und musste unter Polizeischutz gestellt werden.[421]

Auch der Vorsitzende der »Türkischen Gemeinde in Deutschland« kritisierte den Versuch radikaler Gruppen, das Kopftuch für ihre politischen Ziele zu instrumentalisieren. Im Falle Ludin lag diese Vermutung nahe. Von 1997 bis 1999 war sie in leitender Funktion in der »Muslimischen Jugend Deutschland«, die ideologisch und personell im Netzwerk der Muslimbruderschaft verortet werden kann, und später im »Milli-Görüs«-nahen »Deutschsprachigen muslimischen Arbeitskreis«.[422] Sie gehört zu einer Kategorie neuer Kopftuchträgerinnen, die nicht selten aus einem säkularen Elternhaus kommen und oft über eine sehr gute Bildung verfügen. Die Soziologin Sigrid Nökel nannte diese Frauen »Neo-Muslimas«, weil ihre Haltung sich deutlich von der ihrer Elterngeneration unterschied. Neo-Muslimas kultivieren einen identitären Islam, und sie betreiben »Identitätspolitiken«.[423] Das Kopftuch sei für sie, so Nökel, ein Medium der »Selbstaffirmation gegenüber der dominanten Kultur«.[424] Sie trügen es als Zeichen der selbst gewählten Exklusion und des Andersseins. Diejenigen Islamistinnen, die wie Ludin als politische Akteurinnen in Erscheinung treten, nutzen das Kopftuch darüber hinaus als Kampfmittel, um die Gesellschaft herauszufordern und sie als rassistisch zu »entlarven«. Steilvorlagen dafür lieferten Wissenschaftlerinnen aus den sogenannten postkolonialen Theorien wie die Pädagogin Birgit Rommelspacher, die hinter den neuen Gesetzen primär Islamfeindlichkeit vermutete.[425] Ein anderes Beispiel ist die Erdogan-Befürworterin Betül Ulusoy, die 2015 vor Gericht gezogen war, um das Tragen des Kopftuchs während ihrer Ausbildung als Rechtsreferendarin durchzusetzen. Das 2005 in Kraft getretene Berliner Neutralitätsgesetzt erlaubt das eigentlich nicht. Ulusoy gewann den Rechtsstreit, doch sie nahm die Stelle nicht an, ja sie hatte dies offensichtlich niemals vor, da sie sich ohnehin auf eine andere Stelle beworben hatte. Die ganze Sache entpuppte sich im Nachhinein als politische Kampagne, um den Staat vorzuführen und eine Bresche in das Berliner Gesetz zu schlagen, das vielen ohnehin ein Dorn im Auge ist. Es untersagt das Tragen von religiösen Symbolen im öffentlichen Dienst und wurde wiederholt von kopftuchtragenden Musliminnen als diskriminierend beanstandet. 2017 fanden die Islamistinnen politische Allianzpartner, und sowohl der grüne Justizsenator Dirk Behrend als auch der linke Kultursenator Klaus Lederer machten sich dafür stark, das Gesetz wieder abzuschaffen. Zuvor hatte schon der Landesparteitag der Grünen einstimmig für eine Aufhebung des Neutralitätsgebotes votiert. Die Gegner des Gesetzes berufen sich u. a. auf ein Urteil des Bundesverfassungsgerichtes aus dem Jahr 2015, das das Unterrichten mit Kopftuch für zulässig erachtete, wenn dadurch der Schulfrieden nicht gestört werde. Dieser Schulfrieden ist allerdings längst in Gefahr. Religiöses Mobbing ist, wie ich gezeigt habe, an Schulen mit muslimischen Mehrheiten oder starken Minderheiten omnipräsent, und die Vorbildfunktion einer kopftuchtragenden Lehrerin würde der Schikane der ohnehin unter Druck geratenen säkularen Mädchen Tür und Tor öffnen. Sandra Scheeres, die der SPD angehörige Bildungssenatorin, betonte, am Gesetz festhalten zu wollen, und auch die säkularen Grünen machten mobil. Eine »Initiative Pro Berliner Neutralitätsgesetz« wurde gegründet, die Unterschriften sammelte und einen Internetblog einrichtete.

Die Debatte ist allerdings längst keine mehr, die sich auf kopftuchtragende Lehrerinnen oder andere publikumswirksame Sektoren des öffentlichen Dienstes beschränkt. Zwei neue Kontroversen sind dazugekommen. Eine von ihnen drehte sich um die Zulässigkeit der Vollverschleierung, dabei speziell des Gesichtsschleiers (*niqab*). Initiator war der kommunistische Abgeordnete André Gérin, der angab, als Bürgermeister des Lyoner Vorortes Vénissieux eine frappierende Zunahme vollständig verhüllter Frauen beobachtet zu haben, und staatliche Intervention in Form eines Gesetzes forderte, das sowohl die islamische Ganzkörperverhüllung als auch den Gesichtsschleier verbiete.

Am 13. Juli 2010 beschloss die Nationalversammlung das Verbot mit nur einer Gegenstimme.[426] Belgien hatte bereits im April 2010 das Tragen von Kleidungsstücken unter Strafe gestellt, die eine Identifizierung im öffentlichen Raum unmöglich machen, in Spanien gilt das Verbot auf kommunaler Ebene, in den Niederlanden in pädagogischen und sicherheitsrelevanten Einrichtungen. 2016 wurde die Ganzkörperverschleierung in Bulgarien und in Teilen der Schweiz, 2017 in Österreich und 2018 in Dänemark verboten. In Italien existiert ein allgemeines Vermummungsverbot, das den *niqab* einschließt.

In Deutschland forderten Abgeordnete der CDU, CSU, der FDP und der AfD ein Verschleierungsverbot, während sich Politiker der Linken, der SPD und der Grünen dagegen aussprachen. Die Verbotsgegner behaupteten vielfach, dass es kaum Frauen gebe, die ihr Gesicht verhüllten. Das ist falsch. Im Rhein-Main-Gebiet, in dem ich lebe, nimmt die Zahl der komplett verschleierten Frauen kontinuierlich zu, gehören sie nicht nur in Fußgängerzonen zum gewohnten Bild, sondern auch an Universitäten, auf Ämtern oder in Schulen und Kindertagesstätten. Allerdings geht auch eines der wichtigsten Argumente der Verbotsbefürworter, die Totalverhüllung sei den Frauen von ihren Männern aufgezwungen worden und der Staat müsse sie jetzt durch spezielle Regularien »befreien«, an der Realität vorbei. Die Vollverschleierung inklusive des Gesichtsschleiers ist in europäischen Ländern ein demonstratives Zeichen des salafistischen Islam. Er wird von überzeugten Salafistinnen genutzt, um in der Öffentlichkeit »Farbe« zu bekennen und innerhalb der eigenen Gemeinschaft Anerkennung zu erhalten. Die von diesen Trägerinnen angestrebte gesellschaftliche Ordnung ist zweifellos diskriminierend, und wenn sie in einem Land oder auch nur in einer Region oder Kommune in Kraft ist, können Musliminnen dieser Diskriminierung tatsächlich nicht mehr entkommen. Doch das ist in Europa nicht der Fall. Hier sollte die Verhüllung des Gesichts als das erkannt werden, was es tatsächlich ist: ein politisches Statement radikaler Akteurinnen. Einige Sozialwissenschaftlerinnen werden dennoch nicht müde, für die Anerkennung solcher Praxen zu werben. Die Berliner Islamwissenschaftlerin Schirin Amir-Moazami wurde durch die *niqab*-Trägerinnen sogar dazu angeregt zu fragen, ob unser Verständnis vom »freien autonomen Subjekt« überhaupt eine universelle Gültigkeit beanspruchen sollte, d. h. letztendlich, ob die islamistische Norm der Komplettverschleierung nicht die gleiche Akzeptanz verdient wie die westlichen Normen, den Körper zu zeigen.[427] Ein ähnlich distanziertes Verhältnis zu universalistischen Werten ist bei Autorinnen aus dem bereits erwähnten postkolonialen Kontext üblich. Die Amerikanerin Saba Mahmood hat in einer Studie zu ägyptischen Salafistinnen die Verhüllung der Frauen euphemistisch als »Frömmigkeitspraxis« tituliert,[428] und für die Philosophin Judith Butler symbolisiert diese ,»dass eine Frau bescheiden ist und ihrer Familie verbunden; aber auch dass sie nicht von der Massenkultur ausgebeutet wird und stolz auf ihre Familie und Gemeinschaft ist.«[429] Solche Verteidigungsreden eines radikalen Islam, die interessanterweise von Wissenschaftlerinnen ins Feld geführt werden, die als erste in einer islamistischen Gesellschaft zum Schweigen gebracht werden würden, zeigen die Abgehobenheit eines akademischen Diskurses, der sich in einer provokativen Attitüde gefällt und Kritik ausschließlich als Verurteilung des Westen versteht.

Die zweite neue Debatte entspinnt sich um das Kopftuch bei präpubertären Mädchen. Bereits 2009 hatte die Islamwissenschaftlerin Rita Breuer beschrieben, wie kopftuchfreie muslimische Schülerinnen von fundamentalistischen Klassenkameraden gemobbt werden, und ein generelles Kopftuchverbot an Schulen gefordert.[430] Sie wurde nicht gehört. Erst als eine Studie des »Österreichischen Integrationsfonds« im Jahr 2016 neue Daten für Schulen und Kindergärten generierte, kam eine Debatte in Gang.[431] Kanzler Sebastian Kurz kündigte 2018 an, das Kopftuch an Kindertagesstätten und Grundschulen verbieten zu wollen. Einige Politiker aus CDU und FDP griffen die Forderung des österreichischen Staatsoberhauptes nach einem Kopftuchverbot für Mädchen unter 14 Jahren auf, und sowohl der Präsident des »Deutschen Lehrerverbandes«, Heinz-Peter Meidinger, als auch der Vorsitzende der »Bundesarbeitsgemeinschaft der Immigrantenverbände«, Ali Ertan Toprak, befürworteten die Forderung. Serap Güler, die Staatssekretärin für Integration aus Nordrhein-Westfalen, stellte sich an die Spitze der Verbotsbefürworter. Am 4. April kommentierte sie einen von ihr auf Facebook geposteten Artikel über das Vorhaben von Kanzler Kurz mit folgenden Sätzen: »Kopftuchverbot für junge Mädchen? Ein gutes Vorhaben, worüber wir auch nachdenken sollten. Denn einem jungen Mädchen das Kopftuch aufzusetzen ist keine Religionsausübung, sondern pure Perversion!« Während die Grünen in NRW daraufhin auf zu Güler Abstand gingen und selbst in der Bundes-CDU geteilte Meinungen herrschten, erhielt die couragierte Politikerin Unterstützung von liberalen muslimischen Intellektuellen wie Ahmad Mansour und Seyran Ates. Die Debatte war insgesamt durch die gewohnten Differenzen gekennzeichnet, die Diskussionen um den politischen Islam in Deutschland seit Jahren begleiten. Neu war jedoch, dass aus dem islamistischen Spektrum unter dem Hashtag »#Nicht ohne mein Kopftuch« eine spektakuläre Gegenaktion gestartet wurde, die innerhalb kürzester Zeit auf Platz drei der Twitter-Trends landete. Initiatoren der

Kampagne, die Tausende von Unterschriften sammelte, waren zwei islamistische Organisationen, die sich »Generation Islam« und »Realität Islam« nennen und beharrlich gegen Integration, Menschenrechte und die deutsche »Wertediktatur« wettern. Ihre Sprecher betonen, dass Gott Frauen die Pflicht auferlegt habe, Kopf und Körper spätestens ab der Pubertät zu bedecken, dass es aber besser sei, bereits vorher mit der Verhüllung zu beginnen. »Realität Islam« macht sogar Werbung mit dem Bild einer vollverschleierten Frau, das den Titel »Burka – unsere Identität« trägt. Beide Gruppen sprechen Gymnasiasten und Studenten an, versuchen sie für ihr Projekt eines von der Gesellschaft abgeschotteten identitären Islamismus zu gewinnen, und bedienen sich dabei der Rhetorik des Kulturrelativismus, um die Akzeptanz ihrer selbst definierten Andersartigkeit durchzusetzen. Den Streit um das Kopftuch bauen sie zurzeit zu einem »Stresstest für die deutsche Gesellschaft« auf.[432] Gemeint ist damit in erster Linie, ihn als Mittel der Vereinheitlichung unterschiedlicher Fraktionen von Muslimen zu nutzen, um eigene Ziele besser durchsetzen zu können oder, wie »Generation Islam« es ausdrückt, »den Sturm, den wir entfacht haben, zu einem Orkan werden zu lassen«.[433]

4. Islamischer Extremismus bei Geflüchteten

Als im Jahr 2015 Hunderttausende von Geflüchteten in Deutschland ankamen, warnte Verfassungsschutzchef Hans-Georg Maaßen vor Anwerbeversuchen durch Salafisten unter dem Deckmantel von Hilfsmaßnahmen. Für diese Warnung bestand durchaus Grund, denn die salafistischen Kreise reagierten vollkommen elektrisiert auf diese neue und unerwartete Möglichkeit, Anhänger zu rekrutieren. Die populären Prediger Pierre Vogel und Sven Lau riefen auf YouTube explizit dazu auf, Flüchtlingsunterkünfte ausfindig zu machen, dorthin zu gehen und die dortigen Muslime für die eigenen Kreise zu gewinnen. Man solle ihnen humanitär helfen, empfahlen beide, sie aber vor allem zum pünktlichen Gebet motivieren. Lau verteilte mit Gleichgesinnten vor einer Aufnahmeeinrichtung in Wuppertal Kleidung und betete mit den Flüchtlingen. Der Wuppertaler Sozialdezernent Stefan Kühn ließ sich dadurch nicht beunruhigen und gab den Medien gegenüber an, die Flüchtlinge seien vor dem IS außer Landes getrieben worden und suchten Frieden und Freiheit.[434] Daher, so meinte er wohl, wären Rekrutierungsversuche ohnehin sinnlos. Andere Kommunen sahen glücklicherweise Handlungsbedarf und informierten das Personal der Einrichtungen. In vielen Orten wurden Salafisten daran gehindert, die Anlagen zu betreten, doch gegen Ansprachen auf der Straße gab es natürlich keine Handhabe. Ebenso wenig kann verhindert werden, dass Geflüchtete Moscheen aufsuchen, in denen eine salafistische Form des Islam gepredigt wird. Dies geschieht nach unseren Forschungen allerdings allerorten. Es sind gerade die arabischen Moscheen, in denen salafistische Prediger für Islamseminare und Vorträge eingeladen werden, und es sind diese Orte, die von arabischsprachigen Flüchtlingen bevorzugt aufgesucht werden, weil sie sich dort verständigen können. Aufgrund der landsmannschaftlichen Verfasstheit der meisten Moscheegemeinschaften finden auch Flüchtlinge aus anderen Regionen in deutschen Moscheen ein heimatliches Ambiente und Menschen, die ihre Sprache sprechen. Die Afghanen zieht es in afghanische Moscheen, die Iraner in iranische und die Flüchtlinge aus Afrika in afrikanische Moscheen.

Enge Anbindungen an Moscheegemeinschaften sind

sicherlich emotionale und soziale Anker in der ungewissen neuen Welt, andererseits sind die dort vorherrschenden Strukturen für das Ankommen in Deutschland alles andere als förderlich. Wer nach der Flucht Anschluss an eine ethnisch organisierte Parallelgesellschaft gefunden hat, wird wenig motiviert sein, sich mit der fremden Gesellschaft auseinanderzusetzen und sich mit dem Erlernen der deutschen Sprache abzumühen. Aus diesem Grund sind Integrationsprojekte mit Moscheen und muslimischen Vereinigungen, deren Mitglieder selbst oft schlecht integriert sind, keine sinnvolle Maßnahme. Wenn diese Moscheen und Vereine dazu noch islamistisch ausgerichtet sind, dann wird vom ersten Tag an Skepsis, Angst oder sogar Feindschaft gegenüber der deutschen Bevölkerung vermittelt. Diejenigen, die das Unglück haben, an eine salafistische Einrichtung zu geraten, werden gar vollends in eine problematische Richtung gezogen. Solange salafistische Moscheen gesetzlich erlaubt sind, lässt sich gegen Indoktrinationen dieser Art wenig unternehmen. Unverständlich ist es allerdings, wenn Flüchtlingsheime in unmittelbarer Nähe radikaler Moscheen errichtet werden, wie es in Frankfurt geschah. Dort hatte man eine Einrichtung in direkter Nachbarschaft der »Abu-Hanifa-Moschee« eröffnet; dieser steht ein Imam namens Said Khobaib Sadat vor, der bereits verschiedentlich ins Visier der Sicherheitsbehörden geraten war. Der Afghane hatte 1991 mit seiner Familie Asyl beantragt und sollte schon mehrfach ausgewiesen werden, weil ihm vorgeworfen wurde, für den Dschihad zu werben und den Märtyrertod zu verherrlichen.[435] Die unsichere Lage am Hindukusch hatte dies jedoch stets verhindert. Im Jahr 2016 ermittelte die Staatsanwaltschaft gegen seine Tochter, die die Ausreise nach Syrien geplant haben soll. Für die Gerichte war das belastende Material stets zu wenig, sodass Sadat, obwohl er bezichtigt wird, die deutsche Gesellschaft abzulehnen und Hass zu predigen, weiterhin in Deutschland bleiben kann. Für junge Geflüchtete, die sich in seine Moschee verirren, ist er das denkbar schlechteste Vorbild. Er führt in seiner Person außerdem die häufig wiederholte Floskel *ad absurdum*, dass Asylbewerber nach Deutschland kommen, weil sie Demokratie und deutsche Rechtsstaatlichkeit schätzen. Das zeigt auch ein anderes Beispiel. Unser Forschungszentrum hatte im Februar 2016 die Homepage des syrischen IS-Anhängers Malik F. aus dem Arabischen übersetzt, auf der er Syrer seiner Geisteshaltung anwarb, um in Deutschland Asyl zu beantragen. Seine Argumente für Deutschland in wörtlicher Übersetzung: »Es existiert kein weiteres Land, das ein höheres monatliches Flüchtlingsgeld als Deutschland gibt! Deutschland ist eines der wirtschaftsstärksten Länder auf der Welt und insbesondere in Europa, so heißt es, gibt es genügend Arbeitsmöglichkeiten. Du hast Kinder und du befürchtest horrende Schulgebühren? Sei dir sicher, dass du nichts an jährlichen Beiträgen für deinen Sohn zahlen wirst. Hast du deine Kinder an der Hochschule und fürchtest die horrenden Studiengebühren an den Universitäten? Das geht die deutschen Universitäten an, denn es ist einfach eine kostenlose Ausbildung. Außerdem erhält eine studierende Person, die einen Flüchtlingsausweis besitzt, ein monatliches Einkommen in Höhe von 600 Euro und das nennt sich Bafög. Ein Student, der einen Flüchtlingsausweis besitzt, hat ein Anrecht darauf. Dieser Geldbetrag reicht dafür aus, dass der Student seinen Lebensunterhalt bestreiten und ein anständiges Leben führen kann. Ich hoffe, dass ich dir bei der Wahl deiner Entscheidung geholfen habe, wo dein Aufenthaltsort sein wird, mein Flüchtlingsbruder. Es lebe Syrien unter dem Schatten des einzigen Islamischen Staates.«[436]

Dass Deutschland als Zielort von islamistischen Extremisten ausgesucht wird, ist keineswegs neu. Teilweise haben Extremisten sogar mit der Begründung Asyl beantragt, dass sie in ihrem Heimatland wegen ihrer radikalen Einstellung politisch verfolgt waren. Ein Beispiel ist der in Kapitel vier erwähnte Metin Kaplan, der in Köln einen Kalifatsstaat ausgerufen hatte. Ein aktueller Fall aus dem Jahr 2018 war der des Oussama B. aus Algerien, an dessen dschihadistischer Grundhaltung und Gewaltbereitschaft aus Sicht von Polizei und Justiz kein Zweifel bestand. Er hatte 2003 Asyl in Deutschland beantragt, war abgelehnt worden und dennoch geblieben. Zweimal hatte er ein Kind aus einer früheren Beziehung nach Algerien entführt und war dafür zu acht Monaten Haft auf Bewährung verurteilt worden. Es folgten mehrere andere Delikte. 2014 ging er nach Frankreich, bedrohte eine staatliche Angestellte, die er als Jüdin zu identifizieren glaubte, aus antisemitischen Motiven heraus mit dem Tode und bekannte sich wiederholt als Befürworter dschihadistischer Anschläge. Vorbild war offensichtlich sein Bruder, der sich als Selbstmordattentäter in die Luft gesprengt hatte. Nach einem Gefängnisaufenthalt in Frankreich kam er zurück nach Deutschland, wo er sich weiterhin in extremistischen Szenen herumtrieb und mit markigen dschihadistischen Sprüchen auffiel. Jemand wie Oussama B. kann nach Paragraph 58a des »Aufenthaltsgesetzes zur Abwehr einer besonderen Gefahr für die Sicherheit der Bundesrepublik Deutschland« ausgewiesen werden. 2017 lagen alle Beweise vor, um Oussama B. als Gefährder in seine Heimat abzuschieben, und auch andere Voraussetzungen schienen gegeben. Algerien hat die internationale Menschenrechtskonvention, das UN-Übereinkommen gegen Folter und den internationalen Pakt über bürgerliche und politische Rechte unterzeichnet. Dennoch hatte das Oberverwaltungsgericht in Leipzig Bedenken, dass die Behandlung des Dschihadisten in Algerien deutschen Vorstellungen einer guten Behandlung nicht genügen könne. Oussama wurde nicht abgeschoben, sondern kam in Abschiebehaft und wurde nach acht Monaten in die Freiheit entlassen. Die Situation war verfahren, da Algerien selbst auf Ministerialebene alles zugesagt hatte, was die deutschen Behörden forderten. Monatelang wurde weiter verhandelt. Schließlich gelang es dem Chef der Bundespolizei Dieter Romann, seinem algerischen Amtskollegen Abdelghani Hamel, den er persönlich gut kannte, ein Ehrenwort abzuringen, der jegliches Risiko einer menschenrechtswidrigen Behandlung ausräumte. Im Januar 2018 wurde der Gefährder endlich in seine Heimat zurückgeführt.

In einem anderen aktuellen Fall, dem des Sami A. aus Tunesien, gab es größere Schwierigkeiten. Sami A. kam 1997 als Student aus Tunesien nach NRW, machte zwar keinen Abschluss, blieb aber dort und lebte mit seiner Familie von staatlichen Transferleistungen. Während eines Antiterrorprozesses im Jahr 2005, in dem er als Zeuge aussagte, wurde er von einem Angeklagten beschuldigt, ein Mitglied von »al-Qaida« und ehemaliger Leibwächter von Osama bin Laden gewesen zu sein. Seine Aufenthaltsgenehmigung war in Gefahr, doch Sami A. beantragte mit der Begründung Asyl, dass er in Tunesien gefoltert werden könnte. Tunesien wurde damals von dem Diktator Ben Ali regiert, doch mittlerweile hat sich das Land in eine viel gelobte Demokratie verwandelt. Die demokratisch gewählte Regierung lehnt Folter ab und bekundet, dass Sami A. nach rechtstaatlichen Maßstäben der Prozess gemacht wird. Das Gelsenkirchener Verwaltungsgericht glaubt der Regierung jedoch nicht und lehnte einen Abschiebeantrag ab. Dass Sami A., bedingt durch einige pittoreske juristische und politische Ungleichzeitigkeiten, dennoch abgeschoben wurde, ist hier unerheblich, die Anmaßung des Gelsenkirchener Richters ist es jedoch nicht. Man lässt tatsächlich zu, dass ein Richter einer deutschen Provinzstadt einem ausländischen Staat, mit dem die Bundesregierung gute Beziehungen unterhält, das Misstrauen ausspricht und dass dies internationale diplomatische Verwerfungen zur Folge haben könnte. Niemand kann den beteiligten tunesischen Politikern verübeln, dass sie ob solch kolonialer Gebärden mehr als verärgert sind. Auch die Leichtfertigkeit, mit der man sich schützend vor Personen wirft, die möglicherweise vorhaben, andere Menschen zu ermorden, weil sie dies für eine gottgefällige Heldentat halten, ist vollkommen unverständlich.

Die Annahme, dass Flüchtlinge vor islamistischem Terror nach Deutschland zu entkommen suchen, wie der Wuppertaler Sozialdezernent und mit ihm viele andere stets vollmundig behaupteten, stimmt für einige, jedoch keinesfalls für alle. Menschen, die sich auf den Weg nach Europa machen, haben viele Gründe. Einige von ihnen sind politisch verfolgt, andere entfliehen einem Bürgerkrieg, und wieder andere suchen eine bessere wirtschaftliche Zukunft. Diejenigen, die aus politischen Gründen fliehen, sind nicht immer Demokraten, sondern oft genug Islamisten. Diese Menschen werden nicht einfach zu Anhängern des bundesdeutschen Rechtsstaates, weil sie ihr Land verlassen haben, sondern können unter Umständen eine ernste Gefahr sein. Dazu kommen Personen, die vom IS auf die Reise geschickt und mit Pässen, Geld und Aufträgen ausgestattet wurden. Flüchtlinge oder als Flüchtlinge getarnte Menschen haben seit 2016 in Deutschland mehrere Anschläge durchgeführt oder sind zuvor von Sicherheitsdiensten enttarnt worden. Nach Auskunft der Bundesregierung auf eine Anfrage des Abgeordneten Stephan Thomae hatten im Frühjahr 2018 von 761 islamistischen Gefährdern und 496 sogenannten »relevanten Personen« fast ein Viertel, nämlich 362 Personen, einen Asylantrag gestellt. Fünf dieser Personen waren bereits anerkannt, 68 wurde die Flüchtlingseigenschaft zuerkannt, 30 Personen hatten subsidiären Schutz erhalten.[437] Unter relevanten Personen werden Menschen verstanden, die innerhalb der dschihadistischen Szene als Unterstützer oder Führungspersonen agieren. Wie man mit diesen Menschen umgehen möchte, ist nicht klar. Eine lückenlose Beobachtung durch die Polizei scheitert am fehlenden Personal, und mögliche Abschiebungen sind angesichts der rechtlichen Vorgaben und der Überlastung der Gerichte ebenfalls nicht wahrscheinlich.

Wahrscheinlich ist dagegen, dass wir mit einer Zunahme islamistischer Extremisten aus den Kreisen der Geflüchteten zu rechnen haben. Menschen, die ihre Heimat verlassen, sind für Extremismen ansprechbar, auch wenn sie vorher keine Islamisten waren. Das liegt zum einen daran, dass Flucht traumatisiert, vor allem wenn Geflüchtete eine Gewaltgeschichte als Opfer oder Täter haben, aber auch daran, dass das Ankommen in der Fremde alles andere als schön ist. Die bürokratischen Verfahren sind endlos, die Unsicherheit zerrt an den Nerven, und gerade die Anfangszeit in Deutschland bedeutet, in Sammelunterkünften auszuharren, sich zu langweilen und keiner sinnvollen Beschäftigung nachgehen zu können. Viele sind enttäuscht, weil sie sich alles anders vorgestellt haben, und auch wütend, weil ihnen Schlepper von Willkommensgeschenken und einfachen Arbeitsmöglichkeiten erzählt haben und sie sich betrogen fühlen. Vor diesem Hintergrund haben radikale Agitatoren ein leichtes Spiel.

XI MUSLIMISCHER ANTISEMITISMUS: DIE TABUISIERTE GEFAHR

Antisemitismus hat eine lange Geschichte in Europa und wurde unter den Nationalsozialisten zu einer monströsen Barbarei, die sechs Millionen Juden das Leben kostete. Er existiert heute noch in rechten Milieus mit Einsprengseln bis in die Mitte der Gesellschaft, aber auch bei einem Teil des linken Spektrums, verkleidet als Israelkritik. Als Folge muslimischer Migration hat sich in den vergangenen Jahren in Europa zusätzlich ein explizit muslimischer Antisemitismus herausgebildet, der zum Teil extrem gewalttätig ist. Trotz zahlreicher empirischer Evidenzen wird der Antisemitismus von Muslimen jedoch von Teilen der Politik und Zivilgesellschaft negiert oder heruntergespielt.

1. Gewalt gegen Juden in Frankreich

In Frankreich, wo die größte jüdische Gemeinschaft Europas lebt, lässt sich der Beginn der antisemitischen Welle auf das Jahr 2000 datieren. Aus jenem Jahr wurde eine Reihe von Angriffen auf jüdische Einrichtungen gemeldet, darunter ein Brandanschlag auf eine Pariser Synagoge.[438] In den kommenden Jahren folgten zahlreiche weitere Übergriffe. Nach Angaben von Manek Weintraub vom »Rat jüdischer Institutionen in Frankreich« wurden 90 Prozent der Taten von arabischstämmigen Personen begangen.[439] Im Jahr 2006 kam es zu einem furchtbaren Mord, der über alles hinausging, was man bis dahin für möglich gehalten hatte. Eine Gruppe von Muslimen entführte den jungen Telefonverkäufer Ilan Halimi in Sainte-Geneviève-des-Bois, einem südlichen Vorort von Paris, und schaffte ihn zunächst in eine leer stehende Wohnung, dann in den Technikraum des Wohnblocks, der sich im Keller befand. Den Schlüssel hatte der Hausmeister beschafft. Er und viele andere Bewohner des Blocks sollen von der Entführung gewusst haben. Die Täter, die sich »Gang der Barbaren« nannten, wollten Geld erpressen, da sie davon ausgingen, dass »Juden zahlen«, wie es der Hauptbeschuldigte später vor Gericht aussagte. Weder das kriminelle Motiv noch das weitverbreitete Vorurteil, dass alle Juden wohlhabend seien, erklärt allerdings die unfassbare Brutalität der Entführer. Man hatte Halimi entkleidet, gefesselt und 23 Tage lang gefoltert, Zigaretten auf seinem Körper ausgedrückt, ihn geschlagen und verstümmelt. Dann schaffte man ihn aus dem Haus, legte ihn an einem Bahngleis ab, übergoss ihn mit einer brennbaren Flüssigkeit und zündete ihn an. Dazu bedarf es einer besonderen Art des Hasses, die vor allem in der Person des Anführers der Bande, Youssouf Fofana, Gestalt annahm. Fofana, ein bekennender bin-Laden-Bewunderer, der sich gerne Osama nennen ließ, trat im anschließenden Strafverfahren selbstbewusst auf und gab eine krude Ideologie zum Besten, die aus Salafismus, Dritte-Welt-Pathos und Ghetto-Brutalität bestand. Der Mord und die Folterungen wurden in der internationalen Presse kontrovers diskutiert, und es herrschte eine besondere Scheu, die antisemitischen Motive zu benennen. »Wenn Fofana es auf Halimi abgesehen hatte, dann nicht wie einst die Nazis, ›weil es ein Jude ist‹. Sondern ›weil Juden reich sind‹«, schrieb Stefan Brändle in der »Weltwoche«.[440] Das sei nicht dasselbe, obschon es für den jungen Halimi auf dasselbe hinausgelaufen sei. Auch würden, so Brändle, die Konflikte zwischen Muslimen und Juden in Frankreich übertrieben. »Solche Fälle«, meinte er abschließend, » werden sich so lange wiederholen, bis die riesigen Einwandererghettos in den Banlieues in die Gesellschaft integriert sind.« Dass diese Einwandererghettos muslimisch dominiert werden und der dort gelebte Islam sich wegen seines inhärenten Antisemitismus offenbar gut zur Rechtfertigung jeder Art von Gewalt gegen einen wehrlosen und alles andere als wohlhabenden Juden eignet, erwähnte Brändle nicht. Auch Michaela Wiegel verhielt sich in ihrer Beurteilung in der »FAZ« vom 29. April 2008 unbestimmt, machte aber einen neuen Rassismus in den Ghettos aus und bemerkte, dass es Fofana problemlos gelungen sei, Helfer unter Jugendlichen zu finden, darunter ein siebzehnjähriges Mädchen, das den Lockvogel spielte.[441] Die »Jüdische Allgemeine« hatte bereits am 2. März 2006 mögliche antisemitische Aspekte ins Spiel gebracht. »Die Leute behaupten immer, die Juden seien paranoid«, zitiert die Redakteurin eine jüdische Studentin »aber wir wissen, wovon wir reden, wir kennen die Vorurteile, die Beschimpfungen, den Haß.«[442] Sie lebte wie die Entführer im Vorort Créteil und bekannte, schon seit langem nicht mehr allein aus dem Haus zu gehen. Die kleinen Geschwister dürften nicht einmal mehr den Müll herunterbringen.

Am 19. März 2012 kam es zu einem weiteren Anschlag, dieses Mal im Gewand des Dschihadismus, bei dem der dreiundzwanzigjährige Franko-Algerier Mohamed Merah in der jüdischen »Ozar-Hatorah-Schule« in Toulouse den Rabbiner, dessen kleine Kinder und die achtjährige Tochter des Schuldirektors erschoss. Merah, ein Kleinkrimineller, der vom Inlandsgeheimdienst wegen islamistischer Tätigkeiten beobachtet wurde, gab später an, er habe gegen das Leid palästinensischer Kinder protestieren wollen. Nach dem Anschlag, der von einigen muslimischen Franzosen als Heldentat gefeiert wurde, folgte eine Welle antisemitischer Drohungen und Hassmails gegen die Schule.[443] Zwei Jahre später, am 24. Mai 2014, ermordete der französische Staatsbürger Mehdi Nemmouche im »Jüdischen Museum« in Brüssel vier Personen. Nemmouche, der nach seiner Festnahme von ehemaligen französischen Geiseln des IS als Folterer wiedererkannt wurde, hatte sich bei einer früheren Gefängnisstrafe radikalisiert und gab an, sein Vorbild Mohamed Merah übertreffen zu wollen. 2014 war das Jahr, in dem Israel nach einer Reihe von Raketenangriffen der »Hamas« die »Operation Fels in der Brandung« ausrief und eine Bodenoffensive in Gaza durchführte. Weltweit kam es zu antiisraelischen Protesten, die häufig in antisemitischen Hass umschlugen. Allein aus Frankreich wurden 164 und aus Großbritannien 141 Übergriffe auf Juden gemeldet, einige davon mit tödlichem Ausgang. Am 26. Januar 2014 skandierten in Paris 17.000 Demonstranten »Tod den Juden« und »Juden raus, Frankreich gehört euch nicht!« Es kam zu Angriffen auf Synagogen, und im Pariser Vorort Sarcelles, in dem vielen Juden leben, wurden Autos angezündet, Geschäfte geplündert und eine Bäckerei in Brand gesteckt. Nach dem Waffenstillstand beruhigte sich die Situation, doch bereits im Dezember kam es wieder zu einem Überfall im Vorort Créteil, begangen von drei Muslimen zwischen 18 und 20 Jahren. Sie vermummten sich, klingelten an der Tür eines jungen jüdischen Paares, bedrohten es mit Waffen und verschafften sich Zutritt zur Wohnung. Der einundzwanzigjährige Mann und seine neunzehnjährige Freundin wurden gefesselt, die junge Frau zusätzlich vergewaltigt. Die Täter stahlen den Schmuck der Frau, nötigten die Opfer, ihnen die PIN-Codes ihrer Kreditkarten zu verraten, und hoben Geld an einem Bankautomaten ab. Wieder waren die Täter der Ansicht, Juden seien reich.

Antisemitisch motiviert war auch ein Anschlag am 9. Januar 2015 im Anschluss an das Massaker auf die

Redaktion des Magazins »Charlie Hebdo« in Paris. Der bereits mehrfach verurteilte Straftäter Amedy Coulibaly überfiel den jüdischen Supermarkt »Hyper Cacher«, nahm mehrere Geiseln und erschoss vier jüdische Männer, bevor er selbst von Spezialkräften der Polizei erschossen wurde. Coulibaly hatte bei einem seiner Gefängnisaufenthalte den »al-Qaida«-Rekrutierer Dschamel Beghal kennengelernt und war unter dessen Einfluss von einem gewöhnlichen Kriminellen zum Dschihadisten geworden. Beim Anschlag auf »Charlie Hebdo« am 7. Januar 2015 spielte Hass auf Juden ebenfalls eine Rolle. Die Opfer waren bis auf eine einzige Ausnahme Männer, und ein Terrorist gab gegenüber der Mitarbeiterin Sigolène Vinson an, der Koran verbiete es, Frauen zu töten. Das galt offenbar nicht für die Jüdin Elsa Cayat, die bereits im Vorfeld des Attentats durch anonyme antisemitische Telefonanrufe bedroht wurde. Sie wurde erschossen. Auch der Anschlag auf den Pariser Club »Bataclan« am 13. November 2015 scheint antisemitisch beeinflusst gewesen zu sein. Das Lokal wurde bis zum September 2015 von den jüdischen Eigentümern Pascal und Joel Laloux geführt, und es fanden häufig proisraelische Veranstaltungen statt. Wiederholt war es deshalb zu propalästinensischen Protestaktionen und zu Drohungen gekommen. Die Mitglieder der Band »Eagles of Death Metal«, die am 13. November ein Konzert gaben, hatten aus ihrer israelfreundlichen Einstellung nie ein Hehl gemacht. Erst im Juli 2015 waren sie in Tel Aviv aufgetreten. Diese Umstände wurden in der Presse nur selten thematisiert.

Eine unbegreifliche Scheu, das Offensichtliche beim Namen zu nennen, zeigte sich auch beim Mord an der 66 Jahre alten Ärztin Sarah Halimi, die seit vielen Jahrzehnten im Pariser Belleville-Viertel lebte, einem Quartier, das sich gern seiner Multikulturalität rühmt. Sarah

Halimi war als Jüdin bekannt und wurde deshalb wiederholt von ihrem Mörder, dem Islamisten Kobili Traoré, beschimpft und bedroht. Am Morgen des 3. April 2017 gegen vier Uhr drang Traoré in die Wohnung Halimis ein, folterte sie eine Stunde lang und warf sie anschließend aus dem Fenster. Mehrfach soll er »Allahu akbar!« gerufen haben. Ein Nachbar, der die Schreie des Opfers hörte, alarmierte die Polizei. Diese kam zu dritt, griff aber nicht ein, weil sie angeblich auf weitere Verstärkung warten wollte. Während die Beamten vor der Tür warteten, wurde Sarah Halimi weiter misshandelt und schließlich ermordet. Ein Schweigemarsch durch das Viertel wurde einem Bericht der Historikerin Alexandra Laignel-Lavastine zufolge von muslimischen Jugendlichen gestört, die »Tod den Juden!« riefen.[444] Als es zum Verfahren gegen den Mörder kam, fehlte, so Philipp Peyman Engel in der »Jüdischen Allgemeinen«, »jeder Hinweis darauf, dass es sich offenkundig um ein antisemitisches Hassverbrechen gehandelt hatte«.[445] Obwohl Sarah Halimis Sohn darauf hingewiesen hatte, dass die Familie des Täters für ihren Antisemitismus bekannt war, dass nicht nur der Mörder, sondern auch dessen Schwester seine Mutter antisemitisch beschimpft und beleidigt hatte, argumentierte die Staatsanwaltschaft mit einer psychischen Störung des Angeklagten. Die Philosophin Elisabeth Badinter kritisierte die Kultur des Schweigens, doch erst als andere prominente Intellektuelle, darunter Alain Finkielkraut, Pascal Bruckner und Michel Onfray, in einer Petition die »Wahrheit über den Mord an Sarah Halimi« forderten, bewegte sich die Judikative. Im März 2018 kam es zu einem weiteren Mord an einer älteren Jüdin. Der Islamist Yacine M. erstach die fünfundachtzigjährige Mireille Knoll und verbrannte ihren Leichnam. Das Perfide an diesem Fall ist der Umstand, dass das Opfer den Täter seit seiner Kindheit kannte und ihn sogar betreut hatte. Vor dem Mord hatte der Mann dem Opfer mehrfach gedroht, sie zu verbrennen, und sie hatte dies der Polizei gemeldet, doch niemand nahm die Sache ernst. Ein zweiter Verdächtiger, der sich ebenfalls in der Wohnung der Rentnerin aufgehalten haben muss, erzählte der Polizei, Yacine habe »Allahu Akbar!« gerufen, als er die bettlägerige Frau erstach. Die Tat löste internationale Bestürzung aus, nicht zuletzt, weil nicht mehr zu verbergen war, dass sie aus antisemitischen Motiven begangen wurde und kein Einzelfall war. Wer jetzt allerdings glaubte, die Sicherheitskräfte hätten die antisemitische Gewalt unter Kontrolle, irrte. Fünf Tage nach dem Mord wurde ein Versammlungsraum jüdischer Studenten an der Universität »Sorbonne« verwüstet. Die Wände wurden mit antisemitischen Graffiti besprüht. Die »Union der jüdischen Studenten in Frankreich« sprach in diesem Zusammenhang von einem antisemitischen und antizionistischen Whirlpool innerhalb der Mauern der französischen Universität.

Die geschilderten Beispiele sind hinsichtlich der Brutalität, mit der einzelne Akteure ihren Antisemitismus auslebten, zweifelsohne extrem. Es handelt sich aber keineswegs um Sonderfälle, die von kranken Psychen im Hinterzimmer ausgedacht wurden. Die Wahrheit ist, dass sie die Spitze eines Eisberges darstellen – eines aus wachsendem Antisemitismus bestehenden Eisberges, der auch auf einer kleinteiligen zwischenmenschlichen Ebene Gewalt gegen Juden legitimiert. Dafür sprechen weniger bekannte Ereignisse wie die Messerattacke auf einen Gymnasiallehrer in Marseille im Jahr 2017. Der Täter, ein muslimischer Schüler, sagte aus, er habe einen Juden enthaupten wollen. Oder der Überfall auf zwei jüdische Jugendliche im Februar 2018, die mit Stöcken traktiert wurden. Einem der beiden sägten die Täter zusätzlich Finger ab. Oder der Angriff zweier Teenager auf einen achtjährigen jüdischen Jungen, der an seiner Kippa als Jude erkenntlich war. Oder der Überfall auf ein fünfzehnjähriges Mädchen im Januar 2018, dem das Gesicht mit dem Messer aufgeschlitzt wurde. Die Liste der in Frankreich verübten Gewalttaten ließe sich fortsetzen. Es gibt Wandschmierereien auf jüdische Geschäfte, Restaurants und Privatwohnungen, teilweise werden Juden persönlich aufgefordert, das Land zu verlassen. Diese Entwicklung geschieht schleichend, und die Ereignisse werden nur selten von den Medien wahrgenommen. Die Schriftstellerin Gila Lustiger, die in Paris lebt, erzählte in einem ihrer Bücher von dem Befremden angesichts der neuen Situation: »Immer mehr jüdische Bekannte erzählten von antisemitischen Übergriffen, davon, dass orthodoxe Juden angepöbelt oder zusammengeschlagen wurden, davon, dass man jüdische Geschäfte oder Synagogen mit Hassparolen beschmierte oder gar in Brand setzte, davon, dass jüdische Kinder in den staatlichen Schulen der Vororte gemobbt wurden und reihenweise in Privatschulen überwechselten.«[446] Jüdische Orte müssen von Sicherheitskräften bewacht werden und die Synagoge in Paris wurde zu einer Festung ausgebaut. Sie erinnere, so Axel Veiel in der »Frankfurter Rundschau«, »an einen Militärstützpunkt in Feindesland. Haushohe Mauern, besetzt mit engmaschigem Zaundraht und Speerspitzen, bilden einen ersten Befestigungsring. Ein von Halogenscheinwerfern ausgeleuchteter Innenhof schließt sich an. Es folgen vergitterte Tore, hinter denen ein Wachmann patrouilliert.«[447] Der Historiker Georges Bensoussan sagte gegenüber dem »Deutschlandfunk«, dass der traditionelle Antisemitismus, der von Rechtsextremen oder konservativen katholischen Kreisen ausging, keine nennenswerte Rolle mehr spiele.

Dafür erstarke der gewalttätige Antisemitismus der extremen Linken, der mit einem Antizionismus vermengt sei. »Die wahre Neuheit aber ist der muslimische Antisemitismus. Nicht nur in Frankreich, sondern weltweit.«[448] Bensoussan zufolge gehört die Geringschätzung von Juden zur traditionellen Kultur Algeriens, Tunesiens und Marokkos, der Heimat der Mehrheit der Muslime in Frankreich. Im Maghreb seien Juden unterdrückt und marginalisiert, in Frankreich gehörten sie jedoch der gebildeten Mittelschicht an, seien als gesellschaftliche Gruppe den Muslimen übergeordnet. Dieser Umstand führe dazu, dass die tradierte Abwertung in Hass umschlage. Jeder dritte rassistische Übergriff in Frankreich, so der »Jewish Community Protection Device«, habe sich gegen Juden gerichtet, obgleich diese nur ein Prozent der Bevölkerung stellten. Der ehemalige Premierminister Manuel Valls gab der Presse gegenüber an, dass alle identifizierten Täter Muslime gewesen seien. Das, so Guy Millière, mache die Kritik am neuen Antisemitismus schwer.[449] Einige möchten Muslime nicht als Täter sehen, weil sie eine ökonomisch marginale Minderheit innerhalb der französischen Gesellschaft darstellen, andere fürchten den Vorwurf der »Islamophobie«. Deshalb wird nur selten über die antisemitischen Motive von muslimischen Attentätern berichtet, und wie die geschilderten Fälle zeigen, ermitteln auch die Staatsanwaltschaften nur ungern in diese Richtung. Als Konsequenz der allgemeinen Untätigkeit politischer und zivilgesellschaftlicher Akteure verlassen viele Juden Frankreich, weil sie sich nicht mehr sicher fühlen. Die Zahl der jüdischen Gemeinschaft, die im Jahr 2000 noch 500.000 betrug, ist jetzt auf 400.000 geschrumpft.

2. Muslimischer Antisemitismus in Deutschland

In Deutschland ist die Situation glücklicherweise nicht so dramatisch wie in Frankreich, doch auch hier nimmt der muslimische Antisemitismus zu. Viele Wissenschaftler und Politiker behaupten, dass die Mehrheit aller Gewalttätigkeiten gegen Juden von Nichtmuslimen begangen wird. Außerdem sei die deutsche Gesellschaft latent antisemitisch. Was ist davon zu halten? Zunächst einmal: Ja, es gibt diesen deutschen Antisemitismus nicht nur in Neonazi-Kreisen oder Teilen des rechtspopulistischen Lagers, sondern ebenfalls bei respektablen Bürgern. Dennoch lässt sich nicht verleugnen, dass der Antisemitismus unter Muslimen in Deutschland sehr viel ausgeprägter ist als unter Menschen anderer Glaubensvorstellungen und Weltauffassungen. Das ist beileibe keine neue Erkenntnis, denn zur Einstellung von Muslimen liegt eine Reihe erhellender wissenschaftlicher Arbeiten vor.[450] Bereits die Studie »Muslime in Deutschland«, die im Bundesinnenministerium in Auftrag gegeben und 2007 veröffentlicht wurde, zeigte, dass Muslime in besonderem Maß durch antisemitische Einstellungen auffallen. Der Grad des Antisemitismus variierte dabei nach Stärke der Religiosität bzw. nach der Art des Islamverständnisses. 49,6 Prozent aller Fundamentalisten, 42,8 Prozent aller Konservativen und 29,5 aller Orthodox-Religiösen, aber nur 13,6 Prozent aller gering Religiösen fielen durch antisemitische Vorurteile auf.[451] Dass antisemitische Ressentiments bei Muslimen deutlich häufiger vorkommen als bei Nichtmuslimen verdeutlichte auch die unter Leitung von Wolfgang Frindte im Auftrag des Bundesinnenministeriums durchgeführte Erhebung »Lebenswelten junger Muslime in Deutschland«. »Als generellen Befund können wir festhalten, dass deutsche Muslime und nichtdeutsche Muslime signifikant ›größere Vorurteile gegenüber Juden‹ besitzen als Nichtmuslime«, stellte das Forscherteam fest.[452] 43,2 Prozent aller in Deutschland lebenden Muslime, die im Nahen Osten geboren wurden, stimmten beispielsweise der Aussage zu, dass es besser wäre, wenn die Juden den Nahen Osten verlassen würden. 33,72 Prozent aller in Deutschland geborenen, 28,97 Prozent aller in der Türkei geborenen und 27,27 Prozent aller in Afrika geborenen Muslime stimmten ebenfalls zu. Bei deutschen Nichtmuslimen betrug die Zustimmung nur 6,21 Prozent.[453]

Dass antisemitischen Feindbilder bei arabischen Flüchtlingen in Deutschland weit verbreitet sind, belegt eine qualitative Forschungsarbeit von Günther Jikeli im Auftrag des »American Jewish Committee« in Berlin.[454] Im Dezember 2016 befragte Jikeli 54 geflüchtete Männer und 14 Frauen aus Syrien und dem Irak zwischen 18 und 52 Jahren, die ab 2014 nach Deutschland gekommen waren. Eine Folgestudie mit 85 Befragten wurde angeschlossen. Zuvor hatte Jikeli bereits eine empirische Studie bei jungen muslimischen Männern in Paris, London und Berlin durchgeführt und insgesamt 117 Personen befragt, die ebenfalls einen tief verwurzelten Antisemitismus belegte.[455] Jikeli identifizierte eine Reihe von antisemitischen Stereotypen, dabei stets auch die klassische Verschwörungstheorie, der zufolge Juden reich seien, die Medien kontrollierten und schlicht die Welt beherrschten. Eine zweite Kategorie von Vorurteilen, so Jikeli, sei an den Nahostkonflikt gekoppelt und basiere auf der Überzeugung, dass Israelis Besatzer seien, die Palästinensern das Land gestohlen hätten und jetzt ihre Kinder ermordeten. Neue Untersuchungen aus Österreich[456] und Befunde aus muslimisch geprägten Ländern weisen in die gleiche Richtung. Bei 80 bis 90 Prozent aller Muslime in arabischen Ländern, so die »Anti-Defamation League«, seien antisemitische Einstellungen evident. Das »Pew Research Center« kommt zu ähnlichen Ergebnissen.[457] Verantwortlich dafür seien die Medien oder auch Schulbücher. In Syrien, so Günther Jikeli, würden Juden in den Geschichtsbüchern der Oberstufe als »ewige Feinde der Muslime und Araber sowie der gesamten Menschheit« dargestellt.[458]Das perfideste antisemitische Narrativ ist die ins christliche Mittelalter zurückgehende Legende vom jüdischen Kindermord. In einer islamistischen Variante wird erzählt, dass Juden palästinensische Kinder entführen, um ihre Organe zu rauben. Ein Beispiel ist eine siebenteilige Serie des iranischen Fernsehsenders »Sahar 1«, die später ins Türkische übersetzt auf dem streng religiösen Kanal »TV 5« lief, der nach Recherchen der »taz« dem »Milli-Görüs«-Gründer Necmettin Erbakan nahestehen soll.[459] Die Serie trägt den Titel »Sarahs blaue Augen« und erzählt die Geschichte eines palästinensischen Mädchens im Westjordanland, das von israelischen Soldaten entführt wird, die sich als UN-Mitarbeiter verkleidet haben. Dem Kind werden auf Befehl eines jüdischen Generals die Augen herausoperiert, um sie seinem erblindeten Sohn einzusetzen. Die Autoren eines 2006 erschienenen »taz«-Beitrags fanden heraus, dass DVDs der Serie zusammen mit anderen antisemitischen und islamistischen Publikationen auf einer Buchmesse in Berlin-Kreuzberg vertrieben wurden. Die Veranstalter sollen, so die »taz« zum Umfeld der »Islamischen Gemeinschaft Milli Görüs« gehört haben. Es bedurfte allerdings nicht der DVDs, um die Serie in Deutschland anzuschauen, denn der Sender »TV 5« sendete europaweit, und das Machwerk war auch im Internet erhältlich.

Was bedeutet antisemitische Propaganda für die gesellschaftliche Wirklichkeit in Deutschland? Wie in Frankreich gibt es nicht nur antisemitische Einstellungen bei

Muslimen, sondern auch antisemitische Übergriffe von Muslimen auf Juden, die im Folgenden nur beispielhaft zitiert werden. Ein Fall, der in den Medien Aufmerksamkeit erregte, war ein Angriff auf den Berliner Rabbiner Daniel Alter, der am 28. September 2012 im Beisein seiner sechsjährigen Tochter von vier mutmaßlich arabischen Jugendlichen attackiert wurde. Der Angriff erfolgte mitten am Tag im Stadtteil Schöneberg. Einer der Angreifer fragte Alter, der eine Kippa trug, ob er Jude sei, dann folgten Schläge ins Gesicht und Beleidigungen. Auch das kleine Mädchen wurde bedroht. Daniel Alter bezeichnete daraufhin verschiedene Bezirke Berlins, in denen besonders viele Muslime wohnen, als *no-go-areas* für Juden. Die mediale Diskussion um seinen Fall ermutigte andere, ebenfalls von ihren negativen Erlebnissen zu berichten. Eine jüdische Historikerin erzählte der »Berliner Morgenpost«, sie lese in der S-Bahn nicht mehr die »Jüdische Allgemeine«, weil es unter Umständen gefährlich sein könne, als Jüdin erkannt zu werden.[460] Die Situation habe sich in den letzten zehn Jahren dramatisch verschlechtert. Sechseinhalb Jahre nach der Attacke griff Miriam Lau in der »Zeit« die Frage nach Gegenden, die für Berliner Juden gefährlich sind, erneut auf.[461] Im Selbstversuch begleitete sie den Rabbiner Jehuda Teichtal bei einem Spaziergang auf der Kreuzberger Sonnenallee. Teichtal war mit Vollbart, schwarzem Mantel und einem breitkrempigen schwarzen Hut, dem Borsalino, als Jude erkennbar. Flankiert von der Reporterin und einem Kameramann passierte ihm nichts, doch das Klima sei bedrohlich gewesen, schreibt Lau. Zweimal kurbelten Vorbeifahrende ihre Fenster herunter und brüllten »Yahoud!«, »Jude«. Ein Mann rempelte den Rabbiner an, eine Frau spuckte aus, die Blicke waren eisig. Teichtal, der in New York gelebt hatte, sagte, er habe niemals zuvor solche Angst gehabt wie auf der Sonnenallee. Auch seine Tochter hatte bereits schlechte Erfahrungen in Berlin gemacht. Ein muslimischer Schüler habe im Sportunterricht gesagt, er wolle keine Juden in der Mannschaft haben, und niemand habe ihn zurechtgewiesen.

Ein anderer Rabbiner, der den Medien seine Erfahrungen mit muslimischem Antisemitismus offenbarte, ist Mendel Gurewitz aus dem hessischen Offenbach, der Kommune mit dem höchsten Ausländeranteil in Deutschland. Der »FAZ« berichtete er von einer Attacke im Jahr 2013, die verbal begann und handgreiflich endete. Es habe ihn damals schockiert, bekannte Gurewitz, doch letztlich sei es nichts Neues, da der Antisemitismus unter muslimischen Jugendlichen in Offenbach zum Alltag gehöre. Jüdische Kinder der 800 Mitglieder starken Gemeinde trauten sich nicht mehr, die Kippa in der Schule zu tragen, weil sie Schikanen der arabischstämmigen Jugendlichen fürchteten.[462] Gurewitz hatte auf den Angriff mit einer Einladung der Täter in seine Synagoge gekontert und dort nach eigenen Angaben ein gutes Gespräch geführt, das ihn optimistisch stimmte. Der Presse gegenüber sagte er später, die Jungen liefen ihm gelegentlich über den Weg, und man grüße sich gegenseitig. Im Juli 2018 wurde seine Zuversicht empfindlich gedämpft. Wieder wurde er auf dem Weg von der Synagoge nach Hause von Jugendlichen mit antisemitischen Sprüchen beleidigt. Couragiert ging er auf die Gruppe zu und erkannte einen derjenigen wieder, der ihn bereits fünf Jahre zuvor angegangen und sich bei dem Gespräch entschuldigt hatte.

In den letzten Jahren wurden mehrere Fälle von antisemitischem Mobbing an Schulen und von Bedrohungen jüdischer Schüler und Schülerinnen offenkundig. Der erste, der an die Öffentlichkeit gelangte, ereignete sich an der »Friedenauer Gesamtschule« in Berlin-Schöneberg, die seit 2016 das Etikett »Schule ohne Rassismus – Schule mit Courage« führt. Den Titel kann eine Schule nur dann erwerben, wenn sich 70 Prozent der Lehrenden, Schüler und des technischen Personals verpflichten, gegen jede Form von Diskriminierung vorzugehen und bei Konflikten einzugreifen.[463] Entgegen dieser schönen Vorsätze fiel die Schule allerdings dadurch auf, dass Schulleitung, Lehrpersonal und Elternschaft bei der Diskriminierung eines jüdischen Schülers zusahen, ohne einzugreifen. Passiert war folgendes: Der vierzehnjährige Ferdinand wurde von dem Augenblick an, als seinen Klassenkameraden wussten, dass er Jude war, gemobbt und gemieden. Alle Juden seien Mörder, sagten seine muslimischen Mitschüler mit Anspielungen auf den Nahostkonflikt. Der Schulleiter, der von den Eltern informiert wurde, lud daraufhin die Großeltern des Jungen, beide Holocaust-Überlebende, in die Klasse ein, um über ihre Erfahrungen zu berichten. Genutzt hat diese Nachhilfe in deutscher Geschichte wenig. Die Quälereien gingen weiter. Ferdinands Eltern wurden mit der Aussage beschwichtigt, dass die Schüler nicht verantwortlich gemacht werden könnten, weil sie von den Elternhäusern entsprechend geprägt seien. Lehrer rieten dem Schüler, die Angreifer zu meiden, um sie nicht zu »provozieren«.[464] Diese fühlten sich ermutigt, mit ihren Attacken auf Ferdinand fortzufahren, weil auf ihre Taten keinerlei Konsequenzen folgten. Schließlich lauerten zwei von ihnen dem Jungen an einer Bushaltestelle auf, würgten ihn und bedrohten ihn mit einer echt aussehenden Pistole. Die Eltern meldeten ihren Sohn daraufhin von der Schule ab. Sie hatten ihn bewusst an der »Friedenauer Gesamtschule« angemeldet, weil sie ein multikulturelles Umfeld wünschten, aber weder damit gerechnet, dass Ferdinand monatelang physischer und verbaler Gewalt seiner muslimischen Mitschüler ausgesetzt sein, noch damit, dass niemand eingreifen würde. Bekannt wurde die Sache, weil der in London herausgegebene »Jewish Chronicle« am 24. März 2017 einen Artikel über die Angelegenheit veröffentlichte und deutsche Medien dadurch aufmerksam wurden.[465] Der Schulleiter, der sich im Mittelpunkt einer wenig schmeichelhaften Debatte wiederfand, sah sich gezwungen zu handeln, und die Täter wurden von der Schule verwiesen. Bemerkenswert ist, dass an der Friedenauer »Schule ohne Rassismus« keine Stellungnahme der muslimischen Eltern erfolgte, obwohl diese einen großen Anteil der Elternschaft stellten. Für Irritationen sorgte zudem ein offener Brief der Elternschaft, in dem stand, man sorge sich um den guten Ruf der Schule und darum, dass der Fall von Personen genutzt werden könne, die »islamfeindliche Tendenzen verfolgen«.[466] Der Rektor wurde mit den Worten zitiert, der jüdische Schüler sei sehr offen mit seiner Religion umgegangen, doch man habe mit diesem Problem keine Erfahrungen. Der Journalist Alan Posener empörte sich daraufhin in der »Welt« über das offenkundige Versagen der Schule im Umgang mit muslimischem Antisemitismus. Nicht der offene Umgang des Schülers mit seiner Religion sei das Problem, sondern »das offene Ausleben von Rassismus an einer Schule, die angeblich couragiert den Rassismus bekämpft«.[467] Verantwortlich, so Posener, sei auch der Verein, der die Auszeichnung »Schule ohne Rassismus« vergebe, da sie ausschließlich den »Rassismus gegen Zuwanderer, nicht den Rassismus der Zugewanderten« adressiere.[468] Der Journalist Claus Strunz, der für eine Dokumentation Interviews an der Schule führen wollte, stieß nicht nur auf Ablehnung, sondern auch auf Gewalt. In einem Interview mit der »Jüdischen Allgemeinen« sagte er: »Der Begriff Antisemitismus hat offenbar zusammen mit einem falsch empfunden Patriotismus der Schüler für ihre Schule zu Angriffen auf mich und mein Team geführt. Wir wurden mit Steinen beworfen und als ›Hurensöhne‹, ›Bastarde‹ und ›Schwanzlutscher‹ beschimpft.«[469] Seit diesem Fall ist die Presse aufmerksamer geworden und es wird immer wieder über Beleidigungen, Mobbing und Gewalt gegen jüdische Schüler und Schülerinnen berichtet. Das Thema war von Schulleitungen und Politik lange verschwiegen und verharmlost worden, doch die schiere Masse an Ereignissen zwang schließlich zum Eingestehen eines ernsthaften Problems.

Antisemitische Attacken müssen Juden auch im Sport erleben. Im September 2018 ging Alon Meyer, der Präsident des jüdischen Sport-Dachverbands »Makkabi Deutschland«, an die Presse und beklagte den zunehmenden Antisemitismus durch Migranten aus arabischen Ländern. Die Situation habe sich durch den Zuzug von Flüchtlingen aus muslimischen Ländern verschärft. »Es kommt nicht mehr von rechts, es kommt nicht mehr von den Glatzen. Vor allem in den großen Vereinen, also Frankfurt, Köln, Stuttgart oder Berlin kommt es verstärkt von Gegnern mit einem arabisch-muslimischen Hintergrund«, meinte Meyer gegenüber »Radio HR Info«.[470] Vor allen in den unteren Ligen des Fuß-, Hand- und Basketball sei es so hasserfüllt wie nie zuvor, sagte er dem »Spiegel« gegenüber. Die Angriffe reichten von Beleidigungen einzelner Spieler und judenfeindlichen Parolen bis hin zu Handgreiflichkeiten und Messerattacken, zum Beispiel am 30. Mai 2015 bei einem Spiel mit BFC Meteor 06.[471] »Makkabi«-Spieler wurden von Spielern der gegnerischen Mannschaft als »Judenschweine« und »dreckige Juden« beschimpft und sogar körperlich angegangen. Das Spiel musste abgebrochen und die Polizei zum Schutz der jüdischen Sportler herbeigerufen werden.[472]

Immer wieder kommt es auf der Straße oder in Verkehrsmitteln zu Angriffen auf Juden. Ein Fall ereignete sich im April 2018 im Berliner Stadtteil Prenzlauer Berg. Adam Armoush, ein junger Araber, selbst kein Jude, zog eine Kippa auf, um zu beweisen, dass diese Kopfbedeckung keine Gefahr für Juden darstelle. Er wurde prompt angegriffen und von einem jungen Mann unter Beschimpfungen mit einem Gürtel geschlagen. Der Täter wurde gefasst. Es handelte es sich um einen neunzehnjährigen syrischen Flüchtling. Das Amtsgericht Tiergarten verurteilte ihn wegen Beleidigung und schwerer Körperverletzung zu einem (!) Monat Jugendarrest. Der Übergriff wurde in der Öffentlichkeit heftig diskutiert, weil eine Filmaufnahme vorlag, die in den Nachrichten gesendet wurde. Andere Fälle schaffen es lediglich in die lokale Presse, wie die Attacke auf einen syrischen Juden in Berlin, der durch einen Davidstern erkenntlich war. Im Juli 2018 wurde er von einer zehnköpfigen Gruppe von Frauen und Männern körperlich misshandelt. Die Männer waren syrische Staatsbürger.[473] Einen Monat zuvor waren vier jüdische Jugendliche am Bahnhof Zoo angegriffen und verletzt worden. Die Täter hatten sie an der jüdischen Musik identifiziert, die sie hörten. Sowohl in diesen Fall als auch bei dem des Kippa-Trägers sollen Passanten keine Hilfe geleistet haben.

Der wohl erschütterndste Ausbruch von massenhaftem Antisemitismus der jüngeren Gegenwart fand im Juli 2014 anlässlich einer militärischen Auseinandersetzung zwischen Israel und der »Hamas« statt. Nach anhaltendem Raketenbeschuss israelischer Siedlungen reagierte Israel mit Artillerie- und Luftangriffen auf Gaza und schließlich, nachdem die »Hamas« einen von Ägypten vorgeschlagenen Waffenstillstandsplan abgelehnt hatte, mit einer Bodenoffensive. In Deutschland organisierten propalästinensische Unterstützergruppen daraufhin Demonstrationen, um Israel zu verurteilen. Was sich dabei abspielte, beschrieben Georg M. Hafner und Esther Schapira folgendermaßen: »Es kommt zu Übergriffen auf Unbeteiligte, nur weil sie durch eine Kippa als Juden erkennbar sind. Es gibt Schmierereien an Synagogen und Sprechchöre wie ›Jude, Jude, feiges Schwein, komm heraus und kämpf allein‹ [...]. Über Facebook organisierte Spontandemonstrationen ziehen durch Bochum und Gelsenkirchen und brüllen unter anderem ›Hamas, Hamas, Juden ins Gas.‹ In Köln rufen Linke zu einer Friedensdemonstration auf und zeigen sehr unfriedliche Transparente: ›Israel trinkt das Blut unserer Kinder aus den Gläsern der UN‹ oder ›Entfernt den Tumor Israel‹. Selbst das eigentliche Friedensziel wird klar benannt, die Auslöschung des Staates Israel.«[474] Die Ereignisse des Jahres 2014 zeigten, wie selbstverständlich die Dämonisierung Israels gelang, obgleich die »Hamas« der Aggressor war. Hier gibt es eine fatale Übereinstimmung von Islamisten und einem Teil der Linken. Befeuert wird diese Haltung von der irrigen Annahme, dass antijüdischer Rassismus der islamischen Welt vollkommen wesensfremd sei und lediglich von den Europäern übernommen worden sei.

3. Judenfeindlichkeit in der islamischen Geschichte

Fakt ist, dass muslimische Antisemiten selbst versuchen, einen großen Bogen in die frühislamische Geschichte zu schlagen. Auf den oben beschriebenen antiisraelischen Demonstrationen wurde nämlich skandiert: »Chaibar, Chaibar ya Yahud, dschaisch Mohammad saya'ud«, übersetzt: »Chaibar, Chaibar, o ihr Juden! Mohammeds Heer kommt bald wieder.« Chaibar war zu Zeiten Mohammeds eine von Juden bewohnte Oase, die von Muslimen erobert wurde. Grund genug, sich Mohammeds Verhältnis zu Juden anzuschauen und den Koran zu befragen.

Jüdische Stämme spielten im 7. Jahrhundert eine wichtige ökonomische Rolle auf der arabischen Halbinsel. In Medina, wo Mohammed nach seiner Flucht aus Mekka Aufnahme fand, stellten sie die Hälfte der Bevölkerung. Anders als er gehofft hatte, weigerten sie sich, den Islam anzunehmen und Mohammeds politische Führung anzuerkennen.[475] Der Koran schreibt dazu: »Einige von denen, welche Juden sind, die rücken Wörter weg von ihrem Platz und sprechen: ›Wir hören und sind widerspenstig!‹ [...] Doch hätten sie gesagt: ›Wir hören und gehorchen!‹ [...], so wäre das für sie wahrlich gut und angemessen. Doch Gott verfluchte sie ihres Unglaubens wegen!« (Vers 4: 46).[476] Auch die Weigerung, Teil einer muslimischen Konföderation zu sein, so der Theologe Hans Küng in seiner historischen Abhandlung der islamischen Frühgeschichte, habe die Juden in den Augen Mohammeds, der damals einen mehrjährigen Krieg gegen Mekka führte, in politischer und militärischer Hinsicht verdächtig erscheinen lassen.[477] Die islamischen Überlieferungen sind nicht weniger explizit. In einem Hadith ist folgender Text niedergeschrieben: »Der jüngste Tag wird nicht kommen, bevor nicht die Muslime gegen die Juden kämpfen und sie töten, so dass sich die Juden hinter Bäumen und Steinen verstecken. Und jeder Baum und Stein wird sagen: ›Oh Muslim, oh Diener Gottes, da ist ein Jude hinter mir. Komm und töte ihn.‹«[478] Welche Botschaft, fragt der Historiker Matthias Küntzel, kann man diesem Text entnehmen? Nicht nur die Muslime, sondern die gesamte Natur sei den Juden feindlich gesonnen. Wenn sie sich vor ihren Verfolgern verstecken, verraten die Bäume sie, und selbst der Himmel schließe sich an. Erst der Tod oder besser die Auslöschung der Juden führe zum Paradies. »Diese grauenvolle Anweisung ist – so die Überlieferung – aber nicht von irgendjemandem, sondern vom Propheten Mohammed persönlich ergangen.«[479] Hamed Abdel-Samad beschreibt die Beziehung Mohammeds zu den Juden als »Geschichte einer enttäuschten Liebe«.[480] Die jüdischen Stämme hätten die Einladung zum Bund ausgeschlagen. Sie konvertierten nicht und versuchten in den Kriegen, die Mohammed führte, neutral zu bleiben. Das jedoch wurde ihnen zum Verhängnis. Ein weiterer Grund für die Vertreibung der Juden aus Medina sei schlicht monetärer Natur gewesen. Nach der verhängnisvollen Niederlage der muslimischen Medinenser gegen die nichtmuslimischen Mekkaner in der Schlacht von Uhud sei die Kriegskasse der Muslime leer gewesen. Da kamen die Besitztümer des Stammes der jüdischen Banu Nadr gerade recht. Der Koran rechtfertigt ihre Vertreibung mit folgenden Sätzen: »Er ist es, der die Ungläubigen unter den Buchbesitzern aus ihren Häusern vertrieb« (Vers 59: 2).[481]

Dass die Juden immer mehr als Feinde ins Visier des Propheten gerieten, verrät Vers 5: 82: »Wahrlich, du wirst finden, dass die Menschen, die den Gläubigen am feindlichsten gesinnt sind, die Juden sind.«[482] In Vers 4: 160 heißt es: »Ja, wegen des Frevels derer, die zum Judentum gehören, haben wir ihnen Gutes verboten, was einst erlaubt war.«[483] In Vers 5: 60-62 wird von denen gesprochen, die Gott »zu Affen und Schweinen machte«, die »vom rechten Weg völlig abgeirrt« sind und »der Sünde nachlaufen«. Dass damit die Juden gemeint sind, wird an Vers 5: 63-64 deutlich, wo es heißt: »Warum verbieten ihnen nicht die Rabbinen und Schriftgelehrten, dass sie Sündiges sprechen und Unrechtmäßiges verzehren? Ja, wie schlimm ist, was sie anrichteten! Und die Juden sagen: ›Gottes Hand ist gefesselt.‹ Gefesselt sollen ihre

Hände sein und sie selbst verflucht ob dessen, was sie sagen!«[484] Auch die Vorstellung, Juden seien reich und unehrenhaft zu Geld gekommen, die Ilan Halimi zum Verhängnis wurde, findet sich sowohl in christlichen als auch in muslimischen Quellen. Im Koran werden Juden verflucht, »weil sie Zinsen nahmen, obwohl es ihnen untersagt war und weil sie unrechtmäßig das Vermögen der Menschen verzehrten« (Vers 4: 161).[485] Deutlicher noch sind die Biografie Mohammeds und die prophetischen Überlieferungen.[486] Das antijüdische Ressentiment, so Samuel Salzborn, der in einer Publikation weitere antijüdische koranische Verse aufgelistet hat, sei »Teil der religiösen Architektur des Islam«.[487]

Es blieb nicht bei feindseligen Einstellungen, denn unter der Führerschaft Mohammeds kam es in Medina zu antijüdischen Pogromen. In den Jahren 624 und 625 wurden die jüdischen Stämme der Qainuqa und Nadir gezwungen, ihr Land zu verlassen. Ihr Besitz wurde als Kriegsbeute verteilt. Der letzte jüdische Stamm, die Quraiza, konnten sich nicht durch Flucht retten. 600 Männer sollen die Krieger Mohammeds an einem einzigen Tag im Jahr 627 enthauptet haben. Frauen, Kinder und die Habseligkeiten der Toten wurden nach damaliger Sitte den Siegern überlassen.[488] Auch danach ereigneten sich in der islamischen Geschichte immer wieder Massaker an Juden.[489] Selbst im spanisch-muslimischen al-Andalus, wo Juden als Gelehrte geachtete Positionen einnahmen, fielen sie antijüdischen Ausschreitungen zum Opfer. In Granada wurde im Jahr 1066 ein großer Teil der jüdischen Bevölkerung, insgesamt etwa 4.000 Menschen, ermordet.[490] Trotz dieser blutigen Geschichte lebten Juden vielerorts friedlich mit Muslimen zusammen und waren als so genannte *dhimmi* von der Obrigkeit geschützt, wenn auch nicht rechtlich gleichgestellt. Außerdem muss betont werden, dass sich der muslimische Antisemitismus im Vergleich mit dem christlichen in der Geschichte eher bescheiden ausnimmt.[491]

Mitte des 19. Jahrhunderts kam es zu einer Zunahme von antijüdischem Rassismus in Europa. Als Reaktion auf Diskriminierung und Bedrohung wanderten in den 1880er-Jahren erstmals große Gruppen von Juden in den Nahen Osten aus, der sich damals noch unter osmanischer Herrschaft befand. Spätestens seit dieser Zeit lässt sich von einer verwobenen Geschichte christlicher und muslimischer Formen antijüdischer Vorurteile und damit begründeter Gewalt sprechen. Antisemitische Schriften wurden aus europäischen Sprachen in orientalische übersetzt und fanden zahlreiche Leser.[492] In Europa heizte die sogenannte Dreyfus-Affäre den Antisemitismus zusätzlich an, die durch die Verurteilung und spätere Rehabilitierung des jüdischen Offiziers Alfred Dreyfus in Frankreich wegen angeblichen Landesverrates entfacht wurde. Der Schriftsteller Theodor Herzl, der die Verfolgung der Juden nicht als individuelles, sondern als politisches Problem verstand, entwickelte daraufhin die Idee eines jüdischen Staates in Nahen Osten. Er veröffentlichte seine Idee einer sicheren nationalen Heimstatt für Juden in seinem 1896 erschienen Buch »Der Judenstaat. Versuch einer modernen Lösung der Judenfrage« und publizierte weitere detaillierte Konzepte für einen solchen zukünftigen Staat in seinem utopischen Roman »Altneuland«, das den programmatischen Untertitel »Wenn ihr wollt, ist es kein Märchen« trug. Die zionistische Bewegung, die diese Ziele umsetzen sollte, wurde 1897 auf dem ersten Zionistenkongress in Basel ins Leben gerufen und führte zu mehreren Einwanderungswellen in die Region.[493] Land wurde käuflich erworben, und jüdische Gemeinschaften wurden aufgebaut. In der Balfour-Deklaration vom 2. November 1917 sagte Großbritannien seine Unterstützung für die Errichtung einer nationalen Heimstätte des jüdischen Volkes zu und somit wurde weitere Zuwanderung ermöglicht.

Der Prozess der Ansiedlung europäischer Juden und die politischen Umstrukturierungen lösten Konflikte mit der ortsansässigen arabischen Bevölkerung aus. In den 1920er-Jahren kam es zu gewalttätigen Ausschreitungen gegen Juden, die von antizionistischer Propaganda angeheizt wurden.[494] In einigen Orten wurden Massaker verübt, wie im August 1929 in Hebron, wo jüdische Häuser von einem mit Messern bewaffneten Mob gestürmt und 67 Männer, Frauen und Kinder getötet wurden. Mit der Machtübernahme Adolf Hitlers in Deutschland begann eine enge Zusammenarbeit zwischen Islamisten und Nationalsozialisten, bei der sich vor allem Muhammad Amin al-Husseini, der Mufti von Jerusalem, den Deutschen anbiederte. Er teilte Himmlers Idee einer vollständigen Vernichtung aller Juden, floh nach einem niedergeschlagenen arabischen Aufstand nach Deutschland und half beim Aufbau einer muslimischen SS-Division in Bosnien-Herzegowina. Als antisemitischer Hardliner zeigte sich später auch Sayyid Qutb, der 1950 in »Ad Da'wa«, der Zeitschrift der Muslimbruderschaft, seinen Aufsatz »Unser Kampf mit den Juden« publizierte. Bezeichnenderweise zog er eine Linie von der Frühzeit des Islam bis zur Gegenwart. Er schrieb: »Die Juden von heute gleichen ihren Ahnen zur Zeit des Propheten Mohamed: Sie zeigen Feindseligkeit, seitdem der Staat von Medina gegründet wurde. Sie verübten Anschläge gegen die Gemeinschaft der Muslime [...], betrieben Machenschaften und waren doppelzüngig, um die ersten Muslime anzugreifen. [...] Von solchen Kreaturen, die töten, massakrieren und Propheten verleumden, kann man nur eines erwarten: Menschenblut zu vergießen, schmutzige Mittel zu verwenden, um ihre Machenschaften und ihre Bosheit weiter zu treiben.«[495] Die Mordmaschine des deutschen Nationalsozialismus erschien Qutb als Antwort Gottes und als Legitimation für ähnliche Aktivitäten. »Allah hat Hitler gesandt, um über sie [die Juden, d. Verf.] zu herrschen«, führte er aus, »und Allah möge wieder Leute schicken, um den Juden die schlimmste Art der Strafe zu verpassen.«[496]

Am 2. April 1947 bildeten die UN eine Kommission, die die Teilung des palästinensischen Mandatsgebietes in einen arabischen und einen israelischen Part ausarbeitete, und am 29. November 1947 wurde dieser Plan von der Generalversammlung der Vereinten Nationen mit 33 Zustimmungen, 13 Gegenstimmen und zehn Enthaltungen beschlossen. Die »Arabische Liga« und die arabische Bevölkerung des Mandatsgebietes lehnten den Plan ab. Im Januar kamen erste freiwillige Kämpfer der Liga in die Region, um die Teilung mit militärischen Mitteln zu verhindern, und im April begann die jüdische »Hagana« mit einer militärischen Offensive, um die Verbindung zwischen den einzelnen jüdischen Siedlungen und die freie Zufahrt nach Jerusalem zu sichern. Sowohl auf jüdischer als auch arabischer Seite kam es zu schweren Menschenrechtsverletzungen. Am 14. Mai 1948 endete das britische Mandat, und David Ben-Gurion verkündete die Unabhängigkeit des Staates Israel. Noch in der Nacht der Staatsgründung erklärte eine Allianz arabischer Staaten Israel den Krieg. Die Armeen Jordaniens, des Irak, Syriens, des Libanon und Ägyptens griffen den jungen Staat an, wurden jedoch militärisch geschlagen. Während des Krieges flohen 700.000 arabische Palästinenser, weil sie den Kampfhandlungen ausweichen wollten, von der »Arabischen Liga« dazu aufgefordert oder von israelischen Soldaten vertrieben wurden. Nahezu unbekannt ist, dass fast ebenso viele Juden aus arabischen Ländern vertrieben wurden.[497] Während die jüdischen Vertriebenen in Israel eine neue Heimat fanden, siedeln die palästinensischen Flüchtlinge und ihre Nachkommen in arabischen Nachbarländern oder in neuen städtischen Siedlungen im Westjordanland oder in Gaza. Anders als die geflohenen Juden, die heute Bürger Israels sind, bestehen die Palästinenser auf einem Flüchtlingsstatus und lassen sich von den Vereinten Nationen alimentieren. Ihre Siedlungsgebiete gelten als Flüchtlingslager. In ihnen wird die Erinnerung an die Häuser der Vorfahren kultiviert und in Form riesiger Schlüssel symbolisiert, die an Ortseingängen befestigt sind. Hier soll keine Normalität einkehren, ist die Ablehnung des Existenzrechtes Israels konstitutiv für die Gemeinschaft, werden Jugendliche in Hass aufgezogen und Terroristen als Märtyrer verehrt.

Eine Besonderheit der Palästinenser ist, dass sie ihren Flüchtlingsstatus vererben. Durch ihre ungewöhnlich hohen Geburtenraten sind aus den 700.000 Personen, die das Land verließen, inzwischen sechs Millionen geworden. Der Flüchtlingsstatus hat für die Palästinenser eine Reihe von Vorteilen. Er sichert ihnen eine außergewöhnlich positive Berichterstattung, erteilt ihnen eine privilegierte Position in den Debatten internationaler Organisationen, allen voran der UNO, und bringt zudem einen erheblichen monetären Gewinn. Es gibt ein eigenes Flüchtlingshilfswerk innerhalb der Vereinten Nationen, die »United Nations Relief and Work Agency for Palestine Refugees in the Near East« (UNRWA), das im Jahr 2016 eigenen Angaben zufolge 5,9 Millionen Personen finanziell unterstützte.[498] Die UNRWA hat 31.000 Mitarbeiter, fast ausnahmslos Palästinenser, und ist nach der »Palästinensischen Autonomiebehörde« der größte Arbeitgeber in den palästinensischen Gebieten. Das für alle anderen Flüchtlinge der Welt zuständige UN-Flüchtlingshilfswerk, das UNHCR, kommt mit dagegen 9.700 Beschäftigten aus.[499] Im Jahr 2017 zahlten allein die USA 360 Millionen Dollar an die UNRWA und finanzierten 30 Prozent des Haushalts. Nach Kürzungen unter Präsident Trump im Jahr 2018 erhöhte Deutschland seine Zahlungen auf 81 Millionen Euro. Von diesen Mitteln werden u. a. Schulen unterhalten, in denen die Kinder lernen, dass Israel ein Unrechtsstaat sei und dass sie eines Tages den Grundbesitz ihrer Vorfahren zurückerobern werden. In Schulbüchern, so eine Studie aus dem Jahr 2014, kann man Folgendes lesen: »Wir kehren heim, zurück zu den Häusern, den Tälern, den Bergen, unter den Flaggen des Sieges, des Dschihad und des Kampfes, mit Blut, Selbstaufopferung, Brüderlichkeit und Loyalität.«[500] Mit deutschen Hilfsgeldern werden aber auch Familien von Selbstmordattentätern und Inhaftierte alimentiert, die wegen Gewalt gegen Israelis verurteilt wurden. Diese Zahlungen, so das »Mideast Freedom Forum«, honoriere Gewalt und Terrorismus und destabilisiere Israel und die palästinensischen Gebiete.[501]

Noch zweimal, während des Sechstagekrieges im Jahr 1967 und des Jom-Kippur-Krieges 1993, versuchten arabische Staaten, Israel mit militärischen Mitteln von der Landkarte zu löschen. Friedensbemühungen scheiterten an Hardlinern auf beiden Seiten. Der Extremismusforscher Armin Pfahl-Traughber weist darauf hin, dass eine explizite Judenfeindlichkeit seit den 1970er-Jahren in den programmatischen Texten vieler islamistischer Organisationen nachweisbar ist.[502] An vorderster Front steht die 1988 gegründete »Harakat al-Muqawama al-Islamiyya«, kurz »Hamas«, der palästinensische Zweig der Muslimbruderschaft, die in ihrer Gründungscharta mit der Gefahr einer jüdischen Weltverschwörung argumentiert.

»Mit ihrem Vermögen errichteten sie geheime Organisationen«, steht in Artikel 22, »die sich in die verschiedensten Teile der Welt ausgebreitet haben, um Gesellschaften zu unterhöhlen und die Interessen des Zionismus durchzusetzen. Sie stecken hinter dem Ersten Weltkrieg, durch den es ihnen gelang, dem islamischen Kalifat den Garaus zu machen, materielle Gewinne einzustreichen und zahlreiche Ressourcen unter ihre Kontrolle zu bringen. Es gibt keinen Krieg, bei dem sie nicht hinter den Kulissen ihre Finger im Spiel hätten.«[503] Palästina, so die »Hamas« in Artikel 34, sei »der Nabel der Welt«, und betont in Artikel 11, dass kein Teil aufgegeben werden könne. Dafür werden einerseits historische Argumente und Verweise auf die prophetischen Überlieferungen vorgebracht, aber auch ein interessanter Herrschaftsanspruch auf alle Gebiete erhoben, »die die Muslime einst gewaltsam erobert« haben.[504] Diese seien nämlich bis zum Tag des Jüngsten Gerichts muslimisches Territorium. In Artikel 13 heißt es: »Friedliche Lösungen und internationale Konferenzen zur Lösung der Palästina-Frage stehen im Widerspruch zur Ideologie der Islamischen Widerstandsbewegung. [...] Die Palästina-Frage kann nur durch den Dschihad gelöst werden. Initiativen, Vorschläge und internationalen Konferenzen sind sinnlose Zeitvergeudung, frevelhaftes Spiel, und das palästinensische Volk ist zu kostbar, als dass man mit seiner Zukunft, seinem Recht und seinem Schicksal ein frevelhaftes Spiel treiben könnte.«[505]

Die Gründungscharta der »Hamas« vereinigt mehrere Diskursstränge, die auch in den Pamphleten anderer islamistischer Organisationen enthalten sind: a. die Kombination von Antijudaismus mit Israelfeindlichkeit, b. die Idee einer jüdischen Weltverschwörung, und c. die Heranziehung koranischer Texte oder prophetischer Überlieferungen für die antijüdischen Vorurteile. Diese

Elemente finden sich bei vielen Politikern und Religionsgelehrten muslimisch geprägter Länder. Sowohl bei Hasan al-Banna als auch bei Sayyid Qutb werden Juden nicht nur als Israelis, sondern auch als Angehörige der jüdischen Religionsgemeinschaft dämonisiert. Das hat sich bis in die jüngste Zeit hinein nicht geändert. Mohamad Sayyid Tantawi (1928–2010) beispielsweise, der bis zu seinem Tod Großmufti der ägyptischen »Al-Azhar-Universität« und damit einer der einflussreichsten sunnitischen Gelehrten war, entwickelt in seinem Buch »Das Volk Israels im Koran und in der Sunna« ein zutiefst antisemitisches Judenbild. Juden werden als gierig und egoistisch dargestellt und für die Zerstörung der Moral verantwortlich gemacht.[506] Fernsehsender im Iran, in arabischen Ländern und der Türkei reproduzieren antisemitische Mythen und glorifizieren die Ermordung von Juden als Heldentaten. Solange Kinder in der muslimischen Welt mit antisemitischen Gewaltfantasien aufwachsen, die in TV-Serien und Trickfilme verpackt sind, und solange die antisemitischen religiösen Texte in unkritischer Weise als Legitimation für Gewalt verwendet werden, bedarf es nur eines kleinen Anlasses, um mörderischen Hass hervorzurufen, der sich in ebenso mörderischen Handlungen entlädt.

4. Leugnungen, Relativierungen und der schwierige Kampf gegen Antisemitismus

In Deutschland wird von Wissenschaftlern immer wieder geleugnet, dass es einen muslimischen Antisemitismus gibt, so zum Beispiel von der Historikerin Yasemin Shooman. Shooman und ich waren im Jahr 2015 Referentinnen der »Frankfurter Römerberggespräche« und saßen anschließend zusammen auf einem Podium. Die

Diskussion drehte sich um Nationalismus und die Abwertung anderer, und ich brachte das Thema antisemitischer Einstellungen junger Muslime zur Sprache. Shooman konterte, es könne *per definitionem* keinen muslimischen Antisemitismus geben, da Antisemitismus eine Herrschaftsideologie sei, Muslime aber eine unterdrückte Minderheit darstellten. Diese These vertritt auch Shoomans Doktorvater Wolfgang Benz. In einer bemerkenswerten Verharmlosung des Holocaust versucht Benz Parallelen zwischen dem Antisemitismus des Nationalsozialismus und der gegenwärtigen Ablehnung von Muslimen herzustellen.[507] Das zeigt eine im Dezember 2008 veranstaltete Konferenz zum Thema »Feindbild Moslem – Feindbild Jude«, die schon im Titel eine bedenkliche Gleichsetzung der beiden Phänomene suggerierte. Bereits im Vorfeld der Tagung kam es zu harschen Kritiken und schließlich zu einer erbitterten und sehr persönlich geführten Debatte unter Kultur- und Antisemitismusforschern. Während Benz zusammen mit Micha Brumlik, dem ehemaligen Leiter des Frankfurter »Fritz-Bauer-Instituts«, die von ihm behauptete Parallelität zwischen heutiger Islamfeindlichkeit und historischer Judenfeindlichkeit verteidigte,[508] wies der jüdische Autor Henryk M. Broder Analogien zwischen den beiden Phänomenen entschieden zurück.[509] Matthias Küntzel warf Benz vor, das »Zentrum für Antisemitismusforschung« zu einem Ort zu machen, an dem der immer aggressiver werdende muslimische Antisemitismus heruntergespielt wird.[510]

Benz' Schülerin Shooman veröffentlichte 2012 einen Artikel, in dem sie behauptete, Muslime hätten die Rolle des feindlichen Anderen übernommen, die früher die Juden gehabt hätten. Eine Auseinandersetzung mit dem muslimischen Antisemitismus sucht man bei ihr genauso vergeblich wie eine kritische Haltung zum Islamismus. Im

Gegenteil. Unter ihrer Leitung wurde das Akademieprogramm des »Jüdischen Museums Berlin« so ausgerichtet, dass »Raum für die Perspektiven religiöser und ethnischer Minderheiten« geschaffen wurde. Konkret bedeutet das in erster Linie eine Islamisierung der Inhalte oder genauer eine Fokussierung auf den Kampf gegen »Islamophobie«. Shoomans Publikationen thematisieren fast ausschließlich die vermeintliche Diskriminierung von Muslimen, und die von ihr durchgeführten Veranstaltungen tragen Titel wie »Gemeinsam gegen antimuslimischen Rassismus« oder »Living with Islamophobia«. Die Einladungen zu solchen Veranstaltungen sprechen ebenfalls Bände. Zur Islamophobia-Konferenz, die zusammen mit der »Alice-Salomon-Hochschule« durchgeführt wurde, kritisierte Alan Posener in »Die Welt«, seien keine Juden eingeladen worden, aber dafür Referenten, die Verbindungen zur antisemitischen Muslimbruderschaft oder zur antiisraelischen BDS-Bewegung besitzen. Ein Museum, »das vorgibt, jüdisch zu sein, die ›Islamophobie‹ thematisiert und jüdische Stimmen ausschließt, ist ein Skandal«, schrieb er. »Weder das Jüdische Museum noch eine Hochschule, die den Namen einer wegen ihrer jüdischen Herkunft gejagten Frau trägt, sollte sich an dieser Propagandaveranstaltung beteiligen.«[511]

Durch die Gleichsetzung vom Antisemitismus mit Muslimfeindlichkeit unterstützen Shooman und Benz den politischen Islam in mehrfacher Hinsicht. 1) Sie negieren die Faktizität antisemitischer Übergriffe durch Muslime und damit auch einen wesentlichen Problembereich des politischen Islam. 2) Sie diskreditieren Antisemitismusvorwürfe gegenüber Islamisten als antimuslimischen Rassismus. 3) Sie lenken die öffentliche Aufmerksamkeit von muslimischem Antisemitismus auf eine vermeintliche omnipräsente Islamfeindlichkeit der deutschen Gesellschaft um. Dazu passt die von Posener kritisierte Zusammenarbeit mit Personen und Organisationen, die dem Umfeld der Muslimbruderschaft zugerechnet werden.

Anschlussfähig an den politischen Islam ist auch die sogenannte »Israelkritik«, eine im Gewand der politischen Kritik daherkommende Dämonisierung und Delegitimierung Israels. Gewöhnlich beginnt sie bei einer Berichterstattung, die mehr als einseitig ist. Nehmen wir das Beispiel des von der »Hamas« im Jahr 2018 initiierten »Großen Marschs der Rückkehr«. Die »Hamas« hatte die Bevölkerung von Gaza aufgefordert, massenhaft die Grenze zu Israel zu überschreiten und das Land auf der anderen Seite in Besitz zu nehmen. In palästinensischen Medien posaunte man herum, dass man jüdische Bauern töten wolle. Weder Presse noch Politik oder Zivilgesellschaft in Deutschland protestierten. Sie hatten sich auch in den Monaten und Jahren zuvor nicht zu einer Verurteilung der »Hamas« durchringen können, die die Bewohner Südisraels durch dauerhaften Raketenbeschuss terrorisierte und ihre Felder mit Flugdrachen verbrannte. Als »Nadelstiche« werden solche Angriffe gewöhnlich verharmlost. Jetzt also sollte die Grenze gestürmt und die israelische Bevölkerung hinter der Grenze getötet werden. Wie immer setzte die »Hamas« Jugendliche, Frauen und Kinder ein, die zusammen mit ihren schwer bewaffneten Soldaten voranrückten. Kein vernünftig denkender Mensch erwartet tatsächlich, dass Israel es zulässt, dass seine Grenze überrannt, die Bevölkerung auf der anderen Seite abgeschlachtet und das Land von Palästinensern im Handstreich erobert wird. Auch die »Hamas« nicht. Doch darum ging es gar nicht. Israel sollte wieder einmal wegen vermeintlicher Menschenrechtsverletzungen an den Pranger gestellt werden. Deshalb mischte man die

Reihen der »Hamas«-Kämpfer mit Kindern und ließ sie in ihr Verderben rennen. Wie immer funktionierte das perfide Spiel. Israel sah sich genötigt zu reagieren und Menschen, darunter Kinder und Jugendliche, starben. Niemand versteht es so gut, Kinder und Jugendliche zu instrumentalisieren wie palästinensische Organisationen. Im Opferranking belegen die palästinensischen Kinder unangefochten Platz eins, schreiben Hafner und Schapira, allerdings nur die Kinder aus Gaza und der Westbank und nur dann, wenn sie von Israelis getötet werden. Warum skandiere niemand »›Kindermörder Boko Haram‹ oder ›Kindermörder Islamischer Staat‹?«, fragen sie, obwohl doch bekannt sei, dass diese Gruppen weit mehr Kinder auf dem Gewissen haben als je durch israelische Waffen umgekommen sein. »Ist es vielleicht also weniger das Mitleid mit den palästinensischen Kindern als das Ressentiment gegen den Judenstaat, das so viele Menschen auf die Straße treibt?« Beim »Rückkehrermarsch« funktionierte das bekannte Spiel. Der palästinensische UN-Botschafter Riyad H. Mansour sprach öffentlichkeitswirksam von einem Massaker am palästinensischen Volk, und auch in Deutschland meldeten sich die Empörten und beklagten die Unverhältnismäßigkeit der israelischen Armee. In der Berichterstattung über den »Rückkehrmarsch« war keine Rede vom alltäglichen Terror gegen die südisraelische Bevölkerung oder von den bewaffneten Soldaten der »Hamas«, die sich unter die Marschierer mischten. Es wurde suggeriert, israelische Soldaten hätten grundlos auf eine friedliche Demonstration Unbewaffneter geschossen. Die UN-Vollversammlung sprach von exzessiver, disproportionaler und rücksichtsloser Gewalt der israelischen Soldaten. Mit Unterstützung von Syrien, Saudi-Arabien und anderen autoritären Staaten wurden neun verschiedene Resolutionen gegen Israel verabschiedet. Acht von ihnen wurden von der Bundesrepublik unterstützt. Diese Reaktion konnte von der »Hamas« kalkuliert werden, denn schließlich befinden sich die UN geradezu in einer dauerhaften Resolutionsschleife gegen Israel. Mehr als die Hälfte aller Verurteilungen des UN-Menschenrechtsrates zwischen 2006 und 2015 richteten sich gegen Israel, während Diktaturen, in denen tausendfach gefoltert und gemordet wird, nur selten ins Visier gerieten. Mitglieder des Menschenrechtsrates sind derzeit u. a. China, Saudi-Arabien, Somalia, Eritrea und die Philippinen, allesamt Staaten, in denen Menschenrechtsverletzungen zum politischen Alltag gehören. Als die FDP im März 2019 einen Antrag im Deutschen Bundestag mit dem Ziel einbrachte, sich von antiisraelischen Initiativen innerhalb der UN zu distanzieren, scheiterte sie. Die zum staatlichen Protokoll gehörende Bekundung, das Existenzrecht Israels ohne Wenn und Aber anzuerkennen, wird in der Praxis allenfalls halbherzig umgesetzt.

Der Einseitigkeit der Berichterstattung entspricht die Praxis, allein Israel für die Gewalt im Nahen Osten anzuklagen. Immer wieder geschieht es, dass antisemitischen Israelfeinden Möglichkeiten geboten werden, in Deutschland aufzutreten oder Vorträge zu halten. Manchmal gelingt es jedoch, sie daran zu hindern. Ein Beispiel ist die Einladung der israelfeindlichen Band »Young Fathers« auf die Ruhrtriennale im Jahr 2018. Die »Young Fathers« sind Unterstützer der sogenannten »BDS-Bewegung«. BDS steht für Boycott, Divestment and Sanctions, also für Boykott, Investitionsentzug und Sanktionen gegenüber Israel. Die Initiatoren der Bewegung setzen Israel mit dem früheren Apartheidregime Südafrika gleich und möchten das Land durch wirtschaftliche Schädigungen und kulturelle Ächtung dazu veranlassen, allen mittlerweile sechs Millionen Palästinensern die »Rückkehr« in die Heimat ihrer Großeltern und Urgroßeltern zu ermöglichen. Was ist von der Gleichsetzung Israels mit dem rassistischen Südafrika zu halten? Israelische Araber haben die gleichen Bürgerrechte wie alle anderen Bewohner Israels, in der Knesset sitzen Delegierte arabischer Parteien, Arabern stehen alle Bildungseinrichtungen und Berufe offen, und auch von einer Exklusion von Arabern ist in keinem gesellschaftlichen Bereich die Rede. Das hat sich trotz eines im Juli 2018 verabschiedeten Nationalitätengesetzes, das den Charakter Israels als jüdischer Staat betont, im Kern nicht geändert. Der Vergleich entbehrt also jeglicher Grundlage. Dazu kommt, dass es sich bei Israel um eine Demokratie handelt, bei Südafrika aber um ein Regime, das die schwarze Bevölkerung von jedweden demokratischen Rechten ausschloss. Die Analogie zum südafrikanischen Apartheidregime ist daher nichts anderes als Demagogie, mit der die Legitimität Israels als Staat bestritten werden soll. Die Verbindung der Kampagne mit dem »Rückkehrrecht« bedeutet bei einer gesamten Bevölkerung von knapp neun Millionen Einwohnern Israels, davon 21 Prozent Arabern, eine faktische Auflösung des Staates Israel. Die »BDS-Bewegung« formuliert letztendlich, in etwas zivilere Worte verpackt, eine ähnliche Vision wie der Iran oder die »Hamas«, nämlich die Vernichtung Israels. Die Boykott-Bewegung ist auch in Deutschland umtriebig. 2017 forderte sie beispielswiese eine Ächtung des »Berliner Pop-Kultur-Festival«, weil dort Auftritte israelischer Künstler vorgesehen waren. BDS-Aktivisten schrieben alle eingeladenen Musiker an und teilten ihnen die (unwahre) Nachricht mit, Israel habe auf das Festival Einfluss genommen. Die arabischen Musiker sagten daraufhin ihre Teilnahme ab, wohl nicht zuletzt deshalb, weil der Imageschaden in ihren Heimatländern zu groß gewesen wäre. Die »Young Fathers« sagten ihre Teilnahme an der Ruhrtriennale ebenfalls ab, allerdings wegen massiver öffentlicher Einsprüche gegen ihren Auftritt. Während Stefanie Carp, die Leiterin des Festivals, die Kritik an der Einladung der Gruppe mit einem Verweis auf die Kunstfreiheit zu relativieren suchte, fand die Politik erfreulich klare Worte. Der Landtag verurteilte die »BDS-Bewegung« einstimmig als antisemitisch und forderte dazu auf, der Bewegung weder Räume zur Verfügung zu stellen noch ihre Veranstaltungen zu unterstützen. Auch andernorts gibt es Anzeichen konsequenten Handelns, werden Aktivitäten von BDS-Aktivisten verhindert und Forderungen nach einem Verbot des jährlichen Qudsmarsches sowie einem Ende der Zusammenarbeit mit antisemitischen muslimischen Organisationen laut. Eine Initiative der FDP zur Diskussion der Boykott-Bewegung führte im Mai 2019 zu einem gemeinsamen Antrag von CDU/CSU, SPD, FDP und Grünen und schlussendlich zu einer Resolution gegen die BDS-Aktivitäten, die der Bundestag mit großer Mehrheit am 17. Mai 2019 verabschiedete. Zu verfrühter Hoffnung besteht allerdings kein Anlass, denn noch immer können Dämonisierungen Israels in Deutschland mit Zustimmung rechnen, und noch immer werden muslimische Akteure von der Politik aufgewertet, obwohl sie eine antisemitische Agenda besitzen. Beunruhigend ist, dass das Bundesamt für Verfassungsschutz im März 2019 eine deutliche Zunahme antisemitischen Gedankengutes in muslimischen Milieus auch jenseits der bekannten islamistischen Organisationen feststellte.[512]

X DEUTSCHLAND UND DER POLITISCHE ISLAM

Die islamisch geprägte Welt befindet sich am Scheideweg. Ein Teil der Muslime ist entschlossen, am Aufbau einer säkularisierten Moderne festzuhalten, ein anderer Teil treibt die Durchsetzung einer islamistischen normativen Ordnung voran. Auch in Deutschland ist diese Spaltung evident, fordern die Vertreter des politischen Islam die Gesellschaft heraus. Tragfähige Organisationsstrukturen, kluge Strategien und eine schwer zu durchschauende Rhetorik haben ihnen vielerorts einen beachtlichen Einfluss verschafft. Staatlichen und nichtstaatlichen Akteuren fehlt oft das Wissen, um zu erkennen, mit wem sie kooperieren, und so arbeiten sie den Extremisten in die Hände.

1. Die ungebrochene Faszination des Radikalen

Um die Wende zum 21. Jahrhundert geisterte die Vorstellung eines Niedergangs des politischen Islam durch die wissenschaftlichen Studierstuben. Von einer Transformation des Islamismus, ja von einer freiheitsorientierten islamischen Moderne war die Rede, und manch einer hoffte sogar auf einen neuen Prozess der Säkularisierung.[513] Als zu Beginn des Jahres 2011 Tausende junger Menschen in Nordafrika und Westasien auf die Straßen gingen, um Freiheit und Gerechtigkeit zu fordern, als in Tunesien, Ägypten und Libyen autoritäre Potentaten gestürzt wurden, da glaubten viele Wissenschaftler, Politiker und westliche Intellektuelle, dass sie Zeugen eines tief greifenden Umbruches seien, der auch das Ende des politischen Islam bedeuten würden. Die Ergebnisse nach den ersten Wahlen in Tunesien und Ägypten, der vollkommene Staatszerfall in Libyen und die rasante Entwicklung des dschihadistischen Terrors machten deutlich, dass sich die Hoffnungen nicht erfüllt hatten und dass der kurze arabische Frühling in einem langen islamistischen Winter geendet hatte.

Wenn wir uns die gegenwärtige islamische Welt anschauen, sehen wir, dass der politische Islam keineswegs im Niedergang begriffen ist. In einigen wenigen Ländern, die seit Jahrzehnten unter islamistischer Herrschaft leiden, ist die Jugend desillusioniert und wünscht sich demokratische Veränderungen, doch in anderen Ländern sind große Teile der Bevölkerung noch immer der Meinung, der Islam sei die Lösung für Probleme aller Art. Die Expansion des Islamismus ist längst nicht mehr auf die arabischen Länder beschränkt. Er breitet sich in Asien mittlerweile bis nach China aus und zieht sich in Afrika weit in den subsaharischen Süden hinein. In westlichen Staaten hat er überall dort Wurzeln geschlagen, wo die muslimische Bevölkerung eine signifikante numerische Größe darstellt. Auch in Deutschland. Die quantitative Studie »Muslime in Deutschland«, die von Katrin Brettfeld und Peter Wetzels im Jahr 2007 veröffentlicht wurde, kam zu eindeutigen Ergebnissen.[514] 31,8 Prozent aller Befragten stimmten der Aussage »Wer die Regeln des Koran nicht wörtlich befolgt, ist kein echter Moslem« zu. 47,3 Prozent waren der Ansicht, dass gute Muslime verpflichtet seien, »Ungläubige« zum Islam zu bekehren und 50,6 Prozent glaubten, dass sich der Islam auf lange Sicht überall in der Welt durchsetzen würde. Insgesamt wurden 39,6 Prozent aller Interviewten als fundamentalistisch, 21,9 Prozent als orthodox religiös, 21 Prozent als traditionell konservativ und nur 17,5 Prozent als gering religiös beschrieben. Diese Orientierung beeinflusst auch die Haltung zu Demokratie und Rechtstaatlichkeit.

46,7 Prozent stimmten zu, dass die Befolgung der Gebote des Islam wichtiger sei als die Demokratie, 21,4 Prozent der befragten Schüler hielten Gewalt für gerechtfertigt, um den Islam zu verbreiten, und 24 Prozent behaupteten, selbst zu Gewalt bereit zu sein, wenn es der islamischen Gemeinschaft diene. 49,3 Prozent aller muslimischen Schüler und 17 Prozent aller Studenten waren der Überzeugung, dass Muslime, die im bewaffneten Kampf für ihren Glauben sterben, ins Paradies kommen.

Wenn wir uns vergegenwärtigen, dass 60,2 Prozent aller in Deutschland geborenen muslimischen Kinder eine Koranschule besuchen, dann können wir ermessen, wo dieser fundamentalistische Islam vermittelt wird. Der Islamunterricht wird in Gemeinden angeboten, die mehrheitlich den in diesem Buch beschriebenen islamistischen Verbänden angehören. In den Moscheen und in den Familien finden eine Überhöhung der eigenen Religion und eine Abwertung der deutschen Gesellschaft statt. Das hinterlässt Spuren. 80 Prozent aller Befragten meinten in der Umfrage von Brettfeld und Wetzels, die Sexualmoral der westlichen Gesellschaften sei völlig verkommen. Dazu passt, dass 65,6 Prozent den Islam für die einzig wahre Religion hielten. Auch die bereits erwähnte Studie, die ein Team von Wissenschaftlern unter Leitung von Wolfgang Frindte im Auftrag des Bundesinnenministeriums durchgeführt hat, diagnostizierte, dass ein Teil der Muslime, darunter 52 Prozent derjenigen ohne deutsche Staatsangehörigkeit, starke Separationsneigungen besäßen. 15 Prozent aller deutschen und 24 Prozent aller nichtdeutschen Muslime wurden als »streng Religiöse mit starken Abneigungen gegenüber dem Westen, tendenzieller Gewaltakzeptanz und ohne Integrationstendenz« bezeichnet.[515] Diese Daten entsprechen denen, die der Münsteraner Politikwissenschaftler Detlef Pollack im Jahr 2016 für Türkeistämmige erhoben hat.[516]

Immer, wenn solche Studien publiziert werden, erfolgen wütende Proteste aus den Reihen der Migrationsforscher wie der Sozialwissenschaftlerin Naika Foroutan von der Humboldt-Universität, die nach der Debatte um den Fußballspieler Mesut Özil mit der steilen These an die Öffentlichkeit ging, Deutschland befinde sich in einer »präfaschistischen Phase«.[517] Frindte sah sich durch die Einsprüche seiner Kollegen so stark unter Druck gesetzt, dass er zur weiteren Erläuterung seiner im Übrigen alles andere als tendenziösen Studie einen Sammelband herausgab, um sich öffentlich mit der gegen ihn vorgebrachten Kritik auseinanderzusetzen.[518] Der Validität der Forschungsergebnisse konnten die eher ideologisch motivierten Kritiker letztendlich wenig entgegensetzen. Das wurde auch durch andere Arbeiten bestätigt. Die Soziologin Sigrid Nökel hatte bereits 2002 darauf hingewiesen, dass sich eine neue Generation gut gebildeter Musliminnen aus eigenem Antrieb einem fundamentalistischen Islam zuwandte, und der Psychologe Ahmad Mansour beschrieb dieses Phänomen aus seiner Praxis mit männlichen Jugendlichen. »Generation Allah« nannte er die jungen Menschen, die in der Religion plötzlich die normativen Grundlagen für ihr Leben in der säkularisierten Bundesrepublik entdeckten.[519] Melissa Erfurt ging in einem Beitrag für das österreichische Magazin »Biber« in eine ähnliche Richtung und gab ihrem Artikel, der sich mit muslimischen Schülern in Wien befasste, den Titel »Generation haram«.[520] Die Resultate meiner eigenen Forschung verweisen in die gleiche Richtung. Junge Frauen, die säkular aufgewachsen waren, verschleierten sich plötzlich und demonstrierten ihre gerade erworbene Frömmigkeit durch floskelhafte Bekenntnisse und normative Spitzfindigkeiten. Mitschülerinnen wurden schon mal darauf hingewiesen, dass es für ein muslimisches Mädchen nicht statthaft sei, wie »eine Deutsche« herumzulaufen. Jungen dagegen schwadronierten vom täglichen Kampf gegen sexuelle »Gelüste«, hatten plötzlich Probleme, in der Schule neben Mädchen zu sitzen, und wünschten sich, sobald wie möglich eine kopftuchtragende Frau zu heiraten, die ihr Glück in den vier Wänden des ehelichen Heimes finden würde. Fremde Männer, so versicherten sie sich gegenseitig, sollten das zukünftige Eheweib nur in Ausnahmefällen zu Gesicht bekommen, was sowohl gottgefällig sei als auch der natürlichen männlichen Eifersucht entgegenkomme.[521] Dass Islamismus kein Phänomen marginalisierter Schichten ist, kann man an deutschen Hochschulen beobachten. An einigen Hochschulen stritten islamische Studentengruppen jüngst für das Recht von Salafistinnen, mit Gesichtsschleier Prüfungen abzulegen, während andernorts kopftuchtragende Studentinnen versuchten, in Hörsälen eine geschlechtersegregierte Sitzordnung einzuführen.

Ein relativierendes Argument in der Islamdebatte lautet, dass man fundamentalistische Einstellungen auch unter Mitgliedern anderer Religionen findet. Der Berliner Soziologe Ruud Koopmans führte 2008 eine Vergleichsstudie in Deutschland, Frankreich, Belgien, Österreich, Schweden und den Niederlanden zu Integration und religiösem Fundamentalismus durch und befragte 9.000 Personen mit türkischem und marokkanischem Migrationshintergrund sowie eine einheimische Vergleichsgruppe. Das Ergebnis zeigte, dass 44 Prozent aller Muslime, aber nur vier Prozent aller Christen als fundamentalistisch bezeichnet werden müssen.[522] 65 Prozent aller Muslime sagten, dass religiöse Gesetze für sie wichtiger seien als diejenigen des Landes, in dem sie leben. 75 Prozent glaubten, dass nur eine einzige Interpretation des Islam möglich sei, und positionierten sich damit strikt gegen einen innerislamischen Pluralismus, wie er von liberalen Muslimen präferiert wird. Der gravierendste Unterscheid zwischen dem politischen Islam und anderen Formen des religiösen Fundamentalismus war jedoch die Haltung zu Gewalt. Nur Muslime hielten Gewalt für legitim, wenn sie der Verbreitung des eigenen Glaubens dient, wenn der eigene Glaube beleidigt wird oder wenn jemand diesem Glauben den Rücken kehrt. Diese Einstellung zeigt sich auch in der Praxis. Obwohl das französische Satiremagazin »Charlie Hebdo« hauptsächlich herabwürdigende Karikaturen über das Christentum veröffentlichte, war niemals ein Christ auf die Idee gekommen, die Mitglieder der Redaktion zu ermorden. Muslime taten es im Jahr 2015. Zehn Jahre zuvor brannten im Anschluss an die Mohammed-Karikaturen in der dänischen Zeitschrift »Jyllands Posten« in muslimischen Ländern Botschaften und 139 Menschen wurden getötet. Der Zeichner Kurt Westergaard wird bis heute bedroht. Es sind nicht nur Spötter, die um ihr Leben fürchten müssen, wenn ihre Arbeiten den islamistischen Hardlinern nicht passen, sondern auch Autoren, Filmemacher, Künstler, Theologen, Politiker und Aktivisten. Der indische Schriftsteller Salman Rushdie wurde 1989 von Ajatollah Khomeini wegen seines Buches »Die satanischen Verse« in einer Fatwa zum Tode verurteilt und muss sich bis heute vor denjenigen verstecken, die den Auftrag des mittlerweile verstorbenen Geistlichen noch immer ernst nehmen. In Amsterdam wurde 2004 der Regisseur Theo van Gogh auf offener Straße mit einem Messer getötet, weil er zusammen mit der Autorin Ayaan Hirsi Ali einen Film gegen Gewalt an muslimischen Frauen produziert hatte, und in Deutschland müssen die

Islamismuskritiker Seyran Ates, Ahmad Mansour und Hamed Abdel-Samad wegen ernst zu nehmender Morddrohungen von bewaffneten Personenschützern begleitet werden. Zu all diesen unsäglichen Missständen, die nur die Spitze eines Eisberges darstellen, kommen die Anschläge im Namen des Islam, die in Deutschland dazu geführt haben, dass Sicherheitskräfte im Dauereinsatz sind, Fußgängerzonen mit Pollern abgesperrt werden und sich ängstliche Menschen nicht mehr in Konzerte oder auf Weihnachtsmärkte trauen. Die massenhafte Begeisterung für Gewalt im Namen einer Religion gibt es gegenwärtig ausschließlich im Islam.

Ein Ende des islamischen Extremismus ist nicht abzusehen. Trotz zahlreicher Präventionsprogramme ist die salafistische Szene für Muslime nach wie vor so attraktiv, dass im Juli 2018 ein neuer Höchststand von knapp 11.000 Personen erreicht wurde. Darunter sollen sich 774 »Gefährder« befinden, d.h. Menschen, die möglicherweise gerade einen Anschlag planen. Wenn man schaut, wie viele Abonnenten salafistische Prediger auf Facebook haben, muss das zusätzlich beunruhigen. Der ehemalige Feuerwehrmann Sven Lau alias Abu Adam, der sich im Jahr 2014 mit einigen Gleichgesinnten in Wuppertal als Scharia-Polizist kostümiert und junge Muslime zur Abkehr vom sündhaften Leben aufgefordert hatte, besitzt 50.262 Abonnenten.[523] Lau ist keine charismatische Erscheinung, wurde wegen Unterstützung einer terroristischen Vereinigung zu einer Haftstrafe verurteilt und machte vor Gericht einen jämmerlichen Eindruck. Als strahlenden Helden kann man ihn wahrlich nicht bezeichnen. Dennoch hat er offensichtlich zahlreiche Anhänger. Weitaus populärer ist der ehemalige Boxer Pierre Vogel alias Abu Hamza, ein Typ mit lockerem rheinischen Mundwerk, der über einen gewissen Witz verfügt und den Ton von Jugendlichen trifft. Er kann bei Facebook mit 313.110 Abonnenten aufwarten. Diese salafistische Szene hat sich fest etabliert und verfügt über klassische subkulturelle Strukturen, vom Internetversand über eigene Restaurants und Medienunternehmen bis hin zu Fitnessstudios. Im szeneeigenen Gesundheitssektor wird »Medizin des Propheten« angeboten, auf Hidschabi-Messen kann man die Komplettverschleierung für Mädchen im Kindergartenalter erwerben, und auf Wohltätigkeitsveranstaltungen sammelt man Gelder für die salafistische Missionierungsbewegung oder den Dschihad. Es ist unwahrscheinlich, dass diese Subkultur schnell verschwinden wird, zumal sie nach dem militärischen Sieg über den IS durch Rückkehrer verstärkt wird, die den so genannten »islamischen Staat« zum Mythos verklären.

Neben dieser bekannten Szene sind mittlerweile neue radikale Gruppen in Erscheinung getreten. Eine nennt sich »Realität Islam«, ist im Rhein-Main-Gebiet beheimatet und wird vom Konvertiten Suhaib R. Hoffmann geleitet. Hoffmann geht davon aus, dass Muslime fundamental andere Werte vertreten als die Gesellschaft und hält Erwartungen, dass sich Migranten zu den in Deutschland geltenden Werten bekennen sollen, für eine »Wertediktatur«. Entsprechend lehnt er beispielsweise Integrationskurse für Flüchtlinge als nicht akzeptable Assimilierungsmaßnahmen ab. Die Muslime warnt Hoffmann davor, sich allzu sehr mit der deutschen Gesellschaft anzufreunden, und zitiert im Internet sinngemäß folgenden koranischen Vers: »Weder die Juden noch die Christen werden mit dir zufrieden sein, ehe du ihrem Bekenntnis folgst. Sprich, wahrlich: Die Rechtleitung Allahs ist die einzig wahre Rechtleitung. Und wenn du ihren Neigungen folgst, nachdem das Wissen zu dir kam, wirst du vor Allah weder Beschützer noch Helfer haben.«[524] Solche antiintegrativen Aussagen kennen wir von Erdogan, aus dem DITIB-Umfeld und aus mancher Predigt in arabischen Moscheen, doch meist werden sie in der Konfrontation mit Nichtmuslimen heruntergespielt. Hoffmann spricht sie offen aus, weil er und seine Gruppe sich ohnehin in einem Feld positionieren, das den Kontakt zur Gesellschaft minimieren möchte. Dieses Feld expandiert. Am 23. März 2019 hatte die Facebook-Seite von »Realität Islam« 33.574 Abonnenten. Noch größeren Zuspruch erfährt eine geistig verwandte Organisation, die sich »Generation Islam« nennt, von Adrian Hajdaraj aus Hamburg geleitet wird und 66.493 Facebook-Abonnenten besitzt. Zusammen haben die beiden Gruppen im Jahr 2018 eine recht erfolgreiche Kampagne für das Kinderkopftuch durchgeführt. Anders als die salafistischen Prediger fallen die Redner dieser neuen Organisationen durch eine eher intellektuelle Rhetorik auf. Beliebte Versatzstücke der Argumentation sind Verweise auf das Grundgesetz, das man weitgehend auf den Artikel vier, nämlich die Freiheit des Bekenntnisses und der Religionsausübung, reduziert. Nahezu alles wird von Hoffmann und Hajdaraj unter dem Recht auf freie Religionsausübung subsumiert: die Durchsetzung islamistischer Normen in Schulen, Universitäten und am Arbeitsplatz, Kopftücher bei kleinen Mädchen und Repräsentantinnen des Staates, die Einrichtung einer islamischen Infrastruktur in staatlichen Einrichtungen und das Recht, »von eigenen politischen Systemen überzeugt zu sein«.[525] Mit der kryptischen Phrase ist vermutlich ein islamischer Staat gemeint, denn die beiden Gruppen haben bemerkenswerte inhaltliche Übereinstimmungen mit Positionen der verbotenen Gruppe »Hizbut Tahrir«, die als erklärtes politisches Ziel das Kalifat anvisiert. Zunächst geht es »Realität Islam« und »Generation Islam«

jedoch darum, »die islamische Identität der Muslime zu wahren und zu festigen«[526] und die Muslime als Sondergruppe gegen die Gesellschaft in Stellung zu bringen.

2. Islamisten als Kooperationspartner des Staates

Salafisten wie Pierre Vogel oder Gruppen wie »Realität Islam« werden von Politik und Zivilgesellschaft eindeutig einem extremistischen Spektrum des Islam zugeordnet. Bei Akteuren des legalistischen politischen Islam ist dies häufig nicht der Fall, besonders wenn es sich um Funktionäre großer islamischer Verbände handelt. Obgleich sie nur eine Minderheit der in Deutschland lebenden Muslime vertreten, haben sie es verstanden, sich als alleinige Repräsentanten des Islam in Szene zu setzen und sind vielfach auch als solche wahrgenommen worden. Fatalerweise führte das dazu, dass auf bundes-, länder- und kommunaler Ebene Kooperationen zwischen ihnen und staatlichen Einrichtungen geschlossen wurden und dem politischen Islam so ein Mitspracherecht bei wichtigen Fragen der gesellschaftlichen Gestaltung eingeräumt wurde. Der Prozess der Anerkennung des politischen Islam begann indirekt und unbeabsichtigt mit der »Deutschen Islamkonferenz« (DIK), die 2006 vom damaligen Bundesinnenminister Wolfgang Schäuble initiiert wurde. Schäuble war der Ansicht, dass innovative Formate gefunden werden müssten, um die Teilhabe und Integration von Muslimen zu gewährleisten und dass Muslime ein gewichtiges Wort bei der Entwicklung solcher Maßnahmen mitzureden hätten. Dagegen ist nichts einzuwenden. In der ersten Phase der DIK wurden jeweils 15 Personen aus der Politik und 15 Muslime nominiert. Dazu kamen etwa 100 weitere Fachleute, die in beratenden Gremien wirken sollten. Die Muslime unterteilten sich in Delegierte muslimischer Verbände und in nichtorganisierte Muslime. Bei den Verbänden handelte es sich im Wesentlichen um Vereinigungen des politischen Islam, die bis auf den heutigen Tag mehrheitlich in vier großen Dachverbänden organisiert sind: in der DITIB, dem »Verband islamischer Kulturzentren« (VIKZ), der aufgrund einiger Besonderheiten nicht in diesem Buch behandelt wird, dem »Zentralrat der Muslime in Deutschland« (ZMD) und dem »Islamrat für die Bundesrepublik Deutschland«. Hinter dem Begriff »Islamrat« verbergen sich eine Reihe von Kleinstvereinen, die in der öffentlichen Debatte nicht präsent sind, und eine alte Bekannte, die das Gremium als größter Mitgliedsverein zweifellos dominiert: die »Islamische Gemeinschaft Milli Görüs«.[527] Der »Zentralrat der Muslime in Deutschland« ist der heterogenste der genannten Verbände. Unter seinem Dach befinden sich die in Kapitel vier erwähnten türkischen Ultranationalisten der ATIB, aber auch eine Reihe anderer Organisationen, die wegen verfassungsfeindlicher Aktivitäten vom Verfassungsschutz beobachtet werden. Dazu gehören u.a. die »Deutsche Muslimische Gemeinschaft« (DMG) und das »Islamische Zentrum Hamburg« (IZH). Die Dachverbände schlossen sich 2007 im Supra-Dachverband »Koordinierungsrat der Muslime« (KRM) zusammen, um als zentraler muslimischer Ansprechpartner für staatliche Einrichtungen anerkannt zu werden.Unter den nicht organisierten Mitgliedern der DIK waren Personen wie Seyran Ates und Necla Kelek, die für ihre dezidierte Kritik an islamistischen Strukturen bekannt sind. Auch in der zweiten Phase der DIK erhielten kritische Intellektuelle mit den Nachnominierten Hamed Abdel-Samad, Sineb El Masrar und Ahmad Mansour eine Stimme. Wie zu erwarten, waren die Debatten bei dieser Zusammensetzung des Gremiums kontrovers. Die Verbandsfunktionäre sahen das gar nicht gern, machten gegen die kritischen Quertreiber mobil und hatten mit ihren Beschwerden offenbar Erfolg, denn bei der dritten DIK im Jahr 2013 waren diese nicht mehr dabei. An ihrer Stelle wurden die »Ahmadiyya Muslim Jamaat«, die »Islamische Gemeinde der Bosniaken in Deutschland«, die »Islamische Gemeinde der schiitischen Gemeinden in Deutschland«, der »Zentralrat der Marokkaner in Deutschland« und die »Türkische Gemeinde in Deutschland« eingeladen. Wer geglaubt hatte, dass diese Homogenisierung der Gesprächsgruppe zu positiven Ergebnissen führen würde, wurde jedoch enttäuscht. Die Islamkonferenz, schrieb Miriam Lau 2016 in der »Zeit«, war eine Erfolgsgeschichte, was die staatliche Seite betrifft. Man habe Energie und Geld in den Ausbau islamischer Theologien gesteckt, den bekenntnisorientierten Islamunterricht an Schulen eingeführt und die Moscheegemeinschaften in Planungen einbezogen. Die muslimischen Verbände hätten sich jedoch keinen Schritt nach vorne bewegt. Man habe die Debatten nur ausgesessen, um endlich als Religionsgemeinschaften anerkannt zu werden, selbst Religionsunterricht an staatlichen Schulen erteilen zu können und staatliche Förderungen einzustreichen.[528]

Wie wahr diese Einschätzung Laus ist, konnte man in Nordrhein-Westfalen eindrucksvoll beobachten. Dort gibt es seit 2012 islamischen Religionsunterricht an staatlichen Schulen. Der »Islamrat« und der »Zentralrat der Muslime in Deutschland« (ZMD) sind daran über ein Beiratsmodell beteiligt, was durchaus einen beträchtlichen Einfluss auf das Curriculum und auf die Auswahl der Lehrkräfte bedeutete, doch das Schulamt beaufsichtigt den Unterricht. Den Verbänden war die staatliche Kontrolle ein Dorn im Auge. Lieber hätten sie den Unterricht in eigener Regie durchgeführt, ohne sich in die Karten schauen zu lassen. Das hätte ihre Macht vor allem auf Schüler stark vergrößert und Tür und Tor für deren Indoktrination geöffnet, wäre aber nur möglich, wenn sie eine anerkannte Religionsgemeinschaft wären. Um diese Anerkennung prozessieren sie bereits mehrere Jahre lang. Eine andere Situation herrscht in Hessen. Dort gibt es seit 2013 einen bekenntnisorientierten islamischen Unterricht an staatlichen Schulen, wobei die »Ahmadiyya Muslim Jamaat«, die den Status einer Körperschaft des öffentlichen Rechts bekleidet, und die DITIB als Partner der Landesregierung mitwirken. Der Kooperationsvertrag mit der DITIB wurde zu einer Zeit geschlossen, als noch nicht abzusehen war, wohin Erdogan den türkischen Staat und deren Religionsbehörde treiben würde. Die Mehrheit der politischen Entscheidungsträger war der Ansicht, mit der DITIB einen Vertreter eines moderaten Islam vor sich zu haben, der ein Bollwerk gegen Extremismus und gleichermaßen eine Instanz sein könne, die türkischstämmigen Muslimen die Integration in Deutschland erleichtere.

Dass diese Hoffnung nicht der Realität entsprach, wurde ersichtlich, als Erdogan begann, die Türkei in eine nationalistisch-islamistische Diktatur umzuwandeln und die DITIB als Instrument nutzte, um seine antidemokratische Politik auch in Deutschland durchzuexerzieren. Medienvertreter begannen die Kooperationen zu kritisieren, und selbst innerhalb der politischen Parteien regte sich Unmut. Der Bevölkerung war kaum noch zu vermitteln, warum man an einem Partner festhalten wollte, der strukturell, personell und finanziell von der türkischen Regierung abhängig ist und sich als unterwürfiger Erfüllungsgehilfe Erdogans entpuppt hatte. Schließlich erfolgten erste Konsequenzen. Die Länder NRW und Niedersachsen, in denen die DITIB im Beirat für den islamischen Religionsunterricht war, stellten die Zusammenarbeit im Jahr 2017 vorübergehend ein. In Rheinland-Pfalz und in Hessen wurden Fachgutachten angefordert, die eruieren sollten, wie es um die Abhängigkeit von der Türkei bestellt sei, und in Hamburg verlangt die CDU eine Prüfung der bestehenden Kooperation. Im März 2018 meldete sich der Landeselternverband in Hessen zu Wort und forderte das Kultusministerium auf, die Zusammenarbeit zu beenden und die Schulen gegen eine mögliche Einflussnahme der türkischen Regierung und der ihr nahestehenden Institutionen abzuschirmen. Man solle lieber nach einem anderen geeigneten Partner suchen.[529] Der Kultusminister hatte zu diesem Zeitpunkt bereits die angeforderten und erstellten Gutachten eingesehen und der DITIB die Auflage erteilt, bis zum Ende des Jahres ihre Unabhängigkeit nachzuweisen. Falls dieser Nachweis nicht erfolge, solle ein islamkundliches Angebot an Schulen zur Verfügung gestellt werden.

Ein anderes Feld für Kooperationen zwischen muslimischen Organisationen und staatlichen Institutionen sind die Institute für islamische Theologien, die seit 2011 vom Bundesministerium für Bildung und Forschung (BMBF) an den Universitäten Tübingen, Erlangen-Nürnberg, Frankfurt/Gießen, Münster und Osnabrück gefördert werden. Ein weiteres Institut soll an der »Humboldt-Universität« in Berlin entstehen. Dort sollen Theologen und Religionslehrer ausgebildet werden. Um muslimische Partner zu beteiligen, schuf man Beiratsmodelle, in die Vertreter der großen Verbände berufen wurden. Dadurch wurde ihnen ein Mitsprache- und auch ein Vetorecht bei Lehrinhalten und Stellenbesetzungen zugestanden. Die Erfahrungen mit diesem Modell, das ausgerechnet fundamentalistische Akteure des deutschen Islam ermächtigte, die islamische Theologie an staatlichen Hochschulen mitzugestalten, waren wenig ermutigend. Besonders an der Universität Münster missbrauchten die für den dortigen Beirat vorgesehenen islamistischen Organisationen ihre Macht weidlich, versuchten den liberalen Professor Mouhanad Khorchide aus dem Amt zu treiben und blockierten die Besetzung einer anderen Professur mehrere Jahre lang. Die »Goethe-Universität« in Frankfurt hatte aus diesem Grund ihr eigenes islamisch-theologisches Institut unter Verzicht auf eine Kontrollinstanz aufgebaut. In Berlin war man jedoch nicht willens, aus den Pannen der vergangenen Jahre zu lernen. Ohne Not wurde im Jahr 2018 ein Beirat installiert, in den ausschließlich Vertreter islamistischer Gruppen berufen wurden. Nachdem sich die DITIB und die VIKZ zurückgezogen hatten, weil sie größere Einflussmöglichkeiten beanspruchten, blieben drei Großorganisationen übrig. Eine von ihnen ist der »Zentralrat der Muslime in Deutschland« (ZMD), die zweite die »Islamische Föderation Berlin«, in der Moscheen von »Milli Görüs« und Einrichtungen vertreten sind, die als muslimbrudernah gelten. Als dritte muslimische Gruppe sitzt die »Islamische Gemeinde der schiitischen Gemeinden in Deutschland« (IGS) im Beirat, dessen Funktionäre beim »Qudstag« mitmarschieren und in vielerlei antiwestliche und antisemitische Aktivitäten verstrickt sind. Die Auswahl der Beiratsmitglieder und vor allem der Umstand, dass liberale Muslime nicht hinzugezogen wurden, forderte Kritik einiger Vertreter von CDU und Grünen sowie von Muslimen heraus, die nicht den Verbänden angehören. Am stärksten machten die Studierenden mobil. Ein Institut, das ausschließlich »reaktionär-konservative Islamverbände beteilige«, sei nicht akzeptabel, meinten sie, und widerspreche auch dem Leitbild der Universität, das auf Gleichberechtigung von Frauen und Männern setze.[530] Genützt haben die Proteste wenig. Wissenschaftsstaatssekretär Steffan Krach sagte gegenüber der Presse, es würden keine Personen in den Beirat bestellt, die bereits an verfassungsfeindlichen Aktivitäten teilgenommen haben, doch die Mitgliedschaft in einer Organisation, die vom Verfassungsschutz beobachtet werde, reiche nicht für einen Ausschluss aus.

Beispiele dieser Art könnten fortgesetzt werden. Kooperationen staatlicher oder zivilgesellschaftlicher Akteure mit Vertretern islamistischer Organisationen betreffen die Förderung islamistischer Jugendarbeit mit Steuergeldern, die Berufung islamistischer Funktionäre in Gremien, die den islamischen Religionsunterricht organisieren sowie die Finanzierung einer Vielzahl islamistischer Aktivitäten, darunter solche, die als Extremismusprävention angepriesen werden. Das alles ist integrationshinderlich und gefährdet den gesellschaftlichen Zusammenhalt. Fatal ist auch, die islamistischen Organisationen mit der Betreuung von Geflüchteten zu beauftragen oder entsprechende Projekte der Verbände zu unterstützen. Statt Zuwanderern einen guten Zugang in den bundesdeutschen Alltag zu ebnen, bietet man ihnen dadurch lediglich die Aufnahme in ein Paralleluniversum an, dessen Akteure der Gesellschaft tendenziell feindlich gegenüberstehen.

3. Islamische Diversität

In den vergangenen Jahren hat sich trotz eines besorgniserregenden Gesamtbefundes einiges zum Positiven verändert. Eine zunehmende Anzahl von Politikern zeigt mittlerweile Bedenken mit Funktionären zusammenzuarbeiten, die sich politisch am Iran, an Saudi Arabien oder der Türkei orientieren und vom Ausland finanziert und gesteuert werden. Ein möglicher Richtungswechsel in der deutschen Islampolitik wirft allerdings eine Reihe von Fragen auf. Wer soll auf muslimischer Seite Partner des Staates sein? Wie lässt sich ein bekenntnisorientierter islamischer Religionsunterricht oder eine muslimischen Seelsorge organisieren? Wer soll in universitäre Beiräte berufen werden? Wer repräsentiert die Muslime in Programmen, die eine verbesserte Teilhabe in der Gesellschaft ermöglichen sollen? Bislang orientierte am sich bei Kooperationen mit islamischen Gruppen vielfach am Vorbild der Zusammenarbeit zwischen Staat und Kirchen und somit am Staatskirchenrecht. Das ist *per se* problematisch. Im Islam gibt es keine Institutionen, die mit den christlichen Kirchen vergleichbar wären. Die vorherrschende Organisationsform muslimischer Vereinigungen muss eher als »landsmannschaftlich« bezeichnet werden. Dazu kommt, dass sie nur eine kleine Minderheit der Muslime in Deutschland vertreten. Der Islam umfasst, wie jede Weltreligion, unterschiedliche Denktraditionen und ist im höchsten Maße heterogen. Es gibt konservative und liberale Muslime, rückwärtsgewandte Fundamentalisten und progressive Erneuerer, patriarchalische Hardliner und aufmüpfige Feministinnen. Eine einseitige Fokussierung auf die muslimischen Dachverbände bedeutet nichts anderes als die Privilegierung des politischen Islam bei gleichzeitiger Abwertung säkularer und liberaler Muslime. Das führt bei denjenigen, die gut integriert sind, zu erheblichen Enttäuschungen. Wer Muslime, die vorbehaltlos auf dem Boden des Grundgesetzes stehen, mit Missachtung bestraft und aus Diskussionen ausschließt, religiöse Fundamentalisten sowie die Anhänger ausländischer Autokraten und menschenrechtsverachtender Regime aber mit Geld und prestigeträchtigen Posten ausstattet, der sendet definitiv die falschen Signale.

Eine Neuausrichtung des vor Jahren eingeschlagenen Kurses ist allerdings nicht einfach, weil die Mehrheit der deutschen Muslime nicht organisiert ist. Gerade die so genannten »Kulturmuslime«, die Religion weitgehend als Privatangelegenheit betrachten, stehen religiösen Organisationen skeptisch gegenüber und engagieren sich eher in sozialen Vereinigungen, in Sportclubs, politischen Parteien oder der Gewerkschaft. Allerdings haben in den vergangenen Jahren einige bemerkenswerte Entwicklungen stattgefunden, die der Politik neue Möglichkeiten eröffnen. Bedingt durch den langsam entstehenden Druck, der auf die Organisationen des politischen Islam ausgeübt wird, teilweise aber auch bedingt durch interne Differenzierungsprozesse ist es zu Abspaltungen von den großen Dachverbänden und zu Neugründungen von Vereinen gekommen. Die Szene wird diverser. So hat sich beispielsweise aus dem ehemaligen Vorstand des DITIB-Jugendverbandes nach schwerwiegenden Differenzen mit der Mutterorganisation eine eigene Gruppe abgespalten, die sich »Muslimisches Jugendwerk« nennt. Deren Angebote richten sich an muslimische Jugendliche jenseits der Moscheegemeinschaften, aber auch an nichtmuslimische Jugendliche, die sich zusammen mit jungen Muslimen »in die Gesellschaft positiv einbringen wollen«.[531] In Niedersachsen trat der gesamte Vorstand der DITIB zurück, weil er die Einflussnahme Erdogans nicht mehr akzeptieren wollte. Ein neuer Verband, der sich »Muslime in Niedersachsen« nennt, wurde gegründet. Ihm folgten bereits zum Zeitpunkt der Abspaltung elf Moscheegemeinschaften. Eine andere neue Gruppe ist die »Alhambra-Gesellschaft«. Sie verortet sich im konservativ-intellektuellen Segment des deutschen Islam und hat ein beeindruckendes Veranstaltungsprogramm aufgelegt. Man beteiligte sich an einer Diskussion zu Homosexualität und Religion, thematisierte Rassismus in den eigenen Reihen und verfasste »Freitagsworte«, die junge Muslime ansprechen sollen, die mit den Predigten der Moschee-Imame wenig anfangen können. Die Mitglieder müssen allerdings noch zeigen, wie ernst es ihnen tatsächlich mit den neuen Ideen ist. Teilweise entstammen sie nämlich den Einrichtungen des politischen Islam und waren sogar als Hardliner bekannt. Ob hier substanzielle Ablösungsprozesse stattgefunden haben und die Alhambra-Gesellschaft mehr ist als alter Wein in neuen Schläuchen, wird die Zukunft zeigen. Einstweilen haben ihre Akteure es jedenfalls verstanden Politik und Zivilgesellschaft von sich zu begeistern und ihre Finanzierung zu gewährleisten. Fromm, aber dennoch nicht islamistisch sind viele sufistische Orden, die einen spirituell orientierten Islam pflegen und sich häufig sozial engagieren. Ein Beispiel ist der »Bund Moslemischer Pfadfinder und Pfadfinderinnen Deutschlands«(BMPPD), der mit der »Association Internationale Soufie Alawiyya« (AISA) verbunden ist, die auf den algerischen Sufi-Meister Ahmad Ibn Mustapha al-Alawi (1874-1934) zurückgeht. Der Bund steht für Koedukation, wird von einer Frau geleitet und führt Pfadfinder-Camps mit katholischen und evangelischen Gruppen durch. Auch im dezidiert säkularen oder liberalen Segment des deutschen Islam sind in den vergangenen Jahren Gruppen entstanden, die für Kooperationen interessant sein könnten. Seit 2010 existiert der »Liberal-Islamische Bund«, in dem die Konvertitin Rabeya Müller als Imamin wirkt. Er bietet religiöse Dienstleistungen an und besticht durch eine dezidierte Gleichberechtigungsagenda sowie durch hermeneutische Interpretationen islamischer Quellen. Die Kerngemeinde befindet sich in Köln, doch mittlerweile gibt es auch Ortsgruppen in Frankfurt, Berlin, Stuttgart und Hamburg. 2015 wurde eine weitere Einrichtung, das »Muslimische Forum Deutschland« gegründet, allerdings eher mit dem Anspruch eines Think Tanks als einer religiösen Gruppe. Das Forum veröffentlichte Thesen für einen zeitgemäßen demokratischen Islam, die durchaus Beachtung fanden, konnte aber keine pragmatische Alternative zu den islamistischen Verbänden anbieten. Eine weitere Gruppe formierte sich Ende 2018 mit der »Initiative säkularer Islam«, die ebenso wie das »Muslimische Forum Deutschland« wichtige islamismuskritische Intellektuelle vereinigte. Die Initiative versteht sich als Impulsgeber eines säkularen Islam und wirbt für Zusammenschlüsse auf kommunaler und Länderebene mit dem Ziel, dort Ansprechpartner des Staates zu sein. 2019 wurde die Idee in Rheinland-Pfalz aufgegriffen, wo die Landesregierung neue Gespräche mit muslimischen Akteuren, darunter wieder der DITIB begann, um zukünftige Kooperationen auszuloten. Im Mai 2019 gründete sich ein »Verein säkularer Islam Rheinland-Pfalz«, um die Stimmen derjenigen zu vertreten, die sich jenseits des politischen Islam positionieren. Kurz zuvor war in Nordrhein-Westfalen die »Muslimische Gemeinschaft NRW« entstanden, für die der erwähnte Theologe Mouhanad Khorchide wirbt. Die erste und bislang einzige liberal-muslimische Moschee, die »Ibn-Rushd-Goethe-Moschee«, wurde im Jahr 2017 durch Seyran Ates eröffnet. In der Moschee wird ein Islam gelebt, der sich weniger einem normativen Korsett aus dem siebten Jahrhundert, sondern primär der spirituellen Liebe zu Gott verpflichtet fühlt. Sunniten, Alewiten, Schiiten und Sufis werden ebenso willkommen geheißen wie Christen, Juden und Menschen anderer Weltauffassungen. Frauen und Männer beten nicht getrennt, wie in der überwiegenden Mehrheit aller Moscheen, sondern zusammen in einem Raum, Seite an Seite.

Diejenigen, die sich aus den islamistischen Verbänden lösen oder von Anbeginn an eine liberale oder säkulare Alternative zum politischen Islam anbieten, werden von Islamisten beschimpft, angefeindet und sogar massiv bedroht. Ich konnte das im Anschluss an die Eröffnung der »Ibn-Rushd-Goethe-Moschee« beobachten. Unmittelbar nach dem Bekanntwerden der Moscheegründung kam es zu einer regelrechten Explosion des Hasses in den sozialen Medien. Ich hatte zwar die üblichen ablehnenden Verlautbarungen erwartet, auch die eine oder andere Unverschämtheit, war aber doch überrascht von dem Sturm aus Schmähungen und Verwünschungen, der durch das Internet fegte. Eine Moschee für alle, geführt von einer liberalen Imamin ohne Kopftuch – das schien für viele fundamentalistische Muslime ein solcher Affront zu sein, dass die Reaktion zu einer unfreiwilligen Enttarnung der mehr als hässlichen Seite des politischen Islam wurde. Man wünschte Ates nicht nur das ewige Höllenfeuer, sondern rief dezidiert zu ihrer Tötung auf. Selbst im Ausland löste das kleine Moscheeprojekt unverhältnismäßige Reaktionen aus. Die türkische Religionsbehörde »Diyanet« warf den Initiatoren vor, »den Islam zu untergraben und zu zerstören«[532] und auch das ägyptische Fatwa-Amt »Dar al-Ifta al-Masriyyah« wertete die Gründung der »Ibn Rushd-Goethe-Moschee« als »Angriff auf die Religion«.[533] Auf ihrer Homepage zeigte sie Bilder der Eröffnungsfeier, die mit roten Kreuzen durchgestrichen und somit als *haram* markiert waren. Der Umstand, dass Männer und Frauen zusammen beteten, sei im Islam verboten, verkündete sie, ebenso wie die Leitung des Gebets durch eine Frau oder der Verzicht auf das Kopftuch. Dass selbst die schiitischen Organisationen zu höchster Empörung aufliefen, habe ich bereits im fünften Kapitel beschrieben. Seyran Ates erhielt mehr als 100 Morddrohungen und muss seitdem durch Sicherheitspersonal des Landeskriminalamtes geschützt werden.

4. Herausforderungen und Leitlinien einer zukünftigen Islampolitik

Eine solche Situation ist nicht tragbar. Hier ist die Politik gefordert, all diejenigen die »rote Karte« zu zeigen, die der Bedrohung kritischer Muslime Vorschub leisten. Ohnehin muss das Gewaltproblem innerhalb des gegenwärtigen Islam entschieden angegangen werden. Floskelhafte Bekundungen, Terror und andere Formen der Gewalt hätten nichts mit dem Islam zu tun, müssen zurückgewiesen werden. Dabei sind auch die Theologen der staatlichen Hochschulen gefragt, die gewaltlegitimierenden religiösen Texte zu dekonstruieren. Gefordert wird dies seit langem, u.a. vom Freiburger Theologen Abdel-Hakim Ourghi.[534] Säkulare Muslime mahnen zudem seit vielen Jahren an, sich mit religiösen Quellen auseinanderzusetzen, die antisemitisch, frauenfeindlich oder gegen Nichtmuslime gerichtet sind. Die Rahmenrichtlinien eines mit den Menschenrechten vereinbaren Islam wurden in der »Freiburger Erklärung«, den »Berliner Thesen« des »Muslimischen Forums Deutschland« sowie in den Grundlagentexten aller anderen säkularen Vereinigungen festgehalten. Sie sollten die Grundlage für Gespräche mit möglichen Kooperationspartnern sein.

Ein Ergebnis der »Deutsche Islamkonferenz« ist die Einrichtung von Lehrstühlen islamischer Theologie und die Etablierung islamisch-theologischer Zentren an staatlichen Hochschulen. Hier kann und soll eine Theologie entstehen, die wissenschaftlichen Kriterien Rechnung trägt und sich auch modernen Verfahren der Exegese bedient, die in großen Teilen der islamischen Welt mit dem sattsam bekannten Vorwurf abgewehrt werden, häretisch oder gar blasphemisch zu sein. Erwartet werden kann zudem, dass an den Orten staatlich finanzierter Gelehrsamkeit auch theologisches Personal für die Praxis gewonnen wird. Das kann die Jugend- und Sozialarbeit sein, sofern sie überhaupt mit religiösen Konzepten arbeiten möchte, sollte aber in jedem Fall alle Bereiche der Seelsorge und der Religionsvermittlung betreffen. Arbeitsgebiete könnten die Moscheegemeinden sein, in denen bis zum gegenwärtigen Zeitpunkt überwiegend Imame wirken, die im Ausland ausgebildet werden. Dafür müssten die Theologen, die ihre Abschlüsse an den Universitäten bestanden haben, praktisch weitergebildet werden, wie dies auch bei den christlichen Theologien der Fall ist. An der Universität Osnabrück wurde ein Modellversuch für eine Weiterbildung von Theologen zu Imamen für acht Jahre finanziert, dann aber eingestellt, weil die Verbände keinerlei Interesse signalisierten, die dort Ausgebildeten einzustellen. Das hat finanzielle und theologische Gründe. Immer wieder wird von muslimischen Verbandsvertretern angeführt, man sei auf eine Finanzierung der Imame aus dem Ausland angewiesen, weil man die Bezahlung der Gehälter alleine nicht stemmen könne. Dass es sich dabei um eine Ausrede handelt, wird klar, wenn man bedenkt, dass mittlerweile gute Ideen für die Finanzierung der Imame vorgetragen wurden. So gibt es den Vorschlag einer Steuer auf islamisch zertifizierte Konsumgüter (*halal*-Steuer), der recht einfach zu verwirklichen wäre. Ein anderer Vorschlag, eine

Moschee-Steuer zu erheben, die der Kirchensteuer vergleichbar wäre, würde die Anerkennung der Verbände als Religionsgemeinschaften oder eine gewisse Lösung von Staatskirchenmodell voraussetzen. Pragmatisch erscheint ein drittes Konzept zu sein, das darauf basiert, dass die Imame nur teilweise in der Moschee, teilweise aber auch als Religionslehrer oder Sozialarbeiter arbeiten. Der Staat könnte dann einen Teil der Gehälter tragen, die Gemeinden den anderen Teil. Bis jetzt weigern sich die Funktionäre der islamischen Vereine aber hartnäckig, über diese Vorschläge nachzudenken. Das hat, so darf man vermuten, primär politische und theologische Gründe. Man will die enge Verbindung zu den ausländischen Mutterorganisationen nicht kappen und ist zudem mit den progressiven Theologien, die an deutschen Universitäten gelehrt werden, nicht einverstanden. Gerade die Organisationen des politischen Islam haben kein Interesse an einer Theologie, die demokratiekompatibel ist, den islamistischen Überlegenheitsdünkel in Frage stellt und vielleicht sogar mit der im Grundgesetz verankerten Gleichberechtigung zwischen Männern und Frauen einverstanden ist. Sie möchten alles beim Alten belassen und lehnen Absolventen der staatlichen Hochschulen kategorisch ab. Wenn das Projekt der islamischen Theologie nicht vollständig im universitären Elfenbeinturm enden soll, müsste die Politik Leitlinien für die Bestellung von Imamen und Moscheepersonal definieren. Ein Verbot der Auslandsfinanzierung oder des Imports ausländischer Imame könnte angedacht werden. Wenn dies rechtlich nicht möglich ist, könnten Bedingungen an ausländische Imame gestellt werden, die ihre Sprachkompetenz und ihre Grundgesetzkompatibilität betreffen. Carsten Linnemann hat eine umfassende Transparenz der Moscheegemeinschaften gefordert.[535] Ausländische Staaten und muslimische Gemeinschaften sollten ihre Finanzierungen offenlegen. Letztere müssten zudem Mitgliederlisten anfertigen und grundständige Informationen über das angestellte Personal zur Verfügung stellen.

Problematisch gestaltet sich bislang auch der islamische Religionsunterricht an staatlichen Schulen, von dem man sich erhofft, die Deutungshoheit der Koranschulen zu brechen, die für einen guten Teil der Radikalisierung der Muslime in Deutschland verantwortlich sind. Hier gibt es ebenfalls ein Problem, das gelöst werden muss. Bekenntnisorientierter Islamunterricht, wie er beispielsweise in Hessen begonnen wurde, setzt einen islamischen Partner voraus, wenn man das Staatskirchenrecht als Vorlage nimmt. Diesen Partner gibt es nach derzeitigem Stand der Verfasstheit muslimischer Organisationen nicht. Diejenigen, die sich bisher anbieten, sind aus den in diesem Buch erläuterten Gründen nicht geeignet und liberale Alternativen sind ebenfalls nicht in Sicht. Daher müssen neue Wege beschritten werden. Das Bundesland Bayern verlängert zurzeit seinen Modellversuch islamkundlichen Unterricht allein unter staatlicher Kontrolle anzubieten und Baden-Württemberg versucht es mit einer islamischen Stiftung, die aus mehreren muslimischen Vereinigungen bestehen und als Kooperationspartner fungieren soll. Das sind Ansätze, die es zu beobachten gilt. Es bleibt zu hoffen, dass es in Bundesländern, die Kooperationen unter dem Eindruck der DITIB-Vorfälle ausgesetzt hatten, keine Rückkehr zur Zusammenarbeit mit islamistischen Vereinen gibt und dass diejenigen, die nach wie vor mit ihnen kooperieren, ihre Arbeit kritisch reflektieren.

Relativ leicht dürfte es sein, eine islamische Seelsorge zu organisieren. Staatliche Einrichtungen wie Justizvollzugsanstalten, Krankenhäuser oder das Militär kann

Fachpersonal auf individueller Ebene einstellen, das nicht notwendigerweise einer islamischen Organisation angehört. In vielen Fällen können Nichtregierungsorganisationen als Anbieter auftreten. Ähnliches gilt für theologisch geschultes Fachpersonal in Einrichtungen der Sozial- und Jugendarbeit. Hier entwickelt sich ein Arbeitsmarkt für Absolventen der islamischen Theologien, die das mit spezifischen Studiengängen unterstützen könnten.

Wenn man die Expansion des politischen Islam verhindern und der Heterogenität des Islam Rechnung tragen möchte, dann sollte sich das auch in der Zusammensetzung von Gremien wiederspiegeln, die als Ansprechpartner des Staates fungieren. Hier gehen Hessen und Nordrhein-Westfahlen voran. Beide Landesregierungen schaffen breit aufgestellte Foren, in die nicht nur Vertreter der islamistischen Vereine, sondern auch kleinerer säkularer, liberaler und sufistischer Gruppen berufen wurden. Ermutigend war auf Bundesebene die vierte »Deutsche Islamkonferenz«, zu der neben Verbandsvertretern kritische Intellektuelle und neue islamische Gruppierungen eingeladen waren. Es gibt keine repräsentativen Mitgliedschaften mehr und finanzielle Mittel sollen, so Staatssekretär Markus Kerber, vorwiegend für Projekte auf kommunaler Ebene vergeben werden, für die man sich bewerben könne.

Eine besondere Herausforderung stellen extremistische Bestrebungen innerhalb der muslimischen Gemeinschaften dar. Hier sollte schneller als bisher reagiert werden, vor allem auf der kommunalen Ebene. Häufig sieht man dort zu, wie sich radikale Gruppen formieren oder wie in Moscheen radikale Inhalte propagiert werden, weil man fürchtet, sich durch Interventionen den Zugang in diese Milieus zu verbauen. Untätigkeit prägt das Verhalten kommunaler Politiker und Verwaltungsangestellter nicht nur bei salafistischen Predigern, islamistischer Hetze gegen »Ungläubige« und der Verbreitung frauenfeindlicher Ideologien, sondern auch bei offenem Antisemitismus und Kriegspropaganda, wie sie in der jüngsten Vergangenheit in DITIB-Moscheen entdeckt worden war. Anstelle eines *Laissez-faire* um des lieben Friedens willen sollten Vorstände von Moscheegemeinschaften unmissverständlich darauf hingewiesen werden, was nicht mehr tolerierbar ist und wo sie gegebenenfalls mit Konsequenzen rechnen müssen.

Der politische Islam stellt eine totalitäre Ideologie dar, der man bei Kindern und Jugendlichen auch mit dem Mitteln der Demokratieerziehung und der Bereitstellung von Räumen entgegenwirken kann, in denen sie sich frei entwickeln können. Diese Räume müssen in Schulen geschaffen werden, nicht zuletzt deshalb, weil junge Menschen dort einen großen Teil ihrer Zeit verbringen. Der Schule fallen in einer sich so schnell verändernden Gesellschaft wie der unseren ohnehin viele schwierige Aufgaben zu, für die sie häufig nicht ausgestattet sind. Da gilt es nachzuarbeiten, Einrichtungen und Lehrkräfte zu stärken, Personalnotstände abzubauen und Fachkräfte für Sonderaufgaben zu integrieren. Schule muss darüberhinaus wie alle staatlichen Einrichtungen ein säkularer Ort sein. Tagtägliche Auseinandersetzungen mit islamistischen Schülern und Eltern sind niemandem zuzumuten. Stattdessen sollten verbindliche Regeln geschaffen und durch die Kultusministerien im Top-Down-Verfahren erlassen und implementiert werden. Zu diesen Regeln sollten die verpflichtende Teilnahme an allen schulischen Veranstaltungen, die Koedukation, die Ahndung jeder Art von Mobbing und der Verzicht auf das Kopftuch bei Schülerinnen gehören. Das Kopftuch ist belastet durch einen patriarchalisch-theologischen Diskurs, der von den Koranschulen und Moscheen auf die Mädchen einwirkt und sie unter Androhung des Höllenfeuers zur Unterwerfung unter islamistische Normen zwingt. Es ist zudem eingebettet in einen nicht minder frauenfeindlichen Diskurs um Anstand und Ehre, der in traditionellen muslimischen Milieus tradiert wird. Beide gilt es in der Schule abzuwehren und Mädchen die Möglichkeit einer unbeschwerten Entwicklung ihrer Persönlichkeit zu geben. Rückschritte in Bezug auf individuelle Freiheitsrechte müssen aber auch außerhalb der Schule zurückgewiesen werden. Das betrifft die Heirat Minderjähriger, die Polygynie muslimischer Männer, Zwangsehen und jede Art der Gewalt im Namen von Religion und Ehre. Frauen haben in Deutschland lange und ausdauernd für ihre Rechte gekämpft und vieles erst vor wenigen Jahren durchgesetzt. Rückschritte im Namen einer falschen Toleranz darf es nicht geben.

Islampolitik ist ein Teil der Integrationspolitik und muss offen diskutiert werden, wenn gute Lösungen gefunden und der gesellschaftliche Zusammenhalt bewahrt werden sollen. Das ist nicht jedem recht. Funktionäre islamistischer Organisationen und ihre nichtmuslimischen Unterstützer lassen nichts unversucht, um eine solche Debatte zu verhindern. Zu diesem Zweck haben sie zwei Begriffe entwickelt, die diejenigen moralisch diskreditieren sollen, die es wagen, den politischen Islam zum Thema einer Kontroverse zu machen. »Islamophobie« und »antimuslimischer Rassismus« nennen sich die Wortungetüme, die dafür in Stellung gebracht werden. An dieser Stelle kann keine umfassende wissenschaftliche Dekonstruktion dieser kruden Konzepte erfolgen, die Islamismuskritik wahlweise als Krankheit oder als Menschenfeindlichkeit denunzieren, doch so viel sei abschließend bemerkt: Eine freie Gesellschaft lebt von einer freien Debatte, gerade dann, wenn es um eine totalitäre Bewegung geht, die im Namen von Religionsfreiheit und Toleranz an den Fundamenten unserer Gesellschaft sägt.

LITERATUR

Abbott, Jason/Sophie Gregorios-Pippas (2010): Islamization in Malaysia. Processes and dynamics. In: Contemporary Politics 16 (2):135-151.

Abdel-Samad, Hamed (2016): Der Koran. Botschaft der Liebe, Botschaft des Hasses. München: Droemer.

Abdel-Samad, Hamed (2015): Mohammed. Eine Abrechnung. München: Droemer.

Abdel-Samad, Hamed (2014): Der islamische Faschismus. Eine Analyse. München: Droemer.

Abuza, Zachary (2003): Militant Islam in Southeast Asia. Crucible of terror. Boulder, Colorado: Lynne Rienner.

Adamek, Sascha (2017): Scharia-Kapitalismus. Den Kampf gegen unsere Freiheit finanzieren wir selbst. Würzburg: Econ.

Afshar, Haleh (2005): Behind the veil. The public and private faces of Khomeini's policies on Iranian women. In: Moghissi, Haideh, Hg.: Women and Islam. Critical concepts in sociology. Vol. III: Womens's movements in Muslim societies. London: Routledge, S. 71-86.

Afshar, Haleh (1982): Khomeini's teachings and their implications of Iranian women. In: Tabari, Azar/Nahid Yeganeh, Hg.: In the shadow of Islam. The women's movement in Iran. London: Zed Books, S. 75-90.

Ahmed, Leila (1992): Women and gender in Islam. Historical roots of a modern debate. New Haven: Yale University Press.

Akyol, Cigdem (2015): Generation Erdogan. Die Türkei – ein zerrissenes Land im 21. Jahrhundert. Wien: Kremayr und Scheriau.

Alkandari, Ali (2014): The Muslim Brotherhood in Kuweit, 1941–2000 A social movement within the social domain. Universität Exeter: Dissertation

Al-Khanssaa-Brigade (2015): Women of the Islamic State. Übersetzt und kommentiert von Charlie Winter. London: Quilliam Foundation.

Al-Qaradawi, Yusuf (1989): Erlaubtes und Verbotenes im Islam. München: Bavaria Verlag.

Al-Sheha, Abdul Rahman (o. J.): Die Stellung der Frau im Islam, http://books.islamway.net/de/de_woman_in_the_shade_of_islam.pdf, abgerufen am 8.7.2018.

Amir-Moazami, Schirin (2013): Der Gesichtsschleier in Europa – »Stigma-Symbol« oder islamische Körperpraxis? In: Herding, Maruta, Hg.: Radikaler Islam im Jugendalter. Erscheinungsformen, Ursachen und Kontexte. Halle: Deutsches Jugendinstitut, S. 145-166, https://www.dji.de/fileadmin/user_upload/bibs2014/1461_DJI_RadikalerIslam.pdf, abgerufen am 12.8.2018.

Anwar, Zainah (1987): Islamic revivalism in Malaysia. Dakwah among the students. Petaling Jaya: Pelanduk Publications.

Arslan (2012): Symbolische Ordnung, Sozialstruktur und Alltagspraktiken. In: Aslan, Emre/Kemal Bozay, Hg.: Symbolische Ordnung und Bildungsungleichheit in der Migrationsgesellschaft. Wiesbaden: Springer VS, S. 9-34.

Arslan, Emre (2009): Der Mythos der Nation im transnationalen Raum. Türkische Graue Wölfe in Deutschland. Wiesbaden: Verlag für Sozialwissenschaften.

Aslan, Ednan (2016): Evaluierung ausgewählter Islamischer Kindergärten und -gruppen in Wien. Projektbericht. Ein: Universität Wien.

Aslan, Ednan/Heinz Streib (2017): Religiöse und ethische Orientierungen von muslimischen Flüchtlingen. Wien: Universität Wien, https://www.graz.at/cms/dokumente/10307649_7744790/4322a844/Kurzpräsentation%20Religiöse%20und%20ethische%20Orientierungen%20von%20muslimischen%20Flüchtlingen.pdf, abgerufen am 23.9.2018.

Asseburg, Muriel, Hg. (2007): Moderate Islamisten als Reformakteure? Rahmenbedingungen und programmatischer Wandel. Berlin: Stiftung Wissenschaft und Politik.

Ates, Seyran (2009): Der Islam braucht eine sexuelle Revolution. Eine Streitschrift. Berlin: Ullstein.

Avineri, Shlomo (2016): Theodor Herzl und die Gründung des jüdischen Staates. Berlin: Jüdischer Verlag im Suhrkamp Verlag.

Badinter, Elisabeth (2010): Das Kopftuch ist ein politisches Symbol. In: Schwarzer, Alice, Hg.: Die große Verschleierung. Für Integration, gegen Islamismus. Köln: Kiepenheuer und Witsch, S. 105-113.

Bayat, Asef, Hg. (2007): Making Islam democratic. Social movements and the post-Islamist turn. Stanford: Stanford University Press.

Bayat, Asef (1996): The coming of a post-Islamist society. In: Critique. Critical Middle Eastern Studies 5 (9): 43-52.

Beck, Marieluise/Barbara John/Rita Süssmuth (2003): Religiöse Vielfalt statt Zwangsemanzipation! Aufruf wider eine Lex Kopftuch, http://www.bpb.de/politik/innenpolitik/konfliktstoff-kopftuch/63284/offener-brief-position, abgerufen am 20.7.2018.

Benslama, Fethi (2017): Der Übermuslim. Was junge Menschen zur Radikalisierung treibt. Berlin: Matthes und Seitz.

Benz, Wolfgang/Juliane Wetzel (2007): Antisemitismus und radikaler Islam. In: Benz, Wolfgang/Juliane Wetzel, Hg.: Antisemitismus und radikaler Islamismus. Essen: Klartext, S. 9-22.

Bielefeldt, Heiner (2005): Zwangsheirat und multikulturelle Gesellschaft. Anmerkungen zu einer aktuellen Debatte. Berlin: Deutsches Institut für Menschenrechte.

Bobzin, Hartmut (2015): Der Koran. München: Beck.

Brettfeld, Katrin/Peter Wetzels (2007): Muslime in Deutschland. Integration, Integrationsbarrieren, Religion sowie Einstellungen zu Demokratie, Rechtsstaat und politisch-religiös motivierter Gewalt. Ergebnisse von Befragungen im Rahmen einer multizentrischen Studie in städtischen Lebensräumen. Hamburg: Universität Hamburg.

Brooks, Patrick (2018): Ein weder einfaches noch einseitiges Erbe. Lektüre zur Darstellung von Jüdinnen*Juden in den islamischen Quellen. In: Keskinkilic, Ozan Z./Armin Langer, Hg.: Fremdgemacht und Reorientiert. Jüdisch-muslimische Verflechtungen. Berlin: Verlag Yilmaz Günay, S. 175-183.

Brumlik, Micha (2012): Kontinuitäten von Antisemitismus und Berührungsflächen zur Islamophobie. In: Botsch, Gideon et al., Hg.: Islamophobie und Antisemitismus – ein umstrittener Vergleich. Berlin: De Gruyter, S. 65-80.

Buchta, Wilfried (1997): Die iranische Schia und die islamische Einheit 1979–1996. Hamburg: Deutsches Orient-Institut.

Bush, Robin (2008): Regional sharia regulations in Indonesia. Anomaly or symptom? In: Fealy, Greg/Sally White, Hg.: Expressing Islam. Religious life and politics in Indonesia. Singapur: Institute of Southeast Asian Studies, S. 174-192.

Clement, Rolf/Paul Elmar Jöris (2010): Islamistische Terroristen aus Deutschland. Bonn: Bundeszentrale für politische Bildung.

Croitoru, Joseph (2007): Hamas. Der palästinensische Kampf um Palästina. München: Beck.

Damir-Geilsdorf, Sabine (2014): Zur politischen Identitätsbildung als Radikalisierungsfaktor bei jungen Muslimen in Deutschland. In: Ceylan, Rauf/Benjamin Jokisch, Hg.: Salafismus in Deutschland. Entstehung, Radikalisierung und Prävention. Frankfurt: Lang, S. 215-238.

Damir-Geilsdorf, Sabine (2004): Fundamentalismus und Terrorismus am Beispiel religiös-politischer Bewegungen im Nahen und Mittleren Osten. In: Six, Clemens/Martin Riesebrodt/Siegfried Haas, Hg.: Religiöser Fundamentalismus. Vom Kolonialismus zur Globalisierung. Wien: Studienverlag, S. 201-225.

Damir-Geilsdorf, Sabine (2003): Herrschaft und Gesellschaft: Der islamistische Wegbereiter Sayyid Qutb und seine Rezeption. Würzburg: Ergon.

Dantschke, Claudia (2012): »Graue Wölfe« in Deutschland. Türkischer Ultranationalismus und Rechtsextremismus. In: Greuel, Frank/Michaela Glaser, Hg.: Ethnozentrismus und Antisemitismus bei Jugendlichen mit Migrationshintergrund. Erscheinungsformen und pädagogische Praxis in der Einwanderungsgesellschaft. Halle: Deutsches Jugendinstitut, S. 66-89.

Dihstelhoff, Julius/Ivesa Lübben (2016): Die internationale Organisation der Muslimbruderschaft und ihr Ableger in Deutschland. Marburg: Centrum für Nah- und Mitteloststudien.

DIK, Deutsche Islamkonferenz (2009): Religiös begründete schulpraktische Fragen. Handreichung für Schule und Elternhaus, http://www.deutsche-islam-konferenz.de/Shared-

Docs/Anlagen/DIK/DE/Downloads/LenkungsausschussPlenum/2008-anhang-zwischenresumee-schulpraktische-fragen.pdf?__blob=publicationFile, abgerufen am 21.1.2018.

El-Mafaalani, Aladin (2014): Salafismus als jugendkulturelle Provokation. Zwischen dem Bedürfnis nach Abgrenzung und der Suche nach habitueller Übereinstimmung. In: Schneiders, Thorsten G., Hg.: Salafismus in Deutschland. Ursprünge und Gefahren einer islamisch-fundamentalistischen Bewegung. Bielefeld: Transcript, S. 355-362.

Engelhardt, Marc (2014): Heiliger Krieg, heiliger Profit. Afrika als neues Schlachtfeld des internationalen Terrorismus. Berlin: Ch. Links Verlag.

Engineer, Ashgar Ali (1999): The Qur'an, women and modern society. New Delhi: Sterling Publishers.

Esposito, John L. (1995): The Oxford encyclopedia of the modern Islamic world. New York: Oxford University Press.

Filzmaier, Peter/Flooh Perlot (2017): Muslimische Gruppen in Österreich. ÖIF Forschungsbericht. Wien: Österreichischer Integrationsfonds.

Foroutan, Naika (2012): Muslimbilder in Deutschland. Wahrnehmungen und Ausgrenzungen in der Integrationsdebatte. Bonn: Friedrich-Ebert-Stiftung, http://library.fes.de/pdf-files/wiso/09438.pdf, abgerufen am 12.8.2018.

Fouad, Hazim (2014): Postrevolutionärer Pluralismus. Das salafistische Spektrum in Ägypten. In: Said, Behnam T./Hazim Fouad, Hg.: Salafismus. Auf der Suche nach dem wahren Islam. Bonn: Bundeszentrale für politische Bildung, S. 229-264.

Frauenrath, Ralf (2015): Yusuf al-Qaradawi und das Konzept der Wasatiya. Heimerzheim: Akademie für Verfassungsschutz

Frindte, Wolfgang (2013): Der Islam und der Westen. Sozialpsychologische Aspekte einer Inszenierung. Wiesbaden: Springer VS.

Frindte, Wolfgang/Klaus Boehnke/Henry Kreitenbom/Wolfgang Wagner (2011): Lebenswelten junger Muslime in Deutschland. Berlin: Bundesministerium des Innern.

Fuller, Graham E. (2003): The future of political Islam. New York: Palgrave MacMillan.

Gallab, Abdullahi A. (2008): The first Islamic republic. Development and desintegration of Islamism in the Sudan. Aldershot: Ashgate.

Gebhardt, Richard/Anne Klein/Marcus Meier, Hg. (2012): Antisemitismus in der Einwanderungsgesellschaft. Beiträge zur kritischen Bildungsarbeit. Weinheim: Beltz.

Geist, Sarah (2007): Muslimische Mädchen in Deutschland. Zwischen Neugier und Tabu. Saarbrücken: VDM.

Gerlach, Julia (2006): Zwischen Pop und Dschihad. Muslimische Jugendliche in Deutschland. Berlin: Ch. Links Verlag.

Ghadban, Ralph (2006): Tariq Ramadan und die Islamisierung Europas. Berlin: Schiler.

Göle, Nilüfer (2004): Die sichtbare Präsenz des Islam und die Grenzen der Öffentlichkeit. In: diess., Hg.: Islam in Sicht. Der Auftritt von Muslimen im öffentlichen Raum. Bielefeld: Transcript, S. 11-44.

Goldziher, Ignaz (1908): Zur Geschichte der Hanbalitischen Bewegungen. In: Zeitschrift der Deutschen Morgenländischen Gesellschaft 62: 1-28.

Gräf, Bettina/Jakob Skovgaard-Petersen, Hg. (2009): The Global Mufti. The phenomenon of Yusuf Qaradawi. New York: Columbia University Press.

Graf, Arndt/Susanne Schröter/Edwin Wieringa, Hg. (2010): Aceh. History, politics and culture. Singapur: ISEAS.

Güngör, Kennan/Caroline Nik Nafs (2016): Jugendliche in der offenen Jugendarbeit. Identitäten, Lebenslagen und abwertende Einstellungen. Wien: Stadt Wien.

Günther, Christoph/Mariella Ourghi/Susanne Schröter/Nina Wiedl (2016): Dschihadistische Rechtfertigungsnarrative und ihre Angriffsflächen. In: Biene, Janusz et al., Hg.: Salafismus und Dschihadismus in Deutschland. Ursachen, Dynamiken, Handlungsempfehlungen. Frankfurt: Campus, S. 159-198.

Gutas, Dimitri (1999): Greek thought, Arabic culture. The Graeco-Arabic translation movement in Bagdad and early Abbasid society (2nd–4th/8th–10th century).New York: Routledge.

Hafez, Farid (2014): Islamisch-politische Denker. Eine Einführung in die islamisch-politische Ideengeschichte. Frankfurt: Peter Lang.

Hafner, Georg M./Esther Schapira (2015): Israel ist an allem Schuld. Warum der Judenstaat so gehasst wird. Frankfurt: Eichborn.

Hamid, Shadi/William McCants, Hg. (2017): Rethinking political Islam. Oxford: Oxford University Press.

Hamid, Shadi (2014): Temptations of power. Islamists and illiberal democracy in a new Middle East. Oxford: Oxford University Press.

Hegghammer, Thomas, Hg. (2018): Jihadi culture. The art and social practices of militant Islamists. Cambridge: Cambridge University Press.

Heinig, Hans-Michael (2005): Religionsfreiheit oder Neutralitätsgebot? Der Kopftuchstreit in der rechtlichen und juristischen Debatte, http://www.bpb.de/themen/SQH1C3,0,0,Religionsfreiheit_oder_Neutralit%E4tsgebot.html, abgerufen am 11.8.2010.

Hermann, Rainer (2018): Arabisches Beben. Die wahren Gründe der Krise im Nahen Osten. Stuttgart: Klett-Cotta.

Hermann, Rainer (2015): Endstation Islamischer Staat? Staatsversagen und Religionskrieg in der arabischen Welt. München: DTV.

Herzl, Theodor (1902): Altneuland. Wenn ihr wollt, ist es kein Märchen. Berlin/Wien: Verlag Benjamin Harz.

Hofmann, Gabriele (1997): Muslimin werden. Frauen in Deutschland konvertieren zum Islam. Frankfurt: Institut für Kulturanthropologie und Europäische Ethnologie.

Hübsch, Hadayatullah (1997): Frauen im Islam. 55 Fragen und Antworten. Nienburg: Betzel Verlag.

Hussanini, Safiya (2006): Ich, Safiya. Verurteilt zum Tod durch Steinigung. München: Blanvalet.

Innenministerium Baden-Württemberg (2006): Verfassungsschutzbericht, http://www.boa-bw.de/downloads/frei/a9a74dc1-7827-4e1a-8f41-ee0a08120e3a/0/jabe-2006.pdf, abgerufen am 1.8.2018.

Jastrow, Morris (1921): Veiling in ancient Assyria. In: Révue Archéologique 14: 209-238.

Jessen, Frank/Ulrich von Wilamowitz-Moellendorf (2006): Das Kopftuch. Entschleierung eines Symbols. Berlin: Konrad-Adenauer-Stiftung.

Jikeli, Günther (2017): Einstellungen von Geflüchteten aus Syrien und dem Irak zu Integration, Identität, Juden und Shoah. Berlin: American Jewish Committee Berlin, https://ajcberlin.org/sites/default/files/ajc_studie_gefluechtete_und_antisemitismus_2017.pdf, abgerufen am 2.9.2018.

Jikeli, Günther (2015): European Muslim antisemitism. Why young urban males say they don't like Jews. Bloomington, Indiana: Indiana University Press.

Karakasoglu, Yasemin (2009): Islam als Störfaktor in der Schule. Anmerkungen zum pädagogischen Umgang mit orthodoxen Positionen und Alltagskonflikten. In: Schneiders, Thorsten Gerald, Hg.: Islamfeindlichkeit. Wenn die Grenzen der Kritik verschwimmen. Wiesbaden: Springer, S.289-304.

Karis, Tim (2016): Darstellung von Muslimen in deutschen Medien. In: Mediendienst Integration: Journalistenhandbuch Islam, S. 123-130, https://mediendienst-integration.de/fileadmin/Handbuch_Islam.pdf, abgerufen am 7.10.2018.

Keddie, Nikki R. (1972): Sayyid Jamal Ad-Din »Al-Afghani«. A political biography. Berkeley: University of California Press.

Kelek, Necla (2006): Die verlorenen Söhne. Plädoyer für die Befreiung des türkisch-muslimischen Mannes. Köln: Kiepenheuer und Witsch.

Kelek, Necla (2005): Die fremde Braut. Ein Bericht aus dem Inneren des türkischen Lebens in Deutschland. Köln: Kiepenheuer und Witsch.

Kepel, Gilles (2016): Terror in Frankreich. Der neue Dschihad in Europa. München: Kunstmann.

Kepel, Gilles (2005): Die neuen Kreuzzüge. Die arabische Welt und die Zukunft des Westens. München: Piper.

Kepel, Gilles (2002): Das Schwarzbuch des Dschihad. Aufstieg und Niedergang des Islamismus. München: Piper.

Khan, Sher Banu A. L. (2010): The sultanas of Aceh 1641–99. In: Graf, Arndt/Susanne Schröter/Edwin Wieringa, Hg.: Aceh. History, politics and culture. Singapur: Institute of Southeast Asian Studies, S. 3-25.

Kiefer, Michael (2002): Antisemitismus in den islamischen Gesellschaften. Der Palästina-Konflikt und der Transfer eines Feindbildes. Düsseldorf: Verein zur Förderung gleichberechtigter Kommunikation.

Klinkhammer, Gritt (2003): Moderne Formen islamischer Lebensführung. Musliminnen der zweiten Generation in Deutschland. In: Rumpf, Mechthild/Ute Gerhard/Mechtild M. Jansen, Hg.: Facetten islamischer Welten. Geschlechterordnungen, Frauen- und Menschenrechte in der Diskussion. Bielefeld: Transcript, S. 257-271.

Koopmans, Ruud (2017): Assimilation oder Multikulturalismus. Bedingungen gelungener Integration. Berlin: Lit.

Krämer, Gudrun (2009): Hasan al-Banna. Oxford: Oneworld Publications.

Krämer, Gudrun (2005a): Geschichte des Islam. Bonn: Bundeszentrale für politische Bildung.

Krämer, Gudrun (2005b): Aus Erfahrung lernen? Die islamische Bewegung in Ägypten. In: In: Six, Clemens/Martin Riesebrodt/Siegfried Haas, Hg.: Religiöser Fundamentalismus. Vom Kolonialismus zur Globalisierung. Innsbruck: Studien-Verlag, S. 185-200.

Krawietz, Birgit (2014): Ibn Tamiyya, Vater des islamischen Fundamentalismus? Zur westlichen Rezeption eines mittelalterlichen Schariatsgelehrten. In: Schneiders, Thorsten Gerald, Hg.: Salafismus in Deutschland. Ursprünge und Gefahren einer islamisch-fundamentalistischen Bewegung. Bielefeld: Transcript, S. 67-88.

Kreile, Renate (1996): Der Schleier – verbindendes Kulturphänomen? In: Zeitschrift für KulturAustausch 46 (3): 70-73.

Küng, Hans (2004): Der Islam. Geschichte, Gegenwart, Zukunft. München: Piper.

Küntzel, Matthias (2009): Djihad und Judenhass. Über die zunehmende Judenfeindschaft in islamischen Gesellschaften. Online-Texte der Evangelischen Akademie Bad Boll, https://www.ev-akademie-boll.de/fileadmin/res/otg/640209-Kuentzel.pdf, abgerufen am 2.9.2018.

Lacoste-Dujardin, Camille (1986): Des mères contre les femmes. Maternité et patriarcat au Maghreb. Paris: La Découverte Poches.

Laqueur, Walter (2008): Gesichter des Antisemitismus. Von den Anfängen bis heute. Berlin: Piper.

Lewis, Bernard (2003): Die Wut der arabischen Welt. Warum der jahrhundertealte Konflikt zwischen dem Islam und dem Westen weiter eskaliert. Frankfurt: Campus.

Lewis, Bernard (1994): Der Atem Allahs. Die islamische Welt und der Westen: Kampf der Kulturen? Wien: Europa-Verlag.

Lewis, Bernard (1987): »Treibt sie ins Meer!«. Die Geschichte des Antisemitismus. Frankfurt: Ullstein.

Linnemann, Carsten (2019): Agenda gegen den politischen Islam. In: Linnemann, Carsten/Winfried Bausback, Hg.: Der politische Islam gehört nicht zu Deutschland. Freiburg: Herder, S. 220-260.

Lohlker (2014): Salafismus. Der Aufstand der Frommen. München: Beck.

Lohlker, Rüdiger (2009): Dschihadismus. Materialien. Wien: Facultas.

Lustiger, Gila (2016): Erschütterung. Über den Terror. Berlin: Berlin Verlag.

Mahmood, Saba (2005): Politics of piety. The Islamic revival and the feminist subject. Princeton: Princeton University Press.

Manea, Elham (2016): Women and shari'a law. The impact of legal pluralism in the UK.London: Tauris.

Mansour, Ahmad (2015): Generation Allah. Warum wir im Kampf gegen religiösen Extremismus umdenken müssen. Frankfurt: Fischer.

Maréchal, Brigitte (2008): The Muslim brothers in Europe. Leiden: Brill.

Marty, Martin E./R. Scott Appleby (1996): Herausforderung Fundamentalismus. Radikale Christen, Moslems und Juden im Kampf gegen die Moderne. Frankfurt: Campus.

Meining, Stefan (2011): Eine Moschee in Deutschland. Nazis, Geheimdienste und der Aufstieg des politischen Islam im Westen. München: Beck.

Mekhennet, Souad/Claudia Sautter/Michael Hanfeld (2008): Die Kinder des Dschihad. Die neue Generation des islamistischen Terrors in Europa. München: Piper.

Mohagheghi, Hamideh (2015): Frauen für den Dschihad. Das Manifest der IS-Kämpferinnen. Freiburg: Herder.

Moj, Muhammad (2015): The Deoband madrassah movement. Countercultural trends and tendencies. Diversity and pluralism in South Asia. London: Anthem Press.

Müller, Dominik (2015a): Islamic politics and popular culture in Malaysia. Negotiating normative change between shariah law and electric guitars. In: Indonesia and the Malay World 43 (127): 318-344.

Müller, Dominik (2015b): When ›PAS is HAMAS‹ and ›UMNO acts like Israel‹. Localized appropriations of the Palestine conflict in Malaysia. In: Tomas Petru,Hg.: Graffiti, converts and vigilantes. Islam outside the mainstream in maritime Southeast Asia. Wien: Caesarpress, S. 77-106.

Murad, Khurram (1986a): Da'wah among non-Muslims in the West. Leicester: The Islamic Foundation.

Murad, Khurram (1986b): Muslim youth in the West. Towards a new education strategy. Leicester: The Islamic Foundation.

Murad, Khurram (1981): Islamic movement in the West. Leicester: The Islamic Foundation.

Murtaza, Muhammad Sameer (2005): Die Salafiya. Die Reformer des Islam. Bad Kreuznach: Institut zur Erforschung der islamischen Religion.

Nagel, Tilman (2010): Mohammed. Zwanzig Kapitel über den Propheten der Muslime. München: Oldenbourg.

Nasr, Seyyed Vali Reza (1996): Maududi and the making of Islamic revivalism. Oxford: Oxford University Press.

Neumann, Peter (2015): Die neuen Dschihadisten. IS, Europa und die nächste Welle des Terrorismus. Berlin: Econ.

Nökel, Sigrid (2002): Die Töchter der Gastarbeiter und der Islam. Soziale Akteure in der Politik der Differenz und Anerkennung. Eine Fallstudie, Bielefeld: Transcript.

Öztürk, Ahmet E. (2016): Turkey's Diyanet under AKP rule. From protector to imposer of state ideology?In: Southeast European and Black Sea Studies 16: 619-635.

Ourghi, Abdel-Hakim (2017): Reform des Islam. 40 Thesen. München: Claudius Verlag.

Ourghi, Mariella (2010): Muslimische Positionen zur Berechtigung von Gewalt. Einzelstimmen, Revisionen, Kontroversen. Würzburg: Ergon.

Paret, Rudi (2001): Der Koran. Stuttgart: Kohlhammer.

Peters, Rudolph (2005): Erneuerungsbewegungen im Islam vom 18. bis zum 20. Jahrhundert und die Rolle des Islams in der neueren Geschichte. Antikolonialismus und Nationalismus. In: Ende, Werner/Udo Steinbach, Hg.: Der Islam in der Gegenwart. München: Beck, S. 90-127.

Pfahl-Traughber, Armin (2011): Antisemitismus im Islamismus. Ideengeschichtliche Bedingungsfaktoren und agitatorische Erscheinungsformen. In Bundeszentrale für politische Bildung, Hg.: Dossier Islamismus, http://www.bpb.de/politik/extremismus/islamismus/36356/antisemitismus-im-islamismus?p=all, abgerufen am 7.1.2017.

Pfeiffer, Christian/Dirk Baier/Sören Kliem (2018): Zur Entwicklung der Gewalt in Deutschland. Schwerpunkt: Jugendliche und Flüchtlinge als Täter und Opfer. Zürich: Züricher Hochschule für angewandte Wissenschaften, https://www.bmfsfj.de/blob/121226/0509c2c7fc392aa88766bdfaeaf9d39b/gutachten-zur-entwicklung-der-gewalt-in-deutschland-data.pdf, abgerufen am 24.7.2018.

Pollack, Detlef et al (2016): Integration und Religion aus der Sicht von Türkeistämmigen in Deutschland. Münster: Westfälische

Wilhelms-Universität. https://www.uni-muenster.de/imperia/md/content/religion_und_politik/aktuelles/2016/06_2016/studie_integration_und_religion_aus_sicht_t__rkeist__mmiger.pdf, abgerufen am 1.5.2019

Poya, Abbas (2014): Denken jenseits von Dichotomien. Iranisch-religiöse Diskurse im postkolonialen Kontext. Bielefeld: Transcript.

Prömper, Hans/Mechtild M. Jansen/Andreas Ruffing/Helga Nagel, Hg. (2010): Was macht Migration mit Männlichkeit? Kontexte und Erfahrungen zur Bildung und zur Sozialen Arbeit mit Migranten. Opladen: Verlag Barbara Budrich.

Prucha, Nico (2012): Zur Vermittlung arabischer Jihadisten-Ideologie. Zur Rolle deutscher Aktivisten. In: Steinberg, Guido, Hg.: Jihadismus und Internet. Eine deutsche Perspektive. Berlin: SWP, S. 45-55.

Qutb, Sayyid (2001): Milestones. New Delhi: Islamic Book Service.

Ramadan, Tariq (2009): Radikale Reform. Die Botschaft des Islam für die modernen Gesellschaften. München: Diederichs.

Ramsauer, Petra (2014): Muslimbrüder. Ihre geheime Strategie, ihr globales Netzwerk. Wien: Molden Verlag.

Ranko, Annette (2014): Die Muslimbruderschaft. Porträt einer mächtigen Verbindung. Hamburg: Körber-Stiftung.

Reichmuth (2010): Jihad – Muslime und die Option der Gewalt in Religion und Staat. In: Schneiders, Thorsten G., Hg.: Islamverherrlichung. Wiesbaden: Springer VS, S. 185-197.

Reuter, Christoph (2015): Die schwarze Macht. Der »Islamische Staat« und die Strategen des Terrors. München: DTV.

Riesebrodt, Martin (1990): Fundamentalismus als patriarchalische Protestbewegung. Amerikanische Protestanten (1910–28) und iranische Schiiten (1961–79) im Vergleich. Tübingen: Mohr.

Riexinger, Martin (2007): Islamismus und Fundamentalismus. In: Bundeszentrale für politische Bildung, Hg.: Dossier Islamismus, http://www.bpb.de/politik/extremismus/islamismus/36341/begriffsbestimmung, abgerufen am 2.1.2017.

Risse, Thomas/Ursula Lehmkuhl (2007): Governance in Räumen

begrenzter Staatlichkeit. In: Aus Politik und Zeitgeschehen 20-21, http://www.bpb.de/apuz/30465/governance-in-raeumen-begrenzter-staatlichkeit?p=all, abgerufen am 26.8.2018.

Rommelpacher, Birgit (2009): Feminismus und kulturelle Dominanz.Kontroversen um die Emanzipation »der« muslimischen Frau. In: Berghahn, Sabine/Petra Rostock, Hg.: Der Stoff, aus dem Konflikte sind. Debatten um das Kopftuch in Deutschland, Österreich und der Schweiz. Bielefeld: Transcript, S. 395-412.

Rosniny, Stephan (2016): Moderate Islamisten. Zwischen Arabischem Frühling und »Islamischem Staat«. In: Wissenschaft und Frieden 3: 17-20.

Rosiny, Stephan (2008): »Der Islam ist die Lösung« – zum Verhältnis von Ideologie und Religion im Islamismus. In: Feichtinger, Walter/Sibylle Wentker, Hg.: Islam, Islamismus und islamischer Extremismus. Eine Einführung. Wien: Böhlau Verlag, S. 61-76.

Roy, Olivier (2017): »Ihr liebt das Leben, wir lieben den Tod.« Der Dschihad und die Wurzeln des Terrors. München: Siedler.

Roy, Olivier (1994): The failure of political Islam. Cambridge: Cambridge University Press.

Said, Behnam T. (2014): Islamischer Staat. IS-Miliz, al-Qaida und die deutschen Brigaden. München: Beck.

Saltman, Erin Marie/Melanie Smith (2015): Till martyrdom do us part. Gender and the ISIS phenomenon. London: Institute for Strategic Dialogue, https://www.isdglobal.org/wp-content/uploads/2016/02/Till_Martyrdom_Do_Us_Part_Gender_and_the_ISIS_Phenomenon.pdf, abgerufen am 1.9.2018.

Salzborn, Samuel (2018): Globaler Antisemitismus. Eine Spurensuche in den Abgründen der Moderne. Weinheim: Beltz Juventa.

Sarhan, Aladdin (2017): Die Muslimbruderschaft in Deutschland. In: http://www.kas.de/wf/de/71.15455/, abgerufen am 30. Dezember 2017.

Schavan, Annette (2005): Islamismus und schulische Integration. Interview in »Neue Zürcher Zeitung« vom 9.9.2004.

Schiffauer, Werner (2015): Schule, Moschee, Elternhaus. Eine ethnologische Intervention. Berlin: Suhrkamp.

Schiffauer, Werner (2010): Nach dem Islamismus. Die Islamische Gemeinschaft Milli Görüs. Eine Ethnographie. Frankfurt: Suhrkamp.

Schiffauer (2009): Parallelgesellschaften. Wie viel Wertekonsens braucht unsere Gesellschaft? Für eine kluge Politik der Differenz. Bielefeld: Transcript.

Schiffauer, Werner (1991): Die Migranten aus Subay. Türken in Deutschland. Eine Ethnographie. Stuttgart: Klett-Cotta.

Schlicht, Daniela (2010): Der Pan-Islamismus – eine transnationale politische Fiktion? In: Robert, Rüdiger/Daniela Schlicht/Shazia Saleem, Hg.: Kollektive Identitäten im Nahen und Mittleren Osten. Studien zum Verhältnis von Staat und Religion. Münster: Waxmann, S. 55-74.

Schmidt, Wolf (2012): Jung, deutsch, Taliban. Bonn: Bundeszentrale für politische Bildung.

Schmitz, Dominic Musa (2016): Ich war ein Salafist. Berlin. Econ.

Schreiber, Constantin (2017): Inside Islam. Was in Deutschlands Moscheen gepredigt wird. Würzburg: Econ.

Schröter, Susanne (2016): Gott näher als der eigenen Halsschlagader. Fromme Muslime in Deutschland. Frankfurt: Campus.

Schröter, Susanne (2007): Fundamentalismen und religiös motivierte Gewalt in Indonesien. In: Kolnberger, Thomas, Hg.: Terrorismus und Fundamentalismus – Herausforderung der modernen Welt. Wien: Magnus-Essen, S. 142-167.

Schröter, Susanne/Sonia Zayed (2013): Tunesien. Vom Staatsfeminismus zum revolutionären Islamismus. In: Schröter, Susanne, Hg.: Geschlechtergerechtigkeit durch Demokratisierung?Transformationen und Restaurationen von Genderverhältnissen in der islamischen Welt. Bielefeld: Transcript, S. 17-44.

Schulze, Reinhard (1990): Islamischer Internationalismus im 20. Jahrhundert. Leiden: Brill.

Seidensticker, Tilman (2014): Islamismus. Geschichte, Vordenker, Organisationen. München: Beck.

Sen, Faruk/Hayrettin Aydin (2002): Islam in Deutschland. München: Beck.

Senatsverwaltung für Bildung, Wissenschaft und Forschung (2010): Islam und Schule. Handreichung für Lehrer und Lehrerinnen an Berliner Schulen. Berlin: Senat.

Seufert, Günther (1997): Politischer Islam in der Türkei. Islamismus als symbolische Repräsentation einer sich modernisierenden muslimischen Gesellschaft. Stuttgart: Steiner.

Sfeir, Antoine (2007): The Columbia world dictionary of Islamism. New York: Columbia University Press.

Shooman, Yasemin (2012): Islamfeindlichkeit und Antisemitismus. Diskursive Analogien und Unterscheide. In: Jüdisches Museum Berlin, Journal Nr. 7: 17-20, https://www.tu-berlin.de/fileadmin/i65/Publikationen_Mitarbeiter/Shooman/Shooman_Islamfeindlichkeit_und_Antisemitismus.pdf, abgerufen am 23.9.2018.

Springer, D. R/J. M. Regens,/ D. M. Edgers (2009): Islamic radicalism and global jihad. Washington: Georgetown University Press.

Steinbach, Udo (1996): Die Türkei im 20. Jahrhundert. Schwieriger Partner Europas. Bergisch Gladbach: Gustav Lübbe Verlag.

Steinberg, Guido/Annette Weber, Hg. (2015): Jihadism in Africa. Local causes, regional expanses, international alliances. Berlin: Stiftung Wissenschaft und Politik.

Steinberg, Guido (2014): Saudi-Arabien. Der Salafismus in seinem Mutterland. In: In: Said, Behnam T./Hazim Fouad, Hg.: Salafismus. Auf der Suche nach dem wahren Islam. Bonn: Bundeszentrale für politische Bildung, S. 265-296.

Steinberg, Guido (2005): Der nahe und der ferne Feind. Die Netzwerke des islamistischen Terrorismus. München: Beck.

Steinberg, Guido (2002): Religion und Staat in Saudi-Arabien. Die wahhabitischen Gelehrten 1902–1953. Würzburg: Ergon.

Stiftung SPI, Mobiles Beratungsteam »Ostkreuz« für Demokratieentwicklung, Menschenrechte und Integration (2012): Vorurteilsbezogene Konflikte und vorurteilsbezogene Gewalt an Berliner Schulen, http://mbt-berlin.de/mbt/publikationen/Broschueren/4-Schulanalyse.pdf, abgerufen am 21.1.2018.

Strasser, Sabine (1995): Die Unreinheit ist fruchtbar. Grenzüberschreitungen in einem türkischen Dorf am Schwarzen Meer. Wien: Wiener Frauenverlag.

Suratno (2015): Transformation of Jihad. De-radicalization and disengagement of extremist Muslims in contemporary Indonesia. Frankfurt: Goethe-Universität, unveröffentlichte Dissertation.

Syed, Jawad/Edwina Pio/Tahir Kamran/Abbas az-Zaidi (2016): Faith-based violence and deobandi militancy in Pakistan. London: Palgrave MacMillan.

Thamm, Berndt Georg (2015): Terroranschläge in Paris gegen Juden und »Kreuzfahrer«. Der antisemitische Djihad als »HolyWorld War«. Berlin: Jüdisches Forum für Demokratie und gegen Antisemitismus e. V.

Tibi, Bassam (2008): War and peace in Islam. In: Bostom, Andrew G., Hg.: Legacy of Jihad. Amherst, New York: Prometheus Books, S. 326-342.

Tibi, Bassam (1993): Die fundamentalistische Herausforderung. Der Islam und die Weltpolitik. München: Beck.

Todenhöfer, Jürgen (2015): Inside IS. 10 Tage im »Islamischen Staat«. München: Bertelsmann.

Toprak, Ahmet (2012): Unsere Ehre ist uns heilig. Muslimische Familien in Deutschland. Freiburg: Herder.

Toprak, Ahmet (2007): Das schwache Geschlecht – die türkischen Männer. Zwangsheirat, häusliche Gewalt, Doppelmoral der Ehre. Freiburg im Breisgau: Lambertus.

Van Dijk, Cornelis (1981): Rebellion under the banner of Islam. The Darul Islam in Indonesia. Den Haag: M. Nijhoff.

Vidino, Lorenzo (2010): The new Muslim brotherhood in the West. New York: Columbia University Press.

Voll, John O./Tamara Sonn (2013): Political Islam. In: Esposito, John L./Emad El-Din Shahin, Hg.: The Oxford handbook of Islam and politics. Oxford: Oxford University Press, S. 56-67.

Wagner, Joachim (2018): Die Macht der Moschee. Scheitert die Integration am Islam? Freiburg: Herder.

Waldschmidt, Antje (2016): »Arabischer Frühling«. (K)eine Chance für Demokratie in der arabischen Welt? Eine Fallanalyse zu Tunesien und Syrien. Norderstedt: BoD.

Wegener, Ann-Christin (2017): »... und diese Gerüchte stammen nicht von irgendwelchen Nazis!« Eine Studie zu Erscheinungsformen und ideologischen Hintergründen antisemitischer Agitation in den sozialen Netzwerken. Wiesbaden: Landesamt für Verfassungsschutz Hessen.

Wiedl, Nina (2008): Da'wa. Der Ruf zum Islam in Europa. Berlin: Schiler.

Wieland, Rotraud (o. J.): Die Vorschrift des Kopftuchtragens für die muslimische Frau. Grundlagen und aktueller innerislamischer Diskussionsstand, www.unifr.ch/theo/downloads/wielandtkopftuch.pdf, abgerufen am 24.6.2012.

Wiesinger, Susanne (2018): Kulturkampf im Klassenzimmer. Wie der Islam die Schulen verändert. Wien: Edition QVV.

Wittenbrink, Franca (2017): Rein in den Brennpunkt. Wie lässt sich der Antisemitismus unter muslimischen Jugendlichen bekämpfen? In: »Frankfurter Allgemeine Zeitung« vom 21.12.2017.

Wöhler-Khalfallah, Khadija-Katja (2014): Die Instrumentalisierung des Islam zur Legitimation globaler Machtambitionen. Die islamische Weltliga zwischen Wohltätigkeit, Propagierung eines fundamentalistisch-salafistischen Islam und konkreter Terrorismusförderung. In: Werkner, Ines-Jacqueline/Oliver Hidalgo, Hg.: Religionen – Global Player in der internationalen Politik? Wiesbaden: Springer, S. 141-174.

Wöhler-Khalfallah (2010): Islamischer Fundamentalismus. Von der Urgemeinde bis zur Deutschen Islamkonferenz. Berlin: Schiler.

Wolter, Udo (2004): Beispiel Al Quds-Tag. Islamistische Netzwerke und Ideologien unter Migrantinnen und Migranten in Deutschland und Möglichkeiten zivilgesellschaftlicher Intervention, http://www.digberlin.de/dig/wp-content/uploads/2009/11/gutachten__Quds.pdf, abgerufen am 24.8.2018.

Yasar, Aysun (2012): The DITIB zwischen der Türkei und Deutschland. Untersuchungen zur Türkisch-Islamischen Union der Anstalt für Religionen e. V. Würzburg: Ergon.

Yayla, Ahmet S. (2017): The so-called Islamic state and the (slow but steady) radicalisation of Turkey. In: Orient 3: 39-51.

ANMERKUNGEN

1 Vgl. Riesebrodt 1990.
2 Aus dem Projekt resultierten mehrere religionsvergleichende Sammelbände, die unterschiedliche Aspekte des Fundamentalismus beleuchteten. Eine deutschsprachige Publikation wurde von Marty und Appleby 1996 herausgegeben.
3 Vgl. Krämer 2005b: 186.
4 Vgl. Riexinger 2007.
5 Seidensticker 2014: 9.
6 Vgl. Fuller 2003; Hamid 2014; Hamid/McCants 2017; Voll/Sonn 2013.
7 Vgl. Asseburg 2007; Rosiny 2016.
8 Vgl. Gutas 1999.
9 Krawietz 2014: 93.
10 Vgl. Steinberg 2002: 28.
11 Vgl. Peters 2005: 95.
12 Vgl. Peters 2005: 95.
13 Vgl. Krämer 2005a: 266.
14 Lewis 2003: 71.
15 Vgl. Lewis 2003: 72.
16 Vgl. Lewis 1994: 151.
17 Tibi 1993: 46.
18 Vgl. Keddie 1972; Schlicht 2010.
19 Vgl. Peters 2005: 120 ff.
20 Vgl. Murtaza 2005: 41f; Seidensticker 2014: 43.
21 Vgl. Hafez 2014: 66.
22 Vgl. Croitoru 2007: 13.
23 Vgl. Croitoru 2007: 14; Ranko 2014: 21.
24 Innerhalb der islamistischen Bewegung gestand er Frauen allerdings durchaus eine wichtige Aufgabe zu, die über den häuslichen Bereich hinausging, und so wurde 1944 eine eigene Abteilung für weibliche Mitglieder geschaffen.
25 Vgl. Krämer 2009: 105.
26 Obwohl al-Banna Krämer (2009: 101 f.) zufolge zwischen einem kleinen und einem großen Dschihad, also zwischen einem Kampf gegen das eigene schwache Ego und einem Kampf gegen äußere Feinde unterschied, meinte er explizit auch den kriegerischen Dschihad, mit dem die neue Gesellschaft durchgesetzt werden sollte. Siehe auch Springer/Regens/Edger 2009: 31.
27 Vgl. Kepel 2002: 46.
28 Vgl. https://www.youtube.com/watch?v=zCzAgkBQrJI, abgerufen am 26.2.2018.

29 Qutb, Sayyid, 1976: »Al-Islam wa-mushkilat al-hadara«, zitiert und übersetzt in Lewis 2003: 96.
30 Goldziher 1889: 221.
31 Qutb 2001: 29.
32 Vgl. Hafez 2014: 185.
33 Vgl. Damir-Geilsdorf 2004: 212.
34 Tunesien galt seit der Unabhängigkeit im Jahr 1956 in Bezug auf Frauenrechte als fortschrittlichstes Land der arabischen Welt. Vgl. Schröter/Zayed 2013.
35 Vgl. Waldschmidt 2016: 64.
36 Vgl. Gräf/Skovgaard-Petersen 2009.
37 Vgl. Al-Qaradawi 1989: 142.
38 Vgl. Frauenrath 2015: 23 f.
39 Vgl. Al-Qaradawi 1989: 276.
40 https://www.aljazeera.com/news/2017/11/al-qaradawi-calls-islamic-awakening-171107094013049.html, abgerufen am 8.5.2018
41 Vgl. Ramsauer 2014: 41 f.
42 Vgl. Ramsauer 2014: 143.
43 Vgl. Ramsauer 2014: 45 ff.
44 Vgl. Kepel 2002: 71.
45 Vgl. Kepel 2002: 56, 138 ff.
46 Vgl. Afshar 2005: 77.
47 Vgl. Matahheri 1983: 23.
48 Afshar 1982: 78.
49 Am 4. November 1979 stürmten vierhundert Studenten die Botschaft der USA in Teheran, nahmen die Botschaftsangehörigen als Geiseln und forderten die Auslieferung Mohammad Reza Pahlavis, der sich wegen einer medizinischen Behandlung in den USA aufhielt. Die Geiseln wurden nach langen Verhandlungen am 20. Januar 1981 freigelassen.
50 Vgl. Hermann 2018: 317 ff.
51 Vgl. Kepel 2002: 163 ff.
52 Vgl. Rosiny 2008.
53 Zeitweise propagierten PAS-Führer wie Yusof Rawa eine islamische Revolution nach dem Vorbild des Iran und bekämpften Säkularismus und Materialismus als vermeintliche Übel der Moderne. Vgl. Nasr 2001: 107.
54 Vgl. Abbott/Gregorios-Pippas 2010: 138.
55 Mahatir wurde am 10. Mai 2018 erneut Premierminister Malaysias.
56 Vgl. Müller, Dominik 2015a.
57 Die »Ahmadiyya Muslim Jamaat« ist eine Religionsgemeinschaft innerhalb des sunnitischen Islam, die im 19. Jahrhundert in einem Teil Britisch-Indiens entstand, der heute zu Pakistan gehört. Aufgrund einiger Besonderheiten ihrer Lehre werden sie von vielen konservativen Muslimen als Häretiker bezeichnet.

58 Vgl. Müller, Dominik 2015a.
59 Vgl. Müller, Dominik 2015b.
60 Das Judentum wurde nicht als mögliche Religion erwähnt.
61 Vgl. Van Dijk 1981.
62 Vgl. Schröter 2007.
63 Vgl. Suratno 2015.
64 Vgl. Bush 2008.
65 Für Hintergründe der aktuellen Entwicklung vgl. Graf/Schröter/Wieringa 2010.
66 Vgl. Steinbach 1996: 126.
67 Vgl. Schiffauer 2010: 63 ff.
68 Vgl. Akyol 2015: 27.
69 Vgl. Müller, Herbert 2009: 138.
70 Vgl. Steinbach 1996: 330.
71 Vgl. Steinbach 1996: 329.
72 Vgl. Seufert 1997: 183; Yasar 2012: 29.
73 Vgl. Seufert 1997: 180 f.
74 Während die »Diyanet« viele Jahre lang in einer gewissen Spannung zu den wechselnden Regierungen der Türkei stand, wurde sie unter Erdogan unmittelbar in den Dienst der politischen Führung gestellt. Vgl. Öztürk 2016.
75 https://www.welt.de/print-welt/article341831/Reformer-oder-Wolf-im-Schafspelz.html, abgerufen am 17.8.2018
76 https://www.welt.de/politik/ausland/article157114663/Wie-die-einstigen-Weggefaehrten-zu-Erzfeinden-wurden.html, abgerufen am 14.5.2018
77 Vgl. Yayla 2017.
78 Vgl. Wöhler-Khalfallah 2014: 146.
79 Vgl. Vidino 2010: 28.
80 Vgl. Nasr 1996; Schulze 1990: 203.
81 Vgl. Sfeir 2007: 290.
82 Vgl. Maréchal 2008: 59.
83 Vgl. Wöhler-Khalfallah 2010: 200.
84 Vgl. Ghadban 2006: 60.
85 Vgl. Ramadan 2009.
86 https://bazonline.ch/schweiz/standard/ein-doppelzuengiger-prediger/story/29154861, abgerufen am 23.7.2018
87 Vgl. Ghadban 2006.
88 http://www.faz.net/aktuell/feuilleton/forschung-und-lehre/tariq-ramadans-islamismus-ein-dozent-des-unfreien-denkens-1856865.html?printPagedArticle=true#pageIndex_0, abgerufen am 29.7.2018
89 Das bekannte Nadeem Elyas, der lange Zeit im Vorstand des Zentrums wirkte, in einem Interview. Vgl. https://www.focus.de/politik/deutschland/deutschland-unterwegs-in-den-gottesstaat_aid_204349.html, abgerufen am 21.4.2018

90 Zur Geschichte der syrischen Muslimbruderschaft und ihrer Radikalisierung vgl. Said 2014: 17-41.
91 Zur Geschichte der Migration von Vertretern des politischen Islam in den Westen vgl. auch Maréchal 2008: 57 f.
92 https://izaachen.de/geschichte/, abgerufen am 22.4.2018
93 http://www.islamiq.de/2014/09/09/islamisches-zentrum-aachen-50-jahre-bilal-moschee/, abgerufen am 15.8.2018
94 Vgl. Wöhler-Khalfallah 2014: 436.
95 Vgl.Verfassungsschutzbericht Baden-Württemberg 2017: 64, http://www.verfassungsschutz-bw.de/site/lfv/get/documents/IV.Dachmandant/Datenquelle/PDF/2018_Aktuell/Verfassungsschutzbericht_BW_2017.pdf, abgerufen am 24.8.2018
96 Vgl. Meining 2011: 202.
97 Vgl. Meining 2011: 2003.
98 Vgl. Sarhan 2017.
99 Vgl. Innenministerium Baden-Württemberg 2006: 46.
100 Vgl. Meining 2011: 213 f.
101 http://www.gazette.de/Archiv2/Gazette2/Denffer.pdf, abgerufen am 21.4.2018
102 Vgl. Wöhler-Khalfallah 2009: 213.
103 Vgl. Vidino 2010: 39 f.
104 Vgl. Wiedl 2008: 111.
105 Vgl. Wiedl 2008: 129.
106 Vgl. Murad 1981, 1986a und b.
107 http://www.meine-islam-reform.de/index.php/component/attachments/download/13.html, abgerufen am 21.4.2018
108 Vgl. Meining 2011: 220.
109 Vgl. Meining 2011: 228.
110 Meining 2011: 154.
111 http://www.islamisches-zentrum-muenchen.de/html/islam_-_frau_und_familie.html; abgerufen am 24.8.2018
112 Vgl. Bobzin 2015: 69.
113 Vgl. Sarhan 2017.
114 Vgl. Meining 2011: 161.
115 Bundesamt für Verfassungsschutz 2017: Verfassungsschutzbericht 2016: 205.
116 Vgl. Gerlach 2006: 141.
117 Vgl. Meining 2011: 220.
118 Gerlach 2006: 147.
119 http://www.bpb.de/politik/extremismus/islamismus/36402/jugendorganisationen?p=1, abgerufen am 27.7.2018
120 http://www.bpb.de/politik/extremismus/islamismus/36402/jugendorganisationen?p=all, abgerufen am 27.7. 2018
121 Vgl. Verfassungsschutzbericht Baden-Württemberg 2017, S. 63,http://www.verfassungsschutz-bw.de/site/lfv/get/documents/IV.Dachman-

dant/Datenquelle/PDF/2018_Aktuell/Verfassungsschutzbericht_BW_2017.pdf, abgerufen am 19.8.2018

122 https://vunv1863.wordpress.com/tag/islamische-gemeinschaft-in-deutschland/, abgerufen am 27.7.2018

123 http://zentralrat.de/21417, abgerufen am 27.7.2018

124 http://www.kas.de/wf/de/71.15455/, abgerufen am 27.7.2018

125 http://www.fr.de/frankfurt/campus/europaeisches-institut-fuer-humanwissenschaften-problematisches-islaminstitut-a-613878, abgerufen am 30.12.2017

126 http://www.islamiq.de/2013/12/30/privater-traeger-fuer-islam-studium/, abgerufen am 30.12.2017

127 Vgl. http://www.fr.de/frankfurt/campus/europaeisches-institut-fuer-humanwissenschaften-problematisches-islaminstitut-a-613878, abgerufen am 10.10.2018

128 Vgl. Verfassungsschutzbericht Baden-Württemberg 2017, S. 63,http://www.verfassungsschutz-bw.de/site/lfv/get/documents/IV.Dachmandant/Datenquelle/PDF/2018_Aktuell/Verfassungsschutzbericht_BW_2017.pdf, abgerufen am 19.8.2018

129 http://www.fatawa.de/beglueckwuenschen-von-nicht-muslimen-zu-ihren-festen/, abgerufen am 27.12.2017

130 Innenministerium Baden-Württemberg 2006: 51.

131 http://www.spiegel.de/spiegel/spiegelspecial/d-56323061.html, abgerufen am 27.7.2018

132 http://www.spiegel.de/spiegel/spiegelspecial/d-56323061.html, abgerufen am 27.7.2018

133 Wöhler-Khalfallah 2010: 212.

134 Vgl. Vidino 2010: 153.

135 Aktenzeichen 18 U 5181/05, OLG München.

136 http://m.tagesspiegel.de/berlin/berlin-neukoelln-extremisten-predigten-in-dar-as-salam-moschee/13867278.html?utm_referrer=https://m.facebook.com/ abgerufen am 26.12.2017

137 https://www.rbb24.de/politik/beitrag/2018/01/Wortlaut-Interviev-Imam-Neukoellner-Begegnungsstaette-Mohamed-Taha-Sabri.html, abgerufen am 27.4.2018

138 http://www.mfa.gov.il/mfa/pressroom/2008/pages/defense%20minister%20signs%20order%20banning%20hamas-affiliated%20charitable%20organizations%207-jul-2008.aspx; abgerufen am 27.4.2018

139 https://www.rbb24.de/politik/beitrag/2018/01/Wortlaut-Interviev-Imam-Neukoellner-Begegnungsstaette-Mohamed-Taha-Sabri.html, abgerufen am 27.4.2018

140 https://www.rbb24.de/politik/beitrag/2017/12/mansour-moschee-neukoelln-a-arifi-seyam-sabri-mueller-.html, abgerufen am 24.12.2017

141 https://www.rbb24.de/politik/beitrag/2017/12/mansour-moschee-neukoelln-a-arifi-seyam-sabri-mueller-.html, abgerufen am 24.12.2017

142 https://www.rbb24.de/politik/beitrag/2018/01/Wortlaut-Interviev-Imam-Neukoellner-Begegnungsstaette-Mohamed-Taha-Sabri.html, abgerufen am 27.4.2018

143 Vgl. Alkandari 2014.

144 http://www.nbs-ev.de/presse/63-rbb-versucht-sich-mit-sensationellen-enthuellungen, abgerufen am 27.4.2018

145 https://www.facebook.com/FatwaDeutschland/photos/a.1657375871188558/1913666802226129/?type=3&theater, abgerufen am 24.8.2018

146 https://www.facebook.com/FatwaDeutschland/posts/mit-dem-namen-allahs-des/1913666868892789/, abgerufen am 1.8.2018

147 http://www.deutschlandfunk.de/breitscheidplatz-kirche-verteidigt-imam-auftritt-bei.1939.de.html?drn%3Anews_id=830532, abgerufen am 25.12.2017

148 https://www.facebook.com/search/top/?q=aiman%20mazyek, abgerufen am 26. Dezember 2017

149 https://mediendienst-integration.de/migration/bevoelkerung.html, abgerufen am 26.3.2018

150 https://www.uni-muenster.de/imperia/md/content/religion_und_politik/aktuelles/2016/06_2016/studie_integration_und_religion_aus_sicht_t__rkeist__mmiger.pdf, abgerufen am 26.3.2018

151 https://www.uni-muenster.de/imperia/md/content/religion_und_politik/aktuelles/2016/06_2016/studie_integration_und_religion_aus_sicht_t__rkeist__mmiger.pdf, abgerufen am 26.3.2018

152 Jessen/von Wilamowitz-Moellendorf 2006: 18.

153 https://www.uni-muenster.de/Religion-und-Politik/aktuelles/2017/mar/PM_Soziologe_raet_zum_sensibleren_Umgang_mit_Deutschtuerken.html, abgerufen am 26.3.2018

154 https://www.stuttgarter-nachrichten.de/inhalt.tuerkisches-netzwerk-in-deutschland-erdogans-vertrauter-zuendelt-im-suedwesten.7cef9078-0d68-45f2-9452-c980b9254d45.html, abgerufen am 25.3.2018

155 https://www.stuttgarter-nachrichten.de/inhalt.tuerkisches-netzwerk-kriminelle-rocker-tauchen-in-der-tuerkei-unter.a56578f1-539f-4d53-8220-8e1f58a02147.html, abgerufen am 25.3.2018

156 https://www.stuttgarter-nachrichten.de/inhalt.tuerkisches-netzwerk-kriminelle-rocker-tauchen-in-der-tuerkei-unter.a56578f1-539f-4d53-8220-8e1f58a02147.html, abgerufen am 25.3.2018

157 https://www.spiegel.de/panorama/justiz/rocker-warum-osmanen-fluechtlingsheime-bewachten-a-1199986.html, abgerufen am 1.3.2019

158 http://www.spiegel.de/spiegel/print/d-80362881.html, abgerufen am 26.3.2018

159 https://www.stuttgarter-nachrichten.de/inhalt.osmanen-germania-ins-bein-geschossen-und-ohne-betaeubung-operiert.9c4d7b72-631d-489d-96fd-fa2f72edbd3b.html, abgerufen am 28.3.2018

160 https://correctiv.org/blog/ruhr/artikel/2017/01/05/die-uetd-erdogans-integrationsblocker/, abgerufen am 12.5.2018
161 https://www.dailysabah.com/deutsch/europa/2018/01/25/die-uetd-moechte-die-kultur-des-zusammenleben-in-bosnien-neu-beleben, abgerufen am 13.5.2018
162 https://jungle.world/artikel/2007/45/die-rueckkehr-der-woelfe, abgerufen am 31.3.2018
163 http://www.ufuq.de/tuerkischer-nationalismus-in-deutschland-gemeinschaft-und-identitaet-im-migrationskontext/, abgerufen am 31.3.2018
164 https://lfv.hessen.de/sites/lfv.hessen.de/files/content-downloads/Verfassungsschutzbericht%202016.pdf, abgerufen am 13.5.2018
165 Vgl. Dantschke 2012: 74.
166 Vgl. Arslan 2009: 137.
167 Vgl. Arslan 2009: 138.
168 Vgl. Arslan 2009: 195.
169 Vgl. Arslan 2009: 138 f.
170 http://www.spiegel.de/spiegel/print/d-7866266.html, abgerufen am 31.3.2018
171 http://www.ufuq.de/tuerkischer-nationalismus-in-deutschland-gemeinschaft-und-identitaet-im-migrationskontext/, abgerufen am 27.5.2018
172 Vgl. Arslan 2012: 127.
173 https://www.huffingtonpost.de/mehmet-celebi/armenien-resolution-tuerkei-volksmord-bundestag_b_10260544.html, abgerufen am 27.5.2018
174 https://www.facebook.com/photo.php?fbid=2059521290734564&set=a.457050287648347.102199.100000301382986&type=3&theater, abgerufen am 5.8.2018. Rechtschreibfehler im Original.
175 Vgl. Sen/Aydin 2002: 52; Yasar 2012: 49.
176 Screenshots aus den Jahren 2015 bis 2017 liegen der Verfasserin vor.
177 https://www.abendblatt.de/meinung/article209717979/Nicht-zu-tolerieren.html, abgerufen am 27.5.2018
178 http://murat-kayman.de/2016/07/21/die-faenger-im-roggen-ein-trauerspiel-in-drei-teilen-teil-3-der-abgrund/, abgerufen am 27.5.2018
179 Eine Zusammenstellung von Homepages findet sich unter https://www.youtube.com/watch?v=eC2_6soU_C8, abgerufen am 13.4.2018
180 http://www.faz.net/aktuell/politik/inland/ditib-organisiert-jugend-reise-zum-heerfuehrer-erdogan-15489663.html, abgerufen am 2.6.2018
181 Schiffauer (2010: 93) zufolge konnte die angestrebte straffe Organisation jedoch nur unvollkommen durchgesetzt werden, weil es an Sanktionsmitteln mangelte.
182 Vgl. Schiffauer 2010: 91 ff.
183 https://www.fes.de/fulltext/asfo/00803008.htm, abgerufen am 26.3.2018

184 Vgl. Schiffauer 2009.
185 Vgl. auch Göle 2004: 12-13.
186 http://www.verfassungsschutz.bayern.de/mam/anlagen/verfassungsschutzbericht_bayern_2016_neu.pdf, abgerufen am 10.8.2017
187 Zitiert nach Schiffauer 2010: 97.
188 https://jungle.world/artikel/2002/51/wir-sind-die-moslems-von-morgen, abgerufen am 26.3.2018
189 Verfassungsschutzbericht 2016: 207.
190 https://www.welt.de/regionales/nrw/article190651049/Steuerhinterziehung-Fruehere-Milli-Goerues-Spitze-verurteilt.html, abgerufen am 1.5.2019
191 https://www.igmg.org/selbstdarstellung/, abgerufen am 5.6.2018
192 Vgl. Bundesamt für Verfassungsschutz 2017: Verfassungsschutzbericht 2016: 185 f.
193 http://www.taz.de/!1197620/, abgerufen am 26.3.2018
194 Vgl. BfV 2012: 302; Ufuq 2009, http://www.bpb.de/gesellschaft/migration/jugendkultur-islam-und-demokratie/65135/die-igmg, abgerufen am 10.8.2017
195 https://www.fes.de/fulltext/asfo/00803008.htm, abgerufen am 26.3.2018
196 Original: »Milli Gazete is our lifeline. It should be our primary task to stand up for it, to read it, and to motivate others to read it« (Vidino 2010: 156).
197 Nach Angaben von Sicherheitskreisen, die der »taz« zugänglich gemacht wurden, soll das Leitungsgremium der IHH ausschließlich aus früheren und aktiven IGMG-Funktionären bestanden haben. Siehe http://www.taz.de/!5139178/, abgerufen am 5.6.2018
198 http://www.schurahamburg.de/index.php/2-uncategorised/69-presseerklaerung-von-dr-mustafa-yoldas-zum-verbot-der-ihh, abgerufen am 5.6.2018
199 https://www.igmg.org/solidaritaet-mit-juden-muslime-tragen-takke/, abgerufen am 4.6.2016
200 https://www.igmg.org/moscheen-leisten-hervorragende-arbeit-fa%C2%BCr-das-gemeinwohl-herr-innenminister/, abgerufen am 5.6.2018
201 https://www.igmg.org/kaplan-verbot-darf-nicht-zu-moscheeschlieayungen-fa%C2%BChren-gleichstarkes-signal-zur-integration-des-islam-setzen/, abgerufen am 3.2.2019
202 https://www.igmg.org/islamische-gemeinschaft-fordert-erneut-wahlrecht-fa%C2%BCr-muslime/, abgerufen am 5.6.2018
203 https://www.igmg.org/aoea§a%C2%BCnca%C2%BC-aezablehnung-einer-befreiung-vom-schwimmunterricht-ist-verfassungsrechtlich-nicht-nachvollziehbar-aeoe/, abgerufen am 5.6.2018
204 https://www.igmg.org/kae±zae±lkaya-aezdebatte-um-den-schwimmunterricht-weder-sachlich-noch-vertrauensbildendaeoe/, abgerufen am 5.6.2018

205 https://www.igmg.org/egmr-urteil-zum-schwimmunterricht-ist-mehr-kulturkampf-und-kaum-recht/, abgerufen am 5.6.2018

206 https://www.igmg.org/hutba-islamische-bekleidung/, abgerufen am 5.6.2018

207 Schiffauer 2010: 375.

208 http://www.faz.net/aktuell/politik/inland/muslime-in-der-union-polarisieren-14873404-p2.html?printPagedArticle=true#pageIndex_1, abgerufen am 29.3.2018

209 https://correctiv.org/blog/ruhr/artikel/2017/01/05/die-uetd-erdogans-integrationsblocker/, abgerufen am 24.3.2018

210 http://www.fr.de/rhein-main/alle-gemeinden/offenbach/ob-wahl-in-offenbach-zweifelhafte-verbindungen-eines-ob-kandidaten-a-1347145,2, abgerufen am 26.3.2018

211 https://www.welt.de/vermischtes/article157216544/Erdogans-Sprachrohr-geraet-bei-Illner-ausser-Kontrolle.html, abgerufen am 19.4.2018; zu Yeneroglus Verteidigung des Krieges gegen die Kurden in Syrien siehe auch http://www.deutschlandfunk.de/offensive-gegen-kurden-miliz-in-syrien-die-tuerkei-kann.694.de.html?dram:article_id=409158, abgerufen am 18.4.2018.

212 Verfassungsschutzbericht Hamburg 2016: 54, https://www.hamburg.de/contentblob/8873924/38b7f14ba1da5dd3693b6b1a833d9c43/data/verfassungsschutzbericht-2016-lfv-hh.pdf, abgerufen am 25.8.2018

213 Wolter 2004: 18.

214 Bundesamt für Verfassungsschutz 2017: Verfassungsschutzbericht 2016: 207.

215 Bundesamt für Verfassungsschutz 2017: Verfassungsschutzbericht 2016: 54, http://www.hamburg.de/contentblob/8873924/a0a91c9416c772101e55f1a69109443c/data/verfassungsschutzbericht-2016-pressefassung-vom-01-juni-2017.pdf, abgerufen am 14.7.2017

216 Vgl. http://dipbt.bundestag.de/dip21/btd/18/133/1813362.pdf, abgerufen am 6.1.2021

217 https://www.mena-watch.com/irans-oberster-fuehrer-droht-israel-einmal-mehr-mit-vernichtung/, abgerufen am 9.6.2018

218 Vgl. Wolter 2004: 20.

219 http://www.qudstag.de/5-amerikanisches-terrormanagement-widerstand-in-deutschland/, abgerufen am 16.7.2017

220 Übersetzt von Kazem Moussavi in: http://iraniansforum.com/eu/grassmann-zu-dem-vernichtungsantisemiten-sie-imam-khamenei-sind-das-licht-des-universums/, abgerufen am 14.7.2017

221 http://www.qudstag.de/keine-chance-fur-eine-wiederherstellung-palastinensischer-rechte-ohne-beistand-irans-aktivist-in-teheran-den-11-juni/, abgerufen am 8.9.2017

222 http://www.juedische-allgemeine.de/article/view/id/16684, abgerufen am 8.9.2017

223 http://www.juedische-allgemeine.de/article/view/id/16684, abgerufen am 8.9.2017
224 http://www.berliner-zeitung.de/politik/al-quds-tag-in-berlin-israel-gegner-hetzen-auf-protestmarsch-durch-berlin-22772654, abgerufen am 8.9.2017
225 https://www.tagesspiegel.de/berlin/al-quds-demo-in-berlin-judenfeinde-mit-oeffentlichem-geld/22688468.html, abgerufen am 29.8.2018
226 https://jungle.world/blog/von-tunis-nach-teheran/2017/06/gegen-den-al-quds-tag-berlin, abgerufen am 9.6.2018
227 http://www.qudstag.de/mitteilung-nr-3-ueber-hetze-im-tagesspiegel/, abgerufen am 9.6.2018
228 http://www.qudstag.de/mitteilung-nr-1-ueber-ayatollah-dr-ramezani/, abgerufen am 9.6.2018
229 http://israel-ist-illegal.de/ist-israel-illegal, abgerufen am 9.6.2018
230 a.a.O.
231 https://www.abendblatt.de/hamburg/kommunales/article106512897/Islam-Extremisten-tagen-in-Hamburger-Moschee.html, abgerufen am 8.9.2017
232 http://www.igs-deutschland.org/die-igs/satzung, abgerufen am 26.8.2017
233 http://libanesischer-kulturverein.de/die-rede-von-ayatullah-reza-ramezani-bei-der-igs-mitgliederversammlung-2015/, abgerufen am 8.9.2017
234 https://dipbt.bundestag.de/doc/btd/19/005/1900545.pdf, abgerufen am 25.8.2018, S. 5.
235 http://www.tagesspiegel.de/berlin/polizei-justiz/al-mustafa-moschee-in-neukoelln-prediger-in-berlin-feiert-libanesischen-terroristen/12802060.html, abgerufen am 27.7.2017
236 http://iraniansforum.com/eu/fuhrungsmitglied-des-islamischen-zentrum-hamburg-beim-al-quds-marsch-in-berlin-2016/, abgerufen am 9.6.2018
237 https://offenkundiges.de/homosexualitat-ist-eine-moralische-perversion-scheich-turkyilmaz-uber-die-islamische-position-zur-homosexualitat-und-homehe/, abgerufen am 26.7.2017
238 http://www.igs-deutschland.org/news/presse/presseerklaerung/421-pressemitteilung-der-igs-zur-ehe-fuer-alle, abgerufen am 7.6.2018
239 http://www.taz.de/!5147128/, abgerufen am 9.8.2018
240 Schreiber 2017: 219.
241 Schreiber 2017: 228.
242 http://ezw-berlin.de/html/15_702.php, abgerufen am 9.6.2018
243 http://www.muslim-markt-forum.de/t1410f2-Warum-verteidigst-Du-Erdogan.html, abgerufen am 26.8.2017
244 http://www.muslim-markt-forum.de/t1410f2-Warum-verteidigst-Du-Erdogan.html, abgerufen am 26.8.2017

245 http://www.muslim-markt-forum.de/t1410f2-Warum-verteidigst-Du-Erdogan.html, abgerufen am 26.8.2017
246 Vgl. Haddad/Voll/Esposito 1991.
247 http://islamisches-erwachen.de/2394/, abgerufen am 7.9.2017
248 http://islamisches-erwachen.de/2394/#prettyPhoto/0/, abgerufen am 26.8.2017
249 http://islamisches-erwachen.de/an-die-jugend-im-westen/, abgerufen am 26.8.2017
250 http://islamisches-erwachen.de/belebt-den-qudstag/, abgerufen am 26.8.2017
251 http://islamisches-erwachen.de/mitglieder/, abgerufen am 27.7.2017
252 https://www.facebook.com/mahdi.esfahani, abgerufen am 24.8.2018
253 http://die-feder.org/ABOUT.html, abgerufen am 26.8.2017
254 http://die-feder.org/grosser-satan.html, abgerufen am 26.8.2017
255 http://die-feder.org/weicher%20krieg.html, abgerufen am 26.8.2017
256 https://offenkundiges.de/nichtmuslime-distanziert-euch/, abgerufen am 26.8.2017
257 https://www.youtube.com/watch?v=TdwJxd0M_2o, abgerufen am 25.8.2018
258 https://www.youtube.com/watch?v=TdwJxd0M_2o, abgerufen am 25.8.2018
259 http://www.tierheilpraktikerin-am-meer.de/index.html, abgerufen am 25.8.2018
260 https://offenkundiges.de/die-angst-vor-dem-weiblichen-gleichschaltung-in-der-moderne/, abgerufen am 25.8.2018
261 https://offenkundiges.de/die-angst-vor-dem-weiblichen-gleichschaltung-in-der-moderne/, abgerufen am 25.8.2018
262 https://www.facebook.com/IZHamburg/photos/a.276756469148933.1073741828.256490264508887/1031675670323672/?type=3&theater, abgerufen am 25.8.2018
263 https://offenkundiges.de/kommentare/, abgerufen am 25.8.2018
264 https://offenkundiges.de/grosster-qudstag-in-berlin-seit-jahren-gegen-vertreibung-und-apartheid-im-heiligen-land/#comment-3938617414, abgerufen am 25.8.2018
265 https://www.rbb-online.de/kontraste/archiv/kontraste-vom-14-06-2018/foerderpolitik-mit-israelhassern-gegen-extremismus.html, abgerufen am 26.8.2018
266 https://jungle.world/artikel/2017/29/mit-ayatollahs-gegen-extremismus, angerufen am 25.8.2017
267 http://www.al-mustafa.de/Ankuendigungen/Pressemitteilung-Das-Al-Mustafa-Institut-weist-die-Vorwuerfe-nicht-unabhaengig-zu-sein-zurueck, abgerufen am 27.7.2017
268 http://www.tagesspiegel.de/wissen/islam-in-deutschland-berliner-bachelor-in-schiitischer-theologie-gestartet/19909214.html, abgerufen am 26.7.2017

269 Eine andere Schreibweise für die bereits erwähnte Stadt Ghom.

270 http://www.almustafa.de/Studium/B.A.-Akkreditierung, abgerufen am 26.7.2017

271 Wörtlich auf der englischsprachigen Seite: »Programs offered by the university are based on the standards set by Islamic Republic of Iran's Ministry of Sciences, Research and Technology«, http://en.miu.ac.ir, abgerufen am 26.7.2017

272 http://www.sueddeutsche.de/medien/michael-hubertus-von-sprenger-der-mann-der-fuer-erdoan-bis-zur-letzten-instanz-gehen-will-1.2947277, abgerufen am 22.7.2017

273 http://www.al-mustafa.de/Ankuendigungen/Pressemitteilung-Das-Al-Mustafa-Institut-weist-die-Vorwuerfe-nicht-unabhaengig-zu-sein-zurueck, abgerufen am 27.7.2017

274 http://dip21.bundestag.de/dip21/btd/18/133/1813362.pdf, abgerufen am 25.8.2018, S. 3

275 Vgl. Poya 2014.

276 http://www.igs-deutschland.org/news/news-aus-der-igs/393-sigmar-gabriel-bekundet-beileid-zum-aschura, abgerufen am 1.3.2019

277 http://www.igs-deutschland.org/news/news-aus-der-igs/393-sigmar-gabriel-bekundet-beileid-zum-aschura, abgerufen am 25.8.2018

278 http://www.taz.de/!5474135/, abgerufen am 25.8.2018

279 http://juedischerundschau.de/die-iran-connection-in-deutschland-135911959/, abgerufen am 25.8.2018

280 https://kurdische-gemeinde.de/kein-platz-fuer-todesrichter/, abgerufen am 25.8.2018

281 http://izhamburg.de/index.aspx?pid=99&articleid=182892, abgerufen am 25.8.2018

282 http://igs-deutschland.org/news/presse/presseerklaerung/437- stellungnahme-zum-aktuellen-terroristischenanschlag-in-bagdad, abgerufen am 10.09.2020

283 https://www.wn.de/Muenster/4194775-Drei-Durchsuchungen-in-Muenster-Polizei-geht-gegen-Hisbollah-Anhaenger-vor, abgerufen am 26.02.2021.

284 http://igs-deutschland.org/news/presse/presseerklaerung/ 439-pressemitteilung-polizeieinsatz-in-schiitischemoscheen-und- zentren-im-monat-ramadan, abgerufen am 10.09.2020

285 Ourghi 2010: 43.

286 Ourghi 2010: 48.

287 Ourghi 2010: 48.

288 Der Begriff Mudschahedin bezeichnet im afghanischen Kontext verschiedene Guerillagruppen, die Ende des 20. Jahrhunderts gegen ausländische Truppen, aber auch gegeneinander kämpften.

289 Der Deobandi-Islam kämpft gegenwärtig in Pakistan auch mit gewaltsamen Mitteln für die Errichtung eines islamistischen Regimes. Vgl. Syed/Pio/Kamran/as-Zaidi 2016. Zum Deobandi-Islam vgl. Moj 2015.

290 Vgl. Abuza 2003.

291 Vgl. Gallab 2008; Steinberg/Weber 2015. Zu den Verbindungen zwischen Schmuggel, Kidnapping, Drogenhandel und Dschihadismus vgl. Engelhardt 2014.

292 Vgl. Kepel 2005: 101.

293 Steinberg 2005: 31 ff.

294 Vgl. Steinberg 2005: 42.

295 Vgl. Risse/Lehmkuhl 2007.

296 Vgl. Buchta 2015; Hermann 2015; Said 2014.

297 http://www.spiegel.de/einestages/world-trade-center-anschlag-1993-vorbeben-des-11-septembers-a-951053.html, abgerufen am 4.9.2018

298 Vgl. Kepel 2016: 59 ff.

299 https://www.welt.de/politik/deutschland/article144841240/IS-droht-Merkel-und-Deutschland-in-Mord-Video.html, abgerufen am 1.8.2017

300 http://www.spiegel.de/spiegel/print/d-20184253.html, abgerufen am 2.8.2017

301 http://www.sueddeutsche.de/politik/mounir-el-motassadeq-gottesfuerchtig-und-sittenfest-1.799717, abgerufen am 2.8.2017

302 Übersetzung des Videos des Attentäters von Würzburg durch die Deutsche Presseagentur, http://www.berliner-zeitung.de/politik/hintergrund--das-video-des-axt-attentaeters-im-wortlaut-24424368, Stand 14.4.2017

303 http://www.zeit.de/hamburg/politik-wirtschaft/2016-09/terrorverdacht-ahrensburg-grosshansdorf-reinfeld-syrer, abgerufen am 7.7.2017

304 http://www.spiegel.de/politik/deutschland/anis-amri-festnahme-war-ausloeser-fuer-anschlagsplaene-a-1155244.html, abgerufen am 11.8.2017

305 Im Falle Riyadhs lässt sich nicht mit Bestimmtheit sagen, ob er tatsächlich minderjährig war oder dies nur aus taktischen Gründen behauptete.

306 Übersetzung: Sonia Zayed.

307 Prucha 2012: 50.

308 https://archive.org/details/Mutter_bleibe_standhaft, abgerufen am 20.10.2018

309 Damir-Geilsdorf 2014.

310 Steinberg 2005: 38.

311 Steinberg 2005: 38.

312 Vgl. Todenhöfer 2015: 245.

313 Vgl. Günther/Ourghi/Schröter/Wiedl, 2016: 171 f.; Kepel 2016: 188 ff.; Lohlker 2009: 80.

314 Vgl. Bobzin 2015: 367.

315 https://www.youtube.com/watch?v=D9wQicfyjtE, abgerufen am 1.9.2018

316 Krämer 2005a: 22 ff.

317 Vgl. Reichmuth 2010: 189; Tibi 2008: 327.
318 Krämer 2005a: 25.
319 Bobzin 2015: 160.
320 Bobzin 2015: 162.
321 Lohlker 2014: 16.
322 Ourghi 2010: 17.
323 Zu den Schwierigkeiten definitorischer Abgrenzungen vgl. Steinberg 2014. Anders als in Deutschland gibt es in einigen islamischen Ländern allerdings durchaus Gruppen, die sich selbst als Salafisten bezeichnen. Siehe Fouad 2014.
324 Zur kulturellen Dimension des Dschihadismus vgl. Hegghammer 2018.
325 Vgl. El Mafaalani 2014.
326 Schmitz 2016: 37.
327 Vgl. Roy 2017.
328 Beides bedeutet »Gott ist größer«.
329 Das angesprochene Spannungsfeld ist Thema etlicher Abhandlungen zur Integrationsdebatte. Vgl. u. a. Geist 2007; Klinkhammer 2003; Prömper/Jansen/Ruffing/Nagel 2010; Schiffauer 1991, 2015.
330 https://www.facebook.com/MarcelKrass/, abgerufen am 19.8.2018
331 Vgl. Benslama 2017.
332 Vgl. Clement/Jöris 2010; Mekhennet/Sautter/Hanfeld 2008; Schmidt 2012; Steinberg 2014.
333 Vgl. Neumann 2015: 93; Reuter 2015: 172 ff.
334 https://www.innenministerkonferenz.de/IMK/DE/termine/to-beschluesse/14-12-11_12/anlage-analyse.pdf?__blob=publicationFile&v=2, abgerufen am 29.8.2018
335 Zur Attraktivität des IS als »Staat« vgl. auch Hermann 2015: 68.
336 Vgl. auch Saltman/Smith 2015.
337 Vgl. Bobzin 2015: 69.
338 http://www.faz.net/aktuell/feuilleton/buecher/rezensionen/sachbuch/asne-seierstads-zwei-schwestern-im-bann-des-dschihad-15268171.html?printPagedArticle=true#pageIndex_0, abgerufen am 9.7.2018
339 https://therinjfoundation.files.wordpress.com/2015/01/women-of-the-islamic-state3.pdf, abgerufen am 8.7.2018
340 Vgl. Mohagheghi 2015.
341 Al-Sheha o. J.: 63.
342 Al-Khanssaa-Brigade 2015: 18, Übers. d. Verf.
343 Al-Khanssaa-Brigade 2015: 20.
344 Hofmann 1997:199.
345 Hofmann 1997: 203.
346 Al-Sheha o. J.: 66.
347 Bobzin 2015: 74.
348 Paret 2001: 64.

349 Bobzin 2015: 74.
350 https://www.youtube.com/watch?v=LavMFgqY-zo, abgerufen am 8.7.2018
351 https://www.youtube.com/watch?v=mXeSg0VMbEg, abgerufen am 8.7.2018
352 Al-Qaradawi 1989: 175.
353 http://www.womeninislam.ws/de/, abgerufen am 14.10.2010
354 http://www.womeninislam.ws/de/, abgerufen am 14.10.2010
355 Vgl. Toprak 2007: 93.
356 Vgl. Toprak 2007: 121.
357 Vgl. Schröter 2016: 253.
358 Vgl. http://de.qantara.de/webcom/show_article.php/_c-469/_nr-288/i.html, abgerufen am 4.1.2010
359 https://www.dw.com/de/mordfall-s%C3%BCr%C3%BC-c%C3%BC-bis-heute-keine-reue/a-39047911, abgerufen am 9.10.2018
360 Vgl. Kelek 2005: 171-72.
361 https://www.tagesspiegel.de/berlin/gewalt-gegen-frauen-expertin-jaehrlich-6000-zwangsehen-in-berlin/23669002.html, abgerufen am 16.5.2019
362 Vgl. Kelek 2006.
363 Vgl. Lacoste-Dujardin 1986; Strasser 1995.
364 Schiffauer 2008: 47.
365 Vgl. Bielefeld 2005: 14.
366 Nagel 2010: 29.
367 Man unterscheidet *seref*, was Ansehen bedeutet und durch positiv konnotierte Verhaltensweisen erworben wird, von *saygi*, Respekt, einem Begriff, der mit einer verwandtschaftlichen Position verbunden ist. Respekt wird dem großen Bruder (*abi*) oder der großen Schwester (*abla*) gezollt. *Onur* ist die individuelle Würde einer Person. Vgl. Toprak 2012: 21 ff.
368 Toprak 2012: 20.
369 Schiffauer 2008: 72.
370 Vgl. Hussaini 2006.
371 Vgl. Manea 2016.
372 Vgl. Engineer 1999: 11.
373 Bobzin 2015: 371.
374 Engineer 1999: 38.
375 Engineer 1999: 69.
376 Vgl. Esposito 1995: 108.
377 Ahmed 1992 :56.
378 Vgl. Kreile 1996: 70 f.; Jastrow 1921: 217.
379 Bobzin 2015: 307.
380 Vgl. Wieland o. J.: 2 sowie https://www.alrahman.de/die-erfundene-religion-und-die-koranische-religion-kapitel-22-kopftuch-und-verschleierung/, abgerufen am 12.7.2018
381 Al-Qaradawi 1989: 143.

382 https://www.youtube.com/watch?v=tiS8CCSwxDQ, abgerufen am 12.7.2018
383 Schröter 2016: 262.
384 Vgl. Ates 2009.
385 https://www.unicef.org/spanish/protection/files/00-FMGC_infographiclow-res.pdf, abgerufen am 17.7.2018
386 https://www.mena-watch.com/mena-analysen-beitraege/wenn-tariq-ramadan-seine-haltung-zu-genitalverstuemmelung-aendert/, abgerufen am 13.7.2018
387 https://www.youtube.com/watch?v=_EBfcRwe4cQ, abgerufen am 13.7.2018
388 https://www.youtube.com/watch?v=uG5ZRo_ErxA, abgerufen am 3.7.2018
389 Hübsch 1997: 118.
390 https://www.tagesspiegel.de/berlin/berlin-gesundbrunnen-wieder-gewalt-an-der-ernst-reuter-schule/19535450.html und http://www.berliner-woche.de/gesundbrunnen/bildung/gewalt-an-schulen-steigt-pruegeleien-mobbing-sexuelle-uebergriffe-schulen-melden-immer-mehr-vorfaelle-d125519.html, beides abgerufen am 31.3.2018
391 https://www.vbe.de/fileadmin/user_upload/VBE/Service/Publikationen/2017_04_30_Gewalt_gegen_Lehrkraefte_Broschuere.pdf, abgerufen am 31.3.2018
392 https://www.tagesspiegel.de/berlin/begriffstreitigkeit-gew-will-deutschenfeindlichkeit-abschaffen/2819772.html, abgerufen am 31.3.2018
393 https://www.tagesspiegel.de/berlin/schule/gew-tagung-lehrer-beschaeftigen-sich-mit-deutschenfeindlichkeit/1947998.html, abgerufen am 23.2.2018.
394 http://www.zeit.de/2010/41/Schule-Mobbing-Gewalt/komplettansicht, abgerufen am 14.3.2018
395 Karakasoglu 2009: 289.
396 https://www.tagesspiegel.de/berlin/begriffstreitigkeit-gew-will-deutschenfeindlichkeit-abschaffen/2819772.html, abgerufen am 23.2.2018
397 http://www.faz.net/aktuell/feuilleton/debatten/integration/rassismus-das-schweigen-der-schulen-ueber-deutschenfeindlichkeit-11056390.html, abgerufen am 24.3.2018
398 Stiftung SPI 2012: 16.
399 http://www.faz.net/aktuell/feuilleton/debatten/integration/schule-und-integration-das-gift-der-muslimischen-intoleranz-1594843.html, abgerufen am 5.10.2018
400 https://www.tagesspiegel.de/berlin/paul-simmel-grundschule-in-tempelhof-mobbing-im-namen-allahs/21111286.html, abgerufen am 15.6.2018
401 https://www.berliner-zeitung.de/berlin/paul-simmel-grundschule-

schulleiter-raeumt-weitere-vorfaelle-von-religioesem-mobbing-ein-29945934, abgerufen am 15.6.2018

402 https://www.bild.de/politik/inland/schule/situation-an-brennpunktschulen-ausser-kontrolle-55202968.bild.html, abgerufen am 27.3.2018

403 Vgl. Wagner 2018: 157.

404 Senatsverwaltung für Bildung, Wissenschaft und Forschung 2010: 10.

405 http://www.krone.at/1709867, abgerufen am 20.5.2018

406 Wagner 2018: 141.

407 https://www.tagesspiegel.de/downloads/1935352/3/.pdf, abgerufen am 24.10.2018; S. 10.

408 https://www.berliner-zeitung.de/berlin/ramadan-knigge-in-neukoelln-viele-imame-lehnen-verhaltensregeln-fuer-schueler-ab-26993296-seite2, abgerufen am 21.5.2018

409 Gemeint ist Vers 2: 256, der mit der Aussage »Kein Zwang ist in der Religion« beginnt und gewöhnlich als Beleg für Toleranz und Glaubensfreiheit im Islam herangezogen wird.

410 DIK 2009: 5.

411 DIK 2009: 5.

412 DIK 2009: 6.

413 DIK 2009: 9.

414 Senatsverwaltung für Bildung, Wissenschaft und Forschung 2010: 16.

415 Pfeiffer/Baier/Kliem 2018: 60.

416 Vgl. Wiesinger 2018.

417 Badinter 2010: 111.

418 Heinig 2005.

419 Schavan 2005.

420 Beck/John/Süßmuth 2003.

421 http://www.spiegel.de/lebenundlernen/uni/interview-zum-kopftuch-streit-wir-muessen-tabus-brechen-a-467451.html, abgerufen am 22.7.2018

422 https://www.emma.de/artikel/die-enthuellung-der-fereshta-ludin-322775, abgerufen am 20.7.2018; Luft 2005: 111.

423 Nökel 2002: 265.

424 Nökel 2002: 93.

425 Rommelspacher 2001, 2009.

426 Frauen, die gegen das Verbot verstoßen, können zur Zahlung von 150 Euro und zu einem Kurs in Staatsbürgerkunde verurteilt werden; Männern, die ihre Frauen nachweislich zum Tragen eines *niqab* genötigt haben, droht eine Geldstrafe bis zu 30.000 Euro.

427 Vgl. Amir-Moazami 2013.

428 Vgl. Mahmood 2005.

429 https://www.deutschlandfunkkultur.de/alice-schwarzer-contra-judith-butler-ueberfaelliger-streit.1013.de.html?dram:article_id=394048, abgerufen am 12.8.2018

430 https://www.emma.de/artikel/verkehrte-welt-mobbing-gegen-kopftuchfreie-maedchen-264094, abgerufen am 21.7.2018
431 Vgl. Aslan 2016.
432 http://generation-islam.de/kopftuchstreit-als-stresstest-fuer-die-deutsche-gesellschaft, abgerufen am 22.7.2018
433 http://generation-islam.de/nachruf-zur-unserer-twitter-aktion-der-duft-der-einheit-hat-uns-erreicht, abgerufen am 22.7.2018
434 https://www.zeit.de/politik/deutschland/2015-09/fluechtlinge-islamisten-werbung-is-kaempfer/seite-2, abgerufen am 22.7.2018
435 http://www.fr.de/frankfurt/verfassungsschutz-der-ausweisung-entgangen-a-1210339, abgerufen am 24.7.2018
436 Übersetzung: Sonia Zayed.
437 http://dipbt.bundestag.de/doc/btd/19/015/1901558.pdf, abgerufen am 24.7.2018
438 Vgl. Thamm 2015: 22.
439 https://www.cnsnews.com/news/article/jewish-singer-heckled-france, abgerufen am 3.4.2018
440 http://www.weltwoche.ch/ausgaben/2009-27/artikel/artikel-2009-27-frankreich-barbaren-vor-den-stadttoren.html, abgerufen am 6.8.2017
441 http://www.faz.net/aktuell/gesellschaft/frankreich-foltermord-youssouf-fofana-fand-problemlos-helfer-1783681.html, abgerufen am 6.8.2017
442 http://www.juedische-allgemeine.de/article/view/id/5611, abgerufen am 3.4.2018
443 https://www.focus.de/politik/ausland/seit-bluttat-haeufen-sich-antisemitische-mails-judenfeinde-schuechtern-schule-in-toulouse-ein_aid_729278.html, abgerufen am 3.4.2018
444 https://www.mena-watch.com/mena-analysen-beitraege/von-ilan-halimi-bis-sarah-halimi-frankreichs-schande/, abgerufen am 3.4.2018
445 http://www.juedische-allgemeine.de/article/view/id/28889, abgerufen am 6.8.2017
446 Lustiger 2016: 50.
447 http://www.fr.de/politik/antisemitismus-jagd-auf-frankreichs-juden-a-1438418, abgerufen am 30.9.2018
448 https://www.deutschlandfunk.de/antisemitismus-in-frankreich-du-bist-ein-dreckiger-jude.886.de.html?dram:article_id=402352, abgerufen am 22.9.2018
449 https://de.gatestoneinstitute.org/11982/frankreich-antisemitismus-islam, abgerufen am 3.4.2018
450 Vgl. Gebhardt/Klein/Meier 2012.
451 Vgl. Brettfeld/Wetzels 2007: 279.
452 Vgl. Frindte/Boehnke/Kreitenbom/Wagner 2011: 246.
453 Vgl. Frindte/Boehnke/Kreitenbom/Wagner 2011: 235.
454 Vgl. Jikeli 2017.

455 Vgl. Jikeli 2015.
456 Vgl. Aslan/Streib 2017; Filzmaier/Perlot 2017; Güngör/Nik Nafs 2016.
457 Vgl. Wegener 2017: 2.
458 https://www.rbb24.de/politik/beitrag/2017/12/interview-antisemitismus-fluechtlinge-syrien-irak.html, abgerufen am 2.9.2018
459 http://www.taz.de/!439252/, abgerufen am 21.9.2018
460 https://www.morgenpost.de/bezirke/neukoelln/article121251303/Neukoelln-Besuch-kann-Rabbiner-Alter-die-Angst-nicht-nehmen.html, abgerufen am 25.5.2017
461 http://www.zeit.de/2017/07/no-go-area-berlin-neukoeln-antisemitismus-juden-muslime-rabbiner/komplettansicht, abgerufen am 25.5.2017
462 Vgl. Wittenbrink 2017.
463 http://www.schule-ohne-rassismus.org/wer-wir-sind/10-fragen-10-antworten/, abgerufen am 22.7.2017
464 http://www.bz-berlin.de/berlin/tempelhof-schoeneberg/jetzt-spricht-ferdinand-14-ich-fuerchtete-um-mein-leben, abgerufen am 30.5.2017
465 https://www.thejc.com/news/world/classmates-at-berlin-school-turn-from-friends-to-attackers-after-boy-reveals-he-is-jewish-1.434990, abgerufen am 29.9.2018
466 http://www.tagesspiegel.de/themen/reportage/antisemitismus-in-berliner-schulen-der-jude-als-klassenfeind/19814204.html, abgerufen am 28.4.2019
467 https://www.welt.de/debatte/kommentare/article163675459/Der-hilflose-Anti-Antisemitismus.html, abgerufen am 28.4.2019
468 https://www.welt.de/debatte/kommentare/article163675459/Der-hilflose-Anti-Antisemitismus.html, abgerufen am 28.4.2018
469 http://www.juedische-allgemeine.de/article/view/id/28971, abgerufen am 8.9.2017
470 https://www.hr-inforadio.de/programm/das-interview/das-interview-mit-alon-meyer-praesident-eines-juedischen-sportvereins,alonmayer-102.html, abgerufen am 23.9.2018
471 http://www.spiegel.de/sport/fussball/makkabi-vereine-beklagen-antisemitismus-von-arabischen-migranten-a-1226658.html, abgerufen am 21.9.2018
472 https://www.facebook.com/MakkabiDeutschland/posts/presseerklärungtus-makkabi-berlin-verurteilt-antisemitische-attacken-vom-3008201/1054904281199981/, abgerufen am 23.9.2018
473 https://www.rbb24.de/politik/beitrag/2018/07/antisemitischer-angriff-berlin-syrischer-jude.html, abgerufen am 21.9.2018
474 Hafner/Schapira 2015: 60 f.
475 Vgl. Lewis 1987: 151.
476 Vgl. Bobzin 2015: 76.
477 Vgl. Küng 2004: 152.

478 Zitiert nach Küntzel 2009: 5.
479 Vgl. Küntzel 2009: 5.
480 Vgl. Abdel-Samad 2016: 134.
481 Vgl. Bobzin 2015: 493.
482 Vgl. Bobzin 2015: 103.
483 Vgl. Bobzin 2015: 89.
484 Vgl. Bobzin 2015: 101.
485 Vgl. Bobzin 2015: 89.
486 Vgl. Brooks 2018: 181 ff.
487 Salzborn 2018: 120.
488 Vgl. Küng 2004: 152-53; Abdel-Samad 2015: 185-196.
489 Pfahl-Traughber 2011.
490 Vgl. Lewis 1984: 54.
491 Vgl. u. a. Laqueur 2008.
492 Vgl. Lewis 1987: 157.
493 Vgl. Avineri 2016.
494 Vgl. Kiefer 2002: 67 ff.
495 Zitiert nach Abdel-Samad 2014: 96/97.
496 Zitiert nach Abdel-Samad 2014: 97.
497 https://www.audiatur-online.ch/2017/08/07/die-vertreibung-von-der-keiner-spricht-die-naqba-der-juden/, abgerufen am 23.9.2018
498 https://www.unrwa.org/sites/default/files/content/resources/unrwa_in_figures_2017_english.pdf, abgerufen am 22.9.2018
499 https://www.uno-fluechtlingshilfe.de/ueber-uns/unhcr/, abgerufen am 22.9.2018
500 https://www.welt.de/politik/ausland/article131074146/Die-dubiose-Rolle-der-UN-im-Gazastreifen.html, abgerufen am 22.9.2018
501 http://www.mideastfreedomforum.org/fileadmin/editors_de/Artikel/Policy_Paper/Sozialhilfe_fuer_Gewalt_Oktober_edition.pdf, abgerufen am 21.3.2019
502 Pfahl-Traughber 2011.
503 http://www.audiatur-online.ch/2011/06/22/die-charta-der-hamas/, abgerufen am 23.7.2017
504 http://www.audiatur-online.ch/2011/06/22/die-charta-der-hamas/, abgerufen am 23.7.2017
505 http://www.audiatur-online.ch/2011/06/22/die-charta-der-hamas/, abgerufen am 23.7.2017
506 Vgl. Benz/Wetzel 2007: 18 f.; Heinisch/Scholz 2012: 141.
507 Vgl. Shooman 2012.
508 Vgl. Brumlik 2012.
509 www.welt.de/debatte/henryk-m-broder/article5823155/Islamkritik-ist-nicht-vergleichbar-mit-Judenhass.html, abgerufen am 3.4.2018
510 http://www.matthiaskuentzel.de/contents/das-zentrum-fuer-antisemitismusforschung-auf-abwegen, abgerufen am 23.9.2018
511 https://www.welt.de/debatte/kommentare/article181424992/Islamo-

phobie-Was-ist-am-Juedischen-Museum-Berlin-noch-juedisch.html, abgerufen am 23.9.2018

512 Vgl. broschuere-2019-03-antisemitismus-im-islamismus.pdf, abgerufen am 17.5.2019

513 Vgl. Bayat 1996, 2007; Kepel 2002; Roy 1994; Schiffauer 2010.

514 Vgl. Brettfeld/Wetzels 2007.

515 Vgl. Frindte/Boehnke/Kreitenbom/Wagner 2011.

516 Vgl. Pollack et al 2016.

517 Vgl. Foroutan 2012.

518 Vgl. Frindte 2013.

519 Vgl. Mansour 2015; Nökel 2002.

520 https://www.dasbiber.at/content/generation-haram, abgerufen am 12.8.2018

521 Vgl. Schröter 2016.

522 Vgl. Koopmans 2017: 174.

523 Stand: 15.5.2019.

524 http://www.realitaet-islam.de/stellungnahme-das-erste-integrationsgesetz-deutschlands/, abgerufen am 13.8.2018

525 http://generation-islam.de/die-erstarrte-deutsche-islamkonferenz-und-wie-es-doch-klappen-kann, abgerufen am 19.8.2018

526 http://www.realitaet-islam.de/ueber-uns/, abgerufen am 13.8.2018

527 In einer Broschüre des Verbandes werden die Namen der anderen gar nicht genannt, sondern es wird nur noch auf die Aktivitäten von »Milli Görüs« hingewiesen.
http://islamrat.de/wp-content/uploads/2014/06/Islamrat_Selbstdarstellung.pdf.pdf, abgerufen am 20.8.2018

528 https://www.zeit.de/2016/30/deutsche-islam-konferenz-10-jahre-bilanz, abgerufen am 20.8.2018

529 http://www.fr.de/rhein-main/landeselternbeirat-in-hessen-eltern-lehnen-ditib-als-partner-ab-a-1477605, abgerufen am 2.4.2018

530 http://www.faz.net/aktuell/feuilleton/hoch-schule/hochschule/studenten-ziehen-gegen-das-islam-institut-vor-gericht-15758970.html, abgerufen am 3.10.2018

531 https://muslimisches-jugendwerk.de/blog/zukunftswerkstatt-2019, abgerufen am 15.5.2019

532 https://www.welt.de/politik/deutschland/article165798368/Fatwa-Behoerde-verurteilt-liberale-Moschee-in-Berlin.html, abgerufen am 22.6.2017

533 https://www.tagesschau.de/ausland/fatwa-moschee-berlin-101.html, abgerufen am 22.6.2017

534 Vgl. Ourghi, Abdel-Halin 2017.

535 Linnemann 2019: 224 ff.

432 Seiten
ISBN
978-3-570-10428-6
Dieses Buch ist auch als E-Book erhältlich.

Wir dürfen uns unsere Freiheit nicht nehmen lassen!

Ayaan Hirsi Ali benennt in ihrem neuen Buch eine unbequeme Wahrheit: Viele muslimische Männer haben ein Frauenbild, das von dem westlichen Ideal der Gleichberechtigung von Mann und Frau weit entfernt ist. Doch nicht nur in muslimischen Gesellschaften wird das Leben von Frauen durch Religion und Tradition eingeschränkt: Mit der verstärkten Zuwanderung aus muslimischen Ländern werden Frauen auch hierzulande immer häufiger Opfer von verbalen Übergriffen, von Nötigungen und Gewalt. Falsche Toleranz, so Hirsi Ali, hilft hier nicht weiter. Nur wenn wir die Bedrohung unserer emanzipatorischen Freiheitsrechte als Problem anerkennen, können wir Frauen wirksam schützen und Zuwanderer erfolgreich integrieren. Und nur so nehmen wir Populisten den Wind aus den Segeln.

C. Bertelsmann

288 Seiten
ISBN
978-3-570-10276-3

Dieses Buch ist auch als E-Book erhältlich.

Jürgen Todenhöfers Report über den IS-Terror

Im Sommer 2014 führte Jürgen Todenhöfer mehrere Monate lang Gespräche mit deutschen Islamisten (via Skype), die sich dem IS-Staat angeschlossen haben. Die Erkenntnisse, die er in diesen Gesprächen gewann, sind mehr als erschreckend und enthüllen die mörderischen Absichten des sogenannten Kalifats, das einen weltweiten Gottesstaat errichten will und dabei auch vor Massenmorden nicht zurückschreckt, selbst unter Muslimen. Nach der Erweiterung Ihres Staates im Nahen Osten, bei der sie die Nachbarstaaten unterwerfen wollen, haben sie Europa und den Westen im Visier.

»Ein eindrucksvolles, bedrückendes, kluges Buch.«
FAS

C. Bertelsmann